社会企业家精神

社会使命稳健性的概念与实践

毛基业　赵萌　王建英　等著

第二辑

SOCIAL ENTREPRENEURSHIP

中国人民大学出版社
·北　京·

序言

如何才能使我们的社会更加健康、平等、包容，更有温情？企业以追逐利润最大化为本，不会把解决社会问题放在首位；公益组织却又面临可持续发展的问题，甚至有时生存都困难。在这两极之间，存在第三条道路吗？谁会来填补“政府缺位”和“市场失灵”之处的缺口？一批社会企业的先驱者已经给出了明确的答案！

本书的主体是十个社会企业案例，全方位地呈现了当今国内社会企业的探索与成长，所取得的成就和创造的社会价值，以及它们面临的挑战和挣扎。这十个案例在一定程度上代表了国内社会企业的最佳实践和发展趋势。这也是十个创业故事，但因为其以解决社会问题为目标，体现出创业者的情怀和奉献，所以比一般创业更有社会意义。这些企业的共同初心是致力于改善金字塔底层（Bottom of the Pyramid，BOP）民众的生活质量。这些案例企业，其中三个服务边远乡村的民生和儿童教育（分别是Power-Solution、山水伙伴和一公斤盒子），三个关爱障碍人士（无障碍艺途、黑暗中对话（中国）和联谛），两个服务其他公益组织（ABC和灵析），一个服务城市边缘人口（工友之家），还有一个提供儿童性教育（保护豆豆）。

这十个案例除了描述中国社会企业的一些最佳实践，还传达了哪些重要信息？我个人的解读有三个。

这十个案例给我的第一个重要启示是，当前的中国社会对社会企业的需求巨大。改革开放40多年来，中国经济突飞猛进，基本解决了贫困问题，但大量社会底层群体的精神需求并没有得到满足。一方面，社会企业只获取微利甚至亏损的现状，注定追逐利润最大化的传统企业不会进入，形成市场失灵；另一方面，很多需要满足的需求是温饱基础之上的精神层次需求，而现阶段政府无暇顾及，造成政府缺位。

中国的基本国情之一是发展极为不平衡，贫富差距较为悬殊（约有6亿人的月均收入在1 000元以下）。党的十九大报告也指出，“中国特色社会主义进入新时代，我国社会主要矛盾已经转化为人民日益增长的美好生活需要和不平衡不充分的发展之间的矛盾”。金字塔底层民众的生活质量还很低，对美好生活的追求远没有实现，远离经济发展的成果。本书中的不同社会企业的初心都源自以下基本事实：我国农村人口比例仍在40%以上，乡村教育仍然存在教育观念的落后、资源匮乏、师资力量不足等大量问题。户籍制度将近3亿由农村进城的建设者和产业工人、城市基础服务人员排斥在公民基本生存环境之外。如此形成的金字塔形的社会结构，导致人生来就不平等。如果没有外力帮扶，底层民众很难享受到现代社会的物质和精神文明。此外，截至2018年年底，我国还有超过2亿信息获取障碍人群，其中包括1.5亿65岁以上的老年人、1 700多万视障者、2 700万听障者和约7 000万的读写障碍者。

精神及智力障碍人士数量如此之大，他们这样的特殊人群融入社会难的问题却长期被漠视。

令人欣慰的是一大批有爱心、有情怀的人士已经站出来解决这些社会问题了。他们创办了以解决这些问题为目标的社会企业，并且长期坚守这一使命。例如，联谛致力于加速中国无障碍信息环境建设的进程，试图打破包括老人、读写障碍者在内的视障者、听障者与这个世界之间的信息阻隔，让所有人都能够在互联网的世界里享有同等无障碍生活的权利。

在我国，由于性教育较为敏感，加之应试教育压力大，学校一般不会主动推进性教育工作；由于愿意为性教育付费的消费者较少，教育机构和企业缺少动力去开拓和培育市场。因此，保护豆豆试图成为最大的线上性教育平台，连接性教育服务供给端和需求端，以推动性教育行业发展，让更多孩子获得性教育。

社会企业与一般企业的根本区别是使命，使命源自参与者的爱心和情怀，而使命的坚守更离不开爱心和情怀。这十个案例中的社会企业都有自己崇高的使命和愿景：

- Power-Solution 致力于“用绿色能源改善全球 BOP 人群生活品质”。
- 山水伙伴希望“找到一条道路，能让当地人不因保护自然环境而贫困”，“希望他们能从自然保护中受益”。
- ABC 定位于“为公益组织提供和企业一样的管理咨询服务，成为公益咨询的领军者”。
- 工友之家顾名思义在努力成为“打工者的精神家园”。
- 一公斤盒子的使命为：“和每个渴望改变的乡村老师一起，为孩子创造好的教育！”
- 保护豆豆希望“成为最大的线上性教育平台，连接性教育服务供给端和需求端，以推动性教育行业发展，让更多孩子获得性教育”。
- 无障碍艺途聚焦“精神及智力障碍人群的艺术教育和疗愈工作”。

- 灵析以“每个智慧公益背后都有灵析”为愿景。
- 黑暗中对话（中国）的终极目标是“让这个社会没有偏见和歧视，让视障群体融入整个主流社会，成为一个多元的、平等的社会”。
- 联谛的愿景是“让所有人都拥有无障碍的工作和生活环境”。

本书中的每个案例都有感人的故事，饱含主人公的情怀，即为社会更健康而做出的牺牲和奉献。最感人的是一公斤盒子的 CEO 陈丹，她生完二胎后本想休整一年，专心陪孩子，哺乳期过后再复出。但当她听说团队的财务情况危急，等不到她回归全职团队就要面临解散时，义无反顾地提前结束产假，产后六个多月就重新归队。

这十个案例给我的第二个重要启示是，社会企业是解决很多社会问题的必由之路，必须坚持社会使命和商业化运营的结合。本书中有七个案例是从纯公益开始，经过长期艰苦的摸索，最终殊途同归转型到社会企业这条发展道路；还有两家是天生的社会企业，其中一家（黑暗中对话（中国））还是国外社会企业落地中国；最后一个（Power-Solution）是反向转型从企业到社会企业。虽然这些案例并不是随机抽样的结果，但在一定程度上说明公益组织如果要可持续发展或产生更大的社会效应，就必须借助企业家精神和市场化手段。

本书中的十个案例说明社会企业的路径不但可行，而且是很多公益组织长期摸索出来的必由之路。这些组织可以有微利或可由其他收入填补亏损。例如，山水伙伴通过营销大熊猫保护区当地农民的蜂蜜来使当地人不因保护自然环境而贫困，并且从自然保护中受益，成为大熊猫栖息地生态保护的一支生力军。事实证明，全靠爱心人士“用爱发电”这条路走不通，因为没有形成商业模式。几百斤、几千斤蜂蜜可以溢价卖给爱心人士，但是如果蜂蜜的产量更高，该如何惠及更多农民呢？

早期的公益机构很少有人会带着“用户思维”去解决社会问题。一公斤盒子的“公益产品化”实践带给公益行业一个全新的视角和解决思路，即成为一家自负盈亏、自我造血的社会企业。他们发现，一个创新的点子到大规模发挥作用需要经历三个过程，即问题—解决方案、产品—市场、可持续的商业模式。与此类似，保护豆豆的创业团队核心胡佳威和李治浩认为，公益解决的是从无到有的问题，商业解决的是从好到更好的问题。

这些社会企业在摸索成长的过程中都有过考虑收费会不会改变公益性质的困惑，但最终认识到运营企业是可持续发展的核心。它们经过长期摸索发现，是否可持续发展，归根到底还是商业问题。这些社会企业的使命和定位各不相同，但面临共同的产品设计、商业模式和流程优化的摸索以及市场化运营问题。例如，保护豆豆在关于究竟是从 B 端还是 C 端收费的商业模式设计方面经历了长期探索和挣扎。工友之家发现将捐赠来的衣服用很便宜的价格卖给工友比免费发放效果更好，工友们可以有尊严地获得这些衣服；组织自身既可获得一些收入，还能解决一些工友的就业问题。

在这些探索中，黑暗中对话（中国）是把坚持公益使命和商业化运营结合得比较成功的一家社会企业。正如领头人蔡史印所说，“不是因为我们做公益，企业才接受黑暗中对话工作坊的。而是黑暗中对话给企业提供了最有效的培训产品，能够在最短时间内改变团队的行为模式，解决企业的问题，企业才愿意买单。真正的社会企业要持续发展的话必须要有商业价值，没有商业价值就不可能持续发展，它不可能永远卖眼泪”。因此，黑暗中对话（中国）成长迅速，目前已经走出最艰苦的创业初期，截至 2019 年 10 月已经有 120 名全职或兼职员工，其中 96 名是视障或听障员工，视障员工中 30% 为全职，70% 为兼职。

这十个案例给我的第三个启示是，国内的社会企业生态正在逐步形成，大有可为。我国公益服务以往长期停留在捐钱捐物、社区服务等基础性志愿服务层面，公众的参与率低、流动性高、专业化程度低。2008 年 5 月的汶川地震唤起了公众，尤其是青年群体的公益意识，公益服务团队不断壮大，但许多公益组织在志愿者招募、项目策划与组织管理等方面专业化、制度化不足。总体而言，公益组织缺乏科技化的管理工具，管理效率低，资源匮乏。针对这个情况，本书中有两个社会组织定位于服务公益组织，改变了公益行业的生态环境。ABC 早在 2008 年就将“公益咨询”的概念引入中国。灵析开发了国内第一款专门为公益组织服务的在线内部信息管理工具，已经拥有 60 000 多家公益组织和机构用户等。此外，社会上还涌现出一些专业机构，例如上海市社会创新孵化园和相关基金，构成社会企业生态。

此外，国内公益组织还可以借鉴发达国家的相关实践，就像黑暗中对话一样，融入社会企业的国际生态。我在国际交流中发现，国外社会企业科研和实践很兴旺，包括国内目前还不多见的影响力投资（impact investment）——是在追求财务回报之外，还寻求社会和环境影响力的投资行为。随着社会企业生态的形成，全社会有更多样的方式和机会支持社会企业。社会企业的收入来源多元化，也需要多方面的支持。同时，由于社会企业生态的形成，我们每个机构和个人都可以以最适合自己的方式支持社会企业，并成为这个生态的一部分。

借此作序机会，我要衷心感谢参与撰写本书的人大商学院课题团队的所有成员，特别是赵萌和王建英老师，感谢他们所发挥的领导和引领作用。之前的《社会企业家精神》一书探索了社会企业的本质，以及如何运用创新方法解决社会问题。而本书作为续集，更多反映了近年来国内社会企业的进步，特别是它们对商业模式的探索与组织转型，以及如何在市场化运营的同时坚守社会使命。通过持续深入地研究国内社会企业，我的同事们也为学院实现“最懂中国管理的世界一流商学院”的愿景，做出了重要贡献——率先最懂中国社会企业，同时帮助学院践行社会责任。

最后，希望本书能够帮助公益组织和社会企业少走弯路、更健康地成长并且可持续发展，同时也希望本书能够激励更多的人参与社会企业，或以自己力所能及的方式支持社会企业。

毛基业　教授

中国人民大学商学院院长

目录

使命稳健是社会企业试金石

Power-Solution：用爱心照亮金字塔底层人群

山水伙伴：蜂蜜链接的生态公平

ABC 公益咨询：青年创变共筑美好社会

工友之家：打工者的精神家园

一公斤盒子：涅槃重生与乡村教育探索之路

保护豆豆：儿童性教育的坚定践行者

无障碍艺途：从改变认知到价值创造

灵析：为公益插上智慧的翅膀

黑暗中对话（中国）：黑暗的力量

联谛：信息无障碍坡道的搭建者

使命稳健
是社会企业试金石

2018 年出版的第一辑《社会企业家精神》案例集回答了两个基本问题：(1) 什么是社会企业？(2) 在中国发展得较好较快的社会企业是什么样子？每个问题其实都很难在一本薄薄的案例集里得到完整的回答。我们之所以采用理论框架加上长案例的形式，而不是采用理论论述辅以短案例的形式，是因为我们希望对社会企业的论述兼具包容性和指导性。包容性是指案例通过真实、平衡和具体地呈现社会创业的复杂性，帮助读者对社会企业的本质特征与得失经验，形成清晰又不尽相同的判断。指导性是指我们在案例之前提供了一个理论框架，澄清了一些对于理解社会企业十分重要的概念：例如二元分析的局限性，社会企业的不同类别，以及社会使命稳健性的内涵。这些概念帮助读者从比较一致的视角切入对上述问题的思考。第二本案例集继续秉持这一形式。

第一辑案例集取得了超出预期的社会影响，在国内外与社会企业有关的重要论坛、会议与网络社群中得到广泛传播，也成为不少社会企业赋能机构、投资机构以及政策制定者的参考读物。中国人民大学尤努斯中心正在着手进行第一辑案例集的英文出版工作，使海外读者有机会系统了解中国社会企业的真实样貌。第一辑案例集提出了“社会使命稳健性”的概念，但并未对其做深入阐述，而这一概念正是本书的论述重点。这篇前言以及书中的案例共同回应了以下三个问题：(1) 什么是社会使命稳健性？(2) 为什么社会使命稳健性是社会企业和商业企业的根本区别？(3) 如何保障社会使命稳健性？

什么是社会使命稳健性？

社会使命稳健性指的是一个社会企业的“社会使命优先性”在多大程度上不会因为该组织对商业价值的追求而遭到减损。社会使命稳健性与社会使命（或目标）的漂移是对立的概念。社会使命稳健性程度越高，社会使命发生实质性漂移的风险也就越低。社会使命稳健性是社会企业持续创造社会与商业双重价值的必要条件，但并不是充分条件。缺乏社会使命稳健性反映了社会企业对商业价值的过度追求，可能导致社会使命漂移，例如削弱或者放弃对目标受益群体的服务，从而会伤害到社会价值创造的持续性。但社会使命稳健性并不必然带来商业的成功。不少国内外的社会企业在经营过程中僵化教条地强调社会使命，导致效率低下，内部意见分歧激化，难以吸引和留住人才，长期无法实现财务持续，蜕变成挣扎在生存线上的慈善机构，乃至关门大吉。这最终伤害了目标受益人群（常常是弱势群体）的利益。与此同时，许多案例说明，清晰的“社会使命稳健性机制”可以帮助降低成本、维系和加强利益相关方关系，促进产品、服务、流程、价值链活动和商业模式的创新，从而推动商业绩效的增长。社会使命稳健性与组织的商业绩效之间的关系十分复杂，影响因素和条件很多。后面，我会通过论述社会使命稳健性机制来说明社会使命稳健性可能促进商业发展的一些路径。但这个问题需要进行专题研究，超出了本书的范畴。本书所论述的是：（1）社会使命稳健性是社会企业与商业企业的核心区别；（2）保障社会使命稳健性的机制有哪些。书中的案例展现了优秀社会企业如何设计和实施社会使命稳健性机制，以及它们遇到了怎样的挑战。

社会使命稳健性的缺失体现在但不限于以下几种情况：

第一种社会使命稳健性缺失的情况是，在遇到业绩下滑或财务困难的时候，社会使命从组织活动和组织决策的核心位置下降到边缘位置。

例如，一个缺乏社会使命稳健性的企业在遇到困境时把服务重点从弱势人群转移到高收入人群，考虑等到渡过难关后再重新回来解决社会问题。而一个社会使命稳健的企业在遇到困境时，首先考虑如何在价值链条上进行创新，努力保持产品或服务的市场竞争力与社会效益的平衡，从而在不牺牲社会使命的前提下做到财务的可持续。

第二种社会使命稳健性缺失的情况是，当一个社会企业的业务发展良好时，这个组织通过模糊、削弱乃至放弃社会使命的方式加速扩张。一个组织管理者的注意力、时间和处理信息的能力是有限的，缺乏机制来保障社会使命稳健性的组织往往很难在快速扩张的过程中保持社会使命的优先性。两本案例集中有不少社会企业正处在快速增长的阶段，它们有的在通过加盟连锁的方式进行扩张，有的在决定是否以及怎样接受投资机构提供的资金。它们面临的共同挑战是：如何通过某种机制来应对外部利益相关方带来的社会使命漂移的风险，例如加盟商可能以损害社会使命的方式开展业务，或投资者以业务偏离目标受益人群为条件提供资金。

第三种社会使命稳健性缺失的情况是，社会企业通过割裂其商业活动对不同利益相关方所产生影响的方式来创造其所声称的社会价值。例如一家解决环境污染问题的环保产品制造企业可能拖欠员工工资、提供不安全的工作环境、不遵守劳动合同、压榨供应商，从而降低成本增加利润。这种虽然创造社会价值但损害利益相关方权益的工作方式是不可持续的。它实际上反映出追求利润最大化而不是追求最大化解决社会问题的组织决策方式。这种组织在短期可以通过创造社会价值来积累利润、快速发展，例如提供价格有竞争力的环保产品或服务。但这种方式削弱了组织持续追求社会使命和创造社会价值的可能性。组织很可能在财务绩效下滑的情况下削减对原先社会使命的投入，转而在更有利可图的领域开展业务。同时，利益相关方的抗争以及法律风险会降低企业持续经营的可能性。

上述来自“弱商业绩效”、“强商业绩效”以及“不一致的利益相关方影响”三种情形的挑战，既是对社会使命稳健性的重要考验，也是建立和深化社会使命稳健性机制的重要机会。对于希望持续创造双重价值，但暂时缺乏社会使命稳健性的组织，可以主动识别和利用这些挑战来触发或强化在组织管理和组织文化上的变革，从而增强社会使命稳健性。组织变革的领域包括如何聘用、培训和协调在创造社会和商业价值方面具有不同技能或持有不同价值观念的员工；如何界定、实施和运用对社会和商业绩效的测量；如何同对组织的社会和商业价值有着不同要求的外部利益相关方进行沟通；如何对组织的扩张形式和节奏进行决策等。一个组织如果在面对这些挑战时积极开展组织变革，建立或坚守社会使命稳健性机制，社会使命将可能转化为凝聚和激励组织成员的核心组织文化以及组织竞争力的来源。

为什么社会使命稳健性是社会企业与商业企业的核心区别？

在简单描述了社会使命稳健性的含义后，我们来谈谈为什么社会使命稳健性是社会企业和商业企业的核心区别。社会企业正在成为千人眼中的千种哈姆雷特。马云在 2018 年的一次媒体采访中谈道：“今天阿里必然的发展是成为一个社会企业。”他强调企业的“利他主义”和对不同利益相关方的社会责任。王健林认为企业发展的终极目标是社会企业，并在“2016 中国品牌论坛”上解释说：“追求社会企业，最核心的一点就是社会评价是良好的，社会认为这个企业的存在和发展是对社会有贡献。”王兴提出，在 2017 年美团已经进入社会企业阶段。他举例说，美团为 50 万名骑手提供了大量就业机会，其中很多人来自贫困地区，美团投入巨资保护用户隐私，将通过市民评价大数据保障食品安全，并且倡导成立绿色外卖的环保联盟。

如何理解这些关于社会企业的不同说法呢？如果阿里巴巴、万达、美团希望成为社会企业，我们应该通过什么标准来判断它们在多大程度上是社会企业呢？我们需要追问以下几个问题：（1）它们要解决的社会问题是什么？（2）怎么知道它们是否以及在多大程度上正在解决所声称的社会问题？或者说如何测量对社会问题的解决？（3）解决社会问题在企业经营和决策中占据怎样的地位？（4）如果一家企业被发现没有清晰地和持续地解决所声称要解决的社会问题，甚至被发现制造出社会问题，那么消费者或其他利益相关方在多大程度上会认为这家企业背叛了它的社会使命，并且给予实质性的惩罚？也就是说这家企业社会使命漂移的成本有多高？

能够对这些问题做出清晰一贯的回答，是一个企业关于社会企业的说法和做法能够取信于民的第一步。如果一个企业的社会使命无法清晰测量，如果社会使命对企业的经营和决策无足轻重，如果社会使命漂移的成本很低，那么即使这个企业郑重承诺解决社会问题，即使暂时产生了不错的社会影响，也很难认为它在机制上是一个和传统商业企业有本质不同的社会企业。在这些问题中，社会使命漂移的成本是一个关键。漂移成本低可能反映出一个企业的社会使命抽象模糊、难以测量，或者这个企业缺少能力和资源来测量和维系社会使命，或者这个企业的核心目标是商业目标而并不重视社会使命漂移的风险，或者是多种因素的组合。

试想一下，有一家食品零售企业宣称自己是社会企业。当这家企业所解决的社会问题并不清晰，或者没有专注地解决所声称要解决的食品安全问题、就业问题或环保问题，那么人们会不会认为这家企业背叛了它的使命？可能不会，消费者对这家企业的核心期待是买到物美价廉、安全的食品，而不是解决更深层次的社会问题。对于另一家企业，例如扶贫型小额贷款企业，如果这家企业开始为富裕人群服务，那么利益相关方是否会质疑它社会使命的转变，减少对它的支持？很可能是的。这两家企业的区别在于：利益相关方对它们解决社会问题的期待和要求不同，导致它们社会使命漂移的成本不同。

一家社会企业不仅有解决社会问题的权利，也有解决社会问题的义务。也就是说，社会企业通过社会声誉和社会信任所获得的收益和它所付出的成本是一体两面。社会企业和利益相关方，例如消费者、员工、社区、政府乃至股东签订了一份有形或无形的社会契约。契约在签订双方之间对以下事项形成了明确一致的理解：社会企业为利益相关方提供清晰具体的社会价值，例如解决某种双方一致确定的社会问题，并以此为条件获取利益相关方所提供的资源使得社会企业能够持续创造社会价值。契约不同于声明，它不是单向表达，而是双方权利义务的界定。也就是说，一个社会企业向利益相关方所展示的不是我正在做什么、我打算做什么或我能够做什么，而是展示企业为利益相关方带来的具体收益（如消费者通过消费行为可以帮助解决贫困问题）和成本（例如股东明白企业的首要目标不是股东利益最大化），以及企业对利益相关方承担怎样的义务（例如承担没能按照期待解决社会问题时所产生的信誉风险）。是否在组织章程、组织结构、组织管理和经营中体现出上述契约内容，正是社会企业和商业企业的区别所在。虽然传统商业企业面临政府、公众、公民社会组织等方面的监督，不能作恶或多做好事，但在是否专注地解决所声称的社会问题方面往往既缺乏内部约束也缺乏外部监督，无法和利益相关方形成关于解决社会问题的权利和义务的社会契约，从而难以成为具有明确社会合法性的实质意义上的社会企业。从这个意义上讲，“需不需要”和“有没有”社会使命稳健性机制来最小化社会使命漂移的风险，就成为区分社会企业和商业企业的核心标准。

契约的概念也可以说明社会使命稳健性不仅是社会企业与商业企业的核心区别，也是社会企业家精神与商业企业家精神（或一般而言的企业家精神）的核心区别。两种企业家精神的共同之处在于它们都意味着创业者需要在具有高度不确定性和高风险回报的情境下工作，它们都强调创新，它们都体现在日常的组织活动和决策活动之中。而二者的不同体现在承担风险、从事创新和日常决策的动机与目的上。商业企业家精神是一种与以股东为核心的资源提供者所签订的“精神契约”。这份契约要求企业专注地服务于股东利益。商业企业家创业不是仅仅因为喜欢发明创造，否则就成了发明家。企业家创业也不仅仅是为了求取真知识，否则就成了学者。学术研究和生活常识都告诉我们，企业家、发明家和学者有着十分不同的人格特征、动机和行为方式。商业企业家之所以肯冒风险、竭尽创新之能事，首要目标是获取利润。商业创业者如果不对股东利益负责，不专注地追求利润，其行为就可以说是一种违约行为，也是对商业企业家精神的背离。但这并不是说商业企业家不应该承担社会责任，或对破坏社会福祉的行为心安理得。承担社会责任是管理利益相关方关系的一部分，是企业成本收益公式中的一个变量。忽视社会责任甚至破坏社会福祉的行为也许短期内可以增加利润，但长期而言最终会损害股东的利益。用从长远来讲可以维护和促进股东利益的方式承担社会责任是符合商业企业家精神的。这也是一些学者提倡“战略性企业社会责任”的原因。

而社会企业家精神是和以目标受益对象（包括有形的人群和无形的自然环境）为核心的利益相关方所签订的契约。社会企业必须专注地服务于目标受益对象的利益。社会企业获取、组织和使用资源的方式，以及决策的方向，需要服务于最大化地创造社会价值、解决社会问题，否则就是一种违约行为，是对社会企业家精神的背离。社会企业和商业企业是在不同契约条件下工作的，它们所承担的义务、首要的组织目标和专注的服务对象是不同的，尽管二者都可以采用商业手段解决某种社会问题。判定社会企业的标准需要能够识别出社会企业契约的核心特征，也就是一个组织是否专注于它的社会使命。

判定标准的误用是难以鉴别社会企业和商业企业的一个主要原因。在第一辑案例集中，我们讨论了手段标准（也就是一个组织是否运用商业手段和商业模式来解决社会问题）无法有效判定社会企业。人们通常采用的标准还包括能力标准和效果标准。由于商业企业所拥有的资源和能力，人们常常寄希望于商业企业能够更多地解决社会问题。人们往往从解决社会问题的能力和规模来判断一个企业是不是社会企业。似乎一个企业越有能力解决社会问题，越能更大规模地解决社会问题，它就越像是一个社会企业。采用能力和效果标准，我们可能会问：一家大型商业企业能够投入到解决社会问题上的资金、技术和人员可能比一家非营利组织强很多，也产生了显著的可测量的社会影响，那么它是不是社会企业呢？然而根据社会使命稳健性来进行判断，我们就会提出不同的问题：解决社会问题在这家企业中到底占据怎样的位置？企业会投入多少资源以及持续多久来解决社会问题？当社会项目的成本偏高成为一个所谓烧钱的项目时，企业会怎样选择？这种选择是否被一个企业放在核心考量地位？企业在社会影响的评估和透明化方面投入多大资源？这些问题都是在考核一个关键性的因素：社会使命稳健性。

虽然手段标准、能力标准和效果标准看上去符合常识，简单明了，但这些标准会使对社会企业的判定过程陷入“永无定论”（inconclusiveness）的逻辑陷阱。例如当一个社会中大部分企业都在违法，那么一个守法的企业可能会认为自己是社会企业；当大部分企业都仅仅是守法，那么在守法基础上做更多慈善的企业可能认为自己是社会企业；当大部分企业都做慈善，那么用一些创新的方式做慈善的企业可能认为自己是社会企业；当大部分企业都能用可以测量和比较有效的方式解决某种社会问题，那么产生了更大社会影响的企业可能认为自己更有资格是社会企业。这样，随着时间和环境变化，我们会发现根本不同的企业都有理由认为自己是社会企业。社会企业也就成了一个任人打扮的小姑娘，一个在逻辑上经不起推敲，在现实运行中容易沦为营销工具和投资时尚，也容易受到质疑的脆弱概念。这会使得社会企业最终像组织管理历史上那些看似美丽但缺乏持久生命力的“管理时尚”一样，当人们能用它满足自己的私利时，它就流行；当它的功利价值降低了，也就会被抛弃。

本书的一个核心观点是：社会使命稳健性，相对于手段标准、能力标准和效果标准，是更加有效的社会企业判定标准。一种有效的社会企业判定标准，应该同时满足以下三点：（1）情境普适；（2）真伪鉴别；（3）稳定适用。情境普适是指一个标准所识别出的社会企业，应该在时间和环境发生变化时，始终和商业企业保持清晰的差异。通过手段标准、能力标准和效果标准，人们可能认为用产生经营收入的方式产生明显社会价值的企业是社会企业。当越来越多商业企业在可以创造某种社会价值的领域经营（例如大教育、大医疗、大环保等领域），根据这些标准，这个社会就拥有越来越多的社会企业。当社会中大部分商业企业都能够产生某种明显的社会价值，这个社会中大部分企业就都是社会企业。事实上，随着社会发展程度的提高，任何企业都可以在某个时点上为了某种目的而去尝试解决某个社会问题。如果所有企业都抽取出解决社会问题的行为来标榜自己，那么人们就无从知晓什么不是社会企业。这些标准也就随着环境的变化丧失了判定的功能。一种反驳的观点可能是，社会上大部分企业都是社会企业代表了社会进步，这难道不好吗？然而问题是，这种大家一起向善的局面很可能是一种幻象。现实的复杂性在于，大部分企业往往只是在一时一地创造社会价值，而在其他情境中并不以创造社会价值为使命，甚至可能破坏社会价值。当一种标准仅仅关注企业是否正在创造社会价值，而对于企业能否在不同情境中专注地解决社会问题并没有要求，结果将是这家企业在某个情境中是社会企业，在另一些情境中不是社会企业。它既是社会企业，又不是社会企业。这个标准造成的混乱与困惑也就大过了它的判定效果。社会使命稳健性标准要求一家企业具有最小化社会使命漂移（更不要说破坏社会价值）的内在机制。而这种组织机制，例如组织治理结构、决策机制、人员管理机制、价值链管理机制等，适用于组织在不同时间和环境的活动，从而具有情境普适性。

真伪鉴别是指存在一个标准能够区分“真实”和“虚假”的社会属性。例如，一种社会属性虚假的情况是，一家企业自称是社会企业，但实际上是通过社会责任活动来掩盖违法违规行为，例如广泛存在的利用环保活动掩盖污染行为的“洗绿”行为。社会属性真伪程度不同的企业都可能满足手段标准（运用商业手段解决社会问题）、能力标准（投入大量资源解决社会问题）和效果标准（产生较大社会影响），说明这些标准不具备实质的真伪区分性。社会使命稳健性标准要求一家企业在创造社会价值的同时不能损害广大利益相关方的权益，从而能够更好地区别真实与虚假的社会属性。

稳定适用是指一个标准能够有效地避免识别出的社会企业在某种条件下系统地违背这一标准，从而使这一标准不再适用。例如，当经济环境变差时，大量做慈善的企业面临资源的萎缩，会减少或停止慈善活动，使得手段标准、能力标准和效果标准不再适用。因此这些标准无法稳定地识别社会企业。一个具有较高适用稳定性的判定标准需要包括这样的内容，即它使企业的社会使命优先性不会轻易因为内部和外部环境的变化而遭到减损。因此，社会使命稳健性标准具有内在的适用稳定性。

上述讨论的结论是，有效的社会企业判定标准应该是一种机制标准，而非行为标准。机制标准能够做到适用于不同的情境，区别真实与虚假社会企业的内在组织系统，并且充分考虑到环境变化对组织使命可能带来的冲击。人们常说听其言、观其行。然而，判断社会企业的本质需要关注组织的内在机制，而不是外在言论和行为。想要了解一个企业是不是社会企业，我们不能仅仅看它是否正在解决社会问题，用何种手段解决社会问题，以及有多大的能力和意愿解决社会问题，而是看它是否需要社会使命稳健性机制，以及是否具有这种机制。一家需要社会使命稳健性机制的企业往往是那些会因为社会使命漂移而付出高昂的经济、社会声誉、法律等方面成本的企业。从这个意义上讲，社会企业是一种“需要具备社会使命稳健性机制，并且切实具备这种机制的组织”。

如何保障社会使命稳健性？

社会使命稳健性描述的是一个组织的决策方式和组织资源的方式对于社会使命的专注程度。想要准确地评估一个人或一个组织对于价值观念的专注或忠诚程度是十分困难的。一方面是因为组织的使命和价值观往往是高度抽象和包容性的。不同的人（或同一个人）在不同情境下可以用不同方式去解读，并且听上去都有道理。这就为判断一个组织是否在服务于它的使命造成了困难。另一方面，组织往往是高度适应性的，会随着各种因素的变化而调整它的使命和目标。一个僵化教条的、无法与时俱进的组织使命会成为组织持续发展的巨大障碍。那么如何判断一个组织在多大程度上专注于它所声称的社会使命呢？尽管有这些困难，我们仍可以从前人的经验中得到启示。例如，托马斯·C. 克拉克（Thomas Campbell Clark），1949—1967 年担任美国最高法院大法官，他曾说：“检验一种对终极存在（例如上帝）的信仰的标准，就是看这种真诚而有意义的信仰是否……在信仰者的生活中占有重要的地位。”[①] 这段话阐释了托马斯认为在评估一个人对于某种价值信念的忠诚程度时，可以采取的恰当方式。这对于我们评估一家社会企业对其所声称的社会使命、价值观或信念的专注程度时也具有参考价值。把托马斯的话翻译到社会企业的语境中就是：评估一个社会企业社会使命稳健性水平的关键标准，是要看这种使命在多大程度上在组织的日常活动中占有重

① 杰伊·塞库洛. 美国大法官的法理及信仰. 牛玥，罗琴，高永涛，等，译. 北京：中央编译出版社，2011.

要的地位。

社会企业需要具有一种机制来建立、保障和表达社会使命在组织当中的核心地位，我们称之为“社会使命稳健性机制”。社会企业与许多商业企业的区别在于它是靠机制而非企业家的初心和情怀来约束社会使命漂移的风险。对社会使命稳健性的评估也就是对稳健性机制的识别与分析。社会使命稳健性机制包括“权力分配机制”和“价值创造机制”。权力分配机制是指通过设置组织权力、利益和责任的分配规则来减小社会使命漂移的可能性。例如通过建立具有包容性和参与性的治理结构来实现多元利益相关方对组织活动的监督，通过限制利润分红比例以及设置清算时的资产锁定原则来保障资源被用于服务社会使命等。权力分配机制是依靠对权、责、利的结构性安排来保障社会使命的优先性，因而是一种“结构型机制”。价值创造机制是指通过设计和实施创造社会与商业价值的组织过程来减少使命漂移的可能性。组织通过对商业模式、价值链活动以及组织决策和运营过程的设计与实施来保障社会使命的优先性。价值创造机制因此是一种“过程型机制”。

权力分配机制相对简单易懂，往往从组织披露的公开信息和组织文件中就可以获取相关信息，而不必深入组织内部进行调研。由于其清晰明确、标准统一、容易获取和量化等特点，这种机制成为国内外常见的用来判定社会企业的标准。但权力分配机制无法触及组织的实际运行情况，因此对评估社会企业的运行质量、可持续发展能力以及社会使命在组织活动中占据的地位等方面效果十分有限。相比权力分配机制，价值创造机制能够更加准确地体现社会使命在组织活动中的地位。但由于这种机制是嵌入在具体日常活动中的，往往只有通过深入了解组织的实际运行情况才能识别和分析，对这种机制的评估和使用因而更加复杂、成本更高。然而，对于真正关切社会企业可持续发展能力的创业者、管理人员、投资者或政策制定者而言，识别和分析价值创造机制是准确评估社会使命稳健性的更好途径。

这里介绍五种价值创造机制。需要提醒读者的是，国内外对于社会使命稳健性机制的研究才刚刚起步，对这些机制的理论完善和实践检验还在过程之中，实践中的机制也应该不限于这五种。下文的讨论并不能得出这些机制必然使社会企业发展得更好的结论，而是为了探讨这些机制在保障社会使命稳健性时可能起到的作用。读者可以把这些机制作为参考依据来评估一家社会企业的社会使命稳健性水平。价值创造机制能够从以下几个方面来保障社会使命稳健性：（1）增加组织社会使命漂移的成本；（2）增加组织专注于社会使命所能带来的收益；（3）结合上述两点，组织可能形成社会使命稳健性的良性循环，也就是越专注，越更容易专注，越更不容易漂移。五种价值创造机制包括：（1）利益相关方影响统合性；（2）社会价值创造的常规性；（3）社会价值与商业价值的协同效应；（4）社会使命导向的决策模式；（5）社会价值创造的系统性。

下面我举例说明这些机制。利益相关方影响统合性是指一个组织创造商业价值和社会价值的活动所造成的外部影响是协调一致的，而不是相互矛盾或相互减损的。美国洛克菲勒家族在 20 世纪伊始提出“慈善如营商”（the business of benevolence）的观点，划时代地提出一系列开展慈善活动的原则与方法，例如“只给具有良好履历的机构资助”“接受资助者必须具有关于如何花好每一分钱的规划”“资助的目的是帮助受助者最终自立”等等。这些原则成为直到今天公益慈善和社会创新领域仍然在沿用和发展的工作标准。1913 年，洛克菲勒基金会成立，成为近代公益慈善和基金会历史上的标志性事件。1914 年，洛克菲勒家族资助建设北京协和医学院。这是当时全世界最先进的医学院。然而，就在 1914 年，洛克菲勒的企业发生了被称为美国历史上最血腥劳资冲突的“勒德洛大屠杀”或“科罗拉多煤田战争”。洛克菲勒旗下的科罗拉多燃料和制铁公司位于科罗拉多的勒德洛地区，有着非常糟糕的劳工待遇和安全记录。上千名矿工及其家人住在工厂外面的帐篷里进行抗议，要求改善待遇和工作环境。公司出动了配备装甲车和重机枪的雇佣兵，并且招来国民警卫队进行镇压。一天晚上，公司警卫点燃了帐篷区，造成26人死亡，包括13名妇女和儿童被烧死。数名矿工领袖被处决。这导致在矿工和公司私人军队之间展开了为期数月的游击战，造成了200多人丧生。我们该如何看待洛克菲勒在历史上这一慈善领袖和冷血商人的双重面孔呢？这是个极端的例子，但它说明了一种普遍存在于商业企业中的问题。

美国弗吉尼亚大学达顿商学院教授爱德华·弗里曼（Edward Freeman）提出了“割裂谬误”（separation fallacy）的概念。割裂谬误原本是指人们在做商业决策时不考虑伦理因素，认为二者无关。而实际上这是一种谬误，因为二者在理论和实践上都是不可分割的。本文借用割裂谬误的概念来描述以下情况：一个组织在组织结构、战略、决策过程以及日常经营中，由于缺少恰当的机制将组织创造商业价值的活动与创造社会价值的活动所产生的利益相关方影响协调一致，从而造成对不同利益相关方的影响相互矛盾和相互减损的局面，损害了组织持续发展的能力。对利益相关方影响相互矛盾的例子正如洛克菲勒的企业在历史上同时出现大行善举和侵犯劳工权益的情况；相互减损的例子正如一家企业通过压榨供应商的方式来为消费者提供物美价廉的产品。割裂谬误反映出组织的优先目标是追逐和保护其商业利益，而不是创造社会价值或解决社会问题。一家自我标榜社会企业的组织，无论在创造社会价值和承担社会责任上表现得多么投入和诚恳，如果它的社会活动和商业活动所产生的影响不一致，就说明它缺乏内部统合机制（例如结构、战略、系统、文化等层面的机制）来保障组织内部的不同组成部分和不同制度体系一致地支撑其所声称的社会使命优先性。

洛克菲勒虽然强调慈善如营商，但他的企业在营商部分的优先目标是追逐商业利益。如果企业的本质是逐利，就很难避免商业活动和社会公益活动所产生的影响出现割裂。我们举洛克菲勒的例子，并不是认为洛克菲勒企业是格外恶劣的企业，更不是要用社会企业的标准要求这家商业企业。洛克菲勒在他所处的历史时期可以说是公益慈善创新的先驱，一系列危机事件也促使洛克菲勒进行反思和做出企业管理上的重大改进。我们需要认识到，割裂谬误对于商业企业而言是一种常态，这深深根植在人们长久以来认为商业企业的首要责任是追逐利润最大化的信念当中，也根植在认为商业利益和社会价值难以调和、此消彼长的认识中。但在社会经济结构和人们思想意识发生了剧烈变化的今天，商业向善和社会企业正在成为可行的和人们所期待的营商形态，割裂谬误愈发显得不合时宜。作为一家社会企业，或一家希望在新的制度环境中实现可持续发展的商业企业，需要做到对利益相关方影响的统合，降低割裂谬误所带来的组织、社会和法律风险。在促进这一统合性的过程中，组织会因为商业活动被要求服务于广泛的利益相关方，以及被要求和社会活动的目标保持一致，从而使得组织的社会使命稳健性得到进一步保障。

社会价值创造的常规性是指一家组织通过核心商业模式和日常经营活动来创造社会价值。当组织创造社会价值的活动主要服务于领导人的个人偏好，或作为管理公共关系的工具，或作为临时应对危机的手段，而没有嵌入组织的商业模式和日常活动中去，那么社会使命的优先性很难得到保障。我们来看看获得 2006 年诺贝尔和平奖的孟加拉国格莱珉银行（Grameen Bank）如何将社会使命融入它的获客方式。格莱珉银行在孟加拉国不允许新建的分行在第一年内就发展超过 100 个贷款者。只有当一家分行的头 100 笔贷款完全得到偿还后才能获准加速运作。每一名经理都清楚他们在一个地区建立分行的首要任务不是扩张业务，而是深入了解当地的贫困人群和风俗文化，从而有效地识别和服务真正的穷人。当经理人员来到一个新的地区开分行，他们没有办公室、没有住的地方、没有可以接头的关系。格莱珉银行避免为他们提供舒适的资源，从而使他们在穷人的眼中不同于一般的银行和政府官员——那些人通常受到热烈欢迎和盛情款待，并下榻在富有的村民家里。格莱珉银行的员工刚到一地时可能住在废弃的空房子或学校招待处，而且必须为住宿付费。他们被禁止去富人家赴宴。分行经理与副经理每天要步行若干英里会见村民，向他们讲解组成借贷小组的程序，以及格莱珉关于“只接受最贫困人群”的政策。村民们常常不相信这些谦恭的访客是银行的职员。他们不相信任何有硕士学位的人会在如此贫困的村子里工作。

这些组织制度的安排是为了使社会使命体现在与客户打交道的细节之中，并经由这些细节得到保障和强化。优秀的社会企业常常是那种当你看它商业模式的核心元素例如客户定位、产品和服务的提供方式、定价策略、对成本和收益的界定方式、对资源提供方的选择时，能够感觉到社会价值扑面而来的组织。优秀的社会企业也是那种不需要听其长篇大论，而是通过观察员工的日常行为和选择就能清晰感受到其社会使命的组织。这种组织的社会使命优先性很难改变，因为保留和强化这一优先性可以从员工认同、社会声誉、利益相关方支持等各个方面为组织带来竞争优势，而改变这一优先性不仅意味着优势的丧失，也将是一种组织成本极高的变化，并意味着对自我身份认同的颠覆。

社会价值与商业价值的协同效应是指以解决具体社会问题为核心来设计商业模式，从而使得社会价值和商业价值相互促进。为了保障社会使命稳健性，社会企业的商业模式不应该仅仅是用来为创造社会价值的活动提供资金，而是需要做到对一种价值的创造能够促进对另一种价值的创造。美国的眼镜设计、制造和销售企业 Warby Parker 是认证共益企业（B Corp），也是一家社会企业。Warby Parker 在 2015 年由著名商业媒体 *Fast Company* 评选出的 50 家创新公司中超越苹果公司位居榜首，也是美国增长速度最快的初创企业之一。该公司成立于 2010 年，2011 年 7 月获得 150 万美元投资，同年 9 月获得 1 200 万美元投资，2013 年 1 月获得 4 150 万美元投资并估值 1 亿美元，2013 年 12 月获得 6 000 万美元投资，2015 年 4 月获得 1 亿美元投资并估值 12 亿美元，2018 年 3

月获得 7 500 万美元 E 轮投资。Warby Parker 的眼镜由知名设计师设计，时尚和多样化程度同顶级时尚品牌不相上下，价格则是后者的 1/3 或更低，从包装到质量都力图实现超出消费者预期的高性价比。公司进行一系列商业模式创新，例如首推网上人脸-眼镜匹配系统，精准的社交媒体营销，贴心的试戴策略（寄送多副眼镜供试戴并免费收回）等。

但这些不是 Warby Parker 的全部。这家公司拥有一个社会使命：解决和眼部疾患有关的全球范围内的教育、健康和贫困问题。首先，公司通过买一副捐一副的方式在全球贫困地区投送眼镜，也就是每个月根据眼镜销量把同等数量的眼镜发放给在世界各地与之合作的非营利机构和社会企业。目前公司已经发放超过 500 万副眼镜。其次，公司通过这些合作伙伴为当地人群宣传眼部护理知识。再次，公司通过低价供货和培训的方式帮助人们创业摆脱贫困。进而，公司培训这些创业者为贫困人群提供宣传和基本眼部护理和治疗服务，在全球贫困地区开展眼部保健的社会运动。同时，Warby Parker 已经成为全球唯一实现"碳中和"的眼镜品牌。Warby Parker 的社会企业属性吸引了数量庞大的年轻"粉丝"、时尚消费者、社会责任消费者。影视明星、社会名流、时尚达人、顶尖设计师等免费为其代言和提供专业支持。这些因素帮助公司打开了社会价值—商业价值—社会价值的相互促进的螺旋上升通道。大部分商业企业乐于拿出部分商业资源创造社会价值，但很难做到真正通过创造社会价值推动商业业务的发展，从而难以形成两种价值的协同效应。部分原因在于：与商业模式脱节的社会价值创造活动难以调动资源提供者的信任和支持。形成协同效应的更可靠方式是基于社会使命来设计和实施商业模式，使商业价值成为社会价值的延伸，而不是反过来考虑如何在现有商业模式的基础上多创造一些社会价值。当协同效应得以形成，社会使命会变得十分稳健，因为社会使命漂移的成本会高于收益。

社会使命导向的决策模式是指组织以最优化实现社会使命为首要目的来进行决策。这意味着在决策函数等式的右侧是社会使命或预期的社会价值，而等式的左侧是一系列可能影响社会使命的要素，例如原材料成本、人员管理、目标市场定位、技术投入、外部投资等。当组织的内外部环境发生变化（例如原材料成本大幅上升），组织难以通过现有的要素组合方式来持续追求社会使命时，社会使命优先的决策模式要求调整或重新组合这些要素，例如降低成本、激励员工、调整市场定位、技术创新等，来保障组织能够在财务可持续的情况下最优化地接近社会使命。与此相反的决策模式是将商业价值放到决策函数等式的右侧，而把社会使命放到左侧作为服务于商业目标的要素之一。在遇到困难情况时，组织会通过牺牲社会使命的方式实现最大化创造利润。格莱珉达能的例子说明了什么是社会使命导向的决策模式。这是一家由孟加拉国格莱珉信贷银行（Grameen Credit Agricole）和法国达能食品集团的社区基金会（Danone Communities Fund）合资建立的社会事业（Social Business，关于社会事业的介绍请见附录）。格莱珉达能成立于2007年，为孟加拉国营养不良的儿童提供酸奶产品。一杯80克售价约5塔卡（约4角人民币）的酸奶，可以满足一名儿童一天所需维生素A和铁、锌、碘等微量元素的30%。到2012年，每日销量由5 000杯增长到8.7万杯。由于牛奶等原料价格的大幅增长，格莱珉达能突然面临艰难的选择。是大幅提价，把市场重点转移到城市富裕人群，还是进行大量补贴以牺牲财务持续为代价继续服务贫困人口？对于要求持续创造社会和商业双重价值的社会企业，这些选项都不可行。在科研人员和管理团队的努力下，格莱珉达能通过改进配方、改变包装和配送的方式，使得价格小幅提高到贫困人群可以接受的6塔卡（约5角人民币），包装容量缩小到50克，但仍然满足儿童一天30%的营养需求。得益于坚持这种以社会使命为核心考量的决策方式，格莱珉达能在孟加拉国乡村的酸奶市场上逐渐独占鳌头，并预计在2020年实现市场占有率和盈利水平的重大突破。

能否在困境面前坚持社会使命导向的决策模式是对社会企业的一大

挑战。一个组织的价值观是由组织在困难面前做出的选择来塑造的。企业社会责任并不要求企业坚持社会使命导向的决策模式。商业企业大可在困难局面下削减或停止社会责任活动。与此不同，社会企业一方面不能放弃财务绩效而蜕变成依赖捐赠的慈善机构，另一方面更不能通过社会使命漂移来实现财务增长。社会企业必须在社会使命和商业目标之间取得平衡，同时在各种条件限制下最大限度地实现社会使命，商业目标则可以灵活调整。这种社会使命导向的决策模式能够有效保障社会使命的稳健性，这也是社会企业和承担社会责任的商业企业之间的一个根本不同。

社会价值创造的系统性是指组织对全价值链进行整体设计，从而在价值链条的多个环节上最大化地创造社会价值。格莱珉优衣库（Grameen-Uniqlo）是一个典型例子。格莱珉优衣库是亚洲第一服装品牌日本迅销公司（Fast Retailing）和孟加拉国格莱珉银行在2011年合资建立的社会事业。截止到2018年底，格莱珉优衣库在孟加拉国达卡共开有15家店。这家公司在产品设计、原料采购、生产制造、销售等各个价值链环节上最大化地创造社会价值。该公司针对孟加拉国的社会问题设计服装。例如孟加拉国是洪水高发地区，由此带来的血吸虫病成为严重的社会问题。格莱珉优衣库在布料选择和设计工艺上下功夫，设计出成本低廉又能防止血吸虫侵入皮肤的防水服装。该公司采取在当地采购的模式，避免由于长途运输带来的环境污染和能源消耗问题。该公司采取在当地生产和雇佣的模式，在当地建立小型工厂，最大限度雇用当地居民以解决就业问题，并为员工提供从营养保健教育到小额信贷的多种服务，帮助他们尽快摆脱贫困。格莱珉优衣库还在销售时推出公益衬衫品类，销售收入全部捐给扶贫事业。公司销售利润不是用于股东分红，而是由董事会决定如何再投入到产生社会价值的活动中去。这种在全价值链上系统地而非零敲碎打地创造社会价值的企业行为，使得各个部门、层级和地区的组织成员对社会使命形成一致的认识和高度的认同。这一方面能够最大限度地实现企业的社会使命，另一方面显著提高了社会使命漂移的成本。

五种保障社会使命稳健性的价值创造机制对组织的决策和执行能力有着不同的要求。这些机制侧重于不同的组织活动，例如利益相关方管理、组织制度体系设计、商业模式设计、决策模式的设计与实施、价值链条活动的设计等。同时这些机制之间又有着深层次的内在联系，例如把社会使命嵌入商业模式和日常业务活动中有利于增强对利益相关方影响的统合性，又例如在全价值链上系统地创造社会价值有助于发掘在社会和商业价值之间形成协同效应的机会。保障社会使命的稳健性并不要求一个组织同时采用所有的稳健性机制，因为同时采用所有机制会是一个十分复杂的过程，也并非所有的机制都适用于全部社会企业。尽管如此，我们鼓励一个组织努力建立和维系至少一种稳健性机制，这将使该组织的社会使命优先性得到远较于没有稳健性机制时更有效的保障。

结　语

本书的主要观点是：社会使命稳健性是社会企业与商业企业的一个核心区别，也是判定社会企业的一个核心标准。本书的案例从不同程度上展示出社会使命稳健性机制在实际运行中是什么样子，以及有怎样的挑战。一个很重要但本书无法回答的问题是：社会使命稳健性与组织的商业绩效之间是怎样的关系？如社会使命稳健性较强的社会企业与社会使命稳健性较弱的社会企业相比，拥有社会使命稳健性机制的社会企业与商业企业相比，是否在获取资源、规模化、持续经营等方面具有竞争优势？一些人的回答是否定的。例如有人认为社会企业比做商业企业更难做，存活率更低。有人认为社会企业发展好了也就变成商业企业了，社会企业只是一个过渡阶段。

与这类观点不同，本书提出的假设是：社会使命稳健性可以为社会企业带来竞争优势。例如，清晰和专注的社会使命相较于不清晰和游移不定的社会使命，更可能转化为企业的社会资本，包括利益相关方对企业的高度信任，以及基于信任形成的支持性的社会结构（例如集体身份和对行为的共识）和稳定的互惠关系。这种社会结构和互惠关系可以帮助企业获得深入、持久的来自客户、员工、商业伙伴、媒体、供应商、政府等方面的支持。社会资本也可能在企业遇到财务和声誉等方面的危机时起到关键的保护作用。

社会使命向社会资本的转化可能通过至少以下两个过程来实现。

首先，社会使命稳健性机制使得组织对不同利益相关方展现出来的形象和其使命相一致，并且清晰可信。我为什么需要你和相信你？这是所有初创企业要回应的核心问题。一种产品或服务切中社会的痛点，满足社会的刚性需求，对于企业初始阶段的成功固然重要，但企业的持续发展需要累积有效的社会资本。社会资本不是靠企业说出来的，也不是靠评奖评出来或媒体报道出来的。它是通过用社会使命来指导组织发展的各个方面而实现的，包括产品研发、员工管理、客户定位、营销、定价、合作伙伴选择、组织文化建设等。也就是说，社会资本是靠在日常行为的各个方面持续呈现出清晰和一贯的组织形象，从而塑造牢固的利益相关方预期而逐渐形成的。组织在面临困难和诱惑时的选择会强化或弱化正在累积的组织形象。许多企业看似有清晰而坚定的社会使命，但是缺乏淘汰可能弱化这一使命的行为的能力，缺乏强化可以凸显这一使命的行为的能力，也就是缺乏社会使命稳健性机制。这样的企业很难建立起有效的社会资本。

其次，利益相关方围绕企业的社会使命形成集体身份，并认同于这一集体身份，是另一个重要的建立社会资本的过程。这里的关键问题是：利益相关方是否把企业的使命看作大家共同的使命，并愿意为之做贡献？你的员工是否理解你的使命？你的客户和业务伙伴是否不仅仅是在和你做生意，而更是因为在做生意的同时能帮助解决社会问题而自我感觉很好？如果一个企业能够把“我”的使命变成“我们”的使命，那么在其他企业难以获得资源时，它就可能更有效地获得资源，也可能更有效率地扩张。实现这种转变的前提条件是组织具有稳健的社会使命。

一个组织是否可能正是因为它是社会企业，因为它具有稳健的社会使命优先性而做得很成功？有哪些因素会影响社会使命稳健性和组织成败之间的关系？这里又有哪些机制在起作用？这些问题有待研究和实践来回答。希望本书的案例能为回答这些问题现出蛛丝马迹。我们诚挚地邀请每一位读者来一起回答这些问题，在阅读本书的过程中形成你自己的答案。

（赵萌，人大尤努斯中心联合主任）

附录：什么是社会事业（Social Business）

2006年诺贝尔和平奖得主穆罕默德·尤努斯（Muhammad Yunus）教授将社会事业定义为一种为了持续地解决社会问题而存在的、不亏损也不分红的公司组织。“不亏损”指的是社会事业是商业注册的公司，在市场上竞争并获取经营性收入，而不是依赖捐赠、政府资助等非市场性收入。和任何一家公司一样，社会事业如果亏损就无法持续下去。“不分红”指的是社会事业的全部利润重新投入到扩大经营规模、改进产品和服务等活动中去，目的是更好地解决社会问题，创造更大的社会价值。

根据尤努斯教授的划分，社会事业主要分为两类：一类是专注于社会使命的社会事业型企业，如专门提供符合穷人需要的产品；另一类是在股权上为目标受益人群（如穷人和弱势群体）所有，目标受益人群可以从经营中获得直接红利或间接利益，并在此前提下可以从事任何营利性业务的社会事业型企业。

格莱珉创意实验室（Grameen Creative Lab）的联合创始人尤努斯教授和汉斯·雷茨（Hans Reitz）指出，社会事业的框架建立在七项基本原则之上：第一，社会事业以解决威胁人们生存和生活质量的社会问题为目标，而不是以实现利润最大化为目标。这些社会问题领域通常包括贫困、教育、健康、技术可获得性、环境保护等。第二，社会事业的财务和经营可持续。第三，社会事业的投资者仅收回本金，而不获取利润分红。第四，偿还投资者本金后，社会事业的全部利润用于扩大和改善公司经营。第五，社会事业确保性别平等、环境友好。第六，社会事业为员工提供有市场竞争力的报酬，以及优于市场平均水平的工作环境。第七，享受工作。

与传统商业企业相比，社会事业的法律属性、组织管理、产品与服务、市场竞争、组织结构和运营方式等方面同样有着清晰的盈利模式和竞争与扩张策略，收回其投资的资金，可以具有很高的盈利能力，甚至可以上市。但是，社会事业不能分红。盈余不是转移给投资者，而是再投资于业务，最终以低价格、更好的服务或更大的可获得性的形式转移给受益人的目标群体。这是因为社会事业不仅仅是利润驱动的，其目标与传统商业企业有着本质不同。社会事业存在的理由不是赚钱，而是解决社会问题，所以全部利润应该用于更加深入和彻底地解决社会问题，而不是分给股东。

值得注意的是，社会事业并不等同于社会企业（Social Enterprise）。社会企业是各种具有社会使命优先性，用相对创新的方式解决社会问题，同时具有机制保障社会使命不会轻易漂移的有组织行为的统称。社会企业可以是注册公司，也可以是非营利组织，可以分红，也可以不分红。相当大比例的社会企业缺乏清晰商业模式、市场竞争力和可扩张性。当然，社会企业并不必然追求持续扩张和增加经营收入。尤努斯教授认为，社会事业和社会企业的关系在于，社会事业是广义社会企业的一个分支，是一种更加纯粹的社会企业。此外，从已有经验来看，社会事业在组织管理水平、创新水平、社会影响规模和财务可持续性上比社会企业平均水平要高出许多。

附注：案例企业社会使命稳健性机制汇总（见附注表1）。

附注表1　案例企业社会使命稳健性机制汇总

序号	企业	保障社会目标稳健性的权力机制	社会价值创造的常规性	业务发展中的社会目标稳健性	诱惑和危机应对中的社会目标稳健性	对利益相关方影响的一致性
1	Power-Solution	（1）企业创始人具有绝对的决策权力；（2）企业每年的盈利都要拿出固定比例用于产品的研发，跟踪满足BOP人群的需求	企业创始人对企业设定的使命和目标完美地贯彻在整个运营流程上：（1）从外贸转向自制的目的就是提高品质，研发的目标也是提高品质，降低成本，从而生产BOP人群买得起的高品质产品；（2）企业选拔和培养人才时坚持“德才兼备重用，有德无才培养使用”的原则；（3）对销售人员、供应商的要求，是定期组织深入最底层的用户，收集他们的需求，同时提高对自身使命价值的认同	（1）企业选择从已经成熟的获利丰厚稳定的外贸业务转型到微利的为BOP人群服务的制造业，本身就遇到非常大的内外阻力，由于创始人的坚持，目前的所有运营都在为这个目标服务；（2）由于使命坚守和对产品质量、成本控制的追求，产品市场在用户口碑的影响下不断扩张；（3）在面临国际上类似企业的竞争的情况下，它们的使命和努力，为它们最终获得该领域包括世界银行Lighting Global团队、壳牌基金、亚洲开发银行等在内的多家国际组织和投资机构的认可和资助	（1）企业产品的高质量的确吸引包括欧洲在内发达国家的商家进行采购，但是由于企业对服务BOP人群的目标非常坚定，为了避免精力分散和企业目标漂移，企业始终围绕BOP人群的生活环境和需求进行产品研发和销售，并不主动服务和开发欧美市场；（2）企业一直以来的经营都是以自身能够承受的速度稳步进行，因此尽管扩张需要资金，但是通过资金和业务的规划，企业主要采用自身利润再投资和创始人自己追加资金的方法进行扩张，从外部只接受用于本企业目标的基金或者国际相关组织或非营利项目的孵化资金	公司取名诚信诺，不仅是表明对用户诚信，而且是表明对供应商、最终用户、员工诚信。创始人李霞强调公司员工的平均薪酬水平要略高于行业平均水平，并将更多的利润分配给关系到公司长期发展的部门，积极探索员工持股等长期激励手段，拟向优秀员工和管理层分配股权或进行分红

续表

序号	企业	保障社会目标稳健性的权力机制	社会价值创造的常规性	业务发展中的社会目标稳健性	诱惑和危机应对中的社会目标稳健性	对利益相关方影响的一致性
2	山水伙伴	(1) 山水伙伴与合作蜂农签订的协议中，明确规定了符合“生态公平”理念的蜂蜜才会被收购；(2) 山水伙伴每年将销售收入的10% 回馈村民和村集体，并切实监督回馈基金的使用情况	(1) 从员工角度看，山水伙伴的员工在加入这个组织时，怀有对环境与社区做出贡献，成为支撑的期待。(2) 从采购角度看，熊猫森林蜜的采购标准是环境友好、生态促进的，因此机构构建和履行了一套规范和评价制度，对收购对象环保责任的履行与收购价格之间进行关联；(3) 在销售回馈基金使用上，山水伙伴构建了一套社区治理的引导机制，使村民和村集体对销售回馈使用方向上始终围绕着生态保护与社区赋能	2018 年蜂蜜产地遭遇极端天气状况，蜂蜜大规模减产，引发销售端的供给不足，但是山水伙伴始终坚持蜂蜜本身的环保要求和质量标准，并未改变蜂蜜收购的对象要求和质量标准	山水伙伴是从非营利组织山水自然中的一块业务脱身出来的，创始人郑岚的目的是为环境保护寻找可持续的解决方案，因此生态保护是她和企业运营的根本目标。投资人亦是从这个目的出发，因此投资时没有要求商业回报，很少干预企业的决策与运营。重大决策基本由作为实际创始人的管理层决定，这保证了在面对危机和诱惑时的初心不变	企业非常注意维护合作蜂农与村庄其他蜂农和村民之间的利益平衡。在销售收入返回的分配上，兼顾合作蜂农和村庄的均衡，保证村庄其他力量对于合作蜂农和企业生态保护目标的支持

续表

序号	企业	保障社会目标稳健性的权力机制	社会价值创造的常规性	业务发展中的社会目标稳健性	诱惑和危机应对中的社会目标稳健性	对利益相关方影响的一致性
3	ABC	ABC在进行日常决策时，由10名全职员工经讨论决定，重大决策由所有志愿者共同决定	（1）ABC拥有优质的品牌形象，因此无论是项目申请还是志愿者招募，都处于供大于求的状态，ABC的管理团队仅挑选与自身能力匹配的项目以及出类拔萃的志愿者。就目前来说，ABC通过严格的事前筛选保证了服务质量和口碑。（2）ABC的管理团队通常为具有长期志愿经验的志愿者，他们与专家相互配合，并采用一套标准化的程序。ABC累积经验，创立了自身稳健的管理体系，并将研究成果对外分享	ABC早期为非政府组织（NGO）提供免费服务时，项目成本主要依靠创始人自身投入的资金。ABC转型后开始采取收费模式，但收费标准依然很低。ABC保证了社会目标处在核心地位，成本与收益的缺口通过筹款补足。ABC的口碑带来了很多合作方和资助方，因而具备充足的资源，实现了“自我造血”	ABC的客户包括大基金会、大公益组织、大企业的社会责任部门、社会企业和大量草根公益组织。虽然ABC越来越大，ABC低收费、专业的咨询服务供不应求，客户选择的空间很大，但是从公益初心来说，ABC希望草根公益组织得到企业级的咨询服务，所以ABC保证每年都提供一定数量的服务给这些草根公益组织；目前，服务这类组织的业务占到ABC总业务量的1/3左右	（1）ABC调和了NGO和专业志愿者的不同需求，NGO期待能以较低的价格获得最优质和专业的咨询服务，切实地解决自身现存的问题，而大多数专业志愿者自愿以免费的形式参与咨询项目，保证了服务质量，二者不存在利益冲突。（2）当遇到问题时，ABC充分尊重专业志愿者的意愿，比如ABC在决定转型（将免费咨询服务改为收费项目）时，全职员工和管理团队询问了每一位志愿者的意见，取得了大家的一致同意。（3）ABC在对行业进行能力建设的同时，致力于将更多资源倾斜到公益行业，包括人力资源与资金资助。（4）ABC资助方的目标是承担自身社会责任，将善款通过ABC导入到项目、NGO以及整个公益行业，双方均受益

续表

序号	企业	保障社会目标稳健性的权力机制	社会价值创造的常规性	业务发展中的社会目标稳健性	诱惑和危机应对中的社会目标稳健性	对利益相关方影响的一致性
4	工友之家	（1）工友之家尽管按照工商注册程序注册成立，实际上按照非营利的方式运营，其收入包括捐赠收入、低收费收入。捐赠收入限定用于捐赠目的，其他收入和利润按照集体主义经济的方式，用于各业务的需要或者发展新的业务。（2）长期以来，在治理中采用专家顾问理事会加上团队内部的合作社治理模式，践行国际合作社联盟关于合作社的七项原则，特别是坚持治理机制上的自愿和开放、民主控制、自治和自立等，经济上采用集体经济模式，资源全部纳入集体决策使用。（3）后期，随着国家总体战略的改变，工友之家随之有所调整，资金和劳动贡献的话语权有所增加。特别是公益基金投资同心互惠之后，同心互惠分红部分明确规定用于流动儿童教育	（1）工友之家从创办以来，随时发现打工者的需求，并以民主讨论和决策的方式，对这些需求进行及时回应，由此产生了包括新工人歌曲创作演出、依法维权、技能培训、打工春晚、二手衣物出售和创办打工子弟小学、打工文化艺术博物馆、文学小组等一系列文化和社区服务及活动。（2）随着国家战略转型，打工者从城市返流乡村，工友之家也将业务延伸到乡村的文化建设和社区建设。（3）同心互惠的服务对象从打工者延伸到郊区县的乡民，收益则服务于流动儿童教育。新的业务，例如同心营地、大地民谣，也开始采用业务服务收入的形式（有的采用交叉补贴形式），通过服务部分市民收费和乡村政府文化购买，支撑和普及乡村文化特色村镇的建设试验	（1）工友之家对新工人阶层的定义和劳动价值的倡导，特别是对合作社精神和集体主义经济的理解及其所进行的实验，与社会上现有的制度和经验差异非常大，摸索的过程一定程度上影响了机构运营效率。它在解决政策夹缝导致的打工者困境问题的同时，自身也经常陷入政策夹缝的困境。工友之家17年来一直坚持这些理念和价值观，虽然多次面临由于环境变化而产生的大危机，但是都因为它的核心团队对理想和使命坚持及其所带来的社会各界和员工的支持和坚守而渡过。（2）同心互惠服务打工者的定位，也让很多商业机构远离对它的投资，但是它最终吸引了公益投资基金的关注和投资，在确保社会使命不偏离甚至更为清晰明确的前提下，获得了更快的发展	在合作社原则指导的民主治理模式下，工友之家的使命非常清晰，坚持得非常彻底甚至“决绝”，它限制了一些资源的进入，例如拒绝与其使命和定位不符的业务，但是也保证了所接受的资源的提供者目标完全符合本机构的使命和目标。但是，这种民主治理的方式，在资源相对很少，而且主要是以捐赠为主的情况下比较容易坚持，如果未来资源增加，特别是交叉补贴等业务增长时，即更多采用市场化运行的情况下，现有的决策机制会面临挑战	（1）工友之家崇尚集体主义经济和民主治理，因此在内部，创始人、员工同吃同住同劳动，收入差距非常小。（2）为打工者提供的各类服务和社区建设，都是以无偿或者非常低收费的方式进行。（3）与专家、学者的合作非常紧密，专家学者参与治理和理论指导；（4）与政府基层部门密切配合，共同探索打工社区和打工文化的建设，成为相关学术研究和政府探索打工社区治理的实践基地

续表

序号	企业	保障社会目标稳健性的权力机制	社会价值创造的常规性	业务发展中的社会目标稳健性	诱惑和危机应对中的社会目标稳健性	对利益相关方影响的一致性
5	灵析	机构锁定公益机构为服务对象，本身就锁定了机构发展的社会属性定位	（1）研发。公司的服务对象是公益机构及社会组织，其产品的研发是紧紧围绕公益组织的需求和痛点来进行的。从最初的社群管理系统，到灵析 1.0，再到灵析 2.0，公司围绕公益组织的需求，不断迭代更新，为公益组织提供全方位、多场景的技术管理工具。（2）定价。针对公益机构的不同需求，公司开发出不同版本的灵析产品，并对不同版本采取了不同的定价方法，以最大限度地满足公益组织的需求。相对于国内外同类产品，灵析产品的功能针对性强、服务质量好，定价低。（3）人员雇佣。在人员雇佣和管理上，灵析不强调制度和规则，而是强调共同认知和价值观。“Do good，Be proud，Make history”是公司的价值观和雇佣理念。（4）投资方选择。公司在投资者选择	（1）2012 年起，公司开始为公益机构提供技术管理工具。（2）经过七八年的发展，公司在公益机构领域积累了许多人脉和技术，百分之八九十的公益机构都是公司的客户。这些在一定条件上构成了公司的隐性退出成本，能在一定程度上保证公司的社会目标不漂移	公司在投资者选择方面比较谨慎，不是选择以最大化利润为目标的财务投资者，而是选择与公司经营理念相同的公益投资者。在公司发展早期，随着灵析 1.0 的推出，公司用户不断增加，经营逐渐步入正轨，但盈利依然很有限。一位有银行背景的朋友邀请易昕加入他的 IT 团队，想到自己服务公益机构的初心，易昕果断拒绝了	（1）在员工利益上，首先是保证合规、合法的社保保障和按时的薪酬发放与其他福利。在福利上，给予实习生同样的相关福利，从基础上认同劳动价值，而不是层级价值。其次是健康保障福利制度，灵析在创立之初（2012年）开始给全体员工购买补充医疗保险和体检服务，这样，大家生病时，就能没有压力地去看病，及时检查，及时治疗。这对于有大量北漂员工的团队是重要的。（2）员工利益保障的基础除了制度还有文化，扁平的结构给予员工充分表达的机会。企业鼓励人们正面表达和正面冲突，坚决拒绝背后告状。在有不同意见时，多方平面对话，确定问题，解决问题。心里的安全感至关重要。（3）在客户利益保护上，企业保证合法、合规经营，尤其是在

续表

序号	企业	保障社会目标稳健性的权力机制	社会价值创造的常规性	业务发展中的社会目标稳健性	诱惑和危机应对中的社会目标稳健性	对利益相关方影响的一致性
			方面比较谨慎，不是选择以最大化利润为目标的财务投资者，而是选择与公司经营理念相同的公益投资者			财务、税收、政策方面，保障客户和自身的安全。(4) 企业除了改进发展自身的产品服务，也要日常为客户多争取关联资源，以备客户发展的不时之需。(5) 作为 IT 公司，涉及帮助客户处理大量的数据和信息，所以信息数据安全保障是首要的。这方面投入资金 \ 技术进行公安部门国家信息安全等级保护三级认证（非金融类机构的最高等级认证）、投入资金 \ 技术 \ 制度进行 ISO27001 信息安全制度认证。通过认证辅助改善内部制度，进行自检
6	无障碍艺途	除了创始人个人信念外，团队的信念也是非常坚定的；WABC 成立了基金会，基金会的章程等有助于其社会目标的稳健	WABC 逐渐在全国范围内扩展，并从前期的直营向加盟扩展，目前在全国已有 20 个城市中心，覆盖了 50 个社区和 4 000 多名学员。机构通过开设免费艺术疗愈课程来帮助学员融入社会，同时通过开办	(1) WABC 属于公益型的社会企业，主要通过承接政府项目、企业社会责任项目、基金会项目和公众筹款项目来实现其促进精神或智力障碍人群融入社会的目标，这些项目没有利润，资金全部用于开展	WABC 没有引入外部投资，没有其他投资人。虽然有理事会，但是理事主要是顾问身份。目前看起来，WABC 的社会目标稳健性主要是创始人及其有共同价值观的员工来决定的	WABC 的主要利益相关方有学员及家长、员工、志愿者、客户（包括发布项目的政府部门和企业）、社会公众、合作的基金会等。由于不同利益相关方的诉求不同，所以对待它们的方式自然会是不一样

续表

序号	企业	保障社会目标稳健性的权力机制	社会价值创造的常规性	业务发展中的社会目标稳健性	诱惑和危机应对中的社会目标稳健性	对利益相关方影响的一致性
			画展、策划大型活动等来改变社会公众对于这一特殊人群的认知，同时也开展画作、衍生品等的销售来创造经济价值。可以说机构的各项工作都在有条不紊地开展，运营上也更加专业和成熟	项目所需的各项活动。（2）WABC 也开始尝试开展一些有商业色彩的项目，主要是画作版权销售、衍生品销售，同时，尝试设立了线下门店，但目前在总收入中占比还比较小。线下门店虽有风险，但是主要还是依托政府项目，所以并没有显示出经营上的困难。总体来说，WABC 具有较强的筹款能力，项目资金比较充足，没有显示出由于财务困难带来的决策困境		的。学员及家长、志愿者、客户、社会公众是 WABC 重要的利益相关方。（1）对于学员及家长，WABC 主要通过提供免费课程、分享部分版权收益以及提供一些交通补贴等方式来满足他们的诉求。（2）志愿者是 WABC 运营过程中的重要输入，WABC 有比较完善的招募志愿者和管理志愿者的机制。（3）客户，特别是企业客户，是 WABC 非常关注的利益相关方，目前主要通过营销活动，以及设计更为成熟的项目，如公益彩圈等，来获得客户的认可。（4）社会公众是 WABC 致力于改变其认知的群体，也是公众筹资的资金来源，WABC 主要通过画展、宣传以及一些开放的社会融合活动等引起他们的关注，甚至获得认同和支持

续表

序号	企业	保障社会目标稳健性的权力机制	社会价值创造的常规性	业务发展中的社会目标稳健性	诱惑和危机应对中的社会目标稳健性	对利益相关方影响的一致性
7	黑暗中对话［DID（中国）］	(1) DID（中国）组织框架最上面是极光咨询有限责任公司，下面有在工商局注册的公司和在民政局注册的民间非企业单位（简称“民非”）。公司拥有黑暗中对话在中国的代理权，每年向德国总部（本身就是社会企业）缴纳一定比例的加盟费。(2) DID（中国）有三个创始股东，蔡史印是大股东，担任公司CEO；另外两个股东不参与公司管理，主要扮演顾问导师的角色。DID（中国）有一个精干的高层管理团队以及由成都、深圳、上海体验馆管理层组成的高层管理微信群，大家在群里交流沟通，并对公司许多政策和事项做出决策。(3) DID（中国）创始人兼CEO蔡史印持股68%，员工持股12%，其他两位股东持股各10%，确保创始人对机构的绝对控制。(4) 机构业务天生具有社会属性	(1) DID（中国）体验馆的核心流程和标准产品来自德国总部，这些流程和产品本身就限定了该企业以社会使命为目标。此外，DID（中国）还要根据市场和客户需要尝试开发本土化的新产品，公司设定这些产品的目标是促进社会融合，因此从产品发端就自带社会属性。(2) 产品的社会属性大小还跟产品对公众的影响相关，DID（中国）跳出最初收益高的培训，投入对公众教育的体验馆，是典型的以更大社会目标为主，而非以稳定的商业利润为主的决策思路和经营模式选择。(3) 在员工聘用上，DID（中国）雇佣了96名视障和听障员工（占总员工人数2/3）。其对员工的培训内容超出了工作技能本身，更多的是培养一种自我认同，以其创造的价值服务顾客，在社会平等地赢得报酬和尊重	DID（中国）有两个主要的业务：工作坊和体验馆。工作坊是商业性的，主要面向企业团建客户，收费比较高；体验馆主要面向社会公众，服务于社会目标，为社会公众提供体验、反思的场所，据此改变他们对视障人群的认知，从而促进社会融合。工作坊收益很好，体验馆投资大，所以工作坊在早期的时候收益会反哺体验馆。最困难的时候创始人也曾向家里借钱给员工发工资，即便如此，也没有放弃社会使命。目前三个体验馆都已经能够自负盈亏，所以不存在因商业困难而损害社会目标的情况。保障机制应当主要靠创始人个人的坚持	DID（中国）在创建的时候就引入了影响力投资，投资方有分红的意愿，但是最初DID（中国）注册的是民非，政府对民非开展经营性的活动也有限制。所以，2014年DID（中国）专门成立了一家公司，所有的经营性活动都放到公司来做，民非只做非营利项目。DID（中国）共有三个创始股东，但主要角色是蔡史印，另外两个基本上是导师的角色，占股也很小	DID（中国）的主要利益相关方有员工（包括全职和兼职）、客户、社会公众、投资人、竞争者。由于不同利益相关方诉求不同，因而公司对待其的方式也不同。目前对于DID（中国）来说，重要的利益相关方是员工和竞争者。(1) 员工（包括全职和兼职，以视障人群为主）也是被服务的对象，DID（中国）通过培训和工作帮助他们成长，未来的目标是让他们有更广阔的就业前景，被社会接受和认可。(2) 竞争者是目前DID（中国）发展中很棘手的制约因素，主要的原因是盗版和不正当竞争。(3) DID（中国）有健全的财务制度，严格遵守国家相关的法律法规，例如足额缴纳相关税收，履行与德国总部之间的知识产权契约，足额支付相关特许费用等，即便在最困难的时候，也不动摇

续表

序号	企业	保障社会目标稳健性的权力机制	社会价值创造的常规性	业务发展中的社会目标稳健性	诱惑和危机应对中的社会目标稳健性	对利益相关方影响的一致性
8	保护豆豆	（1）企业所处的儿童性教育领域本身就带有很强的社会属性。（2）保护豆豆是由胡佳威、李治浩联合创始的，其中胡佳威对儿童性教育具有天生的热情，只负责公司的产品研发和战略，其他事务全部由李治浩负责。分工非常明确，决策权在两位创始人中获得良好协调，保证了公司能始终坚守“让所有的孩子都有机会获得性教育”的使命	（1）保护豆豆的产品与服务均围绕儿童性教育进行探索，产品与服务均是与儿童性教育的使命息息相关的。（2）从内部人员招聘的角度来看，保护豆豆只招聘那些与本公司价值观一致的员工。在面试过程中，会询问如何看待婚前性行为、如何看待同性恋、如何看待多元性取向、如何理解社会性别等问题，只有基本符合价值观的才会被录用。（3）保护豆豆加入由国际组织玛丽斯特普牵头成立、多家公益组织参与的线上性教育支持平台，将公司的免费课程包和网课放在平台上供志愿者和老师学习	目前，保护豆豆尚未规模化，公司只有7名员工，所有核心决策都是由公司的联合创始人胡佳威、李治浩做出的。胡佳威从大一开始就积极参与性教育项目，毕业之际更是为了性教育创业而放弃条件不错的工作机会，因此胡佳威对儿童性教育的坚守是不言而喻的；李治浩一开始在政府部门工作，在接触了社会企业的概念以及性教育领域之后，创业的决心也很坚定。因此，在现阶段，在创始人的坚守下，保护豆豆做好儿童性教育的目标不会改变	（1）保护豆豆只招聘那些与本公司价值观一致的员工，从源头上避免由于内部人员价值观不一致而导致使命发生漂移的情况。（2）保护豆豆只吸收那些跟企业发展价值观一致的投资人的资金。一些潜在的商业投资者鼓动企业制造家长焦虑，将“性”只限定在性侵这样狭隘范畴的思路，贩卖“吸睛”话题课程，这类投资人的资金，保护豆豆坚决不收	（1）企业对待员工能给予正常的工资，不存在压榨行为；（2）能够把竞争者转变为自己的合作伙伴（比如玛丽斯特普），共同培育市场；（3）也能为顾客精心打造更成熟的课程，因此，能形成较为良好的盈利模式循环

续表

序号	企业	保障社会目标稳健性的权力机制	社会价值创造的常规性	业务发展中的社会目标稳健性	诱惑和危机应对中的社会目标稳健性	对利益相关方影响的一致性
9	一公斤盒子	（1）机构的重大决策，由决策委员会来讨论决定。这个机制是由三个部门共同组成。决策委员会的机制，是三个月一次的所有全职员工的闭门会——所有三个部门、CEO、行政都参加的大会。（2）公司明确规定，不分红。（3）公司锁定为乡村学校提供素质教育方面的产品，行业本身具备极强的社会属性	该公司价值创造机制很明确，是乡村教育方向。产品开发、销售等均围绕这个导向。（1）其商业模式是通过基金会、企业社会责任部门、捐赠人等第三方购买产品和培训，公司最终服务于使用产品和培训的乡村小学。（2）开辟创育者计划，通过公司的设计和运营，帮助乡村教师在教育理念和教育手段上的自我提高，激发乡村教师的创造力和动力	机构的业务很大程度与产品设计相关，设计人才的市场非常活跃，机构人员流失严重。为此，机构选择和使用了一套非常完善高效的工作管理软件，每一个环节的工作内容都可在系统内实时更新，这保证了人员流动情况下的工作连续性	（1）机构区分不同投资者进行考虑。如果是投资人本身对公益的底层逻辑理解不够，是能力和意识不足问题，但用心是好的，这种情况是可以沟通和影响的。但如果是本身价值观有冲突，他无法理解公益的核心价值，合作会损害服务群体的利益，那么这样的投资是有害的，公司会坚定地拒绝。（2）机构认为，社会问题的解决和商业不一样，不是规模扩张才会规模化解决，通过行业网络的建设推动行业合作，在自己机构规模不变的情况下也能实现服务对象规模增长或者社会问题更深度的解决。那么这个时候要关注机构影响力指数的增长，而不是执着于营业收入的增长，因而可以很大程度消解对资金的恐慌	（1）公司考虑到不同的利益相关方会有不同的诉求，例如，教师和校长、教育局的诉求都不一样，会采用不同的策略去沟通和满足他们的需求。（2）不同的资助方也会有各自的一些诉求，在不伤害受助群体的底线之上，对一些特定的诉求公司都会配合。比如，企业社会责任有品牌宣传和展现的诉求以及宣传素材的需求；基金会有流程合规的要求，审计合规的要求，公司对这些都会做相应的配合

续表

序号	企业	保障社会目标稳健性的权力机制	社会价值创造的常规性	业务发展中的社会目标稳健性	诱惑和危机应对中的社会目标稳健性	对利益相关方影响的一致性
10	联谛	（1）联谛成立之初，研究会占联谛 10% 的股份，在联谛有利润分红时，研究会能通过分红，反哺社会组织。（2）8 名残障同事持有联谛的股份，他们也会在不同程度上参与决策。（3）通过外部评审机制（社会企业、共益企业等方面）拿到认证，也足以佐证联谛作为社企的权力机制	（1）经营方面，联谛从设立之初就有研究会和员工持股，一定程度上体现了资产锁定，保证在经营决策方向上，社会初心不动摇。（2）技术研发方面，从首席专家到技术团队的搭建，都是在无障碍领域平均超过 8 年的员工，对无障碍有着丰富的经验。技术团队也保持着障碍群体工程师主导、健视工程师为辅的工作机制。（3）采购方面，采购部门同事均有残障同事参与决策，并优先考量无障碍情况较好的管理工具。如果没有，企业会尽量协同，采用多种协同沟通方式	企业发展到目前，并未遇到非常严重的困难。其始终以障碍用户的需求为产品目标。产品本身也是为障碍人群服务的。当出现社会项目成本大于收益时，管理层认为他们会首先考虑如何做会有益于障碍用户，有益于障碍用户的，哪怕是亏本也会进行	在筛选及刚开始接触潜在投资人时，团队一直保持审慎原则，即若不认同企业社会目标及发展路径的，不进行投资合作。企业目前的投资人都是价值投资者，而不是纯财务投资者。基于第一点，投资人对团队也是充分信任和授权，并不参与日常经营，这保证了团队创办联谛之初的社会使命不漂移	（1）直接购买企业产品的客户遵循一个基本原则，认同信息无障碍及其重要性，让更多障碍群体能通过他们的产品来融入社会等，这与本企业目标是一致的；（2）不同客户的产品和服务诉求不太一样，团队也会进行深度沟通和了解，提供差异化的无障碍解决方案，满足它们的需求

Power-Solution：用爱心照亮金字塔底层人群

我要做的绝不只是照亮 BOP 人群的生活，我还要把教育送到这贫穷的最后一公里，永远地点亮他们的人生。

——李霞

2015 年 7 月，经过六个小时的长途跋涉，Power-Solution 的创始人李霞一行终于抵达了此次非洲用户调研的目的地之一——肯尼亚南部游牧民族马赛人的聚居地。清晨的大地在阳光的照耀下逐渐苏醒，用树枝混着牛粪搭建的矮小简陋的房子就是他们所要拜访的马赛人的家。门前的空地上，五六个瘦小的孩子正在嬉戏玩耍。其中大一点的孩子看上去已经八九岁了，早就到了上学的年纪。看着他们，李霞不禁想起自己的两个孩子。此时，他们正在香港窗明几净的教室里享受着优质的教育，而这里的孩子却无学可上，甚至随时面临死亡的威胁。看着孩子们天真烂漫的笑脸，李霞不禁问自己：除了用太阳能灯照亮他们漆黑的夜晚，我是不是应该再做些什么，让他们也有机会接受教育，从而改变命运呢?

其实，如何让这些生活在金字塔底层的人用上清洁便宜的能源，如何改善他们的生活状况，让他们获得必要的信息和受教育的机会等，这些问题一直萦绕在李霞的心头，也是她不懈努力的方向——致力于用绿色能源改善全球金字塔底层（Bottom of the Pyramid，BOP）[①] 人群的生活品质。在李霞及其团队的不懈努力下，Power-Solution 从一家主营消费类电子产品的贸易公司逐步转型为一家生产太阳能照明产品的全球化

① BOP 的英文全称为“Bottom of the Pyramid”，即（经济）金字塔的底层。根据财富和收入能力，位于金字塔顶端的是富人，拥有大量获取高额收入的机会；超过 40 亿每日收入不足 2 美元的庞大人口群体，则生活在金字塔的底层。在全球范围内被忽视的、没有得到服务或得到服务不足的这 40 亿贫困人口将是下一轮全球贸易和繁荣的发动机，将是无穷无尽的创新之源。——C. K. 普拉哈拉德．金字塔底层的财富：为穷人服务的创新性商业模式．北京：人民邮电出版社，2015.

企业，并为全球无电地区的 BOP 人群提供可持续发展的太阳能解决方案。其自主研发、生产的太阳能灯已经走入了印度尼西亚、菲律宾、印度等 63 个发展中国家，遍及亚非拉，极大地改善了超过 400 万个家庭的生活。李霞自己也获得了亚洲开发银行的新能源领袖人物、2018 年度中国优秀社会企业家、2018“绿领先锋”青年环保创新计划（YGT）年度领袖等多个荣誉称号，然而，Power-Solution 的社会创业之路并不是一条坦途。

穷人的孩子早当家

“我的出身就是金字塔底层”，李霞回忆她幼年生活时说。①

1981 年，李霞出生在东北一个偏远的农村。由于家境贫寒，蜡烛、煤油灯是她儿时必备的生活用品。上初中的时候，虽然成绩优异，但李霞迫于家庭条件不得不辍学，母亲靠在中俄贸易边境卖馅饼来维持生计。每当忆及母亲在冰天雪地里做小本生意养家糊口时，李霞都忍不住心酸落泪。正是这样的成长经历，让她对 BOP 人群的艰难生活感同身受。16 岁时，家庭经济情况好转，在母亲的支持下，李霞得以在位于黑龙江鸡西市的一所民办外语学校学习英语。回忆起当时的情形，她说：

> 我从来不出去和同学玩，因为我的时间不是用来玩的，我的所有时间都是用来学习的。（每当）想到我妈妈站在雪地里卖馅饼供我上学，我（就告诉自己）必须珍惜学习机会。

鸡西求学经历中的一个偶然事件，在 16 岁的李霞心中种下了一个梦。当时，在黑龙江某高校读书的张囡囡应邀到李霞所在的学校作了一

① 文中直接引用的话语均摘自对 Power-Solution 创始人及员工的深度访谈。

场演讲。在演讲时她说："深圳是一个你努力就可以改变命运的地方！"说者无意，听者有心，这句话在李霞心中种下了一个深圳梦。[①] 李霞说：

> 当年她具体讲了什么我不记得了，我只记得一点：我要去深圳，在那里我可能会改写自己的命运，因为（深圳是）比较公平（的地方）。

然而，李霞也清醒地认识到，必须有一技之长，才有资格到深圳去闯荡。为此，她给自己定了一个目标：拿到大学英语四级的证书。这对于一个英语速成班的学生来说是个不小的挑战。为了实现这个目标，1999 年初李霞只身来到北京打工，边工作边学习。由于英语口语比较好，李霞很快就找到了一份旅游用品公司销售员的工作。这份工作不仅解决了李霞的生活费用，也让她获得了很多与外国游客对话的机会，她的英语口语能力突飞猛进。2000 年 12 月，李霞终于拿到了梦寐以求的大学英语四级证书。第二天，她谢绝了公司老板的挽留，毅然坐上了从北京开往广州的列车，抵达广州的那一天是她 19 岁的生日。在广州短暂停留后，李霞终于来到梦寐以求的深圳。回忆起当时的情形，李霞说是这趟开往自由、平等的新移民城市的列车开启了她人生的新旅程。

很快，李霞就获得了在一家外贸工厂工作的机会，由此开启了她三年的打工生涯。在这家外贸工厂，她首先担任的是生产线上的跟单员。由于肯吃苦、负责任、爱动脑，再加上英语流利娴熟，李霞得到了老板的赏识，从跟单转到销售，两年多后被推上销售主管的位置。这一经历，让她熟悉了外贸业务的全流程，也积累了管理经验。然而，2004 年一个偶然事件让李霞感觉到不被信任，自尊心受到了伤害，她决定辞去这份待遇不错且驾轻就熟的工作，自己创业。李霞新成立的公司名为

---

① 张囡囡老师目前任职深圳太阳能学会秘书长，20 多年后李霞和她重逢，有趣的是，她已经忘记自己说过的这句话了。

“深圳市诚信诺科技有限公司”，她从一开始就强调以诚信作为经营的根本，后来她将公司的核心经营理念确定为“诚立业、信行远、诺双赢”。

公司刚成立时非常艰难，没有员工、没有场地。但这一切并没有吓倒李霞，她自己租了一间农民房，买了一台电脑，就开始了自己的创业历程。谈到那时候的艰苦，李霞说：

> （我）白天找各种产品，找供应商进行比对，跑供应链。晚上跟进欧美的客户，每天睡得很少，基本上就几个小时。有时候差不多一个星期都是煮挂面（充饥）。煮面的时候加一点儿青菜，（这样）菜也有了，饭也有了。有时候一个星期都不出门，基本上就在这个小空间里面办公。

诚信诺科技有限公司成立之初，李霞瞄准的是高回报率的欧美国家以及新西兰、澳大利亚等发达国家市场，主要做消费类电子产品的出口业务。当时，公司主要负责给香奈儿、欧莱雅等国际知名品牌及一些航空公司做电子类促销赠品，积累了国际化经营的早期经验。为了增加利润，公司也进行了多元化尝试，将产品范围扩展到化妆包、水果篮等生活日用品和礼品包装等。产品虽然并不“高大上”，但是加入世界贸易组织使中国经济进入高速发展期，国际贸易一片繁荣，诚信诺科技公司的业绩也因此成长很快。到2009年，公司的年销售额达到了2 000多万元，消费类电子的出口贸易服务业务也非常成熟稳定。在被问及她的生意为什么做得比别人好时，李霞说：

> 那时我们练就了一个特别强的能力，就是客户服务能力。当时的很多公司、很多工厂都做不过我们，因为我们在客户服务能力上要比工厂强很多。为什么人家不直接跟工厂买，来跟你买？说明你的服务在某些方面一定是工厂所不及的。比如说快速反应，比如说对客户需求的敏感度和反应速度，比如说对客户需求的解决方案，

这些东西很重要。这个能力是跟我们竞争的很多同行所不具备的。

然而，谁也不曾想到，一次偶然的印度之行改变了李霞的创业轨迹，也开启了公司从营利性的贸易公司向服务于 BOP 人群的社会企业的转型之路。

印度之行引发的转型

2007 年，李霞希望开发欧美地区以外的新市场，印度作为全球第二人口大国，引起了李霞的注意。一次偶然的机会，受一位生意伙伴的热情邀约，李霞踏上了印度的市场拓展之行。尽管此行并没有如愿找到合适的合作伙伴，却让李霞目睹了生活在贫民窟的低收入人群的生活现状——一个铁皮板子和绕了一圈的塑料布就搭起一个安身之所，几平方米的空间里挤着一家大小几口人，房子旁边就是臭气熏天的垃圾堆。这让她回想起了自己过往贫穷窘迫的生活，她不禁泪流满面。李霞说：

> 当时我们在深圳有车有房，过得比较好。(可）好了伤疤忘了疼，我已经忘了小时候吃不上饭，饿肚子，或者是没有衣服穿是怎样的生活了。我以为别人也像我一样已经脱离了贫困，所以不觉得还会有很多人这么穷，生活在这样的痛苦当中。

印度之行带给李霞的冲击让她下定决心做真正对社会有帮助的产品。公司之前的消费类电子产品主要面向欧美等发达国家和地区，虽然利润率高，但是很多产品并非刚需，且难以循环利用，对环境造成的污染也比较严重。最为严重的是，这些消费类电子赠品不一定是顾客真正需要的，而这是对社会资源的一种浪费。抱着这种想法，李霞决定开发新的、对社会有价值的产品。当时恰逢 2008 年金融危机，太阳能及 LED 灯成本迅速下降，李霞开始关注太阳能产品。也是在这个时期，李霞把公司的英文名称更改为 Power-Solution。就此，李霞说：

> （印度之行）让我开始反思。（我从最初的想法，即）应该做对社会有帮助的产品，后来慢慢调整为做对地球有帮助、对环境有帮助、对人有帮助的（产品），后来就锁定了做太阳能。一开始也没有想过 BOP，（只是）觉得太阳能是一个新能源，至少是全球环保。我当时看了关于冰川融化的纪录片，（讲述）因为冰川的融化，有一些小动物灭绝了、消亡了（的状况），所以我开始关注太阳能行业。

由于担心贸然停掉原产品线风险过高，同时也为了给新产品线提供持续的资金支持，李霞采取了一种稳健的转型方式。她将原有业务交给公司其他主要负责人运作，自己则和另外一名骨干员工组成一个团队，在太阳能产品这个方向上进行摸索。在这个过程中，李霞除了要面对来自供应商、客户等方面的外部压力，还面临着来自公司内部的质疑和挑战。很多老员工不能理解李霞二次创业的缘由，认为放着赚钱的电子消费品生意不做就是不务正业、游手好闲。为此，李霞顶着巨大的内外部压力找供应商和客户，开启了太阳能产品这条新业务线。

起初，新业务的运营模式还是外贸性质，公司并不负责产品的设计和生产，只负责寻找供应商和合适的产品，进行市场推广并接单。这期间，Power-Solution 销售了很多太阳能相关产品，如照明灯、安防灯、汽车充电器、小灯、手电筒等各种太阳能产品，产品种类很多，不过聚焦性不强。一次非常偶然的机会，一位毕业于斯坦福大学的菲律宾客户主动找到李霞，提出了一系列技术标准，希望 Power-Solution 为其定制一款太阳能照明灯。产品交付后，该客户到世界银行设立的照明能源援助项目 Lighting Global 申请了产品认证。这笔偶然的生意让李霞第一次接触到 Lighting Global 这样带有公益性质的资质认证机构，也让她进一步明确了 Power-Solution 的产品方向，即离网太阳能照明产品（solar lighting solutions for off-grid areas）。

经过两年的摸索，从 2011 年开始，Power-Solution 逐渐放弃了原有的电子产品出口业务，专做太阳能产品的出口业务。2010—2011 年期间，陆续有很多发展中国家客户找到 Power-Solution，从尝试购买几十台开始，到购买几千台甚至购买整个货柜，太阳能产品的订单也趋于稳定。在这种情况下，李霞决定停掉原有的所有电子消费产品线，全身心投入太阳能照明产品中。这个时期，公司也进一步明确了自己的定位，即做一家专注于研发、设计、生产和销售高品质小型太阳能家用系统的公司，致力于“用绿色能源改善全球 BOP 人群生活品质”的使命，用优质的产品和服务满足发展中国家贫困人民的需要，改善其生活水平，促进绿色能源事业的发展，为全球无电地区极端贫困人口提供太阳能照明解决方案。

被迫转向制造型企业

Power-Solution 起家于纯粹的贸易企业，但是在明确了“用绿色能源改善全球 BOP 人群生活品质”的使命之后，公司在这个方向上推进并不顺利，李霞不得不重新进行战略上的调整。

当时，由于对 BOP 人群的消费需求和消费能力存在质疑，国内供应商大都不愿意配合企业的严苛标准进行生产，这使得 Power-Solution 在质量管控上遇到了非常大的障碍，产品的质量得不到保障。在这种情况下，李霞意识到，只有公司自主进行产品的设计和生产，才能够更好地整合供应链资源、优化成本结构。只有如此，才能为 BOP 人群提供他们真正负担得起的太阳能照明产品。

2012 年，Power-Solution 正式进入制造业，开始做自己的产品和品牌，从而更好地为 BOP 人群提供产品和服务。从纯贸易公司向制造型企业的转型也是一个稳中求进的过程，这符合李霞的一贯作风。早期，Power-Solution 生产线上只有十几个工人，公司也只有一个 500 平方米的小型加工厂。在李霞的努力下，太阳能产品逐渐从一个产品开始拓展到多个相关产品，团队随之发展壮大起来。Power-Solution 后来拥有了 100 多名工人和 3 000 多平方米的厂房，也建立了较完善的产品线和组织结构。

产品生产出来后要面向市场。虽然李霞为 BOP 人群设计真正实用的产品的想法是在印度之行中萌发的，而且印度是世界排名第二的人口大国，经济体量大、需求大，但是由于印度消费者对价格敏感度高，消费者对太阳能照明产品不熟悉，与印度经销商沟通成本大、信任建立周期长，国际知名品牌 D. light 当时的主攻市场又是印度等原因，Power-Solution 决定选择相对容易进入的非洲市场作为首选，避开印度市场。当时，Power-Solution 参加中国进出口商品交易会（简称“广交会”）时发现有几个产品的询盘率非常高，成交记录也非常多。李霞在对交易数据进行分析后发现，这些产品大多流向了非洲。这也让李霞对这些市场有需求并且可以负担得起有了信心。这些因素促使 Power-Solution 迅速将市场重心放在非洲，着力开拓非洲市场。随着在非洲市场的深耕，李霞的自豪感也越来越强，因为她感到自己真正为贫困地区的老百姓解决了问题，这更加明确了她为 BOP 人群服务的定位，坚定了她为 BOP 人群服务的决心。非洲市场基本稳定后，Power-Solution 携自主研发设计的太阳灯产品重返印度。基于非洲的经验，公司选择了有共同价值观且在当地有影响力的合作伙伴负责渠道和销售网络。至此，李霞五年前的心愿在印度得以实现。

到 2012 年，公司太阳能产品年销售额首次突破 1 000 万元人民币，四年后年销售额达到 8 000 万元人民币。这期间，Power-Solution 不断地通过产品创新和商业模式创新来服务于 BOP 人群的需要、改善他们的生活。但是，李霞并不满足于仅仅用高品质、低价格的产品来服务 BOP 人群，如何从根本上帮助 BOP 人群才是她真正关心的问题。经过深入思考，李霞认为，“授人以鱼不如授人以渔”，“授人以渔”才是帮助 BOP 人群脱贫的关键所在，这也逐渐成为她努力的目标。2016 年，公司开发出一款可以储存更大容量太阳能并能实现分期付款的小设备，该设备被称为“Pay as You Go”型产品。设备上附带一个充值码，购买者通过充值，可以实现分期购买和使用。这个并不复杂的设计，不仅极大地解决了无电贫困地区对电力的需求问题，解决了 BOP 人群对价格较高设备购买力不足的问题，而且这款产品的购买者还可以将其作为一种生产资料，通过向他人提供收费充电服务取得收入。

2018 年起，公司开始致力于提高 BOP 人群的生产力和受教育水平，研发和生产了一些新的产品，如植入了教育功能的太阳能照明产品，希望通过知识的传播从根本上帮助 BOP 人群真正摆脱贫困，并降低死亡率。此外，Power-Solution 还尝试开发了可蓄电的清洁炉具，未来还打算开发太阳能充电的农具等。

全方位培养自我造血能力

李霞认为，作为一家致力于用绿色能源改善 BOP 人群生活的社会企业，Power-Solution 可以是微利，但必须要盈利。以微利实现自我造血，靠自己活下去，这是李霞为 Power-Solution 设定的一条生命线和基准线。这也意味着 Power-Solution 在技术持续创新的同时，持续进行商业模式的探索和创新。围绕用绿色能源改善 BOP 人口生活品质的社会目标，Power-Solution 形成了一套独特的商业模式，从产品的研发设计、质量把控、成本控制、营销创新、员工激励及外部投资人选择等方面将创造社会价值的核心目标融入企业经营的各项常规活动中。

1. 面向终端客户需求的产品研发

李霞经常说，虽然 Power-Solution 在一些国家不直接向消费者销售产品，而是由当地的经销商负责渠道和销售，但是公司一定要做面向消费者（2C）的产品，而不是面向企业客户（2B）的产品。商品最终是给 BOP 人群使用的，因此，企业不能仅满足经销商、采购商等企业客户的需求，只有对 C 端消费者负责，才能保障企业和 B 端客户的长期合作，支撑企业的持续发展。对此，Power-Solution 要求管理层和销售人员每年都要跟随当地经销商一同拜访世界上贫困地区的家庭，进行实地调研，这些终端客户基本上都居住在极端恶劣的环境下或偏远的地区，有的甚至需要徒步行走五六个小时才能到达。目前，李霞和她的团队足迹已遍及肯尼亚、刚果、埃塞俄比亚、尼日利亚、坦桑尼亚、索马里、印度、尼泊尔、柬埔寨、菲律宾、巴基斯坦等 60 多个发展中国家，对 C 端消费者需求进行了深入调研和分析，并加快研发相应的产品来满足他们的需求，改善他们的生存状况（图 1）。

图 1　李霞 2019 年 3 月拜访埃塞俄比亚销售一线贫困家庭

以 Power-Solution 正在推广的一款新型清洁炉具为例。这个产品的创意来源于李霞及其团队在印度的调研。印度从 7 月份到 9 月份是雨季，每天的光照情况较差，很多用户抱怨太阳能难以解决雨季的能源供应问题。这启发了李霞的思考：“太阳能确实对光照条件要求较高，这是国际性的技术难题。是否可以从其他能源入手呢?”带着这一问题，李霞带领公司团队走访了印度农村地区，发现他们所使用的传统炉具不仅燃烧效率极低，而且产生的一氧化碳等气体会污染室内空气，容易致人死亡，火灾风险很高。于是，公司决定从清洁炉具入手，解决 BOP 人群煮饭所需的能源问题，同时将煮饭所产生的热能转为电能，储存起来以满足用户夜晚的用电需求，部分替代太阳能供电。在深入的市场调研后，Power-Solution 发现，清洁炉具的用户需求旺盛，但是市场上的清洁炉具叠加功能少且热能转化为电能的效率非常低，技术上存在困难。于是，Power-Solution 决定拓展产品线，进行热转电清洁炉具的研发和生产。终于，通过跟深圳市职业技术学院历时一年的合作，公司成功研发出一款叠加了热转电功能的高效率清洁炉具，其热转电储存起来的电能可以满足一瓦灯一夜的用电和手机充电六小时的需求。截至 2018 年 10 月，该产品已经做完了全部的物理实验，进入外观设计阶段。可供电的清洁炉具是很多发展中国家贫困无电地区的刚需，也是联合国清洁能源项目重要扶持的方向，李霞对这个产品的市场推广充满信心。

通过一线调研了解 BOP 人群的刚性需求，进行产品创新的理念已经深深融入了 Power-Solution 的企业文化中。目前，Power-Solution 已成为国家和深圳市双高新技术企业，拥有外观和实用新型专利证书 50 多项。通过直接对 C 端用户负责，公司不仅赢得了 BOP 人群和当地企业客户的认可，也传播了 Power-Solution 的核心经营理念——Work for BOP，即用绿色能源改变全球 BOP 人口生活品质。

2. 质量为本的口碑营销

Power-Solution 对产品质量的控制非常严格，通过了 ISO 9001 质量管理体系认证。对此，不少供应商提出质疑：为非洲 BOP 人群生产太阳能照明设备有必要达到这么高的质量吗？对此，李霞给出的答案是肯定的，因为 Power-Solution 进入制造业的初心就是希望对产品的质量进行严格把控，做有质量保障的太阳能产品，为 BOP 人群节约使用成本。同时，好的质量也是最好的营销方式。

为了确保产品质量，Power-Solution 坚持把握好以下关键环节：首先，公司对供应商进行严格的控制。从源头把控，选择上市公司和口碑好、在行业内有高知名度的供应商，并对其所有进料进行测试。据了解，公司太阳能产品的核心部件选用的是 Sun Power 的太阳能板，效率高、质量好。电池选用磷酸铁锂动力电池，可以使用 2 000 ～ 3 000 个循环。LED 灯珠则选用符合美国能源之星标准 LM80 的，整个产品的寿命至少 3 年。白天 5 小时的光照可以保障晚上 6 小时以上的照明，且不会释放二氧化碳和任何有害气体。其次，公司设有专门的户外环境模拟实验室和室内检测实验室，对所有产品类别进行检测，对产品在各种极端条件下的寿命进行测试，包括户外环境下的模拟测试，以保证每个送到消费者手上的产品都可以正常使用且耐用。部分产品已获得世界银行 Lighting Global、欧盟 CE/RoHS、美国 FCC 安全认证等 30 多项资质认证。此外，公司通过整合和优化供应链及对核心部件进行标准化，在保障质量的前提下，产品的生产成本也降到了最低，以保障 BOP 人群买得起。

从营销的角度看，BOP 人群接触到商业广告的渠道有限，更多的是靠口口相传的口碑营销。Power-Solution 凭借过硬的质量、良好的耐用性和极高的性价比，很快赢得了经销商和终端客户的良好口碑，为企业的口碑营销奠定了基础。公司专为 BOP 人群开发使用的太阳能产品甚至得到了一些欧美连锁超市的认可，它们纷纷积极采购。正是依托严格的质量把控和口碑营销，Power-Solution 才能一方面很好地服务于 BOP 人群，切身改善了他们的生活；另一方面也使公司迅速在市场上站稳，并保持每年 5% 以上的净利润率。

3. 从设计端切入的成本压缩

对于 BOP 人群来说，产品是否为刚需和是否可负担是两个核心问题。照明需求显然是刚需，但究竟该如何压缩成本以保证 BOP 人群买得起呢？李霞始终认为："产品的成本和寿命 70% 都是由设计决定的，要从设计端降低成本。"因此，Power-Solution 的设计创新主要基于两个原则：一是保障质量，满足 BOP 人群的需求；二是成本最小化。

李霞认为，服务 BOP 人群的产品创新具有特殊性，这种产品创新不一定是非常炫酷高端的科技，因为那样会增加 BOP 人群不必要的消费负担。Power-Solution 的产品创新秉承的原则是：用最小的成本较好地满足消费者的刚需。以 Power-Solution 研发的第二代太阳能灯"Candles Killer"为例（图2），整个产品只用一颗螺丝钉固定，而第一代产品用了六颗螺丝钉。从六颗到一颗，不仅降低了原材料成本，更重要的是大大提高了产品组装的效率和产品的稳定性，降低了单件产品的劳动力成本。

图 2　Power-Solution 的第二代太阳能灯具

此外，第一代产品为了满足阅读使用需求，底部有一个又粗又高的支架，这不仅增加了生产成本，也大大增加了运输成本。而对于亚非拉的一些发展中国家的偏远农村地区来说，最后一公里的运输极具挑战，往往需要靠骡子驮送 10 个小时才能送达终端用户。如果能够在用户体验不降低的情况下，巧妙设计包装，压缩产品的体积，将大大减少运输成本。为此，考虑到阅读对灯体高度的要求，同时避免高大占地的支架，Power-Solution 在第一代产品的基础上增加了一个挂钩，太阳能灯可以方便地挂在矿泉水瓶上。这样一来，原来只能装 40 ～ 50 个产品的货箱，现在可以装 96 个产品，这样单个产品的运输成本和生产成本就降低了 2 元人民币。此外，这一创新性设计还提高了随处可见的塑料瓶的回收和循环利用，增加了太阳能灯使用场景转换的便利性、灵活性。这个例子充分说明了 Power-Solution 的产品设计理念，即在不降低用户体验的前提下，依托设计创新，将产品的成本压缩到极致，让 BOP 人群买得起，用得舒心便利。因此，通过产品设计端的成本最小化，Power-Solution 既有效改善了 BOP 人群的生活，又使得企业有空间获取微薄的利润。

4. 小额金融促动营销创新

Power-Solution 在太阳能产品行业内首创了 Pay as You Go（即充即用）的营销或者说消费模式。通过为 BOP 人群提供小额金融贷款服务，Power-Solution 允许他们用分期付款方式购买公司的部分太阳能产品，这使得非常贫困的人群也能够使用太阳能产品（图 3）。

早期，Power-Solution 的主导产品是售价在 5 美元左右的太阳能小灯，这个价格 BOP 人群较容易负担。但是，随着 BOP 人群消费的快速升级，手机成为他们工作和生活的重要组成部分。为此，Power-Solution 也及时响应用户的新需求，开发出具有充电功能的产品，可以为手机充电，可以插多个灯泡，甚至带有收音机功能等。由于新产品的成本大幅上升，很多终端用户很难在短期内一次性付清价款。考虑到这个因素，Power-Solution 决心学习欧美一些先进企业的经验，引入分期付款的方式售卖太阳能产品。终端的 BOP 用户可以先买 1 ～ 3 个月的用电充值卡，通过输入充值卡的密码或者手机验证码等方式开启设备，用完之后继续充值。采用这种方式，用户一般在3年内就可以付清所有贷款，从而获得该产品的永久使用权。这种方式让用户用远低于购买蜡烛、煤油以及到很远的手机充电站充电的费用方便地获得了清洁能源，用户甚至可以依靠小额贷款购买手机充电站、农用小型机械等生产性设备，在满足自身需求的同时，还可以将其作为谋生的手段，可谓一举多得。

图3　Pay as You Go 太阳能充电设备

对于Power-Solution来说，通过分期付款的方式，不仅让用户有能力购买并使用公司的产品和服务，还可以增加与用户的互动频率。在用户反复购买的过程中，Power-Solution可以获得大量终端用户数据，包括他们的使用习惯、信用分期、支付习惯、信用程度等信息。这些数据对公司未来的市场拓展、用户需求挖掘以及再营销等活动来说，都是一笔宝贵的财富。根据公司的规划，未来，Power-Solution将借助这些数据，开发更多更好的产品服务于BOP人群的衣食住行，增加他们的收入，帮助他们创业，最终形成一个为BOP人群带来幸福生活的商业生态系统。

5. 用制度建设突破管理瓶颈

在Power-Solution不断自我造血的过程中，公司的规模逐步扩大，产品线不断增加，管理的难度也呈指数型上升。简单的工作流程和主要依靠惯例的管理方式逐渐无法满足公司的发展需求。在这种情况下，Power-Solution 重新梳理了工作流程和组织制度，并对其展开了调整，希望通过业务流程再造和制度梳理提高公司的管理能力和运营效率，为 Power-Solution 的持续发展打下扎实的制度和组织基础。

在组织架构上，考虑到公司所处的行业特征、公司本身的制造业属性以及规模等，Power-Solution 采用的是直线职能型的组织结构。这种组织结构快速、灵活、维持成本低且责任清晰。Power-Solution 在保持组织集中指挥的基础上对企业的各职能部门进行严密分工，保证了管理的专业化，有助于提高管理工作的效率。具体来说，公司在总经理之下设制造中心副总，统筹其下属的研发与工程部、生产物料控制部（PMC）、采购部、品质部和生产部。同时，在总经理之下还划分了业务部、财务部、人力资源部，负责企业的各项价值链活动。

另外，公司继续完善和规范业务跟单流程，极大地提高了客户服务能力。公司还建立严格的质量管理体系以保障产品的质量，并已获得包括 ISO 9001 质量管理体系认证、世界银行 Lighting Global、欧盟 CE/RoHS、美国 FCC 安全认证等 30 多项资质认证。

公司还从制度上完善和规范人员招募体系、培训体系和绩效考核体系。Power-Solution 在对以往工作流程梳理的基础上，明确了人才选拔原则，规范新员工的入职流程、考勤制度、办公规范，并建立了一套公司内部导师培训和外部培训相结合的培训体系。公司通过为新入职员工配备专门的内部导师，向他们传授企业文化、产品知识和业务技巧。公司除了保障员工的基本工资和绩效奖金、岗位津贴、社会保险等，还针对各部门设立了奖励标准，奖励员工对公司提出的合理化建议以及创新性举措，鼓励员工积极建言、锐意创新。

6. 微利下的员工激励和核心团队建设

李霞认为，服务于 BOP 人群的公司目标，决定了公司的利润只能是微薄的。公司很难拿出大笔资金对员工进行物质激励，对员工的吸引和激励只能而且必须从价值观入手，选拔和培养与公司价值观契合的优秀员工。

首先，在招聘和选拔人才的时候，李霞尤其注重对员工共同价值观的考察和培养。她坚持“德才兼备重用，有德无才培养使用”的原则选拔和培养人才。李霞鼓励员工去非洲等地方的一些发展中国家的贫困无电地区进行实地的市场调研，零距离体验 BOP 人群的生活，了解他们最迫切的需求。这样的市场调研之旅常带给员工极大的震撼，使他们对公司的社会使命有了更大的认同感和自豪感，而这也是他们选择留在 Power-Solution 最重要的原因之一。太阳能事业部第一合伙人兼业务部经理 Judy 说道：

> 我的一个客户告诉我说，当他把太阳能灯弄丢的时候，躺在地上哭了一整夜。这件事一下子击中了我的内心，让我感受到我们的产品的的确确帮助了 BOP 人群，这也是我坚持留在公司的重要理由之一。

项目经理兼产品经理 Ricky 也说道：

> 人有时候更需要精神层面的鼓舞。这家公司在这个行业提出需要服务更多的贫困人口，改善他们的生活。这本身对于人的精神层面是有很大提升的，也是我来公司的原因。

其次，李霞强调公司员工的平均薪酬水平要略高于行业平均水平，并将更多的利润分配给关系到公司长期发展的部门，如研发和工程部门，目的是支持企业长期可持续发展。除此之外，李霞还积极探索员工持股等长期激励手段，拟向优秀员工和管理层分配股权或进行分红，加强核心团队的建设。目前，李霞的初步想法是在 Power-Solution 内部对优秀员工和高管进行分红，同时，新建一个数据服务公司以对 Power-Solution 持股，并在新公司内采取员工持股的激励方式，以使新公司的决策团队作为整体对 Power-Solution 负责，从而在激励核心员工的同时，提高决策效率。

最后，也是非常重要的一点，李霞坚持从自己做起，身体力行，给予员工最真诚的帮助和指导。Power-Solution 联合创始人兼制造中心副总 River 这样评价李霞：

> 她是我的人生导师。她不光通过语言来引导你，更多的是通过实际行动感染你。

太阳能事业部第一合伙人兼业务部经理 Judy 也满怀敬意地称赞道：

> 我很认可我们的老板，她是真正做事情的人，是一个有远见、有社会情怀、很替员工着想的人。

爱心收获鲜花和掌声

经过 15 年的辛勤耕耘，2018 年 Power-Solution 走到了聚光灯之下，受到了国际社会的关注、认同以及资金的支持，李霞本人也收获了无数的鲜花和掌声，这让一贯默默做事的她感觉有些不适应。

尽管 Power-Solution 在 2009—2017 年期间也多次参加广交会和一些国外的展会，但真正被世界看到是在 2018 年。这一年企业经历了很多影响深远的大事。年初，世界银行附属机构国际金融公司（International Finance Corporation，IFC）Energy Access 项目全球负责人 Russell Sturm 先生通过 Power-Solution 的客户了解到这家公司，并主动联系希望来公司参观。李霞回忆道：

> 他对我们的模式非常好奇，他想看看我们这家没有任何外部资金支持的中国制造业公司，是如何完全靠自有资金在这个行业坚持了 9 年，（且）不仅找到了自我盈利的可持续发展模式，并且成为一些一线品牌的首选供应商（的）。

在这之后，包括世界银行 Lighting Global 团队、壳牌基金、亚洲开发银行等在内的多家国际组织和投资机构先后来到公司参观指导。其中，壳牌基金更是直接提出让 Power-Solution 申请其一个 30 万美元的孵化项目，帮助公司发展。创始人李霞还受邀参加了全球气候行动峰会、亚洲开发银行主办的“能源绿色转型与高质量增长”高端论坛、亚洲环保创新论坛、亚洲开发银行 2018 亚太低碳技术高峰论坛、第十届国际青年能源与气候变化峰会、GPL 全球善财领袖年会等一系列重要活动，分享自己在绿色能源领域的创业经历和对企业社会责任的看法。可以说，Power-Solution 终于从幕后走到台前，获得了国际社会的认可（图4）。

图 4　Power-Solution 和李霞本人获得的一些荣誉

伴随着国际上的高曝光和各种荣誉，外部投资方频频对 Power-Solution 伸出橄榄枝，包括亚洲开发银行、影响力投资、孵化基金等。这让李霞非常欣喜和感动，因为公司一直想做但没钱做的产品，如小型农用机械和教育类太阳能产品（Solar Media 系列），终于有希望量产，进行大范围的市场推广了。然而，究竟选择哪些外部资金作为自我供血的补充？这些资金对企业可能带来哪些重大影响？这些都是摆在李霞面前的重大挑战。对此，李霞认为，对于亚洲开发银行这类纯公益基金，公司将尽全力争取它们的资金，而对于纯商业资本的投资，如各种企业的孵化基金等，公司应持谨慎态度，因为这些外部资本的引入往往会对公司整体战略规划带来重大影响。李霞认为，公司的体制和能力不足以支持外部投资方的商业野心，如果在外部投资方的压力下盲目快速扩张则是非常危险的。而且，Power-Solution 致力于用绿色能源改善 BOP 人群生活的社会目标很可能因外部商业资本的进入而发生漂移。这是她所不愿意看到的。

当然，李霞对于外部资金的引入并非全盘否定，事实上，她的目光更加远大。李霞说，2018 年，企业战略定位上已经发生了重大转变，即不仅仅要做卖硬件的公司，也要在未来打造基于 BOP 人群需求的商业生态系统，连接互联网、物联网、大数据和新媒体，挖掘更多的可能性。在这样的情况下，引进外部资源和投资者是必需的。但是，这个业务应该是独立于 Power-Solution 的。早在 2017 年，李霞就成立了一家新的公司，并希望通过吸引外部融资，以互联网思维运作这家新的公司。Power-Solution 则作为其后端生产制造商，两者相互配合，更好地为 BOP 人群服务，打造独特的商业生态系统。

危机与转机

面对不期而至的鲜花、掌声，李霞并没有被冲昏头脑。她谨慎地表示，Power-Solution 未来的发展仍面临很多问题和挑战。其中，最主要的挑战来自竞争对手。

1. 国外对手的挑战

全球致力于解决 BOP 照明问题的大部分是欧美国家的企业，而较为知名的 MObisol，Sunking，D. light，M-kopa，BBOXX 等通过多轮融资累计获得的公益创投资金高达 4 亿美元。这些企业具有先天的国际资源优势，依托联合国、世界银行和全球知名基金公司发展，如依托壳牌基金和挪威 Norfund 基金撬动国际资源，补贴产品成本，帮助其进行前期消费者教育和市场推广。此外，凭借较为充裕的外部资金，这些企业可以吸引到更多优秀的人才，组建更专业化的团队。而由于国内外资本环境的不同以及作为行业内后进入者先天的劣势，Power-Solution 缺乏外部资金支持，在国际市场竞争中处于不利地位。

Power-Solution 在国际市场上的主要竞争对手是行业巨头 D. light 公司。该公司是由斯坦福大学商学院的两名校友于 2007 年创立的，总部位于大开曼岛，致力于为不通电及电力资源不稳定地区的家庭及企业提供太阳能解决方案。目前，D. light 已经开发了一系列太阳能照明产品，包括：能源系统解决方案，如家用照明系统 D20 和家用能源系统 D30；多功能产品和单功能照明产品，如太阳能电池板、电池充电包、灯、开关、FM 收音机、手电筒等，用户可以直接在 D. light 的购买平台上进行在线购买。D. light 目前在全球拥有 5 个配送中心，分布在美国、东非、西非、印度以及东南亚。在过去的十年里，D. light 在 65 个国家销售了太阳能灯和电力产品共计 2 000 多万件，改善了 9 100 多万人的生活，并计划在 2020 年使产品的覆盖人数达到 1 亿人次。2017 年，D. light 公司年产值已超过了 2 000 万美元，是 Power-Solution 的 4 倍多。D. light 是最早获得 Lighting Global 认证的企业之一，产品照明时间和使用寿命均高于同类企业产品。

融资方面，2018 年，D. light 宣布共获得 9 100 万美元融资。投资资金由两部分组成。其中，4 100 万美元来自 Inspired Evolution 领投的财团，包括荷兰开发银行（FMO）、Swedfund 和 Norfund 这些政府背景的投资方；另外 5 000 万美元则来自欧洲投资银行、responsAbility、SIMA、SunFunder 等联合投资者。本轮融资完成后，D. light 已经累计募集资金总额达 1. 54 亿美元，其中包括股权融资、债权融资以及政府资助。早在 2016 年 9 月，D. light 还曾获得 2 250 万美元的融资，其中包括 500 万美元的拨款、250 万美元的债权融资以及 1 500 万美元的股权融资，投资方为由 eBay 创始人 Pierre Omidyar 创办的慈善投资公司 Omidyar Network、专注于电网能源的风险投资公司 KawiSafi Ventures Fund、Energy Access Ventures 和 NewQuest Capital Partners。D. light 公司号称是“不营利的能源供应者”，融资能力极强，大量的低成本国际慈善融资也保证了其产品高质低价，客户的黏性也更高。李霞坦言很难在同一平台上与其进行直接的对抗。在国际化道路上，Power-Solution 还有很长的路要走。

2. 国内同行的竞争

国内竞争压力则主要来自低端市场的竞争对手。首先，大型光伏企业的技术水平完全可以实现太阳能照明设备的生产，如汉能、隆基、拓日、英利等，这些做太阳能大板的企业也会顺带生产太阳能灯。其次，一些做控制器和储能的公司也会生产类似的产品，与 Power-Solution 进行竞争。由于国内对知识产权保护不到位，很多竞争类企业不愿意花成本创新，而采用模仿和直接复制的方法进行生产，以达到降低成本的目的。这无疑对 Power-Solution 的生存造成了巨大的威胁。

面对如此恶劣的竞争环境，企业该如何应对，从夹缝中求得生机？Power-Solution 目前的主要应对之策是采用差异化战略避其锋芒，即通过丰富产品的功能和使用场景，加快产品的迭代速度，避免与对手进行直接的竞争。李霞认为，Power-Solution 目前的竞争优势在于低成本运作、强大的自我造血功能和生存力、灵活的运作、快速的产品迭代以及强大的供应链整合优势。此外，李霞作为一个 BOP 人群出身的创业者，本身对这类人群抱有特殊感情，而这份改变 BOP 人群生活状况的初心也是她区别于其他竞争对手的主要特征。正是在这种强烈社会使命的指引下，Power-Solution 才能够真正走进 BOP 人群，准确把握他们的需求，并能够更好地服务于这种需求。但是，除了提高自身的竞争力外，面对激烈的市场竞争，Power-Solution 还需要更多的外部资金支持。这笔资金从何而来，如何挑选投资方以及如何实现资金的最优分配，都是摆在李霞面前的难题。

3. 多元化转型的难题

Power-Solution 在服务 BOP 人群的过程中发现了用户的多样化需求。公司意识到，单纯解决 BOP 人群的照明需求是远远不够的，帮助 BOP 人群摆脱贫困生活现状的根本途径在于通过教育改变其认知，进一步提高他们的生存技能。为此，Power-Solution 希望将教育功能植入太阳能产品中，并且准备研发针对 BOP 人群的生产性设备产品，帮助他们提高生产力。

经济落后、传染病多发和极差的卫生状况造成非洲儿童的死亡率很高，多数贫困儿童的受教育问题更是可望不可即的事。但是，没有教育就没有未来。作为一名出身于 BOP、有爱心的企业家，李霞对这些孩子的境遇感同身受。她首先想到的是：世界卫生组织和联合国儿童基金会等国际知名机构制作了大量的预防疾病类视频，但是 BOP 人群没有渠道及媒介来接触到这些内容，能不能设计一款可以传播知识的新产品，向用户传播埃博拉等传染病的防治措施等知识，同时产品还可以将课本上的内容嵌入进来，让孩子在家就可以受到学校的教育？基于此，李霞开始了将教育功能植入太阳能照明等产品的尝试。在经过了充分的前期调研后，李霞带领技术团队研发出了一款带有屏幕和扬声器的太阳能照明与电子媒体产品（Solar Media）。这款产品可以通过播放图片、视频、音频的方式快速传播知识，同时兼具太阳能灯的功能，可以同时满足阅读和工作照明使用（图5）。2018年11月，该款产品已经在广州生产出来，逐渐有了订单。

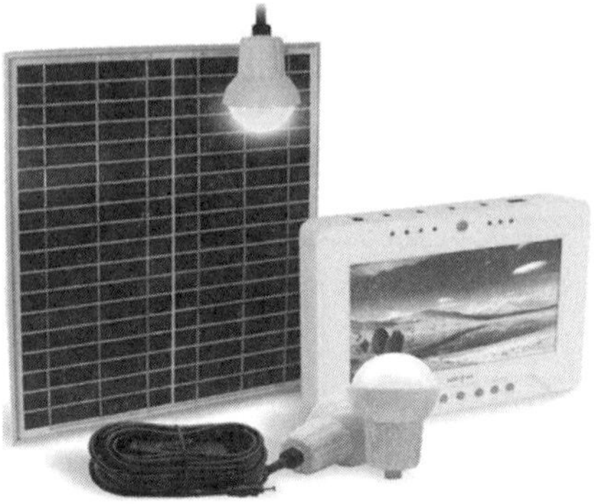

图5　学习照明解决方案 Solar Media

除了教育，如何帮助BOP人群提高生产力水平也是李霞一直在思考的问题。李霞准备尝试开发和生产小型农用加工机械，帮助BOP人群提高农作物收成，让他们有能力靠自己的力量吃饱穿暖。公司通过调查发现，在许多非洲村落，居民为了磨米不得不走几十公里，运输成本非常高。而如果不磨米只卖稻子，利润将非常低。如果Power-Solution能够提供给他们太阳能驱动的磨米机，并采用分期付款的方式降低消费者的购买压力，便可以大大降低磨米的运输和加工成本，提高农民售卖大米的利润，为他们提供新的创业机会。李霞目前已经开始和相关供应商接洽，她的目标是通过供应链整合在2019年进行市场化推广，在2020年实现批量生产。

然而，此次多元化转型困难重重。首先是新产品的成本如何降到BOP人群的可负担范围内以及谁来为这笔费用买单。以植入了教育功能的太阳能照明产品Solar Media为例，因为增加了屏幕和扬声器，虽然企业已经极力降低成本，但产品的总制造成本还是增加了15美元。这个价格即使是在分期付款的情况下，也超出了BOP人群的购买能力，因为他们更关心眼前能否吃饱穿暖，而非长远的教育问题。

农用小型机械设备也面临同样的问题。虽然李霞已经自掏腰包完成了这些产品的研发工作，但是市场的推广和批量化生产都需要外部资金和渠道的支持，尤其是对消费者的补贴这部分，单靠Power-Solution来说是不可持续的。对此，李霞初步的想法是：一方面寻求世界银行、亚洲开发银行等国际组织以及一些公益性非政府组织（NGO）的资金支持，进行早期的市场推广和消费者教育，同时借助世界卫生组织、联合国儿童基金会等国际机构推广该产品，扩大市场份额。另一方面，也在考虑进行适当的广告植入。在不伤害消费者感情的前提下引入外部资金补贴消费者，降低产品售价，让受教育变得可负担。但是能否获得这些国际组织的认可和帮助？如何进行广告的植入？这些问题对于李霞来说也是前所未有的挑战。

尽管困难很多，李霞并不气馁。2019 年 5 月，Power-Solution 入选最具增长潜力的 TOP20 社会企业名单，这更增强了李霞的信心。李霞说：

> 这是一个商业的时代，我们要用商业的模式做公益的事业，我的余生将继续致力于改善金字塔底层人民的生活质量。这是我的理念，也是 Power-Solution 的组织使命，但我也深感任重道远，希望可以链接更多的资源来赋能企业，达成改善更多的 BOP 人群生活品质的目标。

（邓子梁　李婷婷　徐京悦　王建英）

北伟[①]点评

Power-Solution，从电子贸易生意很自然地过渡到生产，并逐渐聚焦到对 BOP 人群的服务，既找到了适合企业生存和发展本身的市场定位，又由于服务 BOP 人群，

① 李北伟，亿方公益基金会秘书长，下同。

而具有天然的社会属性。它将商业诉求与公益情怀有机结合，是非常典型的社会企业。创始人李霞的企业家精神，从她目标感极强地从东北奔向希望之地深圳，到从业务员转而自己做生意，到在可以小富即安时力排众议地开发新的太阳能产品，访遍非洲大地客户，到对印度市场的灵活取舍，都得到了充分体现。她和她的团队都有意识地整合了服务 BOP 人群的文化精神。公益心成为组织 DNA 的一部分，十分坚固。

由于非洲，以及“一带一路”沿线发展中国家市场具有规模，所以 Power-Solution 具有规模化扩张的可能和经济上的可持续性。在创新性方面，Power-Solution 的运营模式一直在创新，如从贸易向上整合到生产，又从委托加工生产到自主开发生产，再进一步到研发导向生产，目前演化到产品多元化（从太阳能照明到教育功能，到农业工具生产，以及分期付款小微金融等），具有鲜明的创新活力。从市场营销策略上，我们也看到了新的变化，公司从 2017 年开始，从纯商业营销转向同时借助公益观念进行营销。

公司需要警惕的是不要过分自我扩展，以免进入超越 BOP 人群购买力和真正刚需的领域，比如对基于 BOP 人群的大数据的商业化价值，投入产出比与风险如何，要进一步分析和试错。此外，另一个发展思路是，Power-Solution 要不要重新考虑另外开辟一条产品线，重新进入非 BOP 市场，从而经营两条太阳能照明产品线，高端产品销往欧美，低端产品销往亚非拉等地区的发展中国家，然后交叉补贴，让欧美产品利润补贴亚非拉发展中国家产品，如同 Tom's 鞋的模式，发达国家用户买一盏灯，则在 BOP 地区捐一盏灯等等。这些都可以进一步探讨，因为 Power-Solution 在深圳的供应链整合能力，可以使其开发出更多的高低端太阳能照明产品。

参考文献

1. C. K. 普拉哈拉德．金字塔底层的财富：为穷人服务的创新性商业模式．北京：人民邮电出版社，2015.

2. D. light 获得 1 050 万美元新一轮融资　一个季度募集超过 4 000 万美元．(2017－01－17)．东方财富网．http：//biz. eastmoney. com/news/1667，20170117703768275. html.

企业资料

1. 深圳市诚信诺科技有限公司（Power-Solution）官网．http：//www. power-so-

lution. net. cn/cn/.

2. 地沟油、塑胶袋与煤油灯：三位环保创业者想要改变的世界．(2018－12－27)．金融时报中文网．http：//www. ftchinese. com/video/2988？adchannelID＝1900.

3. 科技引领投资向善——“善财聚力·创享未来”国际公益学院善财汇年度盛典在苏州成功举办．(2019－01－06)．国际公益学院官网．http：//www. cgpi. org. cn/content/details42_ 8971. html.

山水伙伴：

蜂蜜链接的生态公平

我们希望找到一条道路，能让当地人不因保护自然环境而贫困，我们希望他们能从保护自然环境中受益。

——郑岚

憨态可掬的大熊猫人见人爱，但是，对川陕甘大熊猫活动区域的当地居民而言，他们对熊猫有着复杂的感情。一方面，山区很难发展大规模的种植业与工业，在靠山吃山靠水吃水的自然条件下，收入很大比重都来自药材、猎物等自然界的馈赠。但另一方面，建立大熊猫自然保护区后，特别是在短期内要承受着生物多样性保护带来的诸多不利影响，资源使用和生产活动范围受限，挖药、捕猎这些会破坏环境的活动都被禁止了，人们不得不考虑生计问题。

要保护还是要发展？村民与大熊猫自然保护区之间经常发生摩擦。郑岚给出的答案是“熊猫森林蜜”，用一瓶小小的蜂蜜达成经济效益与生态效益的共赢，对伙伴之守护，报以山水之馈赠。

孕育于山水间的社会企业

1. 萌芽于会计师事务所的社会责任感

审计出身的郑岚很早就具有很强的社会责任感。从 1997 年到 2009 年，郑岚先后在安达信和普华永道会计师事务所工作。在会计师事务所中她主要承担两部分工作。一部分是帮助高科技电信企业的国企海外上市，这部分工作的社会价值在于如果审计师没有履行勤勉责任，那么股东很有可能被虚假的会计信息误导。另一部分工作是提供咨询和内部控制审计服务。这部分工作的社会价值在于可以为国企机制的改革提供参考。

2009 年离开普华永道后，郑岚开始寻找更好的机会来回馈社会。一次偶然的机会，她加入了生态旅游旅行团，去婆罗洲看红毛猩猩，去热带雨林体会生态系统，这样的体验与之前的生活截然不同，激起了她对野外、自然、生态的强烈兴趣。她开始学习环境保护与可持续发展的相关知识。以一个环境保护节目为契机，她结识了吕植老师。

吕植老师是北京大学保护生物学教授，也是山水自然保护中心①（以下简称“山水自然”）创始人。彼时，山水自然正在寻找有商业背景的人加入。顺理成章地，吕植老师邀请了郑岚加入山水自然。这也成就了之后的北京山水伙伴文化发展有限责任公司（以下简称“山水伙伴”）。

2. 保护区范围外的大熊猫栖息地

大熊猫，中国国宝，它是世界自然基金会的形象大使、世界生物多样性保护的旗舰物种，是中国特有的物种，现存的主要栖息地是中国四川、陕西和甘肃的山区。目前，全国已建立了67处大熊猫自然保护区，形成大熊猫栖息地保护网络体系，53.8%的大熊猫栖息地和66.8%的野生大熊猫种群纳入自然保护区的有效保护中。野外调查显示，我国大熊猫野生种群从20世纪七八十年代的1 114只增长到1 864只，大熊猫自然保护区数量从15个增长到67个，受保护的大熊猫栖息地面积从139万公顷增长到258万公顷。野外大熊猫濒危状况得到缓解。

虽然受保护的大熊猫栖息地面积已经达到了258万公顷，但是仍然有将近一半的大熊猫栖息地没有在保护范围内，还有很多大熊猫栖息地仍在萎缩、破碎。建坝、挖矿、修路等问题仍然是大熊猫栖息地的威胁。对政府而言，要综合协调工业用地、农业用地、建设用地、环境保护用地等不同用途的土地占比，很难构建起对于大熊猫栖息地的全覆盖体系。大熊猫栖息地的很大一部分与当地社区是重叠的。

2009年，山水自然关注到了这个问题，在市场和政府双失灵的情况下，以NGO的身份成为大熊猫栖息地生态保护的一支生力军。

3. 平武县王朗保护区水资源保护基金的初尝试

在平武县25个乡镇中，19个乡镇有大熊猫分布。平武有2 400平

---

① 山水自然是在民政部注册的生物多样性保护组织，目前的项目主要在中国西部，致力于融合国际视野和本土智慧，探索体现生态保护价值的可持续发展生态社区模式，保护生物多样性，实现生态公平。

方公里大熊猫栖息地，分布有从海拔600米到海拔5 000多米的所有温带植被，以及各种珍稀动物。但由于林权归属的复杂性、保护区人力不足等问题，2 400平方公里大熊猫栖息地只有一半被纳入自然保护区范围，还有一半散布在保护区外，这些地区的保护主要依靠社区共管来实现。

关坝村就是这样一个特殊的地方。它东连唐家河国家级自然保护区，北邻螃子坪、老河沟保护区，南邻余家山自然保护区，村范围内珍稀植物和野生动物种类繁多，有大熊猫、金丝猴、扭角羚、红腹锦鸡等多种国家级保护动物，以及银杏、珙桐、红豆杉等多种国家级保护植物，生态地位极其重要。

与中国大多数山区一样，从20世纪80年代到90年代末，关坝村所在的关坝沟遭受了严重的伐木、偷猎和过度捕捞等行动破坏。随着1998年天然林禁止商业性采伐政策的颁布，伐木成为违法行为。由于失去了主要的收入来源，只能得到微薄的政府补贴来弥补损失，加之没有找到生计替代方法，许多村民非法狩猎，秘密砍伐木材，采集草药，而这往往以损害大熊猫的栖息地为代价。

直到2009年，山水自然的到来才改变了这一切。2009年，平武县王朗保护区水源地周边的四个村子被山水自然选为试点，关坝村正是其中之一。郑岚以山水自然运营总监的身份来到平武县。在这次保护中，山水自然引入了生态系统有偿的概念。生态系统服务有着极高甚至无法计量的价值，与人类福祉关系极其密切。长期以来，由于现有社会经济系统没有充分评价生态系统资产及其生态服务价值，生态服务被看成充裕的取之不尽的免费公共服务，导致生态服务供给的稀缺和生态服务的过度消费。在生态系统有偿的概念下，生态保护服务与经济价值紧密联系到了一起，使得保护生态不再依赖于高尚道德，而是可以由经济行为驱动。

山水自然与平武县政府共同出资成立了一个水资源保护基金。山水自然与四个试点村的村民签订协议，村民保护生态的行为会得到基金的资金返还支持。以往体现保护环境经济有偿性的方式是，村民去做山林巡视、减少伐木、环保放牧等工作，然后基金支付给员工工资。这样的话，村民保护环境的主观能动性不强，如果这个项目结束了，村民还是会回到原样。

因此，郑岚在思考：有没有比支付工资更加可持续发展的方式呢？是不是能找到可以与村民生计紧密相关的方式？走访调研的过程中，郑岚惊喜地发现当地居民普遍有在房前屋后养蜂的习惯，选择养蜂业作为切入点，有门儿！

为什么选择养蜂业

1. 养蜂业不会污染环境，中华蜜蜂还可以对大熊猫的栖息地生态带来有利影响。体型小、耐寒的中华蜜蜂对大熊猫生活地区的生态圈保护至关重要，它们帮助微小野花传递花粉，促进大熊猫栖息地植被及物种的多样性，为大熊猫的繁衍生息提供良好的自然环境。

2. 当地村民具有世代传承的古法养蜂方式，对蜜蜂的习性较为了解，具有一定的技术基础。

在郑岚的提议下，山水自然将养蜂业作为生计替代的方式。水资源保护基金帮助村民成立养蜂合作社，同时做有机蜂蜜的认证，用帮助村民发展养蜂产业的方式来支付环境保护的对价。当时山水自然这个 NGO 项目的资金支持方是万豪酒店，2010 年，万豪酒店把产出的蜂蜜都收购了。

村民听说有大酒店专门来收购蜂蜜后，积极性都被调动起来了。甚至有原先没有参加项目的普通村民，找出年轻时候当技术员留下的量杯和记录本，自发开始研究养蜂技术。原本和村民说保护森林，有钱就有人去，没钱就没人去，但是将森林保护与村民的养蜂收入挂钩后，村民都自发主动地去保护环境了。一条良性互动的关系链就此形成了，如图 1 所示。

图 1　NGO 阶段生态保护与蜂蜜收购的互动关系

2009—2011 年这几年，尽管引入了生态系统有偿的概念，但是山水自然的这个项目还是以 NGO 的运营方式在运作。山水自然筹集资金、成立基金，村民保护环境得到资金返还，这种做法是典型的 NGO 方法。在之后的蜂蜜产品中，山水自然也只是帮助村民成立养蜂合作社，做有机蜂蜜认证，真正的商业行为其实是发生在村民和收购方万豪酒店之间。

4. 柳暗花明又一村：成立社会企业

2011 年，天不遂人愿，万豪酒店的水项目不再支持这个方向。从公益角度，村民的有机蜂蜜没了自愿收购方。而从商业角度，由于品质不稳定、数量不稳定、价格偏高等因素，这些蜂蜜又很难被纳入企业的采购流程。

推进陷入僵局，一边是担心蜂蜜卖不出去，眼巴巴找办法的村民；一边是创新支付方式面临流产的 NGO。“怎么办?”这个问题萦绕在山水自然这个项目所有参与者的心间。

郑岚回忆当时的场景：“没有下文的时候，我们也挺傻乎乎的，然后我们就说这事挺好，我们就接着干，做了一些常规的市场调查后，觉得身边的朋友好像都挺爱买这些蜜的，自己试试，我们接着做这个事，支持他们把蜜给买了，然后要求村民做保护。”

11 月，得益于一位投资人 100 万元的注资，北京山水伙伴文化发展有限责任公司应运而生了。与山水自然的 NGO 性质不同，山水伙伴作为一家企业，天生商业化。其创业之初的宗旨是以商业的方式，解决可持续保护的问题。

摸索中前进的山水伙伴

1. 从“用爱发电”到向规范商业化靠拢

2011—2015 年，熊猫森林蜜的销售靠“用爱发电”。即使天生商业化，由 NGO 孕育的山水伙伴出生伊始还很难摆脱 NGO 的思维方式。注册时的实收资本由个人无偿投资，不多的几个工作人员也都是山水自然的员工兼职，收购的蜂蜜确实卖出去了，但是全靠爱心人士“用爱发电”。从 NGO 的角度来讲，大家会觉得“多好的一个东西，多好的一个产品，1 000 元一斤也不贵”，而且也会推荐给周围的朋友。

但是从商业角度讲，这条路走不通，因为没有形成商业模式。几百斤、几千斤蜂蜜可以这样做，如果蜂蜜的产量更高呢？如果自己走了，这个村子怎么继续做这件事呢？怎样形成可复制、可推广的方式让更多的村子加入呢？

2015 年下半年，山水伙伴迎来了真正的蜕变，从小打小闹走向规范。“大家都觉得这个事挺好的。到了 2015 年，我自己虽然没有花很多的时间在这个项目上，但是我对这个项目还是很有感情的，我觉得这个事挺好的。之前大家没有尽全力做它，所以我想尽全力去试试，看看是不是这条路可以走得通，而且那个时候社会环境也发生了一些变化，整个社会公众对于生态保护的认知都在提升。我觉得如果用商业的方法操作的话，还是有机会的。”在这种想法的驱动下，2015 年 10 月，山水自然的运营总监郑岚辞去了在山水自然的职位，成为山水伙伴的全职员工，在她的带领下，山水伙伴的发展进入新阶段，完成了山水伙伴的商业模式探索，如图 2 所示。

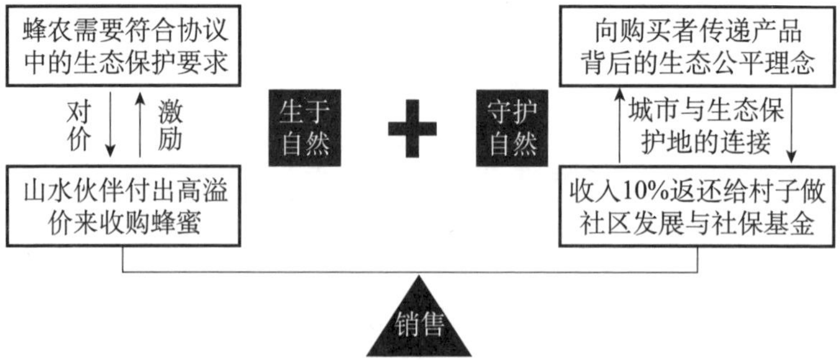

图 2　山水伙伴商业模式

山水伙伴的口号是“生于自然，守护自然”，以销售为支点，一端链接“生于自然”，一端链接“守护自然”。“生于自然”指的是产品，“守护自然”指的通过产品来进行的生态保护、社区经济发展和社区治理赋能。这就是图3所示的“1+3”发展模式。

图3 “1+3”发展模式

回忆起当时的情景，郑岚说道：“我们给自己的定位是说我们希望可以通过这个生态产品，通过我们回馈给他们对这个保护的支持，能够让村里面的人能力得到提升，他们可以讲清楚自己的家乡是什么状况，自己需要什么，然后能够跟外界去做对接。这个外界不单是我们，其实我们是希望他们最终能够有各种各样的需求，能够跟各种各样的机构去做对接。在这个过程中，培养起村民保护的意愿、意识和能力。”

2. 规范产品端

（1）确定熊猫森林蜜的命名

郑岚带领着团队先敲定了村民产出的蜂蜜的名字——以熊猫为切入点，称为熊猫森林蜜。LOGO的设计元素也是抱着竹子的大熊猫，憨态可掬又可爱，一下子就能让人建立起熊猫与蜂蜜之间的联想，如图4所示。

以熊猫命名蜂蜜的原因

1. 项目最开始是在大熊猫的国家级保护区开展的，因为熊猫的活动范围和人的活动范围有很大程度的重叠，所以熊猫生存的环境很大程度上要依靠社区来保护。这个项目开始时也是对环境保护的探索尝试。

2. 大熊猫对于生态环境的要求是很苛刻的，将生态保护好了，不仅是对大熊猫好，也是对生态系统内所有动植物的保护。例如在关坝村开展项目几年后，村民用红外线摄像机拍摄到了大熊猫又回关坝村活动的身影，村子的整体生态环境都有很大改观。

图 4 熊猫森林蜜 LOGO

3. 村民的收入很大一部分是来源于环境中的物产，在维护好生态环境后，环境反馈给我们的物产资源会更丰富，质量也会更高。这样就形成了保护环境与社区回馈之间的良性互动。

（2）确定熊猫森林蜜的养蜂标准

尽管卫生部门制定了 GB14963—2011 蜂蜜食品安全国家标准，但由于标准对蜂蜜的要求不高，蜂蜜市场呈现“劣币驱逐良币”的乱象。很多蜂蜜企业以盈利为导向，忽视正常的蜂蜜产出规律，为追求产量向蜜蜂喂食大量糖、抗生素；追求高效率，频繁摇蜜，在蜂蜜未达到浓度时就进行收蜜，再通过后期浓缩处理进入市场。

山水伙伴团队在确定熊猫森林蜜的生产标准（如图 5 所示）时，首要的一点就是“生态公平”，尊重环境，尊重生态，尊重自然的孕育规律，对于蜂蜜的自然产出过程不进行人为的过多干涉，强调在最美好的环境中产出最优质的蜂蜜。山水伙伴与蜂农签订协议，承诺会对于村民按照标准产出的熊猫森林蜜全部以高于市场的价格进行收购。

【熊猫森林蜜】养蜂标准

一、　生产过程中的质量标准

1、　蜂场远离生产生活聚居区，一般要求直线距离3公里以上，水源充足清洁

2、　蜂场只能有维持蜂农工作使用的最低限度的厕所和生活垃圾，且必须充分密闭隔离

3、　蜂箱确认标注后不再随意进出蜂场

4、　不喂糖、不喂药，蜜源地没有打农药

5、　一年只割一次蜜

6、　采收工具要用75%酒精或高温消毒，要选用不锈钢、全塑或木质的无污染分蜜机；选用不锈钢割蜜刀

7、　应使用蜂蜜周转专用桶（食品专用桶），无毒、无害、无异味

二、　收检送检的标准流程

1、　收蜜全程应有养蜂人和熊猫蜂蜜见证人同时在场，见证人在采收时会拍摄每个蜂场、生产者照片，并制作蜂蜜采收汇总表

2、　在现场经养蜂人和熊猫森林蜜见证人同时确认、取样后，填写信息标签，一式两份：一份以不易损坏的方式固定在专用桶的侧面；一份作为专用桶口封条。在运抵装瓶厂前封条不得开启

三、　验收标准及执行办法

熊猫森林蜜应符合绿色食品-蜂蜜（NYT 752）的要求。在所有指标检验合格后山水伙伴才能收蜜。指标主要涉及几下几方面：

1、　蜂蜜水分含量应低于19.2%（波美度大于42度）

2、　无非天然糖分

3、　没有农残药残

4、　酶值达标，菌类不得超标

熊猫森林 Bee Panda | 山水伙伴

图5　熊猫森林蜜养蜂标准

（3）完善品控体系

为了完善品控体系，他们把原来经验性的方法落实为具体制度。

过去每个地方的品控员都是按照经验来进行质量控制，标准不统一。现在山水伙伴建立了具体制度和统一标准并对蜂农进行培训，品控体系已经建立并不断完善。

1）山水伙伴定期邀请专家对蜂农进行养蜂技术培训，要求合作蜂农每天记录养蜂日志（如图6、图7所示）。

图6　熊猫森林蜜特聘养蜂顾问王顺海老师，对村民进行养蜂技术培训，详解养蜂日志标准内容

图7　王顺海老师现场指导蜂农填写养蜂日志

2）对蜂箱进行编号、盖章、封条，做到产品的全流程可追溯，防止出现掺假、替换行为。图8展示的是正在进行编号的蜂农。

图8　正在进行编号的蜂农

3）当地养蜂技术员/品控员每月1～2次现场独立检查并进行技术

咨询（如图9、图10所示）。巡检的内容包括蜂场周边环境、养蜂状况、有无喂糖喂药、蜂群照顾情况等。

图9　品控员每月两次定期走访蜂场

图10　随机打开蜂箱检查是否有用药痕迹

4）项目专家技术顾问和项目品控员进行每年3～4次培训和现场检查。山水伙伴有专门负责品控的项目品控员。从最初的志愿者到现在的全职工作，具有环境专业背景的王飞翔已经陪伴山水伙伴走过了4年的岁月，在品控与质量检测方面积累了丰富的经验，如图11所示。

图11　王飞翔与合作蜂农交流注意事项

5）收蜜时，全国招募志愿者现场见证监督。在夏秋收蜜的季节，山水伙伴会面向全国公开招募志愿者（如图 12 所示），对收蜜过程进行全流程监督，同时也以志愿者为桥梁，让熊猫森林蜜的故事被更多人了解。

图 12　公众号发布的志愿者招募通知

志愿者们有话说：

做生态很难，用商业的方法做生态保护公益更难。难的是让当地社区真正理解保护的意义，而不是杀鸡取卵；也不是耍小聪明来赚快钱，毁了所有想来帮助的人的心。熊猫森林蜜能做到在过程中严格质控，也会和养蜂人充分交流，且取于当地并回报社区，这种良性循环一定能越走越远、越来越好的。

——傅思宇 北京大学生命科学院分子生物学 2011 级博士研究生

成为熊猫蜂蜜的志愿者来到关坝，深入了解了蜂农与生态环境保护的关系后，我由衷地感叹熊猫蜂蜜项目作为两者之间纽带的不易与艰辛；只愿它能开花结果，为更多地方的人架起这道桥梁。

——周志强 成都大学电气工程及其自动化专业 2013 级学生①

① 本部分内容节选自熊猫森林蜜微信公众号文章《生产 | 收蜜归来，志愿者有话说》。

6）收蜜时，送检权威机构进行品质检测，针对蜂蜜质量、多酚含量、微生物及重金属含量、农药残留等多项指标进行检测，合格蜂蜜方可对外销售。图 13 为山水伙伴熊猫森林蜜检测指标节选图。

山水伙伴熊猫森林蜜
检测结果分析
2019采蜜季 - 陕西长青、甘肃白水江、四川王朗

测试指标	检测公司	山水伙伴采购合同要求	test method	BPH-CQ-HHY-1908-R
硝基咪唑类				
甲硝唑	SGS	不得检出	GB/T 20744-2006	未检出（2-4）
洛硝哒唑	SGS	不得检出	GB/T 20744-2006	未检出（2-4）
二甲硝咪唑	SGS	不得检出	GB/T 20744-2006	未检出（2-4）
红霉素	SGS	不得检出	SN/T 1777.2-2007	未检出（2-4）
泰乐菌素	SGS	不得检出	SN/T 1777.2-2007	未检出（2-4）
林可霉素	SGS	不得检出	SN/T 1777.2-2007	未检出（2-4）
多菌灵	SGS	不得检出	GB/T 20771-2008	未检出（2-4）
氯霉素	SGS	不得检出	GB 18932.29-2003	未检出（2-4）

图 13　山水伙伴熊猫森林蜜检测指标节选①

山水伙伴还邀请中国农业大学食品工程和农业科学的团队，比较自己的蜜和日本、法国、德国、新西兰的森林蜜的活性成分与活性效果。检验结果证明，经过层层规范，它的多酚含量是日本、法国、德国、新西兰蜂蜜的 38 倍。在肠道菌群的维护和对血液的自由基的清理效果上，熊猫森林蜜可以对标定位为保健品的新西兰麦卢卡蜜 10 +②。

3. 扩展销售端

蜂蜜市场上产品良莠不齐，加之蜂蜜行业具有一定的技术门槛与信息不对称性，消费者很难辨别蜂蜜好坏。很多混杂了糖的劣质蜂蜜可以

---

① 硝基咪唑类有机化合物是一类具有硝基咪唑环结构的药物，常用于抗菌。

SGS 是全球领先的检验、鉴定、测试和认证机构，其检测服务具有全球公认的质量和诚信基准。SGS 通标标准技术服务有限公司是瑞士 SGS 集团和隶属于原国家质量技术监督局的中国标准技术开发公司共同建成于 1991 年的合资公司，取“通用公证行”和“标准计量局”首字之意，在中国设立了 50 多个分支机构和几十间实验室。

② 麦卢卡蜜是一种蜂蜜，在新西兰和澳大利亚新南威尔士北部的山坡、沿海地区、森林边缘，生有一种叫作麦卢卡（manuka）（也称曼努卡）的红茶树。每逢初夏，它盛开的花朵会引得成群的蜜蜂来蜜源采集花蜜，以酿造独具特色的麦卢卡蜜。UMF 加号“ + ”代表麦卢卡蜜独麦素 UMF 的含量系数。UMF10 + 代表其抗菌能力与苯酚 10% 的水溶液抗菌效力相同。

卖出高价，而村民在深山中酿造出的好蜜却无人问津。做好了产品后，郑岚考虑的下一个问题便是：如何销售，怎么找到稳定的合作伙伴？

过去是做好所有的原蜜加工、包装环节后，还要将成品直接销售给终端消费者。2016 年，山水伙伴与中国医药保健品公司和百花蜂业签订战略合作协议，山水伙伴更加专注于生产端以及保护端的工作。

与此同时，山水伙伴也积极参与了许多线下品蜜活动，不断扩大自己的影响力，如表 1 所示。图 14 为熊猫森林蜜登上纽约时代广场广告屏。

表 1　熊猫森林蜜销售大事记

时间	事件
2016. 1	北京金融街丽思卡尔顿酒店圣诞活动
2016. 8	广州富力丽思卡尔顿酒店“熊猫森林蜜 – 生态保护”主题下午茶活动
2018. 1	北京燕莎友谊商城新春私享会
2018. 3	天津四季酒店下午茶会
2018. 3	百花蜂业将熊猫森林蜜作为中国蜂业的代表产品，登上纽约时代广场的广告屏
2018. 6	北京朗园露天端午市集
2018. 11	北京朝阳区草场地艺术区立冬市集
2019. 1	北京燕莎友谊商城台湾品蜜师刘永智世界顶级蜂蜜横向品鉴活动

图 14　熊猫森林蜜登上纽约时代广场广告屏

生物多样性保护

村民保护生态，生态好了，蜂蜜的产品质量会更高，在收购村民蜂蜜时再支付高溢价来回馈环境保护行为与高产品质量。山水伙伴在与蜂农签订合作协议时，会明确提出自然环境保护方面的要求。蜂蜜收购时由所有合作蜂农进行自评与互评，依据保护环境行为的履行情况决定浮动溢价，如图 15 所示。

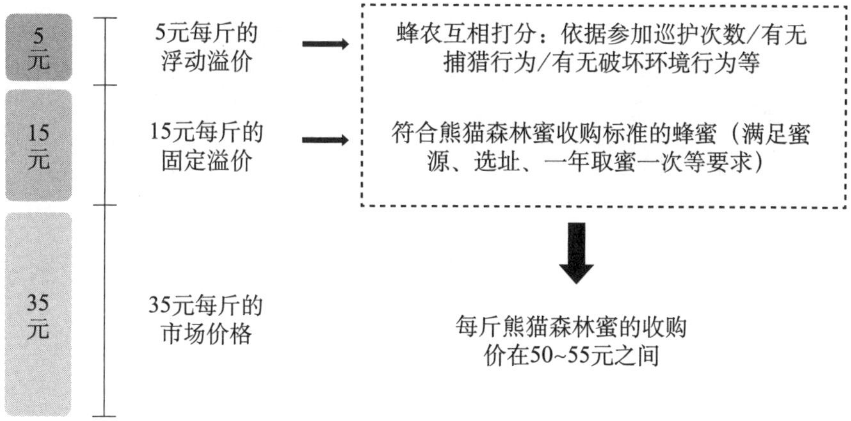

图 15　熊猫森林蜜的收购价格确定机制

1. 关坝巡护队的故事

2009 年，关坝村村民成立了巡护队，最开始的巡护队只有几个人，保护行为也不被理解。到了 2016 年，越来越多的人加入了巡护队中，关坝流域自然保护小区①终于成立，村民们进行流域内的巡护、野生动

① 自然保护小区是指在零星分布的具有重要保护价值和科研价值的野生动物栖息地，野生植物原生地和独特生态的区域中，在群体自发性建立的基础上，由小区群众共同参与管理的那部分区域。其是在我国（尤其是南方地区）逐渐推广，且数量上升较快的一种保护实体的行为，其特点是自建、自筹、自管、自受益。现今的自然保护小区大都是在林业用地上建立的，因此保护小区一般也都是以森林、湿地生态系统为主。

物的保护、鱼类的恢复与保护等工作更加具有规范性。大家也越来越能理解保护的重要性。

2018年全年保护中心开展6次常规巡护，达到125人/次；开展了17次专项巡护，达到121人/次；在流域外开展反盗猎活动1次，收猎套、铁夹、钢丝套共计54个；劝阻外来人员在火溪河关坝境内钓鱼、电鱼、网鱼达到15次。鱼类夜间巡护75次，达140人/次；原本很少见的大熊猫、金丝猴又成群结队地出现了，被过度捕捞到稀少难见的鱼也重新出现在了关坝。图16、图17为联合巡护相关图片。

图16　老河沟、新驿沟、关坝保护小区联合巡护

图17　风雪交加的巡护路

保护的基础是什么?有人，有一帮团结的想干事的人。

保护的目的是什么？我们不是为了保护而保护，是为了发展而保护。

有情怀和奉献就能做好保护吗？不行，情怀和奉献不能当饭吃，大家参加保护时都有理想有抱负，要想为后代子孙留下青山绿水，但也要面对现实，进行保护的人也要吃饭，也要养家糊口。如果大家在保护的过程中看不到希望、受不到益，那么离失败的那一天也就不远了。

坚持才能做好保护，遇到挫折时我们要坚持。我们也经历过监守自盗，也经历过群众信任危机。有耐心才能做好保护。和政府、社会组织、村民打交道不是样样都称心如意的，特别是群众工作不好做。保护伤害了他们的利益，如果我们没有充分的理由说服他们，那么就需要耐心。

——关坝巡护队

从第一个返乡青年回关坝开始，关坝的社区保护已经走过了十年的路程。将保护与发展相融合，关坝在小小蜂蜜的支持下，在政府与社会组织的关怀下，走出了一条环境友好、生态公平的道路，锻炼出了一支想做事、能做事的团队。他们畅想 2066 年的关坝，届时绿水青山交相辉映，大熊猫、金丝猴、羚牛活跃可见，天空蔚蓝，河水清澈，生活殷实，家人团圆，关坝已成为 AAA 级风景区，如图 18 所示。

图 18　关坝 2066 年发展愿景

2. 星星之火可以燎原

2017 年 4 月，山水伙伴组织了川陕甘三地合作蜂农的交流会，陕西洋县朝阳村的合作蜂农彭海波在会上结识了关坝村养蜂合作社理事长李芯锐和关坝流域自然保护中心理事长孟吉。在了解了关坝的经济发展模式后，5 月份彭海波主动与山水伙伴联系，想要建立一个保护小区，和其他村民一起成立巡护队，守护家乡的野生大熊猫，为家乡做些什么。

> 我在这里出生长大，谁对自己的家乡没有感情？我要带着村里的年轻人守护大熊猫家园，保护好我们的绿水青山。
>
> ——彭海波

6 月 29 日，郑岚等人来到洋县，对朝阳村的生态环境进行实地考察。成都的凌林老师对朝阳村的评价是："这里特别值得保护！"

朝阳村沿河谷绵延几十公里，它虽然没有在自然保护区的范围，却像东坪保护站站长陈鹏说的一样"是插在保护区心脏上的一把尖刀"。大熊猫是自由活动的生物，并不是说哪里是自然保护区才往哪里去，自然保护区周边的，符合大熊猫生活习性的，或者是在几块自然保护区之间的迁徙路径，都可能是大熊猫的活动范围。

海波的家就位于朝阳村的最深处，如图 19 所示。这里没有网络，手机信号时有时无，离镇上有一个小时的车程。这里山清水秀，鸡犬相闻，人迹罕至，保持着最美的自然风光。

图 19　海波的家：青山绿水中的农家小院

海波、村支书、保护站、村民代表还有山水伙伴的代表等利益相关者聚在一起讨论成立保护队的相关事项。大家对动物与村民生活的关系、想要保护的动物等问题进行了讨论，并且画出了朝阳村左溪河流域的地图（如图20、图21所示），讨论了如何保护并落实到行动后，村民自发形成了巡护队的筹备组。

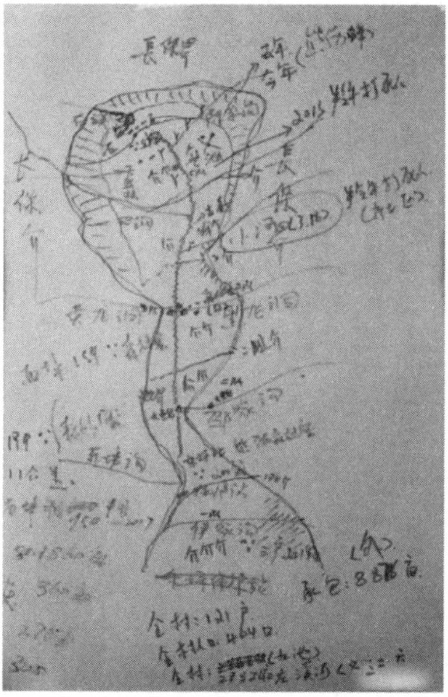

图20　讨论过程中共同绘制的地图

图21　急需保护的对象及它们面对的威胁

2017年12月14日，朝阳村左溪河流域自然保护中心小区成立仪式于洋县茅坪镇朝阳村举行，这也是陕西省第一个自然保护小区。左溪河流域自然保护小区优先保护与保护区核心区接壤的朝阳村13组的区域，包括4 252亩林地和10公里河道，随后考虑逐步扩大到整个朝阳村。山水自然保护中心通过众筹的方式为朝阳村筹集巡护装备和费用55 429.45元，并联合山水伙伴共同出资5万元，支持朝阳村左溪河流域自然保护中心的注册。

2018年保护小区成立后，全年共巡护12次，64人次；组织猎套、兽夹清理活动2次，共清理猎套6个，对兽夹则无发现；涂刷保护宣传标语9处（山林3处，河道6处）；劝阻盗猎多次，做到了2018年保护中心内未发生过林业案件。大熊猫/羚牛/黄喉貂等都曾被获取到影像及视频资料。

社区治理赋能

> 在这样的背景下，能够做出一点成绩就是发出一点微弱的亮光，这能够温暖他们自己，同时也能够稍微温暖一下他们周边的人。现在他们带动了周边的村子都在做保护和一些生态产业的发展。
>
> ——山水伙伴

山水伙伴将销售收入的10%返还给村民，用于福祉提高和产业发展，全村使用、全村受益、村委牵头、村民参与、财务透明。这样可以实现两方面目的，一方面使得没有加入熊猫森林蜜项目的村民也可以共享环境保护的福祉，从而不会阻碍项目的进展，并接着对项目潜移默化地产生兴趣；另一方面也可以在管理资金的过程中提升村民的公共事务治理能力。

很多保护环境的NGO面临的问题是，项目在的时候，社区的经济效益、生态效益和治理能力确实得到提高，项目一撤，又恢复原样。山水伙伴的方式创新点在于可以持续做保护，单个NGO或者社会企业的参与度有限，也没有能力去满足社区的各种各样的需求。但是社区的能力提升以后，人们就有了自己去接触更多资源和机会的能力，即实现从授之以鱼到授之以渔。

1. 深山中建起的信号塔

2019年9月28日，郑岚等人受邀来到朝阳村，参加第13组村民的收益分红讨论大会。朝阳村全村1 000多人，共分为13个组，目前参与项目的蜂农主要来自9组、13组，还有一位蜂农来自12组。根据上次集体会议的讨论结果，4万余元回馈款的1/3用于整个村子的集体公共设施配套，2/3归到9组和13组，设立由自己组村民管理的社区保护和发展基金。本次讨论就是为了尽快落实13组村民2016年、2017年的项目回馈款使用情况。

会议地点定在海波家的院子里。下午五点不到，彭海波和妻子就已经忙进忙出地为接下来的会议做准备了。上次的会议记录被海波从屋里取出来，小心翼翼地粘贴在墙上（如图22所示）。院子里摆好了桌子和椅子，一会村民们将在院子里进行讨论。

五点刚过，11户村民陆陆续续地过来了。虽然天气很寒冷，村民们参与公共事务的心却是火热的。会议由13组组长彭成久主持。会议开始，负责财务的党建平先为大家介绍了1万余元金额的存放情况。“这个钱你们放心，我给大家看得好好的。”经过一番讨论，大家决定把钱用在和移动公司合作上，把信号塔建起来。受地势险峻和交通不便的限制，第13组所在的位置没有网络，手机信号也是时有时无，想要发展生计，网络也是一个大问题。建起信号塔来，村民和外界联系就方便了。

接下来，开始讨论信号塔的摆放地点、预算情况，并最终敲定了信号塔事项的联系人为海波，确定了具体的进程与关键时间节点。最后参会村民举手表决通过了这项决议（如图23所示）。

图22　张贴在墙上的会议记录

图23　村民们在进行举手表决，飞翔在进行会议记录

回想起这段时间朝阳村村民们一起达成的成就，从组织巡护队，到成立保护小区，再到把巡河和养蜂都做得有模有样，基金管理财尽其用。郑岚与飞翔觉得人的变化很大，飞翔用了“蜕变”这个词。“海波有更多的想法，有自信心去接手更大的平台做事儿。愿意承担组里公益事务的人，从最初的张支书、彭海波，到现在的彭叔、党建平、彭德华，还有那些不是蜂农也不是巡护队员的其他村民，都和我们渐渐熟悉，邀请我们去家里喝茶吃饭。他们慢慢接触到‘公平、公开、公正’的原则，以此来参加蜂蜜采购溢价的评估、社区小基金的管理和讨论。”乡村振兴一定是振兴人，没有人无法振兴。山水伙伴团队每次过来，都能感受到这里的人眼睛里有向上的光芒，生活只要有了方向，日子就有奔头。

2. 关坝和白水江的新篇章

朝阳村的故事，是与山水伙伴合作的诸多村子的缩影。四川王朗国家级自然保护区周边关坝村、甘肃白水江国家级自然保护区核心区内深沟村集信沟社也在书写着自己的社区治理篇章。

图 24　2017 年 11 月 27 日关坝村村民召开资产收益分红社区大会

图 24 为 2017 年 11 月 27 日关坝村村民召开资产收益分红社区大会的照片。关坝村村民通过保护生态得到的红利，有熊猫森林蜜 10% 销售返回的 30 000 元、养蜂合作社收益分红 28 800 元、冷水鱼收入 10 000 元、保护项目补助 14 900 元，共计83 700元，每户每人发放 150 元用于购买

“新农合”，并按100元/人发给贫困户发展庭院中草药种植。

全村人同时也在会上约定三项共同遵守的保护规则：“一、在关坝沟内不打猎；二、在关坝沟内不挖药；三、在关坝村范围内不捕鱼。”如果违规，全家3年不得参与分红。

甘肃白水江国家级自然保护区深沟村集信沟社，在山水伙伴的帮助下，于2018年7月成功组织了村民会议（如图25所示），结合当地情况和村民的讨论结果，确认了“有实际需求、大家都受益、大家都出力”的基本原则，并且在村民自愿的情况下选出了基金管理团队，并商量了基金的用途；购置了新型煤炉与公用摇蜜机；同时购买了防野猪铁丝栏，搭建养蜂宣传牌。

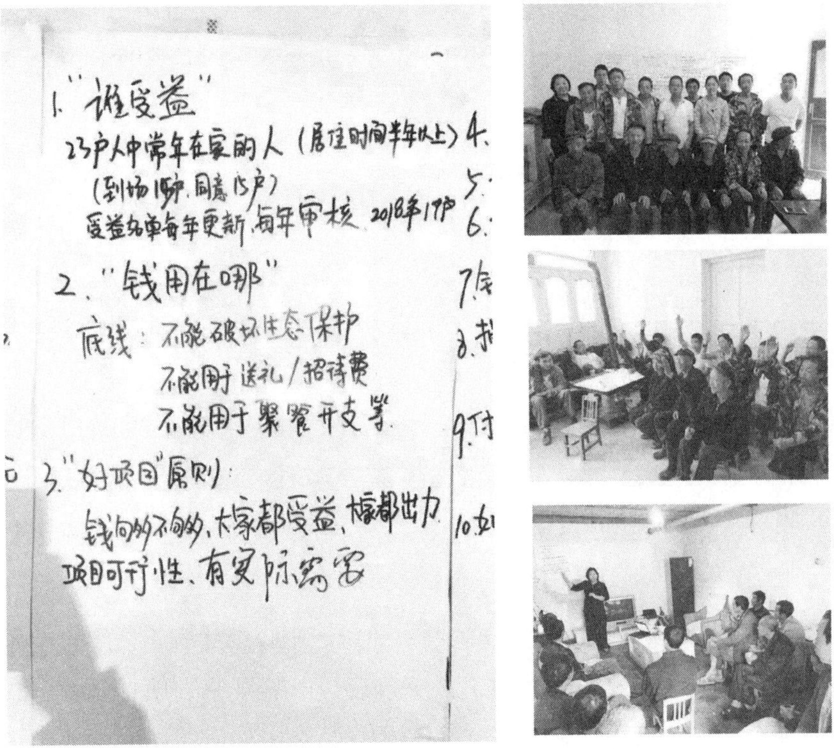

图25　2018年7月深沟村集信沟社村民召开村民会议

3. 生根发芽的自然科学教育

具有了环保相关的知识、参与了公共治理、锻炼了社区事务参与能力后的村民们，思路渐渐活泛了起来。依托于丰富的自然资源和独特的养蜂体验，对接社会对于自然教育的巨大需求，这使自然教育成为一条可行之路，这也是生态公平理念在社区与城市之间的有效流动。

2018 年夏天，郑岚来到陕西长青国家级自然保护区华阳站时，站长张晓峰提到这里被挂牌为陕西省中小学生研学实践教育基地，将要试行接待北京的上百个学生。随着保护区承担更多的公共教育职能，如何设计合适的内容线路、提高保护站的接待能力都要提上日程。

2018 年 12 月，平武县关坝流域自然保护小区成功申请自然教育基地，并在村“两委”与社会组织支持下，开展了关坝第一次自然教育（如图 26、图 27 所示）。

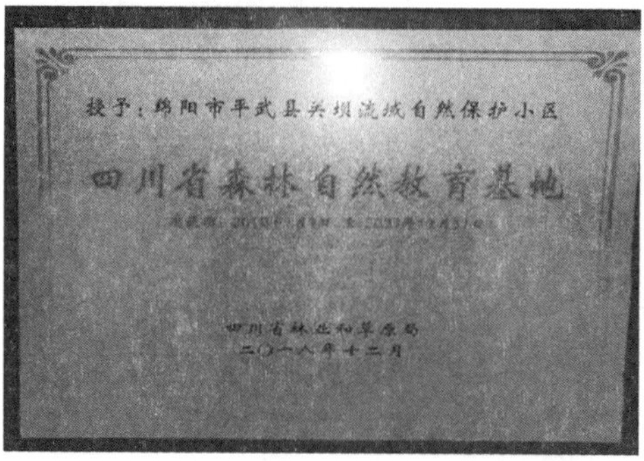

图 26　平武县关坝流域自然保护小区成功申请自然教育基地

图 27　孩子们正在参加自然教育

2019 年，朝阳村所在的左溪河自然保护中心也开展了自然科学教育（图 28），接待了两个团共几十人次，以养蜂观察、田野调查、农事体验、观鸟观星、历史感受为主要内容。孩子们住在海波家的房子里，在秦岭深处，见广袤山川“云横秦岭家何在，雪拥蓝关马不前”，观蜜蜂酿蜜“采得百花成蜜后，为谁辛苦为谁甜”，赏流水潺潺“潭中鱼可百许头，皆若空游无所依，日光下澈，影布石上”，感星河浩瀚“天上星河转，人间帘幕垂”，看朱鹮翱翔“山气日夕佳，飞鸟相与还”。

图 28　朝阳村悬挂的自然保护教育的横幅

2019 年 9 月 29 日晚上，结束了去保护站的行程后，郑岚等人与彭海波夫妻坐在一起商议朝阳村自然科学教育如何进一步发展。这一年的两个团总体还算成功，但也暴露了一些问题。首先是课程设置，需要针对不同年龄段的孩子，依托朝阳村的特色，设计符合其年龄阶段的课程；其次是解说员，要尽快筹备标准化讲稿，培养一批可以带队、讲解的解说员，尽可能动员有意向的村民加入合作项目中；再次是基础设施，房屋还需要扩建，现有容纳能力有待提高，网络通信问题等信号塔搭建好会有所改善；最后是朝阳村还可以多向华阳站取取经。

千淘万漉虽辛苦，吹尽狂沙始到金

当谈及对未来发展的展望时，郑岚提出了几个现在遇到的困惑。山水伙伴从2011年成长至今，不断在摸索中前行，做出了一些成绩，也不可避免地遇到了一些问题。

1. 产品单一的困扰

产量小：目前只有三大保护区内几个村子的蜂蜜，且不能一年多采来提高效率；环境评估标准苛刻和前期审核流程长，不能在短时间内迅速拓展分点，形成规模效应。这导致产品的产量小。

产量波动大：保护区都位于西南保护区，没有分散布局到不同的气候带中，一旦天气异常，所有产地都会受影响。

以2018年为例，产地受到极端降雨气候的影响，再加上2018年是养蜂业十年一遇的小年，产量在这种本来低的情况下更是骤降（表2）。

表2　2017年、2018年蜂群规模与蜂群产量对比

年份	蜂群规模	蜂蜜产量（斤）	营业收入（万元）
2017	100% （以2017年为基数）	16 000	90
2018	120%	1 800	30

针对目前的单一产品的问题，山水伙伴正在考虑把更多的符合生态公平概念的农产品纳入自己的体系中，如图29所示。首先可以是目前已经建立起合作关系的村子的其他农产品（例如，自然保护区的村子也同时产出厚朴和山茱萸），然后可以是其他村子的优势农产品。这样不仅可以把熊猫森林蜜的模式复制开，扩大规模；也可以为村民提供更加多样化的收入渠道；与此同时，多样的产地和产品也意味着风险的分散，大大降低气候等不可控因素的影响。

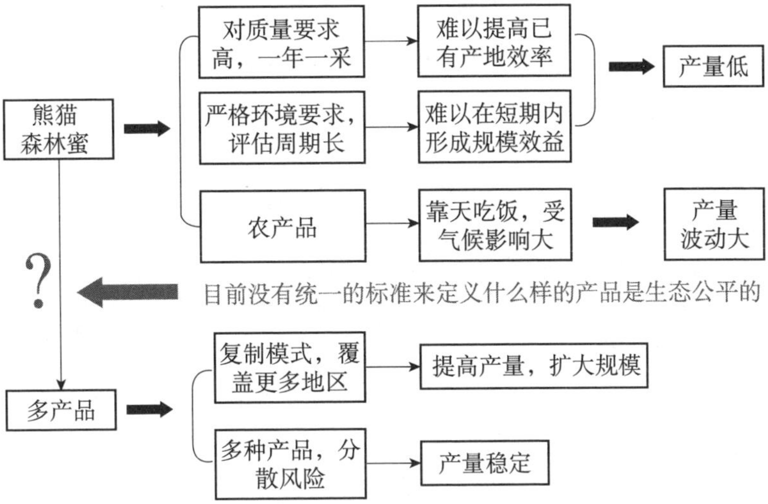

图 29　从单一产品到多产品的发展思考

但是山水伙伴在和自己的合作伙伴中国医药保健品公司探讨多产品可能性时，发现一个问题：想从蜂蜜对接到更多的农产品到采购商的采购体系中，需要转化的过程，因为目前没有统一的被认可的标准。在中国医药保健品公司的经营体系中，一定是省级的供应商找县级的供应商，县级的供应商再找到镇，没有办法直接对接到村子。同时，各种产品也存在量太小、品质不稳定、数量不稳定的问题。熊猫森林蜜的采购是中国医药保健品公司经过了长时间的审核和接洽后决定的，其他产品是否符合生态公平的概念？品质怎么保证？沟通成本和交易成本都很高。同时，多种产品的质量控制也必然对公司治理以及员工素质提出更高的要求。

2. 渠道控制的挑战

图 30 为山水伙伴的价值链活动示意图。目前山水伙伴 70% 的熊猫森林蜜都是分销给中国医药保健品公司的。这样的渠道下，熊猫森林蜜的销售过于依赖中国医药保健品公司这个中间分销商。郑岚认为，中国

医药保健品公司做出采购的重要原因是这样的环保行为与业态被管理层欣赏和看好。因此，一旦管理层发生更换或者管理层的观念改变，渠道将会出现重大危机。

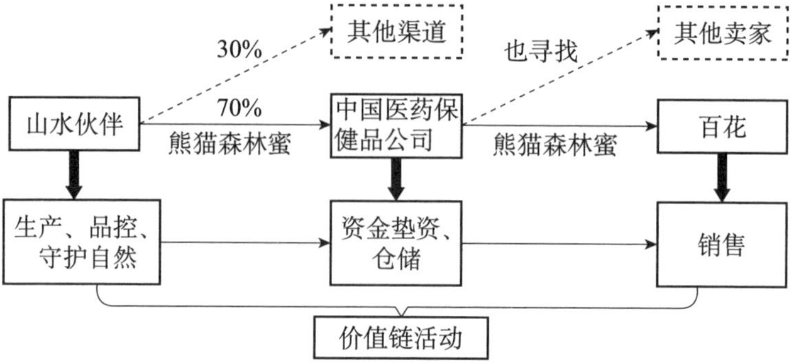

图 30　山水伙伴的价值链活动

除此之外，如果将熊猫森林蜜的经验在大范围内推广，将更多地区的更多产品纳入山水伙伴的体系中，随着产量的增长、品类的增加，市场对于产品的反响能够保持现在这样的好状态吗？各个渠道是否愿意去卖这些产品呢？

3. 全端工作的压力

当下，如图 31 所示，山水伙伴负责熊猫森林蜜全部的筛选、品控、再加工、包装、运输到最终销售以及最后生态保护回馈的全端工作。

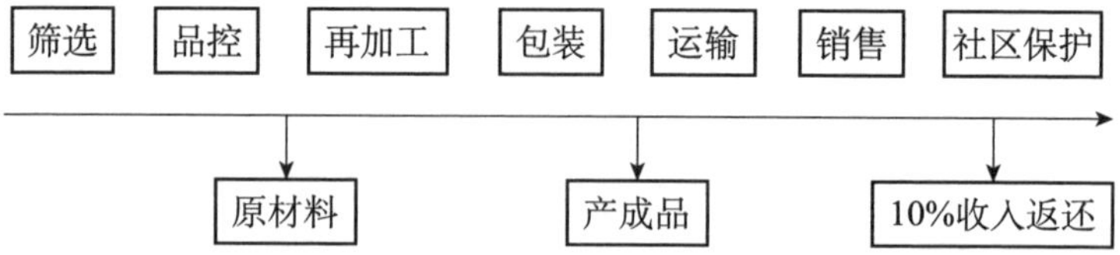

图 31　山水伙伴工作流程

（1）作为一家 2011 年创立的企业，山水伙伴目前的规模小，员工少，在负责全端工作的情况下，其规模扩大和效率提高都会受限。

（2）作为社会企业，山水伙伴的优势在于前端的筛选试点、质量控制、社区赋能和最后的生态保护回馈。在产品再加工、包装运输、销售等方面并不具备显著优势。

（3）最开始筛选具有合适优质产品、有生态保护意愿的村子会花费几年时间，因为需要形成稳定的产品生产机制、质量控制标准、生态回馈方式。熊猫森林蜜从2011年开始考察项目，到2016年才实现商业化量产。在这样的单产品全产业链条件下，后续流程操作必须等待前端过程，时间成本很高。

（4）从成本考虑，选择蜂蜜这个高质量、低产量、高生态赋能产品进行全产业链的布局，在每个环节都很难实现规模效益。因为在每个环节流转的产品都太少了，像再加工、包装、运输这些环节往往是依赖规模的扩大来进行单位成本的降低。

郑岚思考了这些困难和挑战，也看到自身的实力和资源。

目前，有很多企业和基金会有寻找好的生态保护产品和承担社会责任的需要，但是没有时间、没有专长来筛选好项目。而山水伙伴的优势恰恰是链条前端的工作，未来可以花两到三年时间就如何测试某个社区在环保意愿和能力上形成可复制的模式，由此可以对接更多社区，为社区与企业和基金会的后端对接提供服务，协助后端推出产品，如图32所示。

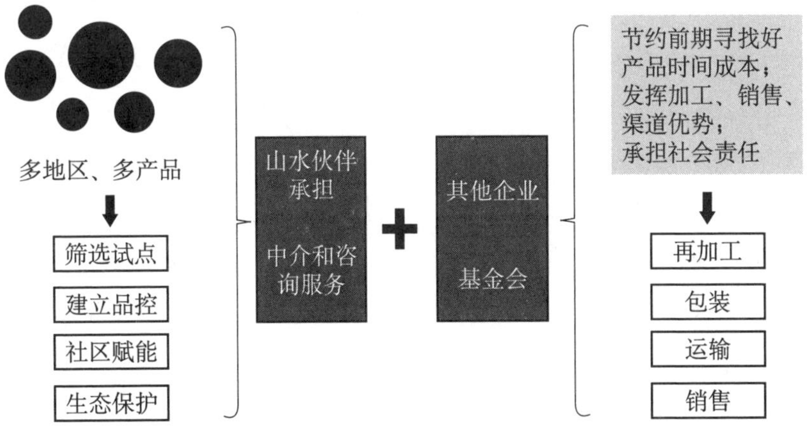

图32　前端与后端职能区分

从公益和生态保护的角度看，政府其实很多时候也在做保护环境和生态的工作，比方说四川的耕地保护，但是资金利用效率比企业要低。结合政府资源，协助政府对接农产品和销售平台，也是郑岚考虑的可拓展业务。

回顾山水伙伴的成长历程时，郑岚的脸上一直洋溢着灿烂的笑容。“能够为保护区和村民做点事情，是一件很开心的事情。因为我觉得这些村子，这些年轻人，还有这些村民，包括老支书，都有他们的可爱之处。我跟他们聊天会发现，其实他们小时候的生活和可能受到的教育机会不是我们可以想象的，比我们少很多的机会。如果说可以给他们一些机会的话，我相信他们能够做得更好，就是希望可以有这样的机会提供给他们。”

（周华　张蓓　刘晓梅　程鑫）

北伟点评

山水伙伴的熊猫森林蜜具有明显的社会属性，通过生态公平成品，改善保护地附近村落的民生，从而进一步保护生态资源。其中通过合作社盈利分红与山水伙伴收入返还，从而带动农村社区治理的努力，尤其令人印象深刻。其产品的有机农业属性，也是另一项社会属性。从“小而美”的角度看，这是一个可行的社会企业模式，但规模化经营还面临从战略到人才储备到营销等多重挑战。

按照欧洲的标准，社会企业的收入可以有多种形态，既有纯商业产品与服务收入，也有基金会捐赠收入——用于实现特定目标。具体到山水伙伴与山水自然，其主要目标是保护大熊猫生态区，次要目标是通过生态产品提升保护区附近村民的环境与生态保护意识和意愿。山水伙伴应该利用多种渠道如公益基金、政府补贴、蜂蜜销售收入来实现这个目标。

从商业模式上看，熊猫森林蜜的生产全流程管理，是其独特竞争价值。山水自然与山水伙伴多年来所积累的环境保护方面的品牌，给其蜂蜜产品做了可信度很高的背书。创始人吕植与郑岚的品格特性与故事营销，还可以更充分地运用，因为她们理想主义的公益初心是最好的品质保障。虽然蜂蜜是充分竞争的产品，如果品质有特别保障，也会成为畅销品，如老干妈的辣椒酱并不是什么神秘配方，但单品规模做得这么大，完全是品控和故事营销的结果。在这方面，熊猫森林蜜有可能在良莠不齐的蜂蜜市场上产生一种鲇鱼效应，带动蜂蜜产品的诚信经营。这样，熊猫森林蜜就会有三重社会属性：大熊猫生态保护，村民社区治理带动，蜂蜜市场的鲇鱼效应。

山水伙伴的经营之路，从规模化的角度，有两条路可以走。一条是围绕熊猫保护区，从单一产品发展到多种产品，这一点从生产端而言实现起来容易，但到销售端实现起来困难；一条是扩大熊猫森林蜜的生产规范和流程到全国，扩大单一蜂蜜产品的规模，相当于熊猫森林蜜认证，由山水自然和山水伙伴背书，这一点从生产端而言实现起来困难，但到销售端实现起来容易。后一条路线，可以解决狭小蜂蜜产地靠天吃饭造成的产量波动问题，可以用全国认证的高端熊猫蜂蜜销售收益，集中补贴少数几个大熊猫生态保护区，建立一个“从你的餐桌蜂蜜消费到国宝大熊猫保护”的独特营销定位。具体执行什么扩张路线，要看山水伙伴的战略和资源配置。

渠道管理和价格管理方面要做进一步工作，比如以产品性能相近的新西兰Comvita的麦卢卡（Manuka）10+级蜂蜜做对比。熊猫森林蜜的价格500克约340元，比这款麦卢卡略贵（500克320元），而麦卢卡的品控系统品牌可信度更强，在运输成本方面海外也应该高于国内，这似乎表明熊猫蜂蜜定价过高。此外，熊猫森林蜜单纯依靠中国医药保健品公司销售渠道有风险，尤其无法应对规模化经营。在京东上也没有此款产品销售。

总体而言，山水伙伴有很大的品牌潜力，其生态产品有规模化的可能性，但首先要做出单品发展还是多产品发展的战略选择，然后再进行相应的品牌管理与营销，以及渠道、价格等战术安排。此外，在商标品牌注册与保护上也要关注，有很多类似品牌如熊猫蜂蜜、平武蜂蜜、熊猫爱蜜等混淆视听。

参考文献

1. 野外大熊猫濒危状况进一步缓解．人民日报，2018－08－17.

2. 胡利娟．成功野外引种　大熊猫圈养种群已形成．科普时报，2018－08－21.

3. 335只“滚滚”萌翻你！平武野生大熊猫居全国区县之首．四川新闻网，2017－10－24.

4. “天下大熊猫第一县”是如何建成的．搜狐网，2019－07－23.

5. 保护大熊猫从养小蜜蜂开始．四川日报，2012－12－07.

6. 谢高地，张彩霞，等．中国生态系统服务的价值．资源科学，2015，37（9）：1740—1746.

7. 我们悄悄地升级成了金牌社企．微信公众号：熊猫森林蜜，2018－10－17.

8. 生产｜收蜜归来，志愿者有话说．微信公众号：熊猫森林蜜，2016－01－28.

9. 工作日志｜村民自己的社区发展与保护基金，自己来讨论管理办法．微信公众号：熊猫森林蜜，2018－08－07.

10. 厉害了，我的蜜！．微信公众号：熊猫森林蜜，2018－04－20.

11. 工作手记｜关坝村放福利啦！（后续篇）．微信公众号：熊猫森林蜜，2017－12－22.

12. 工作手记｜大熊猫保护地，43天，4326公里．微信公众号：熊猫森林蜜，2017－11－14.

13. 媒体｜中国新闻周刊报道熊猫森林蜜．微信公众号：熊猫森林蜜，2016－06－17.

14. 我们无法帮助每个人，但每一个人都可以帮助一些人，微信公众号：熊猫森林蜜，2018－03－29.

15. 2018我们的保护小区做了啥．微信公众号：平武县关坝流域自然保护中心，2019－03－05.

16. 保护我们不再孤独之关坝走出去．微信公众号：平武县关坝流域自然保护中心，2019－03－22.

17. 关坝流域保护中心公众号正式上线！．微信公众号：平武县关坝流域自然保护中心，2017－05－30.

企业资料

1. 熊猫森林蜜微信公众号：

2. 平武县关坝流域自然保护中心微信公众号：

3. 朝阳村左溪河流域自然保护中心微信公众号：

4. 关于蜂蜜—山水熊猫蜂蜜：

https：//shop417791. youzan. com/v2/showcase/feature? alias = ehkd884u&sf = wx_menu&redirect_ count = 1。

5. 关于熊猫—山水熊猫蜂蜜：

https：//shop417791. youzan. com/v2/showcase/feature? alias = 13pu00r59&sf = wx_sm&sl = undefined&st = 1&is _ share = 1&from _ uuid = 848b1a42-a83a-7404-b8a0-aea0325ff725。

6. 关于我们—山水熊猫蜂蜜：

https：//shop417791. youzan. com/v2/showcase/feature? alias = 1hcbpinlf&sf = wx_sm&sl = undefined&st = 1&is _ share = 1&from _ uuid = 848b1a42-a83a-7404-b8a0-aea0325ff725。

ABC 公益咨询：

青年创变共筑美好社会

我希望在这里，更多的人可以利用自己的技能帮助公益组织改变现状；我希望志同道合的伙伴可以像家人一样相伴成长；我还希望有一扇窗可以让我看到这世界不只是金钱和名利，还有温度和力量。

——钱洋

2008 年前，我国公益服务尚停留在捐钱捐物、社区服务等“基础化志愿服务”层面，社会公众对志愿服务的参与率低、流动性高，大多数人将公益视作临时性的个体行为。2008 年 5 月 12 日汶川大地震唤起了社会公众，尤其是青年群体的公益意识，公益服务团队不断壮大，然而许多公益组织在志愿者招募、项目策划与组织管理等方面专业化、制度化不足。2008 年底，“ABC 美好社会咨询社”（简称 ABC）将“公益咨询”概念引入中国，以“帮助 NGO 解决因缺少专业知识与技能而无法完成的工作，从而促进 NGO 持续、有效和健康地成长”为使命，利用青年志愿者的专业知识为存在问题的公益组织提供改进与发展建议，以专业能力为困境中的公益企业找寻发展之路，将“青年创变”与公益服务结合起来。

为扩大专业志愿者团队的社会影响，2014 年起，ABC 先后在上海、广州、深圳与成都四地增开分社，并将业务范围从单一“公益咨询”扩展至企业社会服务项目、公益行业研究等多个领域；并且从完全志愿者运营向少数志愿者全职化、项目商业化转型，以期为更多公益组织带来更多、更优质的公益服务。ABC 从最初以服务社会组织发展为主要目标转变为现今以专业志愿者和社会组织的双向发展为目标。

自成立至 2018 年的十年时间内，ABC 已先后服务于多个领域 160 余家社会组织，累计完成项目超 200 个，项目志愿者累计超过 1 800 人，提供咨询服务累计超过 280 000 小时，折合商业价值达 3 亿元人民币。2018 年 5 月，“ABC 美好社会咨询社：提升中国 NGO 的基础能力”案例入选哈佛大学肯尼迪政府学院案例，ABC 十年来的努力与成就在世界范围内得到认可。

发现：公益咨询从 0 到 1

1. 钱洋的“热心”

像大多数名校大学生一样，拥有金融学背景的留学生钱洋在大学期间兼顾学业和活动，创办了多伦多大学中国大学生联合会并担任主席，积极参与一线志愿工作，是典型的“活跃分子”。毕业后一段短暂而失败的创业经历，让他选择回国寻找稳定的工作和生活。2008 年钱洋毕业归国，在找工作之余给自己安排了一些轻松的业余活动，他选择干起自己熟悉的公益。在此过程中，他接触到一家名为“采桑子”的公益组织。这是一家主要定位于改善贫困妇女家庭收入与家庭地位的社会企业，它通过对苗族当地妇女进行培训，提高苗族妇女的手工艺技能来提高她们的日常收入。然而，“采桑子”内部人员缺乏必要的管理经验与市场营销经验，企业的发展遭遇了一定困难。在中国，像“采桑子”这样的公益组织与社会企业有成千上万家，它们空有一腔服务社会的情怀，却缺乏专业力量解决自身发展问题，社会上也缺少专业的组织为类似的公益组织提供咨询帮助。

这样的问题使钱洋联想到自己在加拿大从事志愿服务的所见所闻。在加拿大有一种志愿服务方式叫作公益咨询（Pro Bono），它通过向世界 500 强企业和顶级咨询公司招募志愿者，为面临发展瓶颈的公益组织提供咨询服务。公益咨询的方式早在十年前便已在美国、加拿大等发达国家普及，而在当时，中国的公益形式还仅仅停留在捐钱捐物的阶段。钱洋意识到，为国内公益组织提供类似于企业的咨询服务，是一个空缺的市场。既然自己已不满足于一味付出、奉献的一线志愿服务，不如自己尝试一个感兴趣、对自己有帮助的公益新模式。2008 年底，满腔热情的钱洋与朋友一起创办了“ABC 美好社会咨询社”，号召年轻人将空闲时间投入公益事业，利用青年人的职场技能为公益组织提供咨询服务。

从金融行业工作者到公益行业服务者，从 26 岁到 36 岁，公益咨询服务对于钱洋来说不再只是理想，而是变成了可实现的事业。提及过往十年，钱洋表示：“我以为我是来改变公益的，怎料公益改变了我。我的每次改变看似在追寻着不同的目标，但是我通过一次次参与新事物的创变找到了自己热爱的工作和生活。”

2. 创立之初的艰难

ABC 创立于 2008 年，那是国内公益行业刚刚开始发展的年份，专业志愿者的缺乏是横亘在 ABC 面前的主要问题。因为缺少名气和推广渠道，ABC 难以找到有专业背景、有咨询经验的小伙伴，只能靠自己的社交圈不断地询问。回忆起 ABC 创立之初的日子，钱洋说道：“当时国内的青年生存压力很大，在社会上找到愿意用专业技能提供志愿服务的志愿者像是大海捞针。但我不想等待万事俱备才开始行动，哪怕是做一点也比不做好。”幸运的是，ABC 一开始只为规模较小、初创的公益组织提供免费咨询，项目难度上是可控的，也不需要耗费太多人力物力。

在问遍所有的朋友并在多个行业网站发布广告之后，ABC 终于在 2009 年 5 月迎来了创社以来的第一个客户——I Do 儿童基金。I Do 儿童基金（简称“I Do”）是挂靠在红十字会下的专项基金，不具备法人实体的身份。由于在财务审批上受限于红十字会，在管理人员编制上依托于恒信集团，基金会运营的独立性受到了限制，正面临着是否应当转变为独立法人的关键抉择。经过项目组 10 个人四个月的努力，ABC 分别在使命、基金会法律政策、项目管理、志愿者管理、财务管理和公信力六个部分对 I Do 进行分析调研，梳理 I Do 转变为具有独立法人地位基金会的优劣势，向 I Do 提出有关未来发展的第三方独立见解，为 I Do 基金转型提供了极大帮助。ABC 将第一次项目所建成的制度和模板都沿用下来，作为后续实践的参考。

启航：运营模式标准化

1. ABC 的运营模式

ABC 无疑是中国提供专业志愿服务的先锋之一。中国公益产业蓄势待发，然而 NGO 管理能力不足是制约产业发展的重要瓶颈。特别是在体制及资源的限制下，公益组织很难吸引到专业人员的加入，由此导致了发展战略不尽清晰、专业知识受限、内部管理不完善和市场意识不强等诸多问题。有感于此，ABC 定位于为公益组织提供和企业一样的管理咨询服务，即公益咨询。具体而言，在战略、品牌、项目设计、人力、筹款、企业社会责任等方面提供专业的分析研究与解决方案。核心业务如图 1 所示。

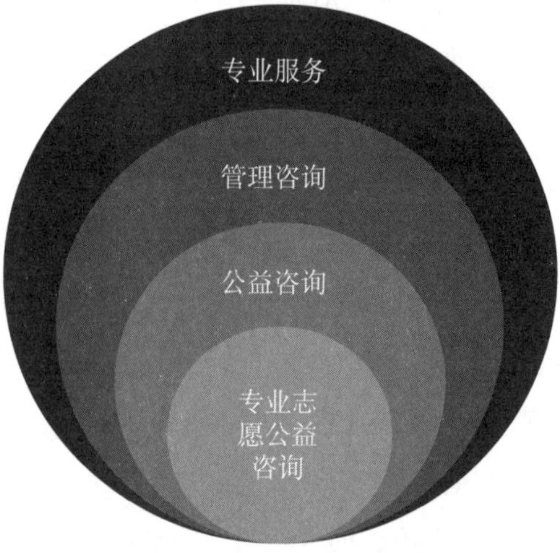

图 1　ABC 的核心业务

在前几个项目结束之后，ABC 开始探索总结适合自身发展的运营模式，确立起标准化的项目规模和流程。ABC 每年召集专业志愿者以公益咨询季的形式开展项目，每个咨询季承担 8 ～ 10 个项目，每个项目为期三个月。项目开始到完成的三个月中，第一个月进行前期调研，第二个月进行深度分析，第三个月交出方案，并且在每个月安排固定的时间节点对工作进程进行评估汇报。

除项目进程时间节点控制外，ABC 对于项目前期客户与志愿者招募、志愿者培训，项目后期回访与材料整理也设有明确的控制标准和时间节点。客户与志愿者招募一般会在项目开始前的一个月结束，比如项目在 3—6 月之间进行，客户和志愿者招募往往在 2 月已经结束。对于拟报名的志愿者，ABC 会首先对他们进行面试并在面试结束后开展一周的训练营，根据志愿者在面试和训练营中的综合表现筛选志愿者组成项目组。在筛选志愿者的过程中，ABC 会着重关注志愿者的学习能力和专业能力，尤其是志愿者的专业能力与项目需求的匹配。

每个咨询项目组一般会匹配 8 ～ 10 个志愿者，每名志愿者每周投入 10 ～ 15 个小时的业余时间，团队整体呈金字塔模式，如图 2 所示。其中，项目总监（PD）一般要求 10 年工作经验及项目相关的行业背景。例如，战略咨询项目要求具有战略咨询背景的项目总监，负责项目质量

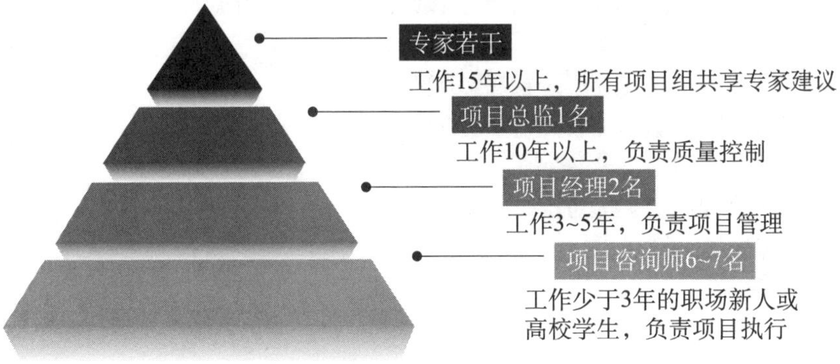

图 2　ABC 咨询项目组组织结构

把控。项目经理（PM）一般要求 3 ～ 5 年工作经验，负责项目综合管理。项目咨询师（PC）为初入职场 1 ～ 3 年的工作者和大三及以上学生，负责前期资料收集和调研。公益咨询季结束后也会评选优秀 PD、PM 和 PC，不良表现和中途退出的志愿者难以参加下一季项目。

ABC 对于客户的招募一般与志愿者招募同时进行，全年共分为 3—6 月、6—9 月、9—12 月三个咨询季，在每个咨询季启动时接受来自各个公益组织的申请。ABC 预估自己的成本与能力，由专家组建的内部投委会根据公益组织的年预算/收入（20 万元以上）、成立时间（不少于 3 年）、员工数（全职员工 3 人以上）、认可度、办公地点来筛选项目客户。ABC 的服务对象多元化，其中 30% ～40% 是大型的公益组织、基金会，10% ～20% 是社会企业，剩下的就是较小的草根公益组织。大部分是国内本土的公益组织，而非国际、外资的公益组织。钱洋说：“我们会保证每年的客户里有较小型的草根公益组织，虽然 ABC 越来越大，客户选择的空间很大，但是从公益初心来说，我们希望公益组织得到企业级的咨询服务，所以无论未来 ABC 发展到多大，我们一定会保证提供一定数量的服务给这些机构。”ABC 客户的 NGO 所在领域如图 3 所示。

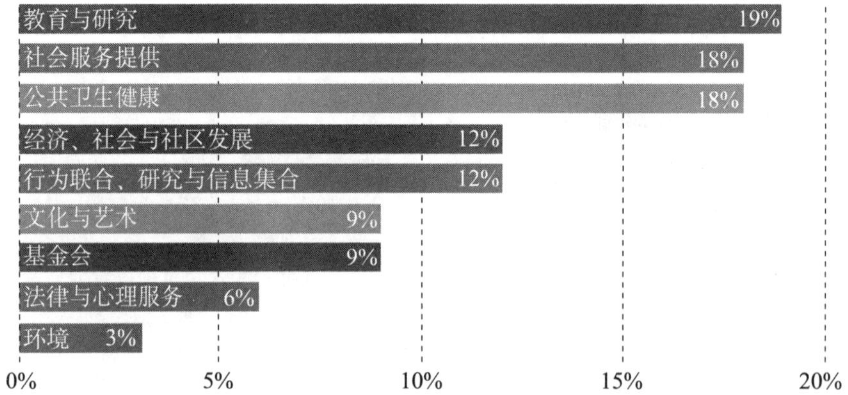

图 3　ABC 客户的 NGO 所在领域

对于不同咨询项目，ABC 尽量保证每个项目的规模限制在各团队三个月可完成的工作量之内，并根据国际质量认证 ISO 9000 标准编写项目管理流程。对于规模较小的项目，ABC 创新采用了“微咨询”的方式；对于规模较大的优质项目，ABC 将其拆分为不同的标准化项目，由不同的团队跟进。例如 ABC 为中国扶贫基金会提供的咨询项目由于项目规模较大而拆分成战略、调研报告等不同标准化项目，由不同的项目组跟进。在整个三个月的过程中，项目组都与客户密切沟通。除了立项前一个月为了解客户基本情况与客户进行大量访谈之外，在每一个重要的时间节点，ABC 都会反复和客户确认项目组的阶段性进展与客户的要求是否一致。

在咨询项目结束后，ABC 对于客户的后期回访与经验总结也极其重视。如果客户出现不满意的情况，ABC 会与客户进行沟通协商，采取必要的补救措施，延长项目咨询时间，尽量满足客户的要求。由于 ABC 提供的咨询服务不包括项目落地实施的部分，所以项目组在设计方案时尤其注重方案的可行性，并且 ABC 在三个月的项目期结束后会跟踪、询问方案实施进展，在方案结束后半年和一年的时间点也会分别开展客户满意度调查，存在任何问题，客户都可以直接联系当地的分社负责人。

在这样的模式之下，ABC 建社以来一直维持着很高的客户满意度，当前 ABC 每年的项目中有 10%～20% 由曾经接受过 ABC 咨询服务的公益组织构成，并且很多新客户都来源于先前合作过的公益组织与平台的口碑推荐。对于优秀的咨询项目，ABC 在项目结束后会编写成案例供内部分享，为之后的类似项目提供参考。在整个项目的推进过程中，不同项目的负责人分享交流，具有丰富管理经验的专家也一直跟进项目，这同样起到知识传输的作用。

2. 志愿者管理体系

作为一家由专业志愿者向 NGO 提供咨询服务的第三方机构，志愿者是 ABC 赖以运行与发展的核心资源。ABC 将志愿者分为两类：一类为咨询季项目志愿者，主要负责每个公益咨询项目的落地实施，在项目进程中进行与客户沟通、案头研究、数据分析及项目汇报等工作；另外一类为管理团队志愿者，主要参与组织的长期管理工作。

咨询季项目志愿者是 ABC 志愿者团队的主体，为保证每个咨询项目高质高效完成，ABC 为每个项目匹配 8 ～10 名志愿者来完成在普通咨询团队中由 5 名咨询师可以完成的工作，其中，有大约 1/4 的志愿者有过往公益咨询项目参与经历。ABC 现任社长李氟钠表示："比起志愿者本身，我们更加关注志愿者滚动机制。"在创立初期，ABC 主要通过官网、微博、微信等自媒体平台宣传，埃森哲、中国慈善总会等合作伙伴的宣传推介与过往志愿者的宣传介绍也为志愿者团队注入了新鲜血液。

随着近年来公益行业需求的增加和 ABC 业内认可度的提高，ABC 项目团队的志愿者需求和志愿者报名人数均呈井喷式增长态势，目前项目志愿者的实际录用人数与报名人数比例大约为 1∶8。这些报名志愿者基本上来自世界五百强公司和高校。他们将 ABC 视为一个训练场，通过公益咨询打开参与公益的窗口。为保证项目需求与志愿者个人特质的合理匹配，ABC 建立起组织内部的志愿者数据库，根据志愿者经历、背景和过往项目表现将志愿者个人特质标签化，并根据项目需求选拔具有相符特质的志愿者，同时向具有过往经历的志愿者推送新项目的相关信息，询问其是否有意愿参与新项目。

面对数量激增的志愿者服务团队，ABC 内部行政管理事务剧增，ABC 中一些经验丰富的长期志愿者从项目志愿者团队中分拆出来，形成志愿者管理团队。志愿者管理团队负责前期志愿者筛选与培训，项目志愿者团队负责各咨询季咨询项目的设计与跟进，不同岗位的志愿者各司其职，拥有各自不同的工作周期，ABC 的滚动志愿者机制得以长远发展。无论是 ABC 的管理团队还是项目团队志愿者都有同样的感受，ABC 虽然没有固定办公场所和外部形态，但运行机制严密有序。"我们是特别强调规范化和制度化的组织，章程的强大和细化程度甚至让我感到吃惊。我们每个部门在做每件事情的时候都有规范化指导手册，在每一个时间节点该做什么我们都有标准。”

转型：规模化与财务可持续

1. 规模化：异地扩张，全国复制

随着近年来公益行业的整体发展，更多的公益组织意识到自身发展的不足之处，对于公益咨询的需求不断加大，志愿者专业技术性的概念也逐渐被公益组织接受。进入 2014 年以来，随着 ABC 市场知名度的提高，现有的人员配置与项目承载力已经不能满足公益咨询领域庞大的市场需求，ABC 开始思考扩大规模与战略转型以更好满足市场需求。此时钱洋已从对 ABC 的“责任心”转变为“追求卓越的心”，追求 ABC 在每一点上的进步。

公益咨询的市场需求加大，一方面是因为 ABC 在市场上有了一定的知名度，老客户以及志愿者通过口口相传的方式向公益组织推荐 ABC；另一方面是因为很多公益组织意识到自己有咨询这方面的需求，需要借助一些外力来促进自己的发展。同时，公益行业的蓬勃发展也提供了制度条件，比如公募注册开放，筹款项目大量增加，市场亟须识别公益组织的第三方组织；基金会自身快速发展，并开始注重志愿服务的专业性。

ABC 招募的志愿者数量随之增加，至 2014 年 ABC 一年可完成 14 ～ 15 个项目。2014 年一些志愿者工作调动由北京转至上海工作，ABC 开始将业务拓宽至上海，成立起上海志愿者团队（上海分社）。至 2015 年底上海分社已经具有独立运作的能力，每季可同时运作 2 ～3 个咨询项目。2015 年北京与上海分社共完成了 20 余个咨询项目。上海分社的成功经验让 ABC 开始思考以增开分社的方式实现规模化。ABC 根据各地区客户和志愿者资源考量分社的地理位置。2016、2017 年年底，ABC

分别在深圳、广州与成都增开分社，基本上辐射全国的一线公益市场。分社的增开带来了咨询项目总数的逐年递增，2016 年 ABC 共完成 30 余个咨询项目，2017 年共完成 50 余个咨询项目。至 2018 年，各分社内部机制进一步完善，分社的项目承载力进一步增强，全年可完成 60 余个咨询项目。

2. 全职化：寻找初心，践行初心

分社的增开及 ABC 项目与志愿者数量的增加使 ABC 的组织管理愈发复杂，项目质量管控愈发艰难，仅由志愿者团队兼职从事管理工作难以满足 ABC 复杂的管理需求。对于钱洋个人来说，挑战是时间、精力上的冲突，自己在国开金融的全职工作任务繁重，事业也处在上升阶段，两边无法兼顾，钱洋开始思索到底为什么要做这件事情。寻找“初心”是钱洋做出改变的原动力，2015 年底，他背着父母辞去了国开金融的工作，成为 ABC 第一名全职员工。

辞职后在 ABC 专职工作的一两年内，钱洋更加深入地接触公益组织，与各行各业的老师、朋友交流，对中国复杂的社会结构和问题也有了更深的理解，逐渐领悟了自己从事公益的意义。“我觉得财务回报和社会地位不再是衡量成功的主要标准。我做事情的动机也开始从迎合外界标准转变为遵从内心的声音。在一个大部分人将公益事业看作边缘领域的社会里，消除偏见和歧视是重要一步。”钱洋的经历鼓励着一大批青年从商业跨界到公益，全职从事公益事业。

2015—2018 年期间，越来越多参与过 ABC 咨询项目的志愿者选择放弃原有工作，加入 ABC 的全职团队之中，或者以其他方式投身公益行业。目前，ABC 共有 10 位全职员工，分布于五个城市的不同分社，其中五位分别负责不同城市分社的管理，另外五位分别负责不同的职能工作：志愿者管理与研究、机构、宣传、业务拓展和筹款、项目管理和资料的总结。ABC 的志愿者体系如图 4 所示。

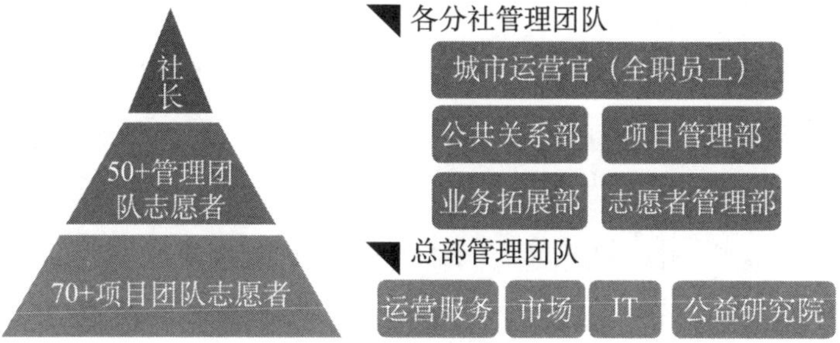

图 4　ABC 志愿者体系

3. 自我造血：公益组织到社会企业

在最初的几年时间里，ABC 主要采取免费的运营方式，管理团队未设任何收费项目，仅由客户直接提供给每个项目志愿者三个月共 1 000 元左右的补助，工作场地等必要设施由 ABC 的其他合作方提供。资金运作基本全靠创始人和志愿者“自掏腰包”。每年几万元的投入对于刚工作几年的青年来说，是不小的负担。2011 年对于类似于 ABC 的能力建设公益组织来说是历史性的一年，基金会圆桌论坛专门组织了关于“能力建设”的主题论坛，推广公益组织能力建设的价值和意义。2013 年起逐渐有基金会和公司愿意资助类似于 ABC 这样的组织，比如南都公益基金会和埃森哲。

进入 2015 年，公益咨询服务需求加大，ABC 出现项目饱和，甚至出现很多高质量项目可能排在半年以后的情况，并且更多的志愿者由兼职转变为全职。ABC 开始考虑转型，思考是否可以以自我造血的方式实现自身发展。若仍采取完全免费的模式，ABC 势必面临沉重的筹款压力。2015 年起，ABC 开始和客户与志愿者商谈是否可以采取收费的形式，将经费资助给项目组，而不是直接提供给个人。

在与客户商谈收费细则的过程中，客户对于收费方式的接受程度远超 ABC 的预想。同为公益组织，ABC 的客户本身也认同“自我造血”的理念，甚至有些客户也开始思考自身是否同样存在“自我造血”的机会。如果 ABC 对于咨询项目的定价在一个合理的可接受水平且提供的咨询意见对于组织未来发展有较大帮助，那么即使是收费，公益组织也会衡量费用是否在自己的承受范围内以及是否有必要购买这种咨询服务。

比起向客户商谈收费细则，对志愿者解释收费问题是一个更大的挑战。因为志愿者是构成 ABC 的主要群体，志愿者拥有极强的参与感并把自己视为 ABC 的一分子，ABC 的重大决策须由所有志愿者共同决定。志愿者对 ABC 以及公益事业投入了很多情感，一时之间难以接受公益收费。志愿者参与 ABC 咨询项目的主要目的是将自身专业技能应用于公益活动之中，以满足志愿者自身参与公益的需求。部分志愿者表示，公益项目收费与公益初心相悖。为使所有志愿者同意 ABC 的收费方案，ABC 花费了很多精力与志愿者反复进行沟通。80% 的 ABC 志愿者拥有商业背景，比起很多其他一般公益组织面临的根本性收费问题，例如养老、服务社区要不要收费，还是只靠政府来源和善款来维持运作，ABC 更需要考虑的是业务的效率与质量，ABC 总体上有没有符合恰当的成本－收益原则。

根据每个项目的实际运营成本，ABC 将项目收费的总体标准定位为 5 万元。考虑到有些公益组织规模较小，ABC 尽量将费用控制在公益组织年收入的 1% 上下，对于年收入 500 万元以上的公益组织收费 5 万元，年收入 500 万元以下的公益组织按照年收入的 1% 收费，差额由 ABC 通过外部筹款补足。公益组织可以一次性支付或分期支付。运营资金由完全通过外部捐助，发展为通过经营性收入与外部捐助相结合的方式。ABC 从完全的公益型社会企业发展为市场型的社会企业，公益咨询服务则是 ABC 的主营“产品”。

2018 年，ABC 已经可以基本实现组织的自负盈亏，每年净现金收入在 200 万～300 万元，其中有 60% ～70% 来源于直接项目收入，其余 30% ～40% 来源于筹款配资，且收入构成中筹款比例一直在降低。筹款采用项目资助加现金支付的形式。一些公司对于 ABC 的资助会指定资助项目，比如环保项目。其他公司没有特定的资助要求，将资金直接资助给 ABC 整体。ABC 会告知资方有哪些小型企业的项目，看资方的要求，比如有的资方想要资助一些环保项目，还有些资方没有特定要求，只是把这部分钱资助给 ABC。全部 200 ～300 万元的项目收入均会用于项目补助、管理团队补助及全职员工的基本薪酬发放，目前每年的收入与支出基本持平。

4. 公益推广：杠杆式社会影响力

虽然 ABC 已实现了商业化，但没有忘记成立的初衷。ABC 以追求社会价值为主，以追求经济价值为辅。在保证盈利之外，ABC 通过公益推广的方式提升自身的社会影响力。ABC 依旧将自身定位为社会企业，不涉及资本并且以公益而非盈利为目的，努力实现商业模式与公益初心的平衡。

2014—2015 年是国内公益咨询行业发展的重要节点。越来越多的公益组织意识到仅靠自身难以摆脱发展困境，需要公益咨询服务的外力支持。而在当时，ABC 的总体规模较小，项目承载能力有限，能够服务的公益组织很少，大部分的公益组织还是需要方法论、行业观点洞察来解决发展问题和瓶颈。在此背景之下，ABC 开始探索公益研究院模式来为社会上其他公益组织提供方法论指导，使 ABC 能够发挥更大范围、更深远的影响，推动整个公益行业的发展，他们称其为杠杆式社会影响。公益研究院由 30 ～40 名志愿者组成，主要从事一些项目资料的梳理以及方法论的提炼和沉淀工作，拟写项目案例与行业研究报告。例如从事人力资源的志愿者，在 ABC 尝试过各种人力资源项目后可以撰写公益行业的人才薪酬报告，利用自己的专业知识去更多推动行业的发展。这些案例与报告形成了 ABC 独有的知识资产，ABC 将这些资料公开在官网与微信公众号上供更多公益组织参考，从而更多去推动社会上公益咨询、专业志愿服务的理念。

ABC 志愿者虽然闲暇时间在 ABC 从事的依旧是咨询方面的工作内容，但对公益和理想的信念使该群体保持着极高的热情。“选择加入 ABC 这样一个咨询机构，其实更多的是公益在吸引着我，在 ABC 我一直想的事情就是怎么能够用专业技能真正把公益的价值发挥到最大。”公益研究院创始人汪婷如是说。志愿者群体相互推荐以老带新，越来越多的咨询从业者加入 ABC 的大家庭之中。此外，许多过往志愿者至今以不同的形式活跃在公益行业里，服务于 ABC 或是其他感兴趣的公益组织，甚至有一部分人成为其他公益组织的全职员工，扩大了 ABC 对公益行业整体的影响范围。

共享：志愿者与公益组织的桥梁

1. 服务于公益组织还是服务于志愿者?

作为以公益咨询为主要业务的组织，ABC 在为公益组织提供管理建议的同时也使志愿者本身有所收获，由此产生了一个横亘在 ABC 与志愿者之间的问题：ABC 的主要服务对象应当是公益组织还是专业志愿者？对于这一问题，ABC 在创立之初的对外主张是服务于公益组织，但是经过十年的项目经历，ABC 的社会使命也发生了迁移。ABC 努力于在公益组织和志愿者的服务目标之间找寻平衡，致力于搭建志愿者与公益组织的桥梁，既服务于公益组织，也满足志愿者的诉求。

一方面，作为社会企业，改善公益组织的经营水平、服务于公益组织是 ABC 的经营目标之一。为保证每家合作的公益组织得到良好的咨询服务，ABC 将客户的沟通交流贯穿于整个咨询项目的流程。在项目正式开展前通过调研、沟通了解客户需求；在项目开展过程中在固定的时间节点定期向客户汇报工作，及时调整工作方向；在项目结束后开展客户满意度调查与定期回访，了解项目实际落地过程中潜在的问题。

另一方面，志愿者是咨询服务提供的主体，ABC 细分不同志愿者群体的差异化需求，力求使每位志愿者在公益活动的参与过程中有所受益。ABC 的志愿者普遍学历背景比较高，主流价值观比较偏精英化。志愿者参与 ABC 的公益咨询活动一方面源于他们自身渴望了解真实社会、自我生活圈之外的世界；另一方面，ABC 提供的专业志愿服务的形式得到了较多志愿者的认同，他们希望利用自己的专业技能，有别于支教等一线志愿者服务，采用更加高效、更可持续的方式参与公益。此外，社群关系也是志愿者参与 ABC 工作的重要诉求，一线城市的许多青年如很多北漂青年缺少必要的朋友圈与社会交往，在 ABC 他们可以找到价值观相同的一群人一起共事交往，有一些人甚至找到了终身伴侣，这些人对于 ABC 具有很强的归属感。

ABC 曾有一句广为流传的名言，“八小时内为生存，八小时外为理想”。社会上有太多拥有公益之心却疲于为生活奔波的年轻人，ABC 为他们提供了这样一个平台，使他们不必在现实与理想之间做二选一的抉择，在繁忙的工作生活之外可以利用闲散时间利用专业知识从事公益活动，在收获专业经验的同时可以为理想而努力。

志愿者汪婷曾经是在埃森哲工作的专业咨询师，由于工作原因偶然与 ABC 相识，并与 ABC 相伴走过了八年的旅程。谈及在 ABC 的八年经历，汪婷表示：“ABC 带给志愿者的收获，不仅仅是能力的提升和社交的拓展，更多是让许许多多只接触商业的人慢慢走近公益，看到一个完全不同的世界，甚至可能体验到很多超出之前认知和经验的事情。”

除这些共同诉求之外，不同年龄阶段志愿者的诉求也存在细微的差别。对于学生、初入职场的工作者这样 20 岁左右的志愿者群体，他们的诉求主要是学习，在咨询、公益、提高自我能力等各方面都存在极强的学习动力；对于具备 3～5 年工作经验的志愿者群体，他们更加注重自身综合能力的锻炼，作为项目经理，他们需要领导和协调团队成员、组织好项目研究工作，同时要服务于客户，并传达项目总监的指令，对于他们来说综合能力的锻炼是一件更重要的事；对于具有十年工作经验以上的项目总监群体，他们除对 ABC 公益理念的认同外，也有自己的诉求——“好为人师”的诉求，这部分志愿者往往愿意同年轻人一同工作，分享自己的工作经验及人生体会。

经过十年的发展，ABC 目前已经可以做到服务公益组织与服务专业志愿者兼顾，它不仅为公益组织带来了专业的发展意见，也为志愿者提供了一个以自己的专业技能来服务社会公益的平台。而对 ABC 公益理念的认同感与在团队中学习成长的诉求正是对志愿者最好的激励方式。虽然在八小时外志愿者从事着与八小时内相同性质的咨询工作，但是对公益的热情及帮助公益组织带来的责任感和成就感促使着他们在八小时外付出加倍的努力。

2. 链接志愿者与公益组织

自成立之日起，ABC 便确定了以支持专业志愿者服务公益事业的运营模式。现阶段 ABC 的社会使命就在于通过汇聚、引领和发展专业志愿者为社会组织提供咨询服务，同时满足社会组织能力建设需求和青年自我探索与成长需求。在参与 ABC 工作期间，志愿者抱着服务公益、学习咨询、结交朋友等目的而来，他们在价值观上与创始人团队一致，也代表了广大青年群体的需求。当这些志愿者结束了咨询项目之后，他们由于加深了对公益的理解，提升了对公益的认同，往往会选择在自己的工作和生活中继续参与公益。

在 ABC 的影响下，许多曾服务于 ABC 的伙伴成为社会组织的理事并参与到机构治理当中。他们有的贡献资源与人脉，有的参加公益活动，更有一些人选择全职加入公益，成为全职公益从业者。ABC 充当了一个缓冲机制，让他们有机会更了解自己和公益行业，做出更正确的职业选择。志愿者石敏在一次咨询项目结束后选择加入志愿者管理团队，陪 ABC 共同度过了五个春秋；北京某创业公司合伙人王珺在参与过 ABC 咨询项目后选择加入恩派公益组织发展中心，投身于社会企业的孵化器；前贝思咨询顾问安伦杰与 ABC 共同成长，有幸入选“益桥计划”，最终加入壹基金，成为一名全职公益人。一个个鲜活的例子凝聚在一起，交织成一张无形的网络，铸造了由专业志愿者构成的社会支持体系，共享认知盈余，助推社会发展。因此 ABC 不只是在为社会组织提供能力建设服务，同时还在培养志愿者，让他们逐渐成为解决社会问题的一分子。过往实践证明，ABC 可以通过影响和培养青年来推动公益事业乃至整个社会朝着积极的方向而改变。

“ABC 像一个容器，每个不同的人在里面，进去搅一搅，发生反应，产出新的东西，然后大家各自走向新的方向。”志愿者王珺回忆道，“在投资于人的理念上，ABC 的公益是超前的，我们之前就是聚焦于捐钱捐物，但是 ABC 告诉我们，公益有这种玩法。”

为社会组织提供能力建设服务，这仅仅是 ABC 短期影响力的体现，而更为核心且深远的影响，是通过滚动志愿者体系，使 ABC 成为推动公益行业持续运转的时钟，通过公益咨询项目培养青年志愿者，在青年志愿者心中播下一颗公益的种子，使得他们成为解决社会问题、全方位助力公益事业发展的中坚力量。当这些人掌握社会财富之后，他们将更利于合理地分配社会资源。ABC 并不是传统的咨询公司，而是通过选择志愿者模式，将“对社会组织的能力建设”和“对志愿者的发展培养”有机地结合在一起，实现两者之共赢。

成就：公益咨询的领军者

1. 为公益机构带来改变

十年以来，ABC 的业务范围早已不局限于公益组织管理咨询，更在行业研究、企业社会责任（CSR）等多个领域有所涉猎。从业务量来看，ABC 所创造的商业价值已经快接近于大型的商业咨询企业；从成立时间来看，ABC 属于国内最早一批从事能力建设的公益组织。ABC 无疑是中国影响力最大的从事专业咨询服务的社会企业之一。

截至 2018 年，在 ABC 已有超过 1 800 位专业志愿者为妇女儿童、老年人、环境保护、动物福利、法律治理、教育、残障、性与性别等各不同领域的 160 多家公益组织、社会企业和基金会提供超过 200 项公益咨询和研究服务。其长期服务和支持，折合商业价值高达 3 亿元人民币。表 1 中列举了一些 ABC 曾经服务的公益组织及公益项目。

表 1　ABC 的部分客户及项目

项目合作方	归属领域	合作方需求	解决方案
中国扶贫基金会	战略	新长城助学项目是中国扶贫基金会开展的主要围绕高中生的助学项目，在项目起步时期基金会内部提出转型需求，对于新长城助学项目是不是可以成为教育领域的主力项目存在争议	确定以高中生业务作为新一轮发展的重点，并制定相应的实施策略
自然之友	人力	成员与机构在专业性方面存在需求与短板，自然之友对于机构未来发展规划存在困惑	制定会员制管理发展规划，从各地注册志愿者的定位和发展、分类管理与支持、各地小组的建立、捐赠人体系打造等方面给予建议
银杏基金会	人力	银杏基金会处于初步创立时期，需要做薪酬体系及人力架构方案	提出完整、可行的薪酬体系及人力架构方案
中华少年儿童慈善救助基金会	人力	希望通过运营体系和管理架构的优化，适应新的战略变化和环境变化	提出组织架构优化、岗位管理体系、薪酬管理体系和绩效管理体系四份改革方案
罕见病发展中心	人力	存在管理瓶颈，具体表现为招人难、留人难等人力资源管理难题	设计具有实操性的招聘方案和绩效管理方案

续表

项目合作方	归属领域	合作方需求	解决方案
“一个母亲”	品牌	随着机构的发展和项目的深耕与细化，品牌定位及品牌成为限制机构发展的重要因素	注重打造“一个母亲”的品牌价值观，通过品牌培训工作坊的形式，提炼出机构的品牌价值定位、品牌愿景、核心价值与使命表达等，针对机构现状给出建设性的品牌传播战略
瓷娃娃	品牌	机构转型，从关注罕见病回归至专注于成骨不全症患者的社群救助，机构需要重新思考品牌定位	针对机构的目标受众给出建设性的品牌传播建议，升级品牌传播策略；同时，为瓷娃娃的品牌项目——全国病友大会的传播提供了指导性建议

这些客户很多都成了 ABC 的合作方，以创新的方式共同为世界带来可能的改变。目前 ABC 共有四种合作方式：（1）基金会和企业资助社会组织购买 ABC 服务，比如南都公益基金会、银杏基金会；（2）企业根据自身行业特长，鼓励员工参与公益咨询，部分已合作单位有微软、IBM、埃森哲等；（3）与更多企业合作发布招聘信息，向麦肯锡、联想、德勤等企业输送优秀员工；（4）研究合作，在 ABC 公益研究院共同产出有影响力的观点和报告，如 2018 年 ABC 作为执行委员会成员、调研报告撰写方，联合多家机构共同发布《金桔奖暨中国基金会评价榜》。

2. 引领中国专业公益咨询未来

图 5 为国内部分公益咨询机构企业性质与人员架构分布。与国内其他公益咨询组织相比，ABC 的项目性质和服务对象具有显著的差异。ABC 的项目以管理咨询为主，其他的公益咨询组织比如 MSC、NPI、倍能从事的是一些更广泛的咨询业务，比如 MSC 主要从事企业社会责任

咨询业务；与 i Join 等大学生公益机构相比，ABC 主要以全志愿者的形式提供咨询服务，更具有专业性。总而言之，ABC 认为公益咨询应当服务公益事业而不是公益机构，主要采用全志愿者的形式，与其他公益咨询组织相比具有更广阔的服务范围。

图 5　部分公益咨询机构企业性质与人员架构分布

作为国内首家完全由志愿者向公益组织提供公益咨询服务的组织，ABC 相比其他管理咨询公司具有不同的比较优势。一方面，ABC 的每一个公益咨询项目都是以志愿者团队的形式开展的，和普通咨询公司一个全职咨询师相比，投入的时间和精力要超出许多。另一方面，ABC 是专业提供公益咨询服务的组织，主要为中小型公益组织提供服务，与普通咨询公司的服务范围有较大差别。例如麦肯锡每年也有一些免费公益服务，主要是为公益组织提供战略咨询，然而麦肯锡在公益方面投入的精力是有限的，只有极少数的大规模公益组织才能吸引它的目光。而那些中小型公益组织缺少必要的财力购买专业咨询服务，这部分公益组织正是 ABC 服务的重点对象。ABC 主要根据一个志愿者团队三个月的标准化工作量确定项目规模，具有与专业咨询公司不同的比较优势，针对中小型公益组织具有更多的专业性经验积累和更强的人员配备。

钱洋经过一年在哈佛大学肯尼迪政府学院的学习，认识到 ABC 在中国大环境下的发展前景。中国的公益是从 2008 年汶川大地震后兴起的。各种草根公益组织开始涌现和成长起来，正是由于中国的公益处在发展初期阶段，缺少成熟的志愿者团队和机构，尚未形成壁垒和门槛，而国外相关组织的能力建设发展较为成熟，公益性质更为纯粹，所以国际上的公益咨询机构通常是免费的，基本上没有像 ABC 这样具有部分商业性质的公益咨询组织。收费作为商业行为，对公益组织来说是一把双刃剑，这意味着 ABC 必须为客户提供高质量的服务。市场化的咨询服务在国外由全职的咨询公司承担。ABC 以志愿者模式将两个在国外相对独立的市场融合在一起，其项目已远远超过国外同类项目的复杂程度。

“希望有一天我们可以做到公益组织不再存在，这是我们的理想，但是中国现在的现实状况是哪怕再多出一些 ABC，还是远远难以满足市场需求的。”谈及 ABC 发展的最终目标，现任社长李氟钠如是说。与普通全职咨询公司相比，ABC 虽然仅有十名全职员工，但是它通过志愿者的服务形式，由几名志愿者去影响几百个甚至成千上万个志愿者，这样的影响是普通咨询公司无法与之相比的，是更适应当前中国总体市场环境和市场需求的选择。

蓝图：愿景与挑战

1. 未来发展构想

创立十载，ABC 管理团队为组织未来发展设立了一年 100 个项目的发展目标。100 个项目的目标不仅是数字目标上的挑战，更涉及机构人员和组织运营的方方面面。在项目人员方面，100 个项目需要 1 000 名志愿者，这对招募前期的志愿者品牌宣传和招募时期的志愿者筛选、培训与管理提出了很高的要求；同时，也要保证项目质量，志愿者的专业性依然是进行志愿者筛选与培训时应当着重考虑的方面。在项目合作方方面，100 个项目的开拓要求 ABC 着重加强品牌宣传，提高商务拓展能力。根据 ABC 管理层的粗略估计，每年 1 000 名项目人员的招募规模与四大会计师事务所、埃森哲等提供专业咨询服务的组织和 IBM 等世界 500 强企业在中国的年招募规模大致相等。但这些企业招募的员工多为高薪、全职员工，而 ABC 招募的项目人员均为兼职志愿者。无论从组织规模还是项目资源等方面比较，ABC 都远不能同这些企业相比。年均 100 个咨询项目的目标对于 ABC、能力建设组织乃至整个中国公益市场都具有里程碑意义。

在对行业进行能力建设的同时，ABC 致力于将更多资源倾斜到公益行业，包括人力资源与资金资助。ABC 为高知识、高技能的青年人提供了一个从事公益事业的平台。ABC 通过线上平台、定期分享交流等形式营造志愿者社群，希望未来有更多不同类型的人才以更加多元化的形式参与公益，ABC 正积极向人才交流项目方向探索。另外，提及公益行业，资金是无法回避的话题。目前企业对于公益组织的资助尤其注重对该组织影响力的评估。很多公司希望把善款导入行业，但又不希望以普通的捐款形式进行，这涉及前期的行业调研、对公益组织的尽职调查还有之后的评估。基于 ABC 十年来对公益行业的了解和积累，影响力评估在未来也将会是 ABC 发展的重要方向。

现阶段 ABC 大概一年承接 60 余个项目，离最终目标其实还是有差距的。在这个过程中，ABC 的管理层也在不断思考：究竟什么样的模式是最适合 ABC 发展的？从创立到 2018 年这十年的发展历程来看，ABC 的模式是可行可持续的，ABC 从最初的关注项目成果到拓展平台，再到现在关注青年成长，一步一个脚印，不断成长。

2. 业务拓展

ABC 的主要经营领域包括战略、品牌、人力、筹款和项目设计五个模块，其中战略、品牌、人力属于管理咨询类服务，筹款和项目设计属于公益行业特有的项目。在 2017—2018 年间，ABC 在传统咨询业务领域内探索创新性业务模式，在咨询服务方面有多项突破性创新举措：第一次为某大型非公募基金会提供培训产品开发项目服务；第一次脱离本土开展跨国战略规划项目；第一次开展公益组织品牌影响力榜单项目等。

近年来企业社会责任（CSR）项目愈发成为社会上的热点话题。由于企业存在资源错配的问题，咨询服务可以帮助企业将社会效用最大化，解决一个或几个社会问题，2017 年起 ABC 逐渐开始向 CSR 领域探索。在 2017 年夏季与秋季两个咨询季，ABC 与滴滴公司携手，合作开展咨询项目。ABC 结合滴滴公司 CSR 发展需求以及业务发展需要帮助滴滴公司明确了 CSR 部门的发展战略及项目目标，识别了 CSR 重点与业务切入点，进行了项目优化设计、项目落地，并为接下来的项目进行了规划总结，提供了一条可复制的项目路径。项目结束后滴滴决定资助 ABC 20 万元，为公益组织购买 ABC 的公益服务。这是 ABC 在未来希望维持的多赢局面，即不仅是专业服务的对接，也撬动资金资源以帮助更多公益组织。

行业研究也是 ABC 近年来主要发展的新型业务模式，行业研究项目同样是以三个月的标准化项目模式进行。ABC 目前已经完成的行业研究项目包括基金会的资产管理、公益电商、互联网扶贫、区块链技术在公益行业的应用等。通过三个月的行业研究项目，ABC 向更多未接受到公益咨询服务的公益组织提供行业总体现状分析和问题解决措施，发挥公益咨询业务的杠杆式影响。

除业务拓展外，ABC 对于信息系统的开发也在同时进行——建设公益研究院的内部数据库，加强知识产权的管理。ABC 还试运营志愿者管理系统，通过数字化解决方案为公益事业输送更多种类与技能的专业人才，以多元用工方式向公益事业提供更广泛的专业服务。

3. 挑战

在向发展目标迈进的过程中，ABC 也遇到了诸多问题，比如项目质量和项目数量的平衡、志愿者模式和客户专业度要求的平衡、全职团队和志愿者工作关系的平衡等，这些都给 ABC 管理层提出了各种各样的挑战。

考虑到近年来成本变化与未来业务发展方向，项目定价问题是 ABC 发展目前面临的主要挑战。ABC 现有定价政策主要采取每个项目 5 万元的收费标准，但是该标准是依照 2015 年的成本制定的，目前的物价与成本有所变化。此外，在未来发展的过程中，ABC 的业务范围会有所拓展，针对一些付费能力较强的 CSR 项目是否也应当采取 5 万元的统一定价标准，这也是 ABC 在进行项目定价时应当考虑的重要问题。除企业的付费能力之外，提及定价最重要的问题便是志愿者的态度。志愿者群体依然是 ABC 发展的中坚力量，志愿者以公益之心参与、用自己的业余时间和精力免费付出，所以 ABC 的收费范围和收费标准必须要得到志愿者的一致认可。未来 ABC 任何收费标准和形式的变化都会首先与志愿者群体协调，在志愿者群体同意之后采取改变措施，并且，所有的收入和支出都将在网站上进行披露和公示。

目前中国的公益行业总体上呈高速发展的趋势，公益组织也处在快速成熟和发展的阶段，这样的发展趋势要求 ABC 提高自身专业化与个性化程度，及时根据现实情况进行自我调整，迎合客户不同变化的需要。从组织自身角度上看，ABC 的发展同样需要人力资源与资金的投入，而资金是 ABC 作为公益组织发展面临的主要桎梏，目前 ABC 对此也正处于摸索前行状态。

面对挑战，ABC 一直以来具有极强的反应能力和适应能力。自创社以来，ABC 善于总结自身发展的各个阶段，在极短的时间内形成了标准化流程，实现了规模化和收费化，信息化也正在进行之中。随着不断发展，ABC 在构建公益生态、引领专业公益、鼓励青年创变、发展青年领袖等方面所做出的杰出贡献，获得了越来越多来自媒体、行业和志愿者的关注和认可，调动了一股越来越重要的社会力量。

一个人可以影响多数人于暂时，也可以影响少数人于永远，但无法影响多数人于永远。比起公益咨询服务本身，ABC 更为创新而深远的贡献是致力于“为青年赋能”，将新公益的概念普及给广大青年，让广大青年了解到捐款、支教等一线志愿服务并非公益服务的唯一方式，具有专业知识的青年人可以以更创新的方式贡献自己的专业技能和时间，为社会创造更大的价值和改变。“汇集、引领专业志愿者为公益事业提供咨询与研究服务，通过构建社会支持体系助推社会发展”，是 ABC 自创立以来一直坚持的原则与使命。

正如钱洋所说，到 2025 年世界上 70% ～ 75% 的劳动力将由 80 后、90 后构成，而这一群体最大的特点就是创新和对自主的追求。“青年可以通过参与新事物的创变去寻找热爱的工作和生活”，而 ABC 的作用便是在他们非常拼命地去推动经济发展、科技发展的同时，给他们播下一个公益的种子，让他们在自己的工作和生活当中去传递公益的力量，用自己的专业知识去促进公益的发展，共同建设一个有同理心、机会均等、标准多元的社会，而这样的一个社会就是我们所认为的美好社会。

（宋建波　朱沛青　荆家琪）

北伟点评

ABC 美好社会咨询社本质上是一个 Pro Bono 组织，是为公益机构提供咨询服务的平台。这一方面满足了公益组织的管理需求，另一方面也满足了 Pro Bono 人士内在的公益心理需求。做慈善与公益也是人的天性，是人内在的一种自然心理需求，在一定条件下，它会被激发和扩大。ABC 美好社会咨询社提供恰当的平台，成为一个桥梁，满足了双方的需求，社会属性非常明确。作为 Pro Bono 在中国的先行者，ABC 不仅满足了某些具体的公益组织需求，也在客观上促进了中国 Pro Bono 的行业发展。

但是 Pro Bono 本身的属性就是专业人士利用其专业技能为社会免费服务。免费服务与低费服务有本质的区别。这使得 ABC 未来长期规模化发展面临两个内生的矛盾：Pro Bono 属性与商业化的矛盾；Pro Bono 属性与规模化的矛盾。

在免费的公益资源上，Pro Bono 专业人士与对公益组织合理收费之间，有一个微妙的平衡，收多了改变组织性质，收少了对组织发展和服务更多公益机构不利。而且，对于有很强付款能力的组织过低收费，比如对公司 CSR 咨询项目收费过低，也不公平。

如何定价是关键点。究竟是最低收费（成本收回），还是合理收费（商业咨询打折），还是优化收费（最大化 ABC 合理利润以扩张发展），都会影响 Pro Bono 属性，但不会影响社会属性或社会企业属性，因为归根结底，ABC 主要服务对象是付费能力弱的中小公益组织。

Pro Bono 与规模化的矛盾在于，扩大规模本身会增加组织复杂性，从而增加综合管理和运行成本，而增加成本就要多收费，多收费就要平衡商业化与 Pro Bono 属性的微妙关系。另外，在产品线方面的扩展，比如 CSR 咨询、行业研究报告的产出，有扩大规模和成本的倾向。

ABC 需要进一步厘清自己的长期定位：是坚守 Pro Bono 专业公益咨询的定位，继续为公益行业提供最低价格（5 万元）的咨询服务，还是重新定位自身为一个为公益行业服务的利基咨询公司，通过创新的模式（组织专业志愿者）和公益价位（相对于商业咨询的深度打折价格）体现其社会性，是 ABC 美好咨询社管理层首先要决策的。

最低收费的 Pro Bono 和纯社会企业运营有一定区别，也有相应的不同发展策略和逻辑。前者要对专业志愿者将最低运营成本透明化（如十名专职人员费用及场地费用），表明没有贩卖专业志愿者免费提供的劳动牟利；后者需要给予“专业志愿者”合理的报酬，但有更大的、更自由的业务拓展空间。

不管是坚守严格的以 Pro Bono 为核心的模式，还是转变为面对特殊市场的创新性社会企业模式，ABC 美好社会咨询社服务公益组织和培养青年志愿者的双重社会属性，以及创始团队的公益初心，都十分坚固，它的创新与可持续性也值得期待。其主要挑战是下一步规模化的道德风险和最佳路径选择。

参考文献

1. 张玲．ABC：一个培育公益思维的“训练场”．中国慈善家，2017（7）.

2. 辛华，周凌一，陈敏．志愿共同体：志愿服务的引力、能力与动力——基于美好社会咨询社的案例研究．中国非营利评论，2016（17）：197-210.

3. A Better Community (ABC)：Developing the NGO Infrastructure in China. https：//case. hks. harvard. edu/a-better-community-abc-developing-the-ngo-infrastructure-in-china/.

企业资料

1. ABC 美好社会咨询社官网：http：//www. theabconline. org/。

2. ABC 美好社会咨询社微信公众号：

3. ABC 美好社会咨询社官方微博：

4. ABC 美好社会咨询社领英账号：

5. ABC 公益研究院研究观点：http：//theabconline. org/research/。

工友之家：

打工者的精神家园

骄傲与尊严，我们牢记心间
团结与互助，我们才会有力量
行动与思考，我们不再迷茫
理想与信念，我们勇往直前
一团烈火在燃烧
满天星斗在闪亮

——《星火之歌》/ 新工人艺术团《红五月》专辑

农村打工者，他们用双手、青春和生命盖出了高楼，创造了社会财富，支撑起中国40年的经济奇迹，但是，在过去的政策和市场缝隙中，他们中的很多人却低如尘埃。城市与乡村二元割裂，户籍制度死死地将近3亿从农村进城的建设者和产业工人、城市基础服务人员排斥在公民基本生存环境之外。曾经的他们，只能聚集在条件恶劣的城中村。他们中的很多人被拖欠微薄的工资、工伤后被抛弃、他们的子女不能正常入学……

有这样一群年轻人，他们热爱音乐、热爱艺术，他们从打工者中间来，他们称呼打工者为“新工人”，他们要为新工人唱响歌颂劳动价值和尊严的歌。他们用17年的时间，要建设一个平等的工人的家，那里面有孩子们的学校，有大人们的图书馆，有自己演出的剧场，有可以买到的便宜衣物，有自己的博物馆，有自己的文学创作，有工会为大家维护权益，有理论学习可以帮工友认清发展。

他们创建了驻扎皮村的“工友之家”。

且歌且行的“工友之家”

1. 为打工者歌唱

1998年，孙恒辞去老家中学音乐老师的公职，背上吉他，踏上找寻生命意义的道路。他迷茫、困惑、郁闷，他在北京、东北、新疆游走，在歌厅、餐馆、工地街头歌唱，在海淀的各个高校聆听社会问题讲座，他想要寻找一个答案。直到有一天，他遇到建筑工人彪哥。

> 他把他的一双手伸到我的面前，说："你看我，只有这双空空的手，但是我要靠这双手养活我的老婆、我的孩子、我的爸爸妈妈。我每天干十三四个小时，甚至十七八个小时，累的时候就喝酒，喝完了酒就想家。我也想不明白为什么我们从农村来到城市后，用我们的双手盖了起高楼大厦，建起了大街、桥梁，但是城市里面有很多人却瞧不起我们。"

孙恒把这些话编成歌曲《彪哥》，工友们听到这歌的兴奋情绪触动了他。孙恒说，"我开始去想我跟彪哥之间的关系，我跟身边人之间的关系，我跟社会之间的关系。我是谁？我该怎么度过？"孙恒的目光从自己的苦闷中抬起来，他不断地创作——述说工友苦闷困惑不平的《彪哥》，述说劳动骄傲的《天下打工是一家》《打工打工最光荣》，声讨拖欠工友工资的《团结一心讨工钱》，等等。

1999 年，孙恒接触到北京服务女性打工者的民间组织"打工妹之家"，孙恒感觉自己发现了一条新的道路。他说："我看到这个世界上还存在不为权力、不为金钱去做有意义事情的人！"他开始做"打工妹之家"的志愿者，更多地为工地上的工友们唱自己创作的歌。他感受到工友们热切和尊敬的眼神，感受到与演出挣钱不同的快乐，那是发自内心歌唱的快乐，他发现了自己歌唱的价值。

在"打工妹之家"的志愿服务过程中，他认识了怀揣上春晚梦想偷跑来京的打工青年王德志，还有痴迷摇滚的文艺青年许多（许国健）。

2001 年 12 月，三个青年人应天津科技大学学生社团邀请，为在天津大学边上建筑工地的工友举办联欢晚会。这是他们第一次在建筑工地的工棚里为工友们歌唱，在一个大屋子里分上下铺挤住了将近五十个工友，杂乱不堪，味道难闻，即使是在寒冬里也没有任何取暖设施。但是那天晚上的演出氛围特别热烈，他们唱了包括《彪哥》在内的很多自创歌曲，工友们也来唱家乡戏。孙恒回忆起那个画面，至今都觉得非常温暖。当晚，一个强烈的念头占据了孙恒的脑海："越是身处恶劣环境的人，越需要自己的精神文化生活，我一定要搞一个服务工人的演出队！"

三个人一拍即合：第一，我们有这个爱好；第二，用业余时间服务，不耽误工作，不仅自娱自乐，还能给别人带去欢乐。2002 年 5 月 1 日，在天津的一个工棚里为建筑工人演唱歌曲时，孙恒大声宣布："打工青年文艺演出队"成立了！他们要为在城市的打工者免费演唱劳动者的歌曲。半年后，姜国良通过鼓手招聘广告找到他们并加入团队。

他们利用业余时间辗转各地为打工者演出。他们有时应邀到工地演出，观众达到 2 000 ～3 000 人；有时在看望工友朋友时歌唱，观众只有几个人。演出期间，不断有新的成员根据自己的意愿和可自行支配的时间加入演出，最终，团队形成了比较稳定的七八个人的规模。

2. 从"农友之家"到"工友之家"

2002 年，受到"打工妹之家"的启发，孙恒想在城市为工友建一个家，让远离家乡、失去原有社会网络支持的打工者能够在城市互帮互助，感受家一样的温暖。特别是几个创始人，四处漂泊，也希望能有一个地方经常在一起学习、唱歌、谈心。

他们在海淀区西北旺租了房子，然而，注册机构需要 3 万元，对于身无分文的几个人而言，这几乎是天文数字。幸亏一位好友借给了他们注册资金 3 万元，并把其中的 3 000 元捐赠给了他们。在注册民办非企业非常困难的情况下，2002 年 11 月，他们在工商部门注册了"农友之家"。

到了 2006 年，他们明显感觉到，与第一代打工者抱着临时打工、未来返乡的期待不同，新生代打工者更多是在城市出生或者成长，已经没有太大意愿和能力返回乡村，如何融入城市才是他们的需要。同时，如何对自己所属的打工群体进行命名，也是他们一直在追问的问题。他们在与各地的打工者、学者的探讨中逐渐认识到，“农民工”一词包含着身份歧视，是社会或者是研究者强加在他们身上的称谓；“打工者”“打工妹”只体现了被雇佣的状态，缺乏主体性。最终，他们界定自己是工人。区别于传统国有企业中的“工人”，他们是“新工人”。

> “新工人”作为社会中一个独立的群体，有了主体性的含义，代表了主人翁的社会地位，可以体现他们劳动创造价值的意义，能够站立起来与资本方抗衡。

因此，他们将原来的“农友之家”改名为“北京工友之家文化发展中心”，简称“工友之家”，并在门口挂上“工友之家：打工者的精神家园”的牌子。同年，艺术团的名字也改为“新工人艺术团”。

3. 团结一心讨工钱

机构成立伊始，孙恒他们的想法很简单，就是给工友们带去欢乐。他们四处为工友们演出，唱《打工号子》《团结一心讨工钱》等等，这些歌曲中穿插着鼓励工人维权的信息：“辛辛苦苦干一年，到头来不给结工钱……只有横下一心跟他干，兄弟们来把工地占，条件一个结工钱”（《团结一心讨工钱》）。没有想到的是，演出结束时经常有工人把他们围住，拉着他们的手不让走，询问被拖欠工钱怎么办。

1996—2009 年间，我国平均最低工资与平均工资的比值呈不断下降的趋势，打工者不仅工资低、没有保障，而且在出现工伤时也难以获得基本的赔偿。虽然从中央到地方出台了一系列保护务工者权益的政策法规，但执行往往不到位。企业工会是维护工人利益的法定组织，但工友的流动性给以企业为单位的工会的维权和服务造成困难。2003 年前后，是我国进城务工者被拖欠工资最为严重的时期，以致出现了 2003

年 10 月 27 日温家宝总理在视察三峡库区村民时为打工者讨工钱的新闻事件。

孙恒他们不止一次地帮助工友打官司。有一次，一个工友在脚手架干活时不慎摔伤，老板就给了 300 块钱医疗费。这点钱别说治病，就连回家的路费都不够。那个工友哭着找到孙恒，孙恒找了记者和律师，去跟老板谈判。从下午 5 点谈到深夜 12 点，老板终于答应赔付 3 000元。由于经常面临这样的问题，孙恒及其团队便开始讨论有没有可能再为工友们做些工作，授之以渔。在以后的演出中，他们经常发放维权宣传材料给工友们，真的有工友拿着这些材料去找老板讨还拖欠的工钱。王德志则干脆自学《劳动法》，为工友免费写起诉书，去出庭，去仲裁。

同时，更多工友询问他们在哪里可以学习电脑技能，在哪里可以读书。当时北京 70% 以上的工友没有机会得到必要的培训，在北京也更没有方便工友们看书的场所。孙恒当时正在海淀明园打工子弟学校担任志愿老师，教授孩子们音乐课程，校长听说了他们的需要，马上免费提供了两间闲置的教室。在大学生社团等社会组织的支持下，孙恒及其团队用受捐杂志书籍，为工友们建立了一个小小的互助图书馆，并用捐助得来的 20 台电脑，在晚间和周末请大学里的志愿者为工友们进行免费电脑培训。2003 年国庆节，第一期电脑班广告贴出去了，工友们仍旧对是否真的免费半信半疑，第一期电脑班结束后，从第二期开始场场爆满。

机构的各种活动逐渐展开，工人维权小组、义工小组、吉他小组、话剧小组、打工青年文艺小剧场、工友论坛以及文艺联欢等，只要工友们提出需求，他们就努力实现，甚至还印制了自编自写的反映打工者生活状态的报纸——《社区快讯》，每期印 2 000 份，由志愿者发放各地，呼吁社会各界关注这个群体。

4. 移师皮村

随着打工子弟的增多，明园打工子弟小学和后来在东坝小学租用的场地不能再用了。正在这时，京文唱片公司支付新工人艺术团的第一张唱片的版权费7.5万元到账了。

2002年新工人艺术团成立时，虽然市场上歌曲很多，但是主流音乐中并没有为这些社会底层备受歧视的打工者创作表达他们心声的歌曲。新工人艺术团不断地为工友们自创和演唱歌曲。有的歌中唱道："打工、打工，最光荣！高楼大厦是我建，光明大道是我建；脏苦累活儿是我们干，堂堂正正做人——凭力气来吃饭！"（《打工打工最光荣》）"凭着良心来打工，堂堂正正地做人，谁也别想欺负咱，咱们有咱们的尊严。"（《打工号子》）这些铿锵有力的歌曲，以及盈于其间的对劳动的赞美、对打工者的激励，让打工者们找到了自信和尊严，工友们纷纷要求学唱这些歌曲。

新工人艺术团准备录制一张专辑，送给工友们传唱。京文唱片公司的老总许钟民曾经有过工地打工的经历，当他听到录音人员送来的唱片小样，毅然决定用最低的定价发售这张唱片（卡带）。2004年9月，新工人艺术团的第一张专辑《天下打工是一家》出版。孙恒及其团队没有想到，那些收入微薄、工作劳苦的打工者们，竟然这样渴望这些歌曲传达的声音、给予的力量，以至于这张专辑销售了10万张，引发当时包括《羊城晚报》、"新浪网"、"人民网"等在内的传统媒体和互联网媒体的广泛报道。

京文唱片公司如约支付唱片的版权费。面对这样一笔巨款，工友之家内部掀起了长达一周的激烈争论。有人说，一人分1万改善窘迫的生活；有人提议，租一辆大篷车到全国巡演。争论到最后，大家取得了一致的意见：办一所打工子弟学校。

2001年，《国务院关于基础教育改革与发展的决定》首次提出了

“两为主”政策，即以流入地政府管理为主，以城市公立学校接收为主。之后，国务院办公厅、北京市先后发文，要求做好进城务工就业农民工子女义务教育工作，鼓励在流动儿童多且集中的地方办流动学校。然而这些政策并未得到很好的执行，公立学校的学位有限，只能收取高昂的借读费用阻止更多流动儿童进入。而按照对社会力量办学资质的规定，在现实条件约束下，打工子弟学校很难达到政府规定的标准，导致当时北京流动儿童学校不到 300 所①，其中只有不到 50 所是合规的，远远不能满足流动儿童入学的需要。

办一所学校，让打工子弟能够有学可上；办一所学校，可以解决自身的后顾之忧，自己也将会成为父母，自己的孩子未来有学可上；办一所学校，可以让机构有一个更加稳定的办公场所和活动场所。按照政府要求的办学标准，他们是没有办法达到的，但是孩子们等不起。孙恒及其团队决定尽全力办一所打工子弟学校。

皮村，这个东北五环外占地 4 000 多亩、紧邻首都国际机场的村庄，每几分钟就有一架飞机轰鸣着掠过，由于无法建高楼，它被房地产开发商放弃。这里房租低廉，成为打工者聚集的一个城边村。当时本村人口只有 1 400 多人，外来打工人口大约 1 万人，后来更增加到了 3 万人左右。原皮村小学于 2001 年撤销以后，皮村就再无小学，皮村本地人的孩子都去曹各庄和市里读书，数量众多的外来打工者的随迁儿童上学问题非常突出。

2005 年 7 月，孙恒及其团队用版权费中的 5 万元支付了第一年的租金，签约 20 年，租下了皮村一块 4 亩的土地。

5. 社区教育中心：同心实验学校

2005 年暑期，他们邀请 100 多位大学生志愿者，开始了热火朝天

---

① 陶红，杨东平. 北京市“流动儿童”教育面临的问题与对策. 江西教育科研，2007（1）.

的校舍改造。用孙恒的话形容，“白天男生女生们热火朝天地一起干活，晚上开联欢大会唱歌，非常热闹”。听说孙恒及其团队要为打工子弟建学校，工友们也纷纷过来担当专业志愿者，用自己的一技之长筑墙、布线、布管道、翻修校舍……他们继续发动志愿者和媒体网络，邀请社会各界捐赠学校所需设施，他们将一间间教室建设所需的资金信息发布，并用捐赠企业的名字命名教室；高校捐来它们更新下来的桌椅板凳；更多的社会机构和个人捐来图书和教具；操场上的篮球架，则是孙恒及其团队以每斤 3 元的价格从废品收购站淘来的。仅用了一个半月的时间，同心实验学校就得以落成。图 1 为学校部分图片。

图 1　同心实验学校部分图片展示

沈金花，2001 年入学中华女子学院社工系，大二时就来到当时的农友之家做志愿者。2005 年 7 月，农友之家正式入驻皮村，金花正好大学毕业。面对拥有留京户口并留校当老师的选择，她选择接受孙恒的邀请，留下来。2006 年，金花开始接手同心实验小学的工作，协调老师，招募志愿者，解决孩子的心理问题，形成爱的文化……这一年，她拒绝了去香港读硕士研究生的报名机会，同心实验小学有了一个与孙恒及其团队志同道合、并肩奋斗的女校长，工友之家的核心层又增加了一员干将。

他们并不满足于学校仅仅承担课本教学的职责，他们更希望将学校作为社区资源的一个部分，承担起学校教育、家庭教育和社区教育的职能。

学校根据打工子弟家长的现实状况，冒着风险，承担了孩子课后及周末课外活动组织和照看工作，特别开设了舞蹈、音乐、摄影、绘画、戏剧等艺术类课程和课外学习，为打工子弟提供更丰富的素质教育内容。孩子们在志愿者的带领下，在社区进行预防煤气中毒、预防传染病、不乱扔垃圾、节约用水等知识的宣传和提醒；逢年过节参加社区的演出，用学校发的相机拍摄自己的社区，用自己的眼睛观察社会。从2009年开始，同心实验小学一连举办了九届面向全国流动儿童的“新公民儿童文化艺术节”；从2011年开始，同心实验小学举办“流动的心声——同心杯”打工子弟学校作文大赛，已经陆续举办了六届；每年暑假，学校举办针对流动儿童素质教育的童子军夏令营；举办不定期的流动儿童摄影大赛等全国性活动。

> 人的思想情感很丰富，我们多一些艺术教育，善的一面、正义的一面就会更多一点。

考虑到一些孩子的母亲因为照顾孩子无法工作，孙恒及其团队成立了一个女工合作社，帮助妈妈们从“798艺术区”等地方接一些布艺的订单补贴家用。晚上、周末和暑期学校教室闲置时，孙恒及其团队将原来的工友培训进一步拓展为社区学习。孩子们的爸爸妈妈来这里学习亲子关系，社区里面的工友也来这里学习法律常识、电脑、英语、戏剧、合唱等。学校不仅是几百个流动儿童的学习活动中心，更是保证这些孩子家庭团聚的活动中心。皮村上万工友，也成为学校的受益者。同心实验学校俨然成为皮村的社区教育中心。

6. 有偿销售的试验：同心互惠商店

建筑工地的工作环境比较艰苦，工友们的衣服损耗非常快，收入微薄，还常被拖欠，而城市物价昂贵，工友们很少买新衣服。孙恒及其团队最初作为志愿者慰问工友时，跟着大学生们把受捐衣服送给工友；打工青年艺术团成立后，他们也经常受学生社团的委托，演出完毕将衣服分送给现场的工友们。

> 到工地上演出完了，现场把衣服捐赠给工友，工友们疯抢，反正不要钱，大学生也特别开心，我们的爱心也得到了奉献，记者也拍照，画面很震撼。做了几次之后我们发现，表面上看起来热闹，其实效果并不一定真的好，其中一个原因是资源不匹配。大学生捐过来的女性衣服比较多，工地上基本是男人，他抢回去没有用。我们曾经有4双鞋被8个工人抢跑了，一人抢了一只，没有办法穿，给我们送回来了。另一个原因是一些收到捐赠的工友们感受到的是被施舍。

随着城市消费的提升，孙恒及其团队收到的捐赠衣服也越来越多，每年几十吨的量，没有地方存放，演出时一辆车都放不下。如何能够有效地把工人的需求和城市闲置资源做好对接？孙恒及其团队又一次坐在一起讨论解决办法。

孙恒想起他曾经接触过的社会企业概念，世界各地的慈善商店、世界上有名的二手服装巨头Goodwill和合作社的二手店都给了他启发。他提出，是否能够将这些衣服以很便宜的价格卖给工友？一方面，工友们可以有尊严地获得这些衣服，极大地降低生活成本；另一方面，机构也因此可能获得一些收入，让机构未来获得经济的独立；同时如果商店成功了，还能解决一些工友的就业问题。

但是，团队顾虑重重，如果出售这些捐赠的衣服，会不会改变公益的性质？捐赠人是否能够理解？但是，如果不卖，新工人艺术团没有相应的经费租用储存场地，更没有经费支付分拣衣物所需要的人工。孙恒建议，既然争执不下，不如实验一个月，看看效果，不行就关。

他们注册了“北京同心互惠科贸有限公司”（简称“同心互惠”）。

2006 年 3 月，公司在皮村一条主街边开了第一家同心互惠商店（如图 2 所示）。店里的衣服定价都非常低廉，定价方式也非常简单，单衣、毛衣 2 元或 5 元一件，棉衣、皮衣 10 元或者 15 元一件，鞋子、帽子 2 元一件。

图 2　同心互惠公益商店

一开始，工友们犹豫徘徊在店门口，他们怀疑衣物的来源，孙恒及其团队于是把做募捐的照片，以及机构获得的各种荣誉做成大展板放在商店里展示，跟工友解释衣物来源，邀请他们跟随收衣服的车辆一起参加衣物募捐。这些现场考察过的工友回来就帮着做起了宣传。第一个月结束时，商店的生意变得出乎意料地火爆。而个别捐赠人的疑问经过孙恒及其团队的耐心解释很快化解，一年下来，这个店盈利了 1 万元。

他们提出了“资源有限、合作消费、社区参与、互助互惠”的口号。到 2010 年前后，商店稳定在 6 个左右，基本实现收支平衡；到 2018 年，每年回收衣物 600 多吨，年销售额近 200 万元。按照每件衣服只有不到市场价格的 10%～20% 计算，每年为打工者节约生活成本两三千万元。

7. 记录劳动者的历史：打工文化艺术博物馆

2007年的冬天，孙恒提出："我们办一个打工博物馆吧！"原来，2008年是中国改革开放30周年，在对这30年回忆和评价中，主流语境无不把这30年赞美为"经济腾飞的30年"，但总结其成功的原因时，劳动者却只是作为低劳动力成本的优势而提及。在孙恒看来，这些历史的确叫人惊叹，遗憾的是都没有提到"工人"。

> 每个人都需要获得别人的认可，尤其是工人群体，他们平常缺乏这种途径。从整个社会来讲，他们为国家做出了巨大的贡献，每一个人的贡献才能形成社会大的进步。一个工人有那么多情感故事，他希望有人听到他们的声音。[①]

孙恒认为，尽管每个打工者只是微小个体，但他们一样可以站起来展示自己的生活；参观者通过观看他们所提供的带有记忆和情感的物品，可以触摸到这个群体最真实的历史变迁。然而，在其他人看来，办博物馆几乎是不可能的事，因为这要经过文物行政部门审批，并有相应的面积要求、文物级别要求、恒温恒湿的场馆标准、博物馆馆长资历要求等，这些他们全不具备。孙恒又一次表现出明知不可为而为之的勇气，在他的坚持下，团队开始了又一次的全力以赴。

王德志第一个把自己各个时期的暂住证捐了出来，这些原本要留给子孙做纪念；《北京晚报》对他们做了报道并帮助征集物品后，昌平建筑工地上30多位工友连夜自发开会捐东西；全国各地的工友们也纷纷寄来自己的物件，有的甚至转乘火车，只为送来自己多年打工留下的工作证、生活照。皮村的工友们听说要给自己建博物馆，又一次积极地投入志愿建设。他们利用自己不多的晚间休息时间，改造原有房屋，粉刷、装修。

---

① 打工博物馆：三十年——流动的历史．中国青年报．（2008－10－22）．http：//society.people.com.cn/GB/8210646.html.

经过半年不到的紧张筹备，2008 年 5 月 1 日，在工友之家新租的大院里，打工文化艺术博物馆正式开馆（如图 3 所示）。200 余平方米的展厅里，摆放了 500 多件展品，后来，展品逐渐增加到 2 000 余件。展厅介绍写道："我们希望通过打工文化艺术博物馆来记录和反映我们劳动者自己的文化和历史，因为，没有我们的文化就没有我们的历史，没有我们的历史，就没有我们的将来。"

图 3　打工文化艺术博物馆照片

打工文化艺术博物馆建成后，平均每年接待参观者 5 000 人次，成为了解中国经济发展背后普通劳动者的最真实、最生动的场所。不仅国内的大中学生、打工者、研究者、媒体纷纷前来，国外希望了解中国经济腾飞秘密的人士和机构也参观报道，为此，机构还专门聘请了懂外语的志愿者进行讲解。虽然博物馆的陈列品都显得破烂寒酸，但是，它背后蕴含的见微知著的叙事和浓重历史，让它 2010 年远赴西班牙参加马德里索菲亚王后国家艺术中心"波托西规律"主题展，而二楼展出的就是毕加索的原作。展览期间，它们居然成为最受欢迎的展品，不仅市民围观，媒体聚焦，还有很多外籍劳工组团参观。[①] 如图 4 所示。

① 秦晓宇．留住这唯一的打工博物馆．微信公众号：我的诗篇，2017-07-24. https://mp. weixin. qq. com/s? __biz = MzAwMTIzNzE0MQ = = &mid = 2652684318&idx = 1&sn = 69ee44c2a0171662984e9404d91f144e&chks m = 8134a9e4b64320f249b7911797cbc780ea08c9f1fec15202f6760ffa74976b4a7ff06c01c74f&scene = 0#rd.

图 4　博物馆赴西班牙等国参展交流

8. 自己搭台自己唱：打工春晚

2008 年，孙恒受邀参加台湾的“流浪之歌”音乐节。旧仓库、旧厂房改造的艺术区，演出、电影、诗歌等丰富内容，给他留下了深刻的印象。他说：“我们有场地，我们也可以搞一个工人的文化艺术节。”回来之后，孙恒及其团队就开始策划这个活动。

2009 年，工友之家在打工文化艺术博物馆旁的新工人剧场举办了第一届“打工文化艺术节”。他们提出口号，“自己搭台，自己唱戏”，“建立工人文化，建立劳动文化”。这是全国范围第一次有组织、有规模地为打工者举办的艺术节，来自深圳、广州、重庆、香港、北京等地的劳工代表，打工诗人、民谣歌手、民众戏剧爱好者、媒体人士、学术界朋友以及皮村社区居民，汇集在皮村。在艺术节期间举办的“劳动文化论坛”上，孙恒更是旗帜鲜明地宣告：我们正在进行一场新文化运动！

第二届艺术节正式改名称为“第二届新工人文化艺术节”，以宣誓“新工人”这个群体的主体性和独立性，并再次强调新工人文化是为当代劳动者服务的文化。到 2012 年，艺术团连续举办了四届“新工人文化艺术节”，他们邀请全国各地的工人文艺组织来参加。在这两到三天的时间里，有演出，有研讨会，有纪录片，有诗歌，有戏剧，很丰富，他们要通过自己的讲述、自己的拍摄、自己的歌唱来建立和发展自己的文化。图 5 为第三届新工人文化艺术节图片。

图 5　第三届新工人文化艺术节

与此同时，主流媒体也开始关注打工群体，在每年央视的春节晚会上，都可以看到主流媒体为打工者创作和编排的节目。

孙恒曾经的执着让打工文化艺术博物馆从无到有成为现实，这给了王德志和团队其他成员以震撼，给了他们做更大事情的勇气；前面三届新工人文化艺术节的成功，也让他们有了举办大规模活动的经验。一直有着春晚梦的王德志提出，为什么不做一个以新工人为主体的全国打工者春节晚会呢？大家一听，齐声赞同。于是，王德志和许多人一起，开始筹备第一届全国打工春晚。

2012 年 1 月 8 日，第一届打工春晚在皮村没有暖气的新工人剧院举行。来自打工子弟学校的孩子和全国各地的工友表演了 14 个节目，有舞蹈、歌曲、相声、诗歌朗诵，表达对家乡的思念、对劳动的赞美、对权利的维护，晚会最终以孙恒带领全场齐声高歌《劳动者赞歌》结束。

曾经为孙恒做过《小崔说事》节目的崔永元应工友之家邀请，亲自主持这台春晚。晚会结束时，崔永元说："这是我主持过的条件最简陋、规模最小的春晚，却是让我最感动、最亲切、最温暖的春晚。"

崔永元的加入，让打工春晚获得了媒体的大量关注。2012 年的打工春晚被当时的土豆视频放在了首页，后来陆续被其他视频网站播出，截至 2019 年 10 月，优酷网站观看量已达到 17 万次①，搜狐视频的观看量则达到了 18 万次。② 打工春晚甚至吸引了中央电视台等主流媒体跟进报道，中央电视台专门制作了 5 集的纪录片《皮村纪事》，报道包括打工春晚在内的工友之家的文化和社区建设。2015 年的打工春晚，实现了春节期间的网络全程播出，一周之内点播量就超过 5 万人次。

打工春晚，让平时难有空闲时间难以凑齐的工友们焕发出智慧和热情。许多工友克服重重困难进行节目设计和彩排。没钱没能力的，就集体创作和排练不需要太多乐器和技能的合唱；没有场地的，就在附近的水沟边练习；无法凑齐排练几十人的舞蹈，就分头练习，最终上台时，因为工厂不准假，仅剩下七八名能够参加，但是，就是这七八个人的舞蹈，已经足以表达打工者们参加晚会的决心。打工春晚不要求舞蹈有多整齐，不要求歌声有多专业，而是要表达工友自己的真实情感和心声，工友们穿着自己日常的工装表演时装秀、表演劳动舞蹈。

无数学者、打工代表们针对打工春晚进行理论探讨。搜索"打工春晚"，仅中国期刊网上就出现了 13 篇以它为研究对象的理论文章。中国社科院研究员卜卫认为，"打工春晚"集中展示了新工人文化，对新工人争取社会平等权利有相当大的"赋权"作用；著名的《新工人》三部曲作者，社会学家吕途则认为"打工春晚"关系到"工人文化与工人群体发

① 崔永元主持打工春晚经典语录笑声不断值得一看．优酷视频．https：//v. youku. com/v_ show/id_ XMzQ0ODI5NDA0. html？ refer = seo_ operation. liuxiao. liux_ 0000331 0_ 3000_ nUF3a i_ 19042900.

② 崔永元主持打工春晚．搜狐视频．http：//tv. sohu. com/20120122/n332886148. shtml.

展的方向”；中国青年政治学院的孟登迎认为，“打工春晚”作为“新工人群体”的新型文化创造，孕育并释放出独特的文化政治活力。①

30 多年来，尽管打工者在城市仍旧难以获得平等的市民资格，但是社会和政府对他们的处境有了更多的关怀。2013 年，第二届打工者春晚来到了团中央礼堂，第三届到第五届则在朝阳区文化馆举办，2016 年的打工春晚在春节期间通过北京卫视播出。2018 年，《伟大的变革——庆祝改革开放 40 周年大型展览》在国家博物馆开幕，展览中有一张“打工春晚”的专题展板，上面写着：坚持公共文化服务保基本、兜底线、促均等，推进政府向社会力量购买公共文化服务，加强保障老年人、未成年人、残疾人、农村进城务工人员等群体的基本公共文化权益。

9. 创办工人大学

2010 年，富士康连续发生 13 起工人跳楼事件，资方郭台铭的讲话，把责任全部推给了工人，他认为是新工人一代的心理脆弱。深圳市总工会也仅仅提出，“坠楼事件连续发生暴露富士康在管理方面存在漏洞和不足，希望企业吸取教训，建立人文关怀的管理体制”②。

“富士康事件”给了孙恒们很大的震撼。他们认为，这是工友们在用生命与资本的残酷进行抗争。工友之家为逝者举办悼念晚会，工人们自发写诗，现场朗诵，表达对永远离去的工友的哀悼和对富士康的谴责。

孙恒们看到，在“待不下的城市、回不去的农村”的时代背景下，比起生存压力，打工者群体精神的整体迷茫更为可怕。工友之家原有的电脑技能和法律维权方面的培训，已经随着社会环境的变化需求减少而逐渐停止；工友之家大院中的文艺文化类兴趣小组，显然无法承担系统性的精神启蒙教育。工友之家决心创办一所工人大学，更多关注年轻工

① 孟登迎．“打工春晚”与“新工人文化”的创造路径．文艺理论与批评，2017（3）．

② 解读富士康“十三连跳”的自杀之谜．http：//www－2020.xilu.com/zhuanti/my_3414/.

人的社会意识和生存状况。孙恒为这所社会大学所设立的最低目标是“成为一个自食其力的劳动者”，最高目标则为“拥有社会资源后，承担更多的社会责任”。

工人大学只是一个内部工友们的称呼，它的正式名称是北京同心创业培训中心，是工友之家与中国人民大学乡村建设中心联合创办的公益培训机构。它以六个月为一个培训周期，设置了六大课程体系，具体包括工人的文化历史、劳动价值、性别意识、乡村建设、劳动权益和团结经济。工友之家邀请专家学者、大学的师生、社会企业的实践者以及孙恒自己，为学员免费授课。

为此，2010 年他们在平谷租赁了一块占地 15 亩、租期为 40 年的场地作为培训基地，后来，这块场地被称为“同心公社”。培训采用半军事化管理，学员们在这里集中住宿，集中上课，课余时间则通过参与基地的农业劳动，种植蔬菜，参与基地的建设。图 6 为工人大学照片。

图 6　工人大学

工友的学习热情超乎想象，这种需要脱产进行的学习，每期学员有从十几个到五十几个不等。截至 2015 年改为线上学习之前，培训已经举办了 16 期，有 300 多名学员毕业。学员们毕业后，有的回到老家，立志带领乡邻，走共同富裕的农业合作社之路；有的在家乡用众筹模式建起乡村图书馆；有的去素食馆当了厨师。超过 30 位的学员后来走上了社会工作之路。在这些学员中，不乏有身体障碍的，他们慕名前来学习，成绩合格之后，一些人就留在工友之家，成为他们的一员。

10. 行走在大地上的歌

工友之家起源于歌唱，并且一路歌唱。从打工者文艺演出队到新工人艺术团，孙恒及其团队的歌声始终唱响在皮村和全国的其他城乡。他们陆续出版了《天下打工是一家》（2004）、《为劳动者歌唱》（2007）、《我们的世界我们的梦想》（2009）、《放进我们的手掌》（2010）、《就这么办》（2011）、《反拐》（2012）、《家在哪里》（2012）、《劳动与尊严》（2013）、《与机器跳舞的人——工伤之殇》（2014）、《我要大声唱——女工专辑》（2016）、《红五月》（2017）、《从头越》（2019）共 12 张原创歌曲专辑，以及一张《新工人》（2019）EP 专辑。这些专辑主要用途并非商业销售，而是用于募捐时的赠予和义卖。

2014 年 8 月，新工人艺术团联合北京迷笛音乐学校、小毛驴市民农园、众筹网、乡建组织“爱故乡”等 10 家机构，在平谷的同心农园唱响了“爱民谣，行公益”主题的第一次“大地民谣音乐会”，打造成一个民谣演出、有机市集、公益参与、诗谣畅谈、亲子娱乐活动在内的普通人的联欢。

既然要唱大地民谣，为什么不走向全国？于是，他们开始以“大地民谣”为品牌，去福建、安徽，去四川、云南，去台湾、香港，去长三角的各个乡村、社区、工业区、高校等地义务演出（如图 7 所示）。

图7　大地民谣横幅

2017年，除了这些日常巡演之外，他们开启了第一次历时25天的大地民谣全国巡演，从11月3—27日的25天里，他们行程1万公里，以“公益、生态、城乡互助”为主题，行走了洛阳、兰考、民权、南阳、信阳、武汉、长沙、宜春等地，为社区、工厂、乡村学校等地的基层劳动者义演23场，观众上万人次。2018年10月30日至12月9日，他们再一次众筹路费，征集全国各地的合作伙伴，开启历时45天、行程1万公里、演出20余场的全国巡演。

巡演期间，他们不光自己唱，还邀请当地的音乐组织、当地的民众一同登台，除了举办音乐会，还要拜访各地公益组织，参与合作伙伴发起的文化艺术活动，举办论坛、讲座等文化宣传和倡导活动，共同探讨乡村文化振兴的路径和经验。

> 大地民谣不是为了远方，也不是为了所谓田园，而是扎根大地，服务民众。大地是最真实、质朴的，是万物生长之源。大地代表了朴实的社会力量、基层的声音。民谣是民间的、民族的、人民的歌谣，民谣歌唱着单纯的情感和不屈的理想。大地民谣音乐会植根于大地，

源于泥土，用纯净、真切、有爱的音乐表达我们对世界的态度！

11. 工友们的社区生活

2007 年 9 月，日本帐篷剧团来到工友之家，演出后为大院留下一顶帐篷剧场。在朝阳区文化馆的帮助下，孙恒及其团队将其改造为一个新工人剧场，并在它旁边翻盖了一座工友影院。这个新工人剧场，成为社区演出的主要场所，每年“五一”，新工人艺术团、同心实验小学的孩子、社区舞蹈队、皮村文学小组的诗人们在此举办劳动节歌舞演出和诗歌朗诵。历届新工人艺术节以此为基地，打工春晚在这里诞生。修建打工文化艺术博物馆的时候，他们在旁边同时盖上了同心互惠爱心超市（旧衣商店）、工友图书馆。在北京市总工会和朝阳区工会的支持下，2009 年工友之家申请设立了全国第一家以社区为单位的社区工会“金盏地区总工会”，弥补了企业工会的不足，让工友们在陌生城市有了家，有了力量。

每天晚上，皮村的村民，打工的工友和他们的家人、孩子，来到大院，在图书馆看书、在空地上跳舞、游戏；每周二和周六晚上，大院里的同心互惠爱心超市中挤满了前来挑选衣物的老少；周四晚上，工友的戏剧班在这里上课；周六晚上，工友影院为工友们播放《钢的琴》《布谷鸟的春天》等影片；周日晚上，文学小组的工友们从城市各处赶来，聚集在工友图书馆，跟着志愿者——北大文学博士的张慧瑜老师学习文学创作，或者听不同学者、实践者的文学文化讲座。

> 到了城市里面我们一无所有，我们希望在城市能够建一个家。一个是物质的家，是社会支持网络，大家互相帮助，互相关心。另外一个，也更重要的，是精神的文化家园。如果一个群体没有自己的思想价值、独立的精神文化，这个群体就没有力量、没有出路，一个人如果这样的话也没有出路。文化艺术教育，可以让我们在自己的劳动、工作、生活过程当中活得有尊严。

在工友之家的铭牌上，同时用英文写着“Spiritual Home of Rural Migrants”，同心实验学校、同心互惠商店、打工文化艺术博物馆、打工春晚、工人大学、社区工会和社区营建，工友之家 17 年的精神文化家园建设，让这个家几乎变成现实（如图 8 所示）。

图 8　工友之家铭牌与外景

顽强生长

1. 社会身份认同的努力

孙恒对于机构的定位与作用有着十分清晰的认识。他说，“机构的目的是在政府难以触及的部分做一些补充，它与政府的目标一致，都是让老百姓过好日子，让工人过好日子”，“我们做事也知道把握一个底线，就是帮工人做事，不让所谓的境外势力参与，就我们自己做”。

工友之家针对政府相关法律落实中的困难，利用法律知识和法律手段为工友们依法维权；在艺术团和所有的活动中，他们主要采用文艺和文化的方式，歌颂劳动最光荣，用歌声、用文学创作、用戏剧等方式，温和而有力地强调新工人的劳动者地位，与资本形成平等的对话，与国家的政策导向和立国根本保持一致；他们受托为不同层级政府应对打工人群问题和寻求良性解决提供方案；工友之家的大院，是媒体、学者了解中国问题的窗口。

为此，工友之家在2004年获得由国家司法部、四川省人民政府授予的“维护司法公正形象使者”称号，2005年被评为“2004年度北京十大志愿者团体”，2009年被北京市朝阳区总工会评为“模范职工之家”。他们的文化创作和演出，以及工友社区的建设，得到了包括基层政府在内的各级政府的支持。

尽管工友之家采用的是工商注册，但是，从银行到税务，都按照非营利组织的相关业务管理和扶植政策来进行；2005年，朝阳区文化馆在皮村见到工友之家的演出和工友活动后，将其活动纳入“社区一家亲”公共文化服务体系资助项目；2008年，工友之家修建工人影院，区文化馆赠送了价值60万元的影院放映设备和座椅。区文化馆还以最便宜的价钱提供演出场地，门票收入全部回赠给艺术团。2008年，区文化馆与工友之家联合举办了“打工三十年：流动的历史”专题展览；2010年，朝阳区文委把“打工文化艺术博物馆”纳入民间博物馆支持项目，2012年和2013年连续两年进行资金支持。在区政府帮助下，2009年起，皮村村委会与之合作的“皮村社区文化活动中心”在打工文化艺术博物馆的小院门口挂牌。2012年，北京市总工会管辖的北京市温暖基金职工服务公益孵化项目立项资助工友之家的活动。[①] 包括北京、青岛、安徽等地政府，对新工人艺术团的演出都发出了邀请或予以批准和支持。

> 政府给了我们很多荣誉，比如我自己（孙恒）曾荣获过十大青年代表，刘淇也接见过我们。这些荣誉很重要，甚至比给你钱更重要，因为它代表官方的认可，代表合法性。

---

① 新工人的精神家园：“工友之家”的故事 . http：//www. yogeev. com/article/44638. html.

2. 生存危机中的抗争

工友之家也会经常陷入政策夹缝的困境，其中有两次大危机。2012 年孙恒及其团队遭遇同心实验学校撤销危机，2016 年底，他们又遭遇工友之家停电风波。但是，即便在最危急的情况下，他们也努力遵守相关部门的要求，与政府部门积极进行沟通和配合，同时利用法律知识和法律武器伸张自己的权益。

（1）同心实验小学撤销危机

2010 年开始，越来越多的打工子弟学校因为校舍等基础设施安全和办学资质问题，被要求撤销。然而，公立学校的资源有限，这些失学的打工子弟多数未能进入公办学校，更多的孩子只能回到家乡，成为留守儿童。正规民办学校的学费贵，并且要求借读新生入学必须提交“七证”①。相比之下，打工子弟学校只需要提供家长身份证和孩子的免疫接种本就可上学。

2012 年 6 月 19 日，同心实验学校（如图 9 所示）接到朝阳区金盏乡教育卫生科的告知书。

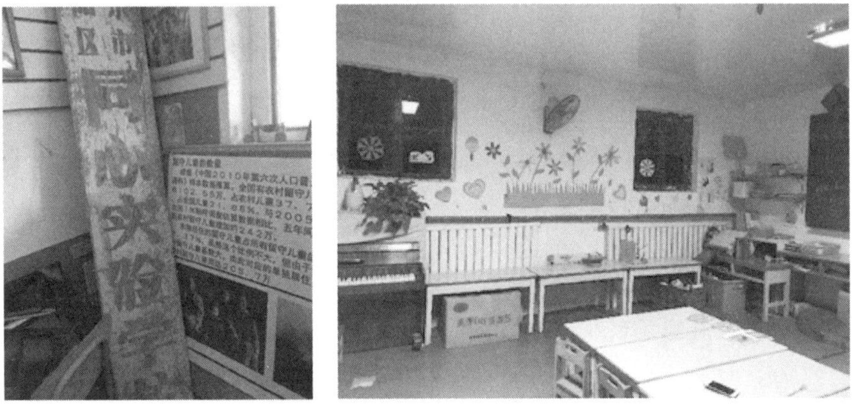

图 9　同心实验学校牌匾及内景

---

① 七证，包括由父母或法定监护人提供的在京暂住证、在京实际住所居住证明、在京务工就业证明、户口所在地乡镇政府出具的在当地没有监护条件的证明、全家户口簿、防疫证和转学证。

7 月 23 日，同心实验学校又收到皮村村民委员会与其解除租赁合同的通知书。

同心实验学校拿起了法律武器，就皮村村委会中止租赁合同的行为提起了诉讼。在同心实验学校致社会各界的公开信中，包括法律顾问在内的九位律师和数位北京大学、中国政法大学的法律学者为学校的法律诉求进行声援。

7 月 26 日，全国政协委员崔永元、中央党校文史部副教授刘忱、中国社会科学院研究员卜卫、清华大学社会学系主任沈原、中国人民大学农业与农村发展学院院长温铁军、中国乡村建设规划设计院院长李昌平六人联名致信时任教育部部长袁贵仁，呼吁保留同心实验学校。

最终，同心实验学校保住了。

（2）工友之家的停电风波

2016 年 10 月 18 日，朝阳区及金盏乡的公安、消防、工商、安监等部门在金盏乡综治办的配合下对工友之家进行了联合检查，指出安全隐患后，责令进行整改并停止了供电。12 月 19 日，村干部交给工友之家房东一份《解除租赁合同告知书》复印件，要求房东提前解除与工友之家的租赁协议。工友之家一方面在新工人乐团的公众号上发布相关情况的进展；另一方面，继续与相关部门进行沟通。

这次危机在社会各界的共同努力下又一次暂时得到化解。1 月 3 日，在学者李昌平、温铁军等人致信朝阳区委书记后，工友之家恢复供电，这个打工者的精神家园得以守住。

3. 社会力量的动员

（1）专家学者的合作与投身

早在孙恒他们混迹于各大高校的三农讲座和志愿者队伍时，他们就与温铁军、李昌平等乡村建设发展领域的专家建立了密切的联系。在之后的教育、文艺活动中，更多的教育专家、社会学研究者纷纷加入支持工友之家的队伍。这些专家受邀成为工友之家的顾问，同时分别担任其所成立的打工文化艺术博物馆、同心实验学校、同心互惠等机构和单位的理事。

工友之家的新工人艺术团、打工文化艺术博物馆、打工春晚等文化活动实践，召唤着这些专家和学者，他们多次与孙恒及其团队进行探讨和发文。专家学者们的理论让孙恒及其团队的实践具有了理论高度的思考，让他们更加坚定和自信地提出了服务“新工人”的定位，大声倡导“劳动文化”和“劳动价值”。工友之家的实践又为专家学者们贡献了关乎社会底层和劳动者的研究素材，仅仅在学术期刊上，有关工友之家及其下机构的文化、戏剧、劳资关系、社区治理、社会企业等角度的理论研究文献就已经超过百篇。2005 年之后，学术界出现直接以“新工人”为标题的文献，开始了以打工者为主体的“新工人”阶层的研究。

2003 年开始，原中国农业大学副教授、荷兰瓦赫宁根大学发展社会学博士吕途，多次受国际组织的委托，对中国的扶贫问题进行调研。吕途一次次体会到无法切实帮助贫困人群的无力感，对高高在上的研究产生了疑问。2005 年的冬天，她在同心实验学校采访，正用焊枪烘烤冰冻暖气片的王德志说：“你们这些外来的研究人员啊，就是拿着固定的取景框来看我们的世界，那不是我们的世界，而是被你们框进去的那块世界。”这句话让吕途下决心住到皮村，与工友之家的人同吃同住同劳动，开始真正体会打工者们的生活。

2008 年 1 月 1 日，她接受了孙恒的邀请，成为工友之家的一员，在工友大学进行研究和教学。为了研究新工人阶层的处境和命运，2012 年和 2013 年，她两次以普通打工妹的身份应聘，完成一名打工者在流水线上的全部工作。她在先后访谈了全国 150 多名工友以及 20 个农户后，分别于 2012 年、2015 年和 2017 年，出版了被誉为中国“新工人三部曲”的《中国新工人——迷失与崛起》《中国新工人——文化与命运》《中国新工人——女工传记》，如图 10 所示。

图 10　新工人三部曲

结合社会学视角的理论观察和对话，吕途在书中将打工者对“新工人”身份的认知和坚持、对自身命运的思考和对“新工人文化”的渴求、对焕发个体生命力量的盼望进行了客观而细致的展现。

吕途认为，劳动文化的生产，需要以工人为主体，并需要有良知的、愿意认同工人劳动价值的知识分子的介入，这同时也是通过专家学者，利用学院的教育平台，上升到理论高度，进入教育教学领域，在整个社会的文化氛围中去拓展空间。

（2）外援力量的调动

> 许多人抱怨没有条件做一些事情，确实我们所做的很多事情单靠自己根本无法完成。如何调动大学生、志愿者、社会资源，取决于思想上如何看待资源。有了新的看法，做法才会改变。

工友之家从诞生那一刻，就开启了动员社会资源的各种模式。工友之家根据不断体会到的工友需求，持续地提供各类服务内容，其中许多是无收费、纯公益性的，比如新工人艺术团、打工文化艺术博物馆、工人培训、流动儿童活动等。这些公益服务，主要依托调动基金会资助、志愿者服务、社会捐赠等外援力量。

1）基金会。

2003 年，孙恒他们获得了第一笔一年期的资助，包括艺术团演出的路费、设备，以及两个成员一年的生活费。有了这笔资金，孙恒他们得以租房排练，有一两个成员可以专心忙于演出的事务。一直到 2017 年，孙恒他们每年都会根据新工人艺术团、工友培训、打工文化艺术博物馆、打工春晚、流动儿童教育等具体项目和活动需要，申请获得相应的项目资助。

随着更多活动的开展，孙恒他们申请和获得各个慈善基金会资金支持的能力也越来越强，他们获得了北京市温暖基金会对打工青年文化教育培训项目的支持；他们获得了儿童乐益会三年左右的支持，在北京十几个打工子弟学校给孩子们办摄影班、绘画班、戏剧班等兴趣小组；作为南都公益基金会的银杏伙伴成员，他们也获得过南都公益基金会连续三年的银杏伙伴成长计划的资金支持。各个基金会的项目支持，占工友之家（不包括独立核算的同心互惠和同心实验学校）总经费的 60% 。

2）志愿者。

专家学者和大学生志愿者、工友志愿者，更是孙恒他们所依托的专业资源。

专家学者们的理论支持和影响力支持，不仅让工友之家渡过了一次次的危机，更让工友之家从一开始的自娱自乐自发为工友服务，变成新工人主体意识的呼吁者和劳动文化的倡导者与实践者。孙恒说，“我们将大量的时间用于实践，没有更多的时间做学术研究、思考。有时候我们也很迷茫，不知道自己想得对不对，于是我们咨询这些老师，他们会给我们一些建议或者跟我们一起讨论，这些顾问老师对我们的支持非常重要”。

工友之家举办的讲座、培训、工友的兴趣小组等，都活跃着志愿服务的专家学者授课的身影。皮村的文学小组，在北京大学中文系博士、新闻与传播学院张慧瑜老师带领下，用自己的笔写下自己的故事，自己的思考，以及对生活、对社会的看法和理解。他们在张老师的资助和支持下，印制了自己的《皮村文学》期刊，他们的创作在包括“正午”在内的各个新媒体中发表和转载。《我是范雨素》的瞬间爆红，让皮村文学小组赫然走进公众的视野。2018 年，皮村文学小组获单向街书店文学奖“年度新声奖”。

同心实验学校更是 20 多所高校的志愿服务基地。各高校的学生志愿者社团、中华女子学院、“为中国而教”等支教机构持续为学校派遣临时或长期的支教老师，每年近百名志愿者参与学校举办的全国范围的流动儿童活动。

工友之家通过十几年的积累，拥有了庞大的志愿团队资源。结合大学学生社团的志愿服务需求，每个学期开学，工友之家都会召开资源对接会，与高校的社团代表就未来半年的活动进行沟通，由社团代表回去协助招募志愿者。不同的高校社团根据它们主要的志愿领域协调工作，这样，工友之家的捐衣、筹款活动，博物馆资料整理，流动儿童和工友的教育培训，兴趣小组，各项公众活动组织，甚至包括学校和博物馆的建设等等，就都有了充足的人力支持。每年元旦，工友之家邀请大学生志愿者们一起参加新年联欢会，颁发奖状、奖品，感谢过往的支持。

工友更是工友之家宝贵的资源。工友之家为工友们提供服务，工友用他们的技能和热情回报工友之家。工友们通常免费或者只收取市场价格半数的劳务费。孙恒回忆道，“我们建博物馆的时候，需要各行各业的工人，包括水电工，你缺什么劳动服务，人家下班了就帮我们弄好什么了。”盖学校的时候，资金不到位，在包工队工作的学生家长一拍胸脯：我们先给你们盖着！同心实验小学、打工文化艺术博物馆、新工人剧院、工人影院的翻新和装修，都离不开这些工友的奉献。

3）社会捐赠。

社会各界更是以捐款捐物的形式对工友之家的活动给予大力支持。

同心实验学校成立以来，包括《人民日报》总编室、中建三局、关心下一代工作委员会、未来公益网、百度联盟、朝阳区文化馆、中国青少年发展基金会、中国红十字基金会、长江商学院、西门子（中国）有限公司、拜耳集团、中国工商银行、中国建设银行等上百个单位和企业与学校建立了合作关系或者进行定期捐赠，并为同心实验学校的 16 个教室配备了多媒体设备，建设舞蹈、多媒体、音乐等专用教室。在中国红十字基金会公益大使、中央电视台著名儿童节目主持人鞠萍的资助下，学校开设了“爱心医务室”。社会各界捐款设立了“同心教育发展奖学金”“雏鹰奖学金”“瀚宇奖学金”“春苗助学金”“蘅毓良易助学金”等奖助学金，加上社会个人的资助，2005—2018 年有近3 000名同学获得不同程度的学费减免、奖助学金教育支持。

随着各类众筹网站和微信众筹方式的兴起，工友之家迅速使用了这些新的筹款方式。

工友之家的第一笔网络募捐是为了 2015 年 2 月的打工春晚。2014 年 11 月，工友之家工作人员在众筹网上发起演员和工友来回路费的众筹。他们认为，网上的众筹不仅是筹集晚会的部分运作资金，更是想让全国人民关注支持这台属于劳动者自己的春晚，支持倡导劳动文化，给予每一位劳动者尊重和掌声。两个月不到的筹款期里，他们获得了 233 人的支持，其中包括了限制人数规模的 1 000 元捐款 20 人，500 元捐款 30 人，其他金额捐款人数 186 人，迅速突破 5 万元的筹款目标。

考虑到网络公益平台公募的管理费用问题，以及工友之家未来活动方向的调整，2018 年和 2019 年，打工文化艺术博物馆改为直接面向有限数量的个人进行非公开募捐。每年通过“新工人艺术团”（后更名为“新工人乐团”）等自己运作的公众号，以向社会寻求荣誉理事的方式，获得每位捐助人 1 万元捐款。2018 年寻找 12 名荣誉理事，拟筹款 12 万元支付房租，实际筹资 15. 1828 万元；2019 年寻找了 17 名荣誉理事，合计筹资 17 万元。

除了打工文化艺术博物馆，新工人乐团的新唱片录制发行费用、乐团全国巡演的路费、流动儿童夏令营的运营费用等，也开始在包括众筹网、腾讯公益、乐童音乐等众筹公益平台和新工人乐团的公众号上筹款。

目前，工友之家的网络众筹，大约占到总经费的20% 。

2018 年，工友之家申请设立了“同心公益基金”，作为中华社会救助基金会下设的专项基金，面向公众进行筹款，同心互惠商店出售公众捐赠衣物的部分利润也将转入该基金。同心公益基金主要致力于服务流动人群的文化教育、生计改善以及自主可持续、有尊严的生活。基金会成立伊始，发起了“一同歌唱——困境儿童音乐赋能计划”活动，通过公众筹款、慈善拍卖各方捐赠的原创画作，支持留守儿童、流动儿童、残障罕见病等困境儿童的音乐工作坊、歌曲创作，推动支持困境儿童音乐小组、乐队、合唱团。

可持续的努力

孙恒及其团队的脑海中就始终跳动着一个念头：“我们的歌曲对外宣传要强调独立自主，我们希望自己是一个独立的机构，而不是依赖于基金会的项目和政府的项目”。他们要做的这些事情，依靠基金会也好，依靠众筹也好，始终都面临着不确定性。后来的事实也证明了他们的预判。

为了能够维持基本人员运转，工友之家七名核心成员的工资由各自分工负责的业务承担，在各项目中进行筹措管理，例如，许多负责打工文化艺术博物馆、孙恒负责艺术团、王德志负责同心互惠商店、沈金花负责同心实验学校等。

这其中，沈金花负责的同心实验学校和王德志负责的同心互惠商店都有收入。同心实验学校作为非营利机构，以收支平衡为财务目标；同心互惠商店则作为社会企业，希望通过营利运营，为工友之家弥补筹资的不足，实现整体的发展。同时，工友之家还在尝试更多的社会企业模式，为机构创造现金流。

1. 同心实验学校的收支平衡模式

2005 年，同心实验学校开学，尽管无法注册成法人，工友之家仍旧将其视为一个独立运行的机构。同心实验学校有自己独立的组织体系，包括顾问、理事会、管理团队、教师团队和志愿者体系，财务上实行独立核算。

学校第一年支付房租 5 万元，后来涨到 15 万元，学校的学生从最初的 80 人左右，到 2013 年增加到近 900 人。学校很多课程是由志愿者完成，教室基建，教学设备，还有校车等，都是依靠社会捐赠和基金会的资金支持，因此，学校的费用测算主要考虑日常运行所需的基础费用，包括房租、水电、固定教师的工资、校车运行费用和日常维护等。学校包括幼儿园和小学六个年级，必要的固定教师数量在 30 名左右。刚成立时的两三年，学校每年的基本费用大约在 20 万～30 万元，随着物价上涨、工资上涨、团队人员增加，近几年学校每年基本运行费用大约为 100 万元。

学校每年根据日常运行费用测算每个学生的学费负担，再根据当时北京其他打工子弟学校的定价，结合当年在校学生数量，确定最终的学费。最初那些年，每个学生的学费基本保持在每学期 400 元左右，当学生规模达到 500 名时，学校可以保持良好运作。第一年，由于学生人数只有 180 人，学校还需要向基金会申请资金支持，随着学校的发展，学生人数越来越多，学校很快进入了良性运行。

在基本运行费用满足日常活动之外，学校组织的一些专项活动，则通过社会募捐或者申请基金会项目的方式解决。2017 年以后，由于城市功能疏解和升学政策的改变，大量打工子弟只能回乡就读，学校学生数量下降到 200 多人，加上房租和物价的上涨，学费也因此上涨到每个学期2 800元，但是仍旧只有周边民营学校价格的一半不到。

2. 同心互惠的社会企业模式

同心互惠，从诞生的开始，就被工友之家寄予了自我造血的重任和期待。王德志他们不断琢磨管理的办法，希望能够不断扩大，赚到所需的利润。

（1）衣物来源

2006年同心互惠第一个商店的成功，让孙恒他们看到了社会企业运营模式的希望。第二年，王德志和姜国良接手，专门负责同心互惠商店业务。这一年，他们开了四个实体店，还在昆江旧货市场租了一个店面卖旧家具，在管庄开了收废品的店，以及一个网店。没想到，由于经验缺乏，店面扩张过猛，捐赠的衣物在猛增的店面下显得匮乏起来，在收入没有跟随费用上升的情况下，商店合计亏损了1万元。

吸取经验后，王德志他们放慢了发展速度，撤掉了一些店面，将各店店员也从原来的两人减为一人。下一步，就是解决如何开拓衣物来源的问题。

长期以来，工友之家与北京各大高校大学生社团建立了稳定的合作关系。根据高校毕业季的特点，工友之家定期举办募捐活动是获取衣物的主要来源。目前，共有60所高校100多个社团与同心互惠建立了定期合作回收关系。显然，仅凭这些来源远远不能满足工友的需求和企业发展的需要。

好在随着新工人乐团和工友之家各项活动影响力扩大，一些企业也开始主动与同心互惠商店联系。从2011年开始，微软、LG、惠普、联想、京东等280多家企业主动与同心互惠商店合作捐衣。为此，王德志他们开始设计和制造衣物募捐箱，产品最终定型为一款红色铁皮捐赠箱，上面同时印有同心互惠、电话、网站和二维码信息。这些箱子分布在这些企业的楼道里，员工们上班随手就可以把衣物放进去。

热心的志愿者主动帮助同心互惠与社区居委会、物业、商场等机构沟通，合作举办关于旧衣捐赠、环保等主题的活动，红色募捐箱因此进入部分社区（见图11）。

工友之家和同心互惠商店在网站上不断发布接受捐赠衣物的消息，发现衣物来源后及时进行沟通，它们还开通“400”捐赠热线，50件以上的衣物上门收取（见图11）。同心互惠商店设置了一名专职客服，负责接听捐赠电话和发现捐赠信息，包括记录捐赠数量和地址，记录各高校、企业和小区志愿者打来的通知捐赠箱满的消息，然后调度现有的六台车辆，安排收取路线和收取时间。

图11　衣物募捐箱与募捐车

目前，同心互惠的红色募捐箱已布置了400多个，其中90%左右都是外界慕名联系安排的，以北京的高校、在京各大企业为主，加上一些天津、河北、山东的高校，还有部分社区。加上上门收取的衣物和极少量捐赠者邮寄或直接送来的衣物，目前每年收到捐赠衣物总量在500吨～600吨。

（2）仓储分拣

同心互惠在皮村租赁了一个仓库，用于存放和分拣衣物。每天派车辆外出收取捐赠的衣物，由库房的一名专职管理员负责称重后再入库，并进行入库记录，然后按照排序，每天安排两个店的店员来仓库挑选衣物。根据每次回收的衣物多寡不同，一个店大约 4 ～ 5 天轮到一次挑选机会。店员们根据各自负责商店所处地区的销售特点挑选后，库房管理员为这些衣物挂上价签，并记录每个店领走衣服的质量、数量和价格，由店员签字确认。如果遇到店员退回出售不掉的衣物，也要进行相应的记录确认。

对店员挑选后剩下的衣物，库房管理员进一步分类。一类是他们感觉还能够出售的，提供给同心互惠负责农村赶集销售的人员，在城边各个乡村大集上以每件 5 元的统一价格出售；一类是儿童服装，同心互惠库房管理员将他们所收集的一部分储存，用于对边远地区儿童的捐赠；还有一类是没有销售和穿着可能性的服装，同心实验学校的女工合作社如果有需要，偶尔来免费挑拣，对剩下的难以出售的综合衣物，近两年开始按重量出售给回收企业。

总体看，能够用于店铺和赶集出售的衣物占总重量的 20% ～ 30%，用于捐赠部分占到 5% 左右，综合处理部分占到 65% ～ 75%。

（3）销售回款

每个同心互惠商店安排一名店员，同时有一名机动店员，在各店店员轮休时替班。除此之外，还有一辆专门负责赶集的面包车，由两人负责一周赶四次乡村大集，回来早的时候，则在仓库帮忙卸货、整理。

每个店的店员需要负责挑选服装、销售、记录，并一月盘点一次衣物品种数量，每周到同心互惠财务部门交销售款项。赶集的小组只负责赶集和回来交回钱款与剩余衣物。同心互惠在基本工资之上，统一规定了对月销售额 6 000 元以上的店员和赶集小组给予一定比例提成的激励制度。

经过店面的重新整顿和管理经验的提升，同心互惠逐渐进入有序发展状态，2016 年最多时店面达到 15 家，每个店都能够盈亏平衡或略有盈余。同心互惠商店员工最多时达 50 人，包括库管、店员、财务、客服和司机等。

随着北京城市功能疏解，大量打工者返乡，同心互惠商店数量明显下降，目前剩下北京的七家，以及在西安和济南投资的两家，北京地区员工有 28 人，销售规模也已经不到 200 万元。同心互惠的王德志们，又面临着新的挑战。

3. 同心农园的合作经营

同心互惠逐渐实现盈利，让工友之家坚定了通过运营社会企业自力更生的信心。2013 年，工友之家在平谷区工人大学营地旁边租了 30 亩果园，租期 50 年。他们希望通过运营有机农庄获得盈利，支持工友之家。

农业风险非常高，有机农业更是如此。工友之家的核心团队内部因此又发生了意见分歧。有人说，“大家都在逃离农业，我们为什么还要回去?”这一次，坚持这一选择的孙恒带着几个年轻的中层骨干扎到了农园的建设中。他们在农园里种植了 2 000 棵桃树，还有核桃、山楂、杏树等果树，挖出一口 800 平方米的大鱼塘，同时养鸡、养鸭、种植蔬菜。

他们设想的收入基本途径，是通过消费者“认领”土地或果树，稳定基本农产品的收入。消费者认领一棵果树预付 500 元，认领一块 30 平方米的土地预付 800 元（如果不是自己耕种管理，由他们代管，则需要 1 400 元），即可拥有一棵树或一块地当年所有产出。

农产品的收入非常有限，他们希望更多的收入来自在农园举办的农耕体验、教育和艺术活动。例如，2013 年 9 月他们举办了“秋收起益”活动，2014 年 5 月举办了“采摘大杏、亲子乐游”，采用每个参加的成年人缴纳 100 元，孩子免费或者缴纳 50 元的方式，体验和分享农园的产品；他们发起“爱心桃认购活动”，爱心人士在同心互惠的淘宝店里，以 10 元每斤的价格认购桃子，之后桃子会被捐赠到北京多家打工子弟学校孩子手中。2014 年 8 月，第一届“大地民谣音乐会”在同心农园举办时，他们尝试将音乐和公益结合，用演出打造农园的品牌节目，活动收费全部用于认购“同心爱心桃”，送给打工子弟学校。每年的谷雨时分，他们在桃园举办“同心桃花音乐节”，同时，这也是大家认领桃树的仪式。

然而，相比巨大的投入，这些活动远远不足以覆盖成本，更大的问题是，他们并不是农业方面的专业人员，尽管聘请了技术人员作指导，但是有机农业的风险仍很快显现出来：他们希望杜绝除草剂和化肥，但是缺乏有机农业基本技术和经验，露天西红柿全军覆没；因为养殖经验不足，鱼塘里的鱼因缺氧而死；2014 年认养活动当天下起大雨，导致当年的认养计划完成不足 1/10。农场工作的异常辛苦和收入的窘迫，让并不擅长农业的中层骨干产生了动摇，苦苦挣扎了几年后，其中一些中层骨干离开了工友之家。

孙恒及其团队反思这次创业，意识到做有机农业需要专业力量，而不是仅靠他们一厢情愿的热情。他们开始寻找愿意接手农园，进行有机耕作的合作者。2018 年，他们终于找到合作伙伴推荐的小伙子谢健，他已经学习了两年多的生态有机农业，以做有机家庭农园为自己的理想。

但是，工友之家并不希望把有机农业的风险全部转嫁给谢健，何况农园也是工友之家未来活动的场所。过往的几百个支持者已经坚持多年认领他们桃树的产量，他们也希望能够用一种持续的方式保持关系。最终，工友之家与谢健达成了双方满意的协议：农园转租给谢健，谢健按照他们认同的有机理念自主经营；每年拿出 300 棵桃树给工友之家对外认领，认领收入归工友之家，抵偿谢健租赁工友之家农园的租金，农园其他产出的收入全部归谢健所有；同时农园中配套的场地设施作为共享资源，双方可以利用其开展活动。

2019 年，工友之家开放了 200 株桃树的认领，每株 300 元，认领

20棵以上的还可以有一个自己冠名的专属爱心小桃园（如图12所示）。剩余的100株桃树作为储备，用于弥补各类风险可能造成的桃树低产给认领者带来的损失。夏天，桃子熟了，味道十足，在庆丰收的“大地民谣音乐会”上，认领人兴高采烈地来采摘，盼望着来年更好的收成。

图12 中国乡建院爱心小桃园

合作社逻辑下的机构治理

工友之家的核心成员心中，始终有一个乌托邦一样的合作社梦想。这个梦想，支持他们一起行走歌唱，一起为劳动者的平等和尊严而行动，一起努力进行社会企业的尝试。在17年的奋斗中，他们不断地亲身实践这一梦想；17年过去，这个梦想依旧还有些遥远。

1. 合作的种子

自从认识了孙恒他们，王德志每周都渴望着周末的到来，周五下了班就赶紧跑过来，跟孙恒、许多他们一起挤在西北旺的出租屋里弹琴、诉说、讨论。同样的感觉，也存在于每个打工者身上。王德志说："作为个体打工者，在城市里面很孤独，即使工资高，那种归属感是没有的，有的是孤立感。所以我们有了这个集体，就像在大河里漂着抓到一棵树，这些人、这样的组织环境，会很让我珍惜。"

注册了农友之家之后，大家有了第一笔项目经费。按当时的计划，他们要去南方巡演，没想到"非典"来了，他们只能用项目经费在四季青租了一个小院子，用项目给的两个人的人员经费，每月一共 2 000 元，撑起了七个人的日常开支。半年多，他们每天在院子里面轮流做饭，开始了一直保持到现在的集体生活。

2003—2004 年间，致力于推动合作社组织发展的中国工合国际委员会（简称工合国际）联系了农友之家，为他们进行了合作社理论和实践的培训。当时，全国农民专业合作社法尚未出台，工合国际的培训，为孙恒他们埋下了合作社的种子；国际合作社联盟关于合作社的七大原则①，在他们心中扎下了根。

对孙恒及其团队而言，他们没有入社的资金，机构也一直没有产生足够的经济收入，预计很长时间内都无法做成真正的合作社，但是，他们希望人与人在一起，像一个大家庭一样。

> 我们当时的定位为打工青年文化教育的互助合作，平等、团队、互助、合作、努力干、一起干、一起发展，这些合作社的理念全部变成了我们机构的文化和我们的生活方式。

---

① 国际合作社联盟关于合作社的七项原则：（1）自愿和开放的社员；（2）社员的民主控制；（3）社员的经济参与；（4）自治和自立；（5）教育、培训和信息；（6）合作社之间的合作；（7）关心社区。

2. 集体主义经济的实践

从四季青的小院子离开，工友之家移师皮村，孙恒他们在皮村也建设了一个生活大院，进一步完善了集体主义的生活。机构所有的成员免费居住，有共同的食堂免费提供一日三餐，机构成员子弟免费入学同心实验学校。直到机构发展到更大规模，大院不足以容纳的时候，他们才发放租房补贴，一些成员自愿外出租房。

除了学校和同心互惠，工友之家的工作提倡主动和自觉，没有硬性的监督和激励制度。学校和同心互惠，由于面向市场，职业分工非常明确，工种之间工作量程度差异较大，因此，孙恒及其团队制定了一些补贴制度和与绩效挂钩的薪酬制度。例如，给在外面奔波无法回来吃饭的司机餐费补贴，按照代课量、销售量分别给老师、店员必要的业绩提成。即便如此，按照合作社的精神，他们制定了机构总体薪酬原则，最高工资不能超过最低工资的四倍。实际中，他们核心成员的收入一直与一般店员相当，目前每月 3 000 元左右，新来的年轻人的工资，比孙恒只低 300～500 元。

为了让工友之家这个集体能够生存下去，几个核心成员甚至牺牲了自己的法定利益，将社会资助的人员经费中需要上缴的个人社会保险资金，也一并作为集体资产投入了工友之家的业务和集体福利。直到 2013 年以后，他们才开始为自己缴纳社保。同心互惠开始取得利润后，对利润从未进行过分配，所有利润作为集体资产，在各个项目资金和筹款不足时，随时投入和补充工友之家。

3. 民主治理的实践

怎样才是民主的决策方式？孙恒及其团队并没有经验，一切都在实践中摸索。

2013 年北京的“非典”为他们提供了半年无法逃脱的磨合时间，

即便发生矛盾，大家也无处可去。于是，大家每天在争吵、喝酒、爬山、分工、排练中度过，集体生活又给予大家互相帮助、互相监督、相互适应的密切环境条件。在半年的磨合中，大家开始形成争论、讨论、倾听、理解、协调、执行的决策过程。

从一开始争论自己在某首歌曲中是否发挥更重要的作用、应该由谁接受媒体采访、住房如何分配、拿到版权费如何使用，到讨论要不要做社会企业、要不要做有机农园、要不要引进外部投资者。按照合作社原则，孙恒他们建立了一人一票制度，遇事讨论协商、表决，最终按少数服从多数原则执行。如果遇到难以决定的事情，那就由提议者负责，先做起来试一试，比如同心互惠商店是孙恒提出的想法，大家争议很大，于是孙恒负责开拓试验，随着同心互惠商店第一年的成功，此事被大伙儿认可了，才由王德志、姜国良接手负责。

2012 年，孙恒正式提出建立公社的想法。大家按照工合国际推荐的公社相关制度资料，一起讨论并制定了公社章程。工友之家的所有成员，都可以按照入社的标准自愿加入。这些标准包括认同公社章程上规定的公社理念、在机构有三年以上的工作奉献、有社员推荐人推荐。对于入社是否需要缴纳入社资金的问题，他们修改了多次，最初要求缴纳 1 万元入社资金，但是，随着理解的改变，他们认为，工作对公社的意义不亚于货币投入，因此，虽然中间出现过分次缴纳的方式，但最终取消这一资金要求。目前为止，包括同心互惠、同心实验学校在内的工友之家体系内的成员有 70 多人，其中自愿入社的社员有 10 多人。

按照公社治理的制度，工友之家建立了社员大会、顾问委员会、理事会、管理层几级决策管理体系。工友之家下独立注册的机构，例如同心互惠科贸公司，以及 2016 年成立的同心互惠社工服务中心，则按照企业或非营利组织的相关法规，形成自己的决策管理体系。

公社并没有固定社员大会时间，遇到需要全体社员决策的重大事项，则召开社员大会通报并征求意见。社员们不论出资多少，每人一票。每次的社员大会，同时也面向所有成员，要求包括员工在内的机构成员一同参加。孙恒说，“在我们机构，除了同心互惠和同心实验学校面对市场，有管理的需要，因此有员工的提法，其他地方我们没有员工的概念，我们都是为了共同的理想追求共同做事，所以没有上下级关系，没有雇佣关系”。对于没有入社的成员，他们也被要求一起参会，了解合作社的思想，接受熏陶。

由于工友之家一直没有太多经济收入和集体资产，社员参与决策的动力和程度有限，因此重大问题真正的决策，主要还是工友之家的七人理事会与顾问们沟通，参考顾问们的意见和建议，商议和投票决定。工友之家的核心管理层成员全部分散在具体负责的业务和机构中，因此，包括同心互惠、同心实验学校的重大业务，相关管理层人员均要就自己负责的机构所做出的重大决策，在工友之家理事会上进行汇报和通过。

4. 学习的制度

按照合作社原则之一的“教育、培训和信息”原则，合作社要为社员、社员代表、经理和雇员提供教育和培训机会，丰富社员和所有成员的思想和理论，使之全面了解合作社思想和行动的内涵和意义，按照合作社的理念更好地工作。同时，平等的学习和讨论、培训过程，也是鼓励社员和成员表达思想和提出需要的机会，由此形成内部有效的沟通，从而发现社员的需求，开展新的业务内容。

孙恒及其团队最初创建打工青年艺术团和农友之家时，更多的是根据现实中发现的工友们的需求，思考为工友们解决需求的途径。然而，渐渐地，他们对解决的问题和对象产生了更深刻的思考。“整个工人群体会面临什么问题？整个工人群体的权益如何保护？”他们也会对自己的工作和机构的未来感到迷茫。“大的形势是什么？我们想的对不对？”在咨询温铁军、李昌平、卜卫等众多专家的过程中，他们渐渐形成了内部学习制度，“这些顾问老师对我们的支持是非常重要的，我们的很多想法、很多知识的来源是看他们的书，去学习，学习之后，我们会讨论，讨论之后再看我们能够做什么”。

从2002年机构成立开始，他们陆续学习了工人历史、中国近代史、公民社会的理念等基础理论。他们不仅自己找资料学习，也会邀请专家学者来授课。同时，他们每周末邀请各个高校的大学老师来工友之家，以文学小组为基础，面向全体成员做公开讲座。例如，在2018年，工友之家每周的讲座内容包括“民众戏剧文化行动”“学习党的十九大精神体会和乡村振兴战略解读”“女工故事中的个体命运和社会历史”“有内无外：新中国工会政治的历史进程”等；一年中他们举办了37场讲座，以及十余场交流、参观、演出等学习活动。

除了讲座学习的方式，工友之家每年通过大量的社区文艺活动、诗歌和歌曲的诵读演唱，对所有成员形成一种更加日常的文化熏陶。孙恒说，“我们的歌是很重要的宣传价值观理念的方式，我们的同事都很熟悉这些歌，都会唱”。工友之家70多个工友中的多数都工作七八年以上。孙恒认为，是机构的集体生活和文化氛围在潜移默化地发挥作用，同时集体生活也会降低生活成本，受了工伤的工友在这里可以有适合的岗位。

> 我们的公社有三个层次的理想。第一个是个人层次，我们希望在这个集体中每个成员都可以发挥作用、找到位置、得到尊重，活得快乐而且有尊严，同时个人和家庭可以在大家的共同努力下获得基本的生活条件和生活保障。第二个是机构层次，从思想价值观上，我们倡导尊严、公平、正义、平等、尊重；从思想认同上，机构的核心文化是，独立自主，自力更生，互相合作。第三个是社会层次，我们必须开始站在更高的层面看待我们的工作并开展工作，比如说面向整个工人群体的文化和思想工作，同时，我们要承担更多的社会责任。工友之家的历史和价值意义，就是要为工友承担更

多的社会责任。

从头越

一直以来，孙恒及其团队都对工友之家的可持续发展有着多重的思考，不仅是经济的可持续发展，还包括机构生存环境可能的改变，他们始终在为可能出现的挑战做必要的准备。

1. 城市疏解的挑战和乡建新机遇

从 2013 年开始，已经有学者对于中国城镇大规模建设高峰发生转折做出预判。2015 年《京津冀协同发展规划纲要》，提出四类非首都功能的产业从北京疏解。从 2016 年起，北京开始了各类批发市场和物流基地的搬迁工作，北京核心城六区的人口开始下降。

所有的一切，也都反映到工友之家的日常中。2017 年，同心互惠商店的整顿频率加大，客源大幅度减少。由于学籍新政，同心实验学校越来越多的打工子弟回家乡上学。曾经一度“高光”的打工春晚，2017 年，回归到皮村新工人剧场举办；2018 年，改为线上视频形式；2019 年，则不再举办。工人大学的课程，也不再以集中住宿、集中授课的形式进行，而是调整为线上课程。按照北京的发展规划，周边的村庄都已经列入拆迁的范围，皮村的拆迁，似乎只在某一天。

与此同时，2018 年中央一号文《中共中央、国务院关于实施乡村振兴战略的意见》中，对实施乡村振兴战略进行了部署，提出繁荣兴盛农村文化；2019 年中央一号文提出“扎实推进乡村建设，加快补齐农村人居环境和公共服务短板”。乡村的振兴和重建，已经上升为国家战略和整个社会的共识。

作为一个工人的组织，过去十几年我们一直尝试建立这样一个新型的社区，我们称它为新工人的社区。在社区当中我们办学校、办博物馆，组织社区活动、培训、教育，推动工人进入城市。社区工作是我们重要的工作策略和工作方法。但是就这两三年，这种思路和做法已经受政策的影响了。我觉得必须要改变我们的工作策略。中国的乡村社会不仅要有经济的发展、组织的发展、社区的建设，也要有文化的发展。新工人群体回到自己的家乡，将会成为家乡建设的主力军。对这个群体，我们是有联系的，我们很多的社区工作经验可以搬到乡村去。

2. 机构重整

2018 年，工友之家开始着手机构的重新调整。原有的业务通过新的机构注册，进行更明确的功能区分。

注册成立同心互惠社工服务中心，负责与流动儿童和社区相关的非营利公益服务，具体包括四个部分的内容：（1）同心实验学校。因不符合学校建设的标准，学校一直无法独立注册，是非独立法人。随着皮村的拆迁，未来学校可能消失。（2）同心童子军。同心童子军于 2015 年启动，基于陶行知生活教育理念，联合社会力量，通过社区生活实验室、户外夏令营、社区服务课程等活动，助力流动儿童顺利成长。（3）社区教育空间。以社区工会为核心，主要面向皮村范围内的两万多名工友提供各类文化教育培训、日常文娱活动及权益协助服务。（4）女工合作社。

原来的同心互惠未来继续按照社会企业的运营方式发展。2017 年，亿方公益基金会对它进行战略投资，重新更名，将其注册成“同心互惠企业管理咨询有限公司”（仍简称“同心互惠”）。

注册成立同心创业科技有限公司。以位于平谷的工人大学所在地，也称同心营地，为基地。他们计划围绕文化产业，打造同心公社实体，包括同心农园、同心创业培训中心和新工人艺术团（2017 年改名为新工人乐团，专注歌唱形式）。一旦皮村拆迁，打工文化艺术博物馆有可能搬到营地这边。未来，他们希望在这里打造一个文化产业特色新农村的样本。他们在营地门口，挂上了“同心公社”四个大字。但是，对于社员的发展，他们考虑淡化。孙恒认为，公社目前没有经济上的收入和公社资产，所以原有社员没有经济上的利益，参与的积极性并不是很高。近两年发展社会企业，有很多非社员，如果强调社员的概念，也容易引起误解。

3. 同心互惠引入公益投资基金

同心互惠的盈利让孙恒及其团队看到了经济独立可能的曙光，但是对于工友之家（不包括独立核算的同心互惠和同心实验学校）一年 300 万～400 万元的项目和活动的基本开支而言，仍是杯水车薪。更何况，这些利润是以整个工友之家管理层和员工非常低的薪酬为代价的。一些优秀成员的离开，也与这样的低收入有关系。

旧衣回购和出售，在国外已经发展成非常成熟的产业，著名的社会企业 Goodwill 每年的营业额高达 30 亿～50 亿美元，发达国家旧衣回收率在 10% ～ 30% ，而在我们国家，旧衣回收率还不到 0. 23% 。[①] 2016 年开始，随着国家对再生资源回收问题的重视，商务部等六部门出台了《关于推进再生资源回收行业转型升级的意见》。一些互联网科技企业纷纷进入旧衣回收领域，它们采用“互联网 + 上门回收”的方式，使居民捐赠旧衣物更加方便，其中著名的“飞蚂蚁”通过两年多的努力，在 2018 年末，已经覆盖了全国 300 多个城市，平台的用户也有 200 多

---

① 吴超．慈善实物捐赠和利用精准化研究——基于衣物资源供需结构的分析．中州学刊，2018（1）．

万，年回收的旧衣物达到 3 万吨。① 这两年线下出现的小企业则更多，它们回收捐赠的旧衣服后，用于出口或其他商业用途，发展势头非常迅猛。例如，一家河北的个体企业，仅在承德和周边三个县就已经设置了 600 多个箱子。

我国旧衣市场的政策导向和市场机遇，让同心互惠有了更大的发展动力，而 2016 年出台的《中华人民共和国慈善法》对于公开募捐的资质限定也给其带来了独特机遇。同心互惠在灵山慈善基金会拥有公开募捐的备案号，只有备案的企业，才可以通过公开捐赠方式获取旧衣物。

但是，王德志及其团队也非常清楚自己的局限性。他们做文化公益项目非常热衷、非常有经验，但是他们的理念或者心理上存在着对商业运行规则的潜意识排斥，如对外沟通上被动，对员工管理上重道理、轻激励，内部管理流程松散等。相比市场的火爆，对标国内市场上已有的企业，最早进入该行业的同心互惠团队感受到了竞争压力，他们需要专业的外援力量。

但是谁会认同同心互惠为打工者服务的社会企业属性呢？

亿方公益基金会是一家资助型基金会，重点关注公益研究与社会企业，促进社会创新。基金会的使命与同心互惠的发展方向不谋而合。基金会非常看好同心互惠在二手衣物领域公益创新的潜力，同时，同心互惠十多年服务打工人员的经营，也证明了自身所具备的社会属性和经济可持续性。2017 年，亿方公益基金会与同心互惠一拍即合，由亿方公益基金会投资几百万元入股，重新整合同心互惠的股权结构，引入职业经理人。

亿方公益基金会投资后，形成新的董事会结构，董事会成员包括具有百度这样的互联网企业工作经验的徐勇、京东天使投资人宋宇海、农

---

① 章磊．飞蚂蚁的天空——《条例》实施前探访一家旧衣服回收企业．浦东时报，2019－06－19．http：//www．pdtimes．com．cn/html/2019－06/19/content_ 3_ 1．htm．

业专家李昌平、亿方公益基金会秘书长李北伟、具有纯正的公益心和落地执行能力的王德志与孙恒，斯坦福大学教授 Scott D. Rozelle 任独立董事。

他们聘请北大国际经济系毕业、在国际快递和物流公司管理方面具有十多年经验的董智敏女士担任总经理。他们要做的，首先是明确同心互惠的社会使命，聚焦“支持流动儿童教育”，设定企业未来每年利润的 20% 投入同心公益基金，限定利润分配不得超过 35%；进一步，他们开发了微信小程序“同心互惠”，用互联网思维面向全国开拓衣物来源，与快递公司合作，已开通全国 26 个省 300 多个城市的快递上门收衣服务，用物流管理的经验规范从旧衣回收到销售的所有环节，重新分析企业内部不同业务的价值创造能力，进一步改善激励政策，招募专业员工，进行品牌推广等一系列管理改革。

王德志和总经理董智敏女士一同带领同心互惠的所有成员，踏上了企业发展的新阶段。

4. 孵化更多社会企业

（1）同心营地的新运营

孙恒及其团队很早就对皮村的存亡有了预感，因此，他们一直寻找能够安放他们这个集体的稳定场所。

为此，孙恒和工友之家的核心成员通过各方筹资，包括向支持他们的基金会申请小额贷款，向施工队、内部员工有偿借款，合计投入 500 万元，在 2010 年租用的同心营地里建设了可用于自己住宿、培训、出租的房屋和设施。目前，中国乡建院在此设立研究场所，同心童子军组织的夏令营也在这里进行住宿和活动，并为这个场地带来了活力和现金流。

未来，孙恒及其团队希望能够通过合作入股的方式，与村委会、乡建院等机构一起创办一个新农村文化产业基地，在这个过程中，同心公社也能逐渐孵化成自我造血的社会企业，并且真的变成一个管理团队期盼已久的安居场所。

（2）新工人乐团的新方向

工友之家以音乐起家，在为工友们服务的过程中慢慢发展出各种各样的业务。然而，在十多年的发展中，由于忙于这些业务，孙恒及其团队在音乐上的投入比重显得越来越小。

现在，他们重新思考音乐的地位。孙恒说："我们要加强音乐的部分，这是我们的优势。我们所擅长的音乐不受地域限制，我们在乡村可以演，在城市也可以演。我们会投入更多的时间进行更多的创作，提高我们的作品质量和演出质量。"这也是他们在 2019 年把"新工人艺术团"改名为"新工人乐团"的原因，他们希望重新聚焦在音乐上，未来通过收费服务，让乐团也能成为社会企业。

现在的新工人乐团，不仅行走在大地上，与城乡的普通民众一同歌唱，他们也开始尝试与政府合作，承接乡村、县城的文化建设项目。例如，他们正在为重庆联丰村、云南白甸村等组织"村歌"创作的培训和相关的文化艺术活动，探索新工人乐团的可持续发展模式。

原有机构中，所有可能改变为社会企业的部分，也都在有意识地孵化过程中。例如，童子军在做流动儿童公益营的同时，还尝试对市民开放收费的夏令营，带领都市儿童，探索自然，强健体魄，在合作中培养公民意识。

> 过去的 17 年，一群年轻人有热情、有理想，不断地像打仗一样去攻克种种困难，不断地"打仗"，不断地"打仗"。在过去的 17 年里，我们自己回头去看，最起码是不后悔、不遗憾，尽心尽力了。具体它有没有价值，我不知道，因为这个价值是由别人来衡量的，但是最起码对于我自己的人生是不后悔、不遗憾，而且是比较充实的 17 年。现在，我觉得我们应该暂缓一缓，静下来总结。这应该是

我人生当中的一个转折期，也是整个组织历史的转折点。我觉得第二次创业开始了，我也希望这个组织能够有新的历史起点。

（王建英　徐京悦　王强　李晓光）

北伟点评

因为我们亿方公益基金会投资了工友之家最主要的社会企业同心互惠，所以我从我们投前、投中、投后的角度分享我的点评，可能对读者更有意义。

同心互惠几乎是我于2016年6月份从商业领域转行到公益行业的第一个项目。凭着商业经验，我的直觉是这个企业所在的行业是有发展潜力的，但我有两个担心：一是工友之家是搞工人权益出身的，会不会有政治风险，亿方只做“政府认可、自己认可、受益人认可”的公益；二是经营班子是不是自利且混乱，我不想自己从跨国公司退休做纯粹公益时反而去趟一脚泥，陷入小企业管理斗争。事实上，我在拿到竞天公诚律师所的法律尽调报告和恩友财务的财务尽调报告后思考了一周，才决定投资同心互惠，并迅速得到了理事会的支持。我的大学同学宋宇海（京东天使投资人）和张冰（竞天公诚合伙人）或出资成为股东，或出力成为公益法律顾问，也给了我很大的信心。

首先，我消除了对政治风险的顾虑。经过尽职调查，正如工友之家创始人孙恒所说，“机构的目的是在政府难以触及的部分做一些补充，与政府的目标一致，让老百姓过好日子，让工人过好日子”，“我们做事也知道把握一个底线，就是帮工人做事，就我们自己做”。

在对工友之家整体做了政治风险评估之后，我们进一步评估了其社会企业属性，并分述为五点：

（一）公益性是内生的。工友之家建立17年来，其初心和组织扩张及所有活动都是紧紧围绕帮助和服务新工人这一群体的：从给工人唱歌，到帮助工人讨薪，到建立打工子弟学校，到成立面对工友的慈善商店，到有机农庄，到打工文化艺术博物馆，到打工春晚，到工人大学，到艺术巡演，到社区工会和营建，到工友之家合作社的搭建，万变不离其宗。这和创始人孙恒、王德志等人的新工人出身背景，和新工人阶层觉悟有关，同心互惠的社会属性非常明确且不易漂移。亿方投资同心互惠之后，双方在章程上限制分红上限为 35% ，另外要拿出税前利润 20% 捐赠给公益组织，这从法律上确保了公益性。

（二）商业经营是顽强的。同心互惠所在的二手衣物回收行业、慈善商店行业良莠不齐，竞争混乱。很多企业是打着公益旗号的逐利性经营；在告知捐赠者衣物去向方面也不够透明，比如全行业平均只有 10% 的捐赠衣物可以穿用，其他都会作为废品回收卖掉。而同心互惠由于面对的工友将其用作工作服，能穿用的比例达到行业的三倍，即 30% ，极大地提高了捐赠者公益心的达成率。同心互惠大约有 5% 的儿童服装直接捐赠给真正需要的地方。由于动员公益捐赠衣物门槛不高，很多组织都会发起，但常常不能提供给真正需求方，造成二次浪费。同心互惠能坚持经营二手衣物回收行业十几年且坚持公益属性，十分难得。

在亿方投资后，同心互惠依凭十几年的经验积累，与亿方共同进行了法律、财务、公益资格规范化，取件仓储流程标准化，捐赠回收衣物和慈善商店销售信息化等工作，由原来只能通过在北京地区地面的几百个捐衣箱收取衣物，发展到同时可以通过同心互惠小程序在 26 个省 300 多个城市回收衣物，并在进一步逐步扩大全国回收衣物的城市的数量。

（三）创始团队是开放的。在亿方投资之后，不论是在董事会层面，在日常经营层面，还是在再融资层面，同心互惠创始团队都显示了拥抱变化和共同创造价值的开放性。我们引进了“空降的”总经理、销售总监、品牌经理、专业财务会计团队等，与原有团队融合非常顺利，没有出现任何内部政治和控制权之争。公司在经营管理现代化和专业化方面都有长足进步。

亿方投资社会企业的一个关键视角和标准是找到合适的创始人团队。同心互惠投后的经历表明，我们最初对孙恒、王德志等创始人的判断是正确的，他们是有企业家精神的公益人。这打消了我投前的第二点关于“经营班子是不是自利且混乱”的担心。

（四）规模化极具潜力。同心互惠对标的企业是美国的慈善商店 Goodwill，后者有 3 000 个门店遍及全美，年营业额高达 30 亿～ 50 亿美元，而国内的二手衣物企业和慈善商店都还是在几百万元人民币、几千万元人民币的规模徘徊。同心互惠的公益基因和创业属性，使得它最有可能做成中国的 Goodwill。通过接受社区居民捐赠衣物，不仅可以帮助工友及其子弟，回报这些城市的建设者，还可以大规模地循环利用二手衣物，节省资源。如果城市居民通过经常的捐赠衣物养成慈善习惯，会形成人人公益新风尚，给重商逐利的社会风气注入一股暖流，改善人际关系，社区得以和谐发展。

我们希望同心互惠即使不能成为 Goodwill 那样规模的企业，也能以纯正的慈善商店经营模式，给整个二手衣物回收行业带来透明度和真正的公益属性，形成“鲇鱼效应”，促进全行业成熟。成功不必在我，功不唐捐。

（五）工友之家下一步，应该“回归主流”，重点追求公益的“可持续性”。基本判断是，现在的社会环境与 17 年前工友之家成立之初的社会环境相比，发生了巨大的变化。劳动法对劳工的保护程度，《慈善法》《境外非政府组织境内活动管理法》对国际资金、对中国公益支持的影响，新生代“新工人”的教育程度和城市生活经历，中国公益行业生态与国外的差异（如美国市场力量大，欧洲社会组织力量大，中国政府力量大），美丽乡村建设的返乡创业机会等，都使得新工人的时代需求与供给法则发生了质的变化。以为打工子弟服务的打工子弟学校为例，除了北上广深一线城市以外，打工子弟进入其他二线城市公办学校的容易程度大大提高。即使北上广深四个一线城市中也有差别，除了北京有其疏解城市人口的特殊性外，其他三个城市在打工子弟入学方面都有一定程度的进步。

工友之家因应时代变化，大规模转型满足新工人新需求，在保护其公益目标的同时，自身造血，发掘政府采购潜力，大力发展社会企业以实现针对工友的可持续性公益，并让其成为一种可能。这是我所说的“回归主流”。什么是中国社会当前的主流力量？就是中国特色市场经济中的企业形式的市场力量。通过利用市场力量来办公益，发展社会企业，是最大的时代创新、社会创新、公益创新。

如同专为残障人士服务的残友集团一样，工友之家可以设定远期目标，发展成为专为工友服务的工友集团。其同心互惠慈善商店、有机农园与合作社、新工人乐团巡演、针对城市孩子的农村夏令营、新工人文化艺术博物馆、与各大企业单位的企业社会责任合作、工人大学、遍布各地的工友网络等，都有很大潜力发展成社会企业，互相支持，互相配套，形成独特的竞争优势和服务模式，以服务农村进城务工人员为纽带，同时促进城乡的交流和发展。

参考文献

1. 吴超．慈善实物捐赠和利用精准化研究——基于衣物资源供需结构的分析．中州学刊，2018（1）.

2. 温铁军．工友之家被逼迁与基层债务的“成本转嫁”．观察者网．https：//www. guancha. cn/WenTieJun/2016_ 12_ 28_ 386540. shtml.

3. 皮村工友之家取暖锅炉被砸紧急求援．微信公众号：新工人乐团，2016－12－29.

4. 龙曦．“同心”学校的痛心结．民主与法制．（2012－09－11）. http：//www. mzyfz. com/cms/minzhuyufazhizazhi/jujiaoyuzhuanti/html/696/2012－09－11/content－506828. html.

5. 新工人的精神家园：“工友之家”的故事．http：//www. yogeev. com/article/44638. html.

6. 解读富士康“十三连跳”的自杀之谜．http：//www－2020. xilu. com/zhuanti/my_ 3414/.

7. 孟登迎．“打工春晚”与“新工人文化”的创造路径．文艺理论与批评，2017（3）.

8. 崔永元主持打工春晚经典语录笑声不断值得一看．优酷视频．https：//v. youku. com/v_ show/id_ XMzQ0ODI5NDA0. html? refer = seo_ operation. liuxiao. liux_ 00003310_ 3000_ nUF3ai_ 19042900.

9. 崔永元主持打工春晚．搜狐视频．http：//tv. sohu. com/20120122/n332886148. shtml.

10. 秦晓宇．留住这唯一的打工博物馆．微信公众号：我的诗篇，2017－07－24. https：//mp. weixin. qq. com/s? _ _ biz = MzAwMTIzNzE0MQ = = &mid = 2652684318&idx = 1&sn = 69ee44c2a0171662984e9404d91f144e&chksm = 8134a9e4b64320f249b7911797cbc780ea08c9f1fec15202f6760ffa74976b4a7ff06c01c74f&scene = 0#rd.

11. 陶红，杨东平．北京市“流动儿童”教育面临的问题与对策．江西教育科研，2007（1）.

12. 关注流动儿童问题 促进和谐社会建设．中国网．（2007－01－19）．http：//www. china. com. cn/blog/blog/txt/2007-01/19/content_ 7682953. htm.

13. 海闻，于菲，梁中华．农民工随迁子女教育政策分析——基于对北京市的调研．教育学术月刊，2014（8）.

14. 杨欣．从“法律赋权”到“法律赋能”：突破一线工人劳动收入偏低的制度困局．中国劳动关系学院学报，2015（1）.

15. 翟振武，段成荣，毕秋灵．北京市流动人口的最新状况与分析．人口研究，2007（2）.

16. 既然无人愿表达，那就来唱自己的歌．微信公众号：新工人乐团，2018－04－29.

17. 杨宇静．“新工人艺术团”文化实践的力量与困境．北京社会科学，2017（7）.

18. 章磊．飞蚂蚁的天空——《条例》实施前探访一家旧衣服回收企业．浦东时报，2019－06－19. http：//www. poltimes. com. cn/html/2019－06/19/content－3－1htm.

企业资料

1. 新工人乐团微信公众号。

2. 同心互惠微信公众号。

3. 中央电视台视频——《皮村记事》。

4. http：//tv. cntv. cn/video/C38206/409b6ada04e74dc58c643f6710d226e4（2012年打工春晚）。

5. https：//edu. qq. com/zt2012/dgzdcw/index. htm。

6. https：//gy. qq. com/original/photo/pic100. html。

一公斤盒子：

涅槃重生与乡村教育探索之路

做乡村教育的我们，还是愿意沉在乡村里面去探索我们如何更深一层、更大规模地推进和改变。

——陈丹

2018 年 8 月 26 日，在 TEDxXiguan 年度大会上，“一公斤盒子”（广州爱聚企业管理咨询有限公司）首席执行官陈丹作为 15 名演讲者之一，面对现场 800 多名观众分享了一公斤盒子对乡村教育问题的洞察。能够作为演讲者参与这次大会，代表了外界对一公斤盒子（简称盒子）的肯定。或许对这个企业有所了解的人会认为一公斤盒子曾有过太多光环，之前的创始人安猪[①]也曾多次登上过 TEDx 的舞台，因此这次分享不算什么大新闻。

可陈丹深知其中的不易。经历了 2014—2016 年发展方向的摇摆和争议，2016 年 9 月原创始人安猪决定离开之时，一公斤盒子一度只剩下两人，是一个处于亏损当中、业务摇摆不定的摊子。陈丹作为首席执行官，几乎所有事都必须亲力亲为，可她还是两个孩子的母亲，最小的才刚刚一岁左右。那段时间去全国各地谈合作、参加教育论坛，都是带着襁褓中的婴儿，有家人陪着，自己去开会，家人在外面抱着孩子……

经历了两年扎根乡村的探索之后，一公斤盒子团队带着新的使命愿景，重新回到公众的视线。与全球范围内各个领域的 14 名杰出演讲者一起，站在 TEDxXiguan 的舞台上的那一刻，陈丹看着台下的观众，非常自豪地分享一公斤盒子在乡村教育变革上的理想与行动。

确实，过去的两年多时间里，一公斤盒子经历了二次创业的筚路蓝缕：价值观的再定位，商业模式的转变，组织架构的重塑，每一次改变

---

① 安猪，本名余志海，1973 年生于广东省恩平市，毕业于华南理工大学无线电工程系，热爱旅游及摄影。2004 年创立“多背一公斤”公益网站，随后创办爱聚公益创新机构，致力于帮助贫困地区教育事业及青少年发展。

带来的都是机构的破茧重生。想到这里，陈丹不禁又想起 2016 年那次团队的分道扬镳，那是一个故事的终点，那也是另一个故事的起点……

一公斤：装得下一个世界

1. 缘起：雨崩小学

时间：2004 年。

坐标：云南省德钦县雨崩村。

雨崩村一直是很多人徒步旅行的目的地。翻越南宗垭口后，就颇有一览众山小之感，沿途则是满目的经幡，从这里还能看到梅里雪山的主峰卡瓦格博，此情此景着实荡涤心灵。十几年前，旅行还不是今天这么大众的活动，那时有个词叫“驴友”，也叫“背包客”。

一个叫崔英杰①的年轻人 2004 年去的雨崩村，除经幡和雪山之外，他还拍下了一张雨崩小学的珍贵照片（图 1）。雨崩村只有 20 户人家，村里的雨崩小学只有一位支教老师和十几个学生。崔英杰临走前，支教老师拜托他：“在接下来的旅途里，你还会经过另一所差不多的学校，那里有我的一个支教小伙伴，我们平时也没有太多的时间见面，我想请你帮我带一句话，告诉他‘你并不孤独，坚持就是胜利’。”

后来在北京的一次聚会里，崔英杰分享了他在雨崩小学的故事。当时的人们还不会说“生活不止眼前的苟且，还有诗和远方”，在座的另一个年轻人安猪感受到了“诗和远方”的理想之光如何驱散支教老师们现实中的艰难，他为之动容。那段时间，晚上入睡前安猪翻来覆去，脑海中总是崔英杰在雨崩村的际遇，总是雨崩小学那个孤寂坚守的支教

---

① 2019 年的 3 月，时隔 15 年，崔英杰加入一公斤盒子的“乡村代言人”行动中，为一所乡村学校代言筹集当年的盒子课程费用。

图1 2004年的雨崩小学

老师。他决定做点什么。他想到了背包客，想到了乡村教师，想到了自己在广州做志愿者支教的经历，也想到了孩子们渴求的双眼。于是安猪想，能否将这些要素结合起来，让背包客在旅行过程中给乡村学校带去力所能及的帮助。

2. 发起“多背一公斤”活动

这一年，31岁的安猪发起了“多背一公斤”的活动，号召广大驴友去边远地区旅行的时候，在行囊里面多带上一公斤的物资给当地的学校。一公斤非常轻，这个门槛非常低，每个人都可以加入。随着参与者的数量增加，“多背一公斤”很快就席卷全国。安猪和团队建立了一个网站，乡村老师或者是去过当地的“驴友”在网站上发布乡村学校的需求，广大背包客就可以在做旅行规划的时候看看路线图涉及哪些学校，学校需要什么。

“多背一公斤”发扬了大众参与、集体协作的公益方式，充分借鉴了WIKI的去中心化精神，使得每一个个体都可以自发地去发挥力量，在旅行过程中帮助弱势群体，因而受到了全国各地“驴友”的欢迎。单是2007年，“多背一公斤”的参与者就进行了超过130次公益旅游活动，并发掘了98所新的服务学校。同样是在2007年，“多背一公斤”团队提出了双子书项目，即以图书为媒介，让乡村儿童在获得全新的优质图书的同时，建立与城市儿童的联系，以增进了解，共同成长。截至2008年4月，该项目已经为乡村学生送出了接近2 000本全新图书。

在“多背一公斤”项目发展的过程中，安猪经常去贵州和广西的学校走访，也通过网站收集了许多乡村学校的需求。图2为“多背一公斤”早期网站截图。他发现，山里的孩子缺的不仅仅是物资，更缺少观念、眼界，缺少与外面世界的信息交流。在贵州省雷山县西江镇白碧小学，当地的一位老师告诉安猪：“物质的匮乏是可以克服的，真正可怕的是精神上的闭塞与孤独。”

图2　“多背一公斤”早期网站（1KG. org）

一言惊醒梦中人，从那时起，“多背一公斤”项目开始更多地倡导人文关怀，背包客们也去陪孩子们聊天、做游戏，给他们讲外面的世界。“多背一公斤”的定位从最初的单纯物品运送、物质救济，提升到更注重观念传递，以及平等交流与沟通。①

“我们不强调可怜和同情，如果说最初的‘多背一公斤’只是提倡扶贫，那么现在的‘多背一公斤’更注重的是平等的精神上的交流。”安猪说。

3. 乡村教育创新的探索

2008 年，安猪发现“多背一公斤”并不能满足从网站上搜集的许多乡村学校的需求。比如，许多偏远地区只有语数外三门课，音乐、体育等课程缺乏老师；同时，也有教师提出，希望可以帮助改进自己的教学效果……这些需求都是只靠“多背一公斤”所无法解决的。

从这一年开始，安猪和团队开始探索通过创新设计来解决“多背一公斤”遇到的乡村教育痛点，为此他们成立了爱聚公益创新机构。带着新的想法，团队走访了很多乡村学校，他们很快发现了乡村教师的几个痛点，比如：乡村学校教师少，每个老师承担多个班甚至所有班级的教学任务；教师要身兼多职，各种课程都要会教，还要兼顾学校的各种杂务；缺少与外界的沟通，对新教学方式和理念等知之甚少。由此，形成了一公斤盒子对乡村教育洞察的早期版本。

为了解决这些问题，给乡村孩子们提供更好的教育条件，安猪和团队进行了很多教育创新探索，包括筹建公益图书室、销售公益贺卡等。最终，他们将目光聚焦在提供教案上面，经过一年多的研发之后，取名自“多背一公斤”公益项目的“一公斤盒子”，终于在 2011 年 9 月问世。

---

① 赵莹莹．安猪：快乐公益“一公斤”．人民政协报．(2014－08－05)．http：//www.rmzxb.com.cn/c/2014-08-05/358785.shtml.

傻瓜化的教学工具包：一公斤盒子

1. 什么是一公斤盒子

一公斤盒子后来被称为“傻瓜化的教学工具包”。其研发之初的定位是简单易用的教学工具包，用以回应乡村老师任务繁重、时间不足的问题。每个盒子由三部分组成：一本可视化的教案 + 一套儿童自主探索的小组教具 + 必要的课程物料。一公斤盒子首席执行官陈丹后来在演讲中经常会提到盒子的设计理念：

> 传统的纯文字教案，一个教案可能花一个小时都不太能梳理出脉络。盒子的教案全部都是可视化的，非常简单，花 15 分钟完整地翻阅一下，大概就知道这样的一堂课是怎样的。我们还做了很多的教辅工具（教具、道具等），再配上乡村不太容易获得的材料。老师可能花个半个小时，浏览、研究一下里面到底有什么东西，就可以开始比较轻松地上课。而且在整个课堂中，我们都把它设计成是以孩子为中心的、游戏化的、小组式的教学，老师不需要像以前全程讲 40 多分钟。他是一个引导者，更多还是孩子自己去探索。
>
> ——陈丹，GET 2017 教育科技大会主题演讲，2017－11－16

2011 年研发出的第一批盒子包括美术、阅读、手工和戏剧等，随后的各年里，基于乡村需求的调研和选题，零食盒子、交通盒子、健康盒子等新的盒子不断问世（见图 3），同时旧有盒子在使用中不断迭代更新。

到 2019 年 5 月，盒子产品经历了从单一主题，到多元主题，再到对乡村生活场景的重塑和系列化。基于“生活即教育”理念，用设计让每个乡村都是一个没有围墙的学校，盒子形成了“人文、生活、社会”三大模块 20 多个主题：“阅读 + 创作”系列盒子，让乡村孩子的人文视野更加开阔；地震盒子、交通盒子、零食盒子、健康盒子等生活主题系列盒子，让乡村孩子的日常生活成为学习和成长的载体；职业认知系列盒子使得乡村孩子与真实社会有更多接触，更加了解学习与职业之间的紧密关系。

以科学盒子为例，科学盒子里面包含 10 个生活中的科学小实验，比如：“米饭为什么会变馊?”“奶茶里有多少牛奶?” “看香蕉如何变熟?”……每个小实验都是孩子生活中的一个现象，借此建立“科学”这个专业名词与孩子真实生活的连接。又如地震盒子，包括三个任务，需要孩子们去完成。第一个任务是把一些小人放在桌面、地板等不同的位置，模拟地震时哪些地方的人更容易受伤；第二个任务是让孩子们自己去画一幅安全地图，即标出当地震发生时，可采取的逃生路线；第三个任务是让孩子们分组讨论，面包、水、药品等，哪些东西要放进急救包，哪些东西不放进去，都需要孩子们自己讨论得出，并画一个急救包。这个学习探索过程，不是被动地灌输一些地震的知识，而是让孩子们以自己学校的空间为例，学会万一发生地震该怎么应对。

图 3 零食盒子（左上）、创育者盒子（右上）、科学盒子（左下）、阅读盒子（右下）

2. 如何设计

回顾第一批盒子的诞生过程，充满了不可思议，当时没有人想到做这样一个东西，也没有人去想能否成功。当时国内的公益还处于萌芽阶段，早期的公益机构都带着理想和情怀，想要让社会更美好，但很少有人会带着“用户思维”去解决一个社会问题。一公斤盒子的诞生，也是国内“公益产品化”的先行者，带给公益行业一个全新的视角和解决思路。

盒子的核心在于设计，其设计流程则来源于 IDEO 的设计思维。IDEO 是美国著名的设计咨询公司，成立于 1991 年，创始人大卫·凯利是美国工程院院士，曾在 1982 年为苹果公司设计第一只鼠标，并创立了斯坦福设计学院。每个盒子从灵感到用户洞察、头脑风暴、产品原型，再到用户测试，初期的设计理念及方法均来源于 IDEO 的《人本设计手册》,并在设计团队中慢慢衍生成一套独特的教育产品设计流程。

盒子的设计包括教育设计、产品设计和视觉设计。在教育设计中，需要保证整个学习的过程是专业的，一个主题课程的设计除了教育设计师的全程参与，还需要学科领域专家的参与：情绪盒子需要心理学专家，零食盒子需要食品安全专家，学前课程盒子需要学前教育专家。教育设计师把盒子的学习目标和教育理念变成生动有趣的教案，接下来产品设计师需要把教案变成丰富有趣的工具包，降低使用者的门槛，并且创造良好的用户体验。

产品设计也是盒子区别于其他教育公益解决方案的地方：如果给乡村老师提供优质的课程教案，往往很难直接使用，需要提供配套的教师培训和持续的跟踪支持，老师才能完成教学目标。而盒子通过可视化的教师手册，降低了老师理解的难度，同时，大量儿童自主探索、小组合作的任务道具和物料，激发了儿童主动学习的热情，老师只需要引导课程，鼓励学生分享和积极反馈，就能创造一堂高质量的课程。这大大降低了课程对老师个人能力的依赖，因此也降低了乡村课堂创新的门槛！

视觉设计是盒子与老师和孩子们见面之前的最后一道工序。盒子团队会请专业的平面设计师来完成最后的视觉设计部分，以保证盒子所有物料的基本审美，而这种标准也创造了与老师和孩子见面的仪式感。当每个带着设计师的奇思妙想、设计精美的盒子送到乡村的课堂时，老师和孩子们会迫不及待地打开它，充满好奇地开启一段探索之旅。

设计思维并不止于一个产品的诞生，IDEO 认为产品的创新来自三个方面的结合点，即用户的需求性、商业的延续性以及科技的可行性，产品的诞生只是创新的开始。2013—2014 年，盒子团队得到 IDEO 上海办公室的设计师团队支持，并通过志愿咨询的方式探讨盒子的商业可持续设计，设计思维成为一公斤盒子的核心方法论之一并延续至今。

理念之争：一盒教育，半盒创新，半盒公平

中国是人口大国，虽然近些年来城镇化飞速推进，但农村人口比重始终在 40% 以上。乡村教育仍然存在着大量问题，包括教育观念的落后、资源的不平等、师资力量不足等。因此，一公斤盒子的出现，让一部分人看到了乡村教育的曙光。但对一公斤盒子究竟是要致力于探索什么是好的教育，设计创新的教育产品，还是专注于促进教育公平，提升乡村教育水平，内部却有着不同的理解。同时，和所有的社会企业一样，一公斤盒子也面临着自我造血和生存、竞争的压力。

1. “点—线—面—体”创新探索的失败

2011 年一公斤盒子的出现，拯救了“多背一公斤”，也拯救了安猪。“多背一公斤”在诞生之初是一个很好的创意，可随着规模的扩大，面临的问题也越来越多。从 2007 年开始，安猪做了很多新项目的探索，但大多都不成功。

在安猪的构想里，一公斤盒子只是起点，而非终点；以一公斤盒子为起点，他还将为教育公益留下更多的优秀产品。安猪是一个不安于现状的人，他永远在追求更加极致的创意，因此才有了一公斤盒子的诞

生。于是，从 2014 年开始，在一公斤盒子的基础上，安猪开始探索更多的可能，他希望可以像当初一样，以“多背一公斤”作为种子，长出了一公斤盒子，一公斤盒子也可以进一步孕育出更多的改变教育公益的可能。

2015 年初，安猪在盒子的基础上设计出“点—线—面—体”的进化思路（见图 4）。目前的阅读盒子、美术盒子只是“点”，未来将以此为基础进化出更高级的形态“线、面和体”，“线”是更复杂功能的拓展，“面”是场景的探索，“体”是空间和 APP 等超脱于盒子的形态。

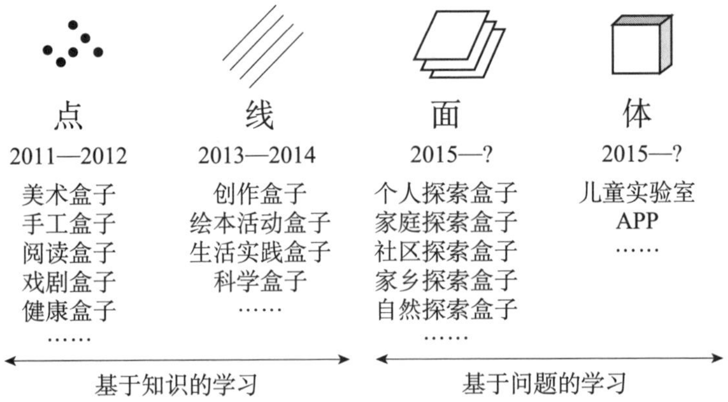

图 4　“点—线—面—体”的设计

但可惜的是，无论是哪一种形态，都没有达到那一“点”的成功。盒子成了无法突破的天花板。就像 2011 年盒子出现前的黑夜一样，这些新探索的失败同样让人沮丧。尤其使人失望的是，2015 年底，当安猪回头总结这一年的时候，发现自 2014 年首次盈利之后，2015 年竟然亏损了！

过去的几年里，安猪一直想把一公斤盒子打造成为一个可以自负盈亏、自我造血的社会企业。在 2015 年年初的总结里，安猪写道：“作为一个社会企业的经营者，我发现自己的思考和实践离不开两点：一是如何创造一个对使用者更加民主的产品；二是如何建立一个可持续的盈利模式。”因此，2014 年盈利的曙光让他激动，2015 年的亏损不可避免地让他怀疑自我。

2. 三年的争议：两种价值观的撕扯

不仅当时的创始人如此，公司内部的员工对此也有争议。

当时一公斤盒子的团队主要包括早期“多背一公斤”的团队和志愿者，以及后期被一公斤盒子吸引来的新人。新员工加入一公斤盒子大多出于两方面原因：一部分人是觉得盒子很酷，被盒子这种解决社会问题的创新方式所吸引。比如项目助理实习生小海说：“巧合，新奇感，兴趣，以及好朋友的鼓动，让我很快有了一个决定，并来到了一公斤盒子。我想用一点创意，去改变一些什么。”还有产品设计助理晓帆所说的“一公斤盒子位于教育、社会创新、设计和商业的交叉点，一次性满足了我四个兴趣方向”。

还有一部分人加入一公斤盒子是因为对乡村教育的关注，比如，商务助理实习生沙拉曾举办过大学生慈善公益论坛，曾作为 guest speaker 在梦想 Safari 素质教育论坛上探讨教育公平问题，曾担心血铅超标问题会影响儿童智力发展而跑去韶关调研，曾在乌克兰的夏令营支教……白领霈琴则在早期就参与“多背一公斤”项目，关注乡村教育十多年。

在一公斤盒子内部，谁也没有意识到，员工们其实由于价值观的差异分成了两派：一边是教育创新，另一边是教育公平。人们因为这两种价值观中的某一种，选择加入一公斤盒子。早期，这两种价值观相处融洽，盒子的出现就是用创新促进教育公平。

但是，在 2014—2016 年的三年时间里，随着机构的发展，这两种价值观的冲突开始显现，盒子的实践也因此常常摇摆不定。有人想到：“盒子的教育设计十分先进，现在城市的教育也缺乏这种新方式，为何不尝试针对城市教育的大规模商用呢？”2015 年，好奇心实验室被推了出来。这是一种小规模的教育实验，主打 C 端（消费者）。团队将一部分人员和力量投向了城市的付费用户。当时的设想是，产品化的思路会得到商业资本的青睐，会有很多的资本来找一公斤盒子。也许可以一方面做商业的项目，用商业项目的收入去支持、补贴乡村的项目。

遗憾的是，一公斤盒子这次“to C 端”的运营实际结果并不理想。大家发现起源于乡村教育的一公斤盒子，在城市教育中并不完全适用。乡村孩子和城市孩子成长中的痛点有很大差异，虽然好的教育底层逻辑是相似的，但是同一套产品并不能同时创造出城乡孩子两个用户群体极致的需求满足和使用体验。

实际上，面对城市 C 端用户，需要和原来教育公益领域 B 端（企业）客户不同的一套商业模式；也需要有两个独立的研发团队和运营团队来面对两个不同的用户群体。而以一公斤盒子当时有限的团队规模，难以同时兼顾，这也造成机构定位的混乱。无论如何，这些尝试都体现了在教育公益之外，一公斤盒子团队对教育创新的探索。

客观而言，一公斤盒子在当时国内的乡村教育和教育创新领域都处于相对领先状态。团队曾经以为两个市场是可以一起做的，但 2016 年团队深刻反思了之前遇到的问题，发现这两个市场需要两套产品逻辑和商业模式，混在一起导致两个市场都没做好。

2016 年 9 月，在非常理性的对话讨论中，大家决定将当时团队的五位全职成员分成两个团队：一个团队去探寻教育创新的理想；一个团队继承一公斤盒子的品牌和产品框架，专注探寻和推动教育公平。后来在接受《社会创新家》的访谈时，安猪说：“当时盒子已经到了一个需要更多挖掘用户和开发业务的阶段。但我自己很清楚，我并不喜欢运营，我的兴趣仍然在创造。”

最后回头来看，或许安猪的离开也代表着一公斤盒子团队内部的两种声音的决裂——团队被两种价值观撕扯着，最终选择了分别走向两条路。

团队当时做了一次很深的对话，发现三年来我们一直纠结于两个不同的目标，最后变成两边都没有做好。团队当时的资源和能力又不足以支持两个团队分别做两个不同的目标，当时就做了一个决定：我们还是分开，做教育创新的就干脆努力地推行教育创新的目标；做乡村教育的我们，还是愿意沉在乡村里面去探索我们如何更深一层、更大规模地推进和改变。2016 年 9 月份之后，我们这边的团队专心于推动弱势群体的教育公平。

——陈丹，2018 - 09 - 14

3. 继任者：陈丹的故事

这种价值观的差异在安猪和他的继任者陈丹身上体现得最为明显。

2014 年，36 岁的陈丹加入一公斤盒子。她之前是一家管理咨询公司的合伙人。2006 年，安猪在北京发起“多背一公斤”项目的两年之后，在广州的陈丹也和朋友飞飞一起发起成立了“飞飞助学金”，资助乡村学校的贫困学生。陈丹和飞飞约定要在自己 35 岁这一年全职做公益。

2011 年前后，一公斤盒子诞生的那一年，“飞飞助学金”每年资助 10 所学校、120 个孩子。那几年陈丹在走访乡村学校时，发现很多老师都说想知道城市的老师是怎么上课的，他们想知道怎么提升自己，给孩子们更好的课堂。陈丹却无能为力，她们只能资助学生，而且名额也十分有限。每年审核厚厚的一大沓申请名单都是一个艰难的历程，每个申请者都很困难，却还要从中选出最困难的 120 个，这让作为捐助者的她们感到无力。怎样才能帮助到更多的孩子？

2013 年，陈丹听说了一公斤盒子的项目，发现盒子可以很好地回应走访中老师们提出的需求，这似乎是乡村教育更好的良方。经过一年多的考虑和思想斗争，2014 年 9 月，陈丹决定加入一公斤盒子，并逐步结束咨询公司的运营。陈丹加入之后，负责盒子的业务发展，努力寻找新客户，推荐新的盒子、签单等。

2015 年 6 月，陈丹生下第二个孩子，本想完整地休一年，喂完奶再出来工作，第一年专心陪孩子。可是，11 月中的一天，一公斤盒子的同事忽然跑过来找她，说这一年一公斤盒子的财务情况非常危急，可能撑不下去了，可能等不到她回归，原有的全职团队就要面临解散。

面临这样的状况，陈丹做出了艰难的决定，提前结束产假重新回归团队，从 2016 年 1 月开始复出，一直到孩子一岁半结束母乳喂养，都是一边带着孩子一边工作。直到现在，她仍然面临这些问题：作为母亲要陪伴两个孩子；作为首席执行官需要把大量时间、精力投入一公斤盒子；作为发起人还承担着“飞飞助学金”的一些工作。

这一次的回归，陈丹开始担任 COO（首席运营官）的角色，全面接手一公斤盒子的运营，并用一年的时间，到 2016 年底将一公斤盒子的营收翻了一番，使财务扭亏为盈。陈丹和安猪，或许就代表着盒子内部两种人。一种是像安猪一样，天马行空，充满创意与活力，不满足于朝九晚五的生活，重视创新和打破常规，而轻商务运营。另一种则是冷静的理想主义者，陈丹是其代表。陈丹注重商业模式，注重机构愿景使命之下的战略和年度工作规划的落实，在设计部天马行空的想象之后及时地把团队的思路抓回来。

正如亚历山大·奥斯特瓦德在《价值主张设计》中所指出的，一个创新的点子到大规模地推动问题的改变需要经历三个过程，即问题—解决方案、产品—市场、可持续的商业模式。陈丹也坚信，一个社会创新团队不能只停留在创造一个好的解决方案，而是要探索可持续的商业模式，让这个问题得到大规模的解决。事实上，从 2016 年 9 月到现在，陈丹一直都在做这件事：“厘清一公斤盒子的商业模式并实现它”。

二次创业：从乡村教育与公平出发的涅槃重生

1. 乡村教育洞察 2.0 版

一直以来，安猪都是一公斤盒子的灵魂，他就像一个父亲，在 12 年的时间里用自己全部的心血与热爱浇灌着一公斤盒子的成长。无论如何，安猪走后，留给一公斤盒子的是重新思考存在的意义，是“to be or not to be”的问题。

一公斤盒子的设计概念源于 2010 年前后对于乡村学校需求的洞察，随后的六年当中，乡村教育不管是政策、硬件配套还是老师的构成都有了很大的变化。盒子这样的解决方案依然是乡村的需求吗？2016 年底和 2017 年初，留下来的团队经过内部讨论，决定重启对乡村需求的调研。这一轮调研对大家震动很大，他们看到乡村教育的生态已经和 2011 年有了非常大的变化。主要变化是涌现出了大量积极拥抱创新的乡村教师，他们开始影响周围区域的其他老师走出来学习和尝试；渴望并有力量推动系统而深度的乡村教育变革，并且已经开始出现星星点点的成功案例。

事实上，团队的调研发现，只是单一主题的盒子已经不能满足乡村学校的需求，需要更系统和更有深度的教育解决方案。随后，团队花两年的时间去建立更系统、更完整的课程体系、乡村学校课堂变革计划以及乡村老师成长体系。

2. 盒子“从重到轻”与“从轻到重”

早在“多背一公斤”时期，当时的团队就通过“多背一公斤”网站收集到了许多乡村教师的需求，这成为后来盒子核心竞争力的基础之一。

在此背景下，2011 年提出了“一公斤盒子”的产品概念，后面的几年间逐步地把这套研发流程变得成熟。盒子在 2011 年到 2014 年做的解决方案，是一个“从重到轻”的过程。最开始的时候，设计人员做了一套美术创作的课程，有 36 节课，是按照可以满足一个学校一学年两个学期 18 节课排的。但后来他们发现那个盒子的使用效果不好，发下去的盒子闲置率非常高，因为老师不愿意去做这么多的事情。所以后来主题盒子设计开始向轻量化转变，变成零食盒子、地震盒子等，这些是一个个短平快的主题，老师花三节小课，或者是讲一次两节课连在一起的大课就能搞完。这种轻量级的创新尝试，老师不会觉得有压力，非常愿意参与。这是当时乡村老师和乡村教育，也就是乡村学校的真实写照。

作为简单易用的工具化教学包，盒子很容易大规模推广。其成本较低，老师们可以立即学会如何使用。同时经过多年实践验证，盒子不只是提供教案，很多时候对于乡村教师的意义在于提供新的教学方法。因此，盒子在乡村教育市场上名声大噪背后的核心竞争力是对乡村教育的洞察力和创新性的产品设计能力，它很好地适应了中国乡村教育情境。盒子的探索，其独特的意义在于，提供了一种相对低成本、可大规模推广的、效果显著的乡村教育解决思路。

但是，到了 2017 年，乡村教育情况和原来已经大有不同。

> 2017 年到 2019 年期间，我们发现，可能因为教育公益多年的培育，全中国涌现了大量的非常优秀的乡村老师，像这种单一主题的盒子已经不能满足他们了，他们能够去做一整个学期的这样的一个改变。也正因为这样，我们实际上从 2016 年底到现在，有一个“从轻到重”的过程。
>
> ——陈丹，2019 - 05 - 14

什么是“从轻到重”呢？就是一公斤盒子开始系统化，开始去做一整个学期的这种排课表，包括阅读推动计划、“百所村小的创新课堂”等深度项目。换言之，一公斤盒子基于对乡村教育的2.0版本的洞察，改变了产品的体系，从单一主题开始过渡到系列课程，老师的实施也是从一两个盒子开始，到一个学期的排课，盒子因此得以进入校本课①。

其中最为经典的一个例子来自甘肃的张宝老师。张老师是甘肃武威四坝的一名乡村老师，他所在的学区之前有另一家公益机构阳光书屋的持续支持。2014年，经阳光书屋的推荐，张宝老师开始尝试利用一公斤盒子这个教学工具，组织开展乡村特色的主题式阅读探索活动。他让学生在主题阅读的基础上，成立探索小组，引导学生关注、探索和研究农村周边的自然资源，将学习内容和自然结合起来，进行深度整合。因为非常认可一公斤盒子这样的课堂创新形式，2015年张宝老师主动提出申请，希望所在学校成为一公斤盒子的实验学校，在学校各个年级全面引入盒子课堂。2016年，四坝学区的六所学校都把一公斤盒子课堂引入学校的校本课，并有专门的盒子课教研组。

张宝老师的成长历程和甘肃四坝学区的盒子校本化历程，给一公斤盒子提供了非常好的乡村学校深度教育变革的样本。

3. 曙光初现：从产品到项目

事实上，2016年9月之后，当一公斤盒子决定开始专注于乡村的时候，它开始跟整个行业交流，一公斤盒子在整个行业到底最可贵的东西是什么？一公斤盒子在整个行业当中到底定位的角色是什么？

社会企业，思考的问题不仅是盈利模式，更是如何解决社会问题。对于一公斤盒子来说，就是如何推动教育公平，这就需要建立持续的项

① 校本课，又称校本课程（school-based curriculum），即以学校为本位、由学校自己确定的课程，它与国家课程、地方课程相对应。校本课程的开发，给教师提出了极具挑战性的问题。

目反馈机制。早期设计的盒子作为创新产品被众多企业、基金会和支教大学生买下来，流转在大大小小的乡村学校里，但盒子团队没有持续跟踪盒子的使用情况。对盒子发放后有没有被使用、老师们怎么用的、用得好不好等，没有系统的使用反馈数据。

2017 年初，新团队花了几个月与乡村老师交流，做行业拜访，然后做了两件比较大的事。第一件事是开始真正去做项目。乡村教育的改变不能只靠设计一堆盒子，需要有持续的项目思路。而且，团队也决定将机构的方向从原来的“为乡村学校设计好的课程”转型为“让好的教育在乡村发生”。

相对于原来纯粹的产品设计和销售，一公斤盒子团队开始探索围绕盒子课程自己做项目。每个项目都会有合作学校的招募和筛选、盒子课程的开课计划、项目人员的实地走访和课堂观察，还有每个学期末参与学校的使用反馈。对于学生而言，是否学到了知识，是否改变了学生学习的意识、方法和行为？对于老师而言，通过使用盒子让学生受益，那么盒子对于老师来讲是否好用，能否节省老师备课时间，启发教学思维，提升教学能力？还有，乡村老师下一步的需求是什么？等等。每一个项目的走访和反馈都可以体现在盒子的更新迭代上，从而每次都离教育公平更进一步。

基于甘肃四坝学区的经验，一公斤盒子在 2018 年推出了盒子的深度实验项目“百所村小的创新课堂”，开始建立片区深度发展的策略：1 个种子教师加入——1 个学校引入更多盒子课——盒子成为校本课——周边学校开始引入盒子课堂。

2018 年 8 月，一公斤盒子对“百所村小的创新课堂”项目进行了评估。在项目第一批的 20 所乡村学校中，一公斤盒子对校长、老师进行了调研。调研发现，第一期“百所村小的创新课堂”项目使用盒子总课时数达到 438 课时，涉及 93 名教师，覆盖 2 278 名学生；学校使用最多的是阅读盒子，而老师们票选出最受欢迎的则是阅读盒子和创作盒子，得票最多的理由是学生参与度高。同时，老师们在使用盒子时遇到的主要问题包括：教学时间分配问题，一节课时间常常不够用；配套资源问题，常常缺乏相关图书；小组活动展开问题，不知道如何引导学生以小组形式活动。并且，有85.7%的老师非常愿意下学期继续使用盒子。

——一公斤盒子公众号，2018-08-06

经过一轮一轮的项目闭环，盒子团队对于用户的画像越来越清晰准确，产品体系得到及时的迭代和优化，同时，盒子团队也探索出一套相对完善的盒子课堂实施的项目支持模式，包括学校筛选机制、乡村教师的盒子使用支持、教师社群运营、走访督导流程等。这更加坚定了团队做“项目+产品”模式的信心，并开始思考如何将这套项目支持的模式向区域NGO伙伴复制推广。

事实上，四坝学区的成功也离不开当地NGO伙伴阳光书屋的努力。乡村老师的教育创新意愿和方法同样重要。一公斤盒子很好地解决了好的教育理念、简单易用的工具方法的问题，可是如果不能激发老师的创新意愿，改变依然不会发生。从2014年的尝试到2017年的片区联动，这当中的每一步都离不开阳光书屋的深度在地陪伴。

因此，从2017年开始，一公斤盒子广泛地与全国的教育公益机构伙伴建立合作，建立了一张广阔的在地NGO伙伴网络，一公斤盒子的创新课程和“教师成长培训+在地机构的深度陪伴”，合力推动教育变革在乡村更快、更深度地发生。

4. 再定位：“让好的教育在乡村发生”

2017年全年，陈丹带着新的团队持续梳理企业的使命、愿景、价值观。2017年年底的大会上，团队对一公斤盒子的乡村教育认知进行了讨论，认为一公斤盒子的目的是推动教育公平，基于此，陈丹他们对“好的教育”进行了定位，认为它指的是“每个孩子内心富足，对世界充满好奇，拥有终身学习和解决问题的能力”。

也同样是在这次会议上，一公斤盒子理顺了它的价值观：公平、创新、协作。

教育公平被放在第一位；其次是创新，这也是一公斤盒子的基因；最后是协作，它强调团队与开放，不仅是团队内部协作，更是要与中国的教育公益机构一起推动提升教育公平。此次会议，陈丹他们也将一公斤盒子的使命定为：“和每个渴望改变的乡村老师一起，为孩子创造好的教育！”

在此使命之下，一公斤盒子提供的核心价值是针对弱势儿童的教育解决方案，从而帮助乡村老师更轻松地创造好的教育。具体来说，这一解决方案包括主题盒子、共创系列课程和教师支持三方面。

这是一公斤盒子发展多年以来第一次真正思考清楚自己的核心使命与价值观，从此坚定了自己的发展道路。同时，基于价值观，一公斤盒子认为“项目＋产品”带来的盈利只是养活一公斤盒子的途径，只是一公斤盒子促进教育公平的解决方案。在优先度上，一公斤盒子的商业目标永远不会超过社会目标，孰为本孰为末，分得很清楚。

5. 基于精益画布的商业模式

一公斤盒子在过去的发展历程当中，另外一个主要问题是，较多地考虑社会性的目标，即怎样以创新的方式去解决教育问题，而对企业目标关注较少，突出表现为对业务发展的不重视。这好比是一个跷跷板，之前比较重的是社会性目标，商业推广则因太轻而无法落地。商业目标与社会目标的冲突也是社会企业普遍面临的问题。

陈丹开始以她在管理咨询公司的商业经验来思考一公斤盒子作为一家企业的市场竞争力，特别是用精益画布的理论与框架来梳理一公斤盒子的运营模式。这是陈丹和团队做的第二件大事。

在核心竞争力方面，自一公斤盒子创立以来，盒子竞争力在两方面得到不断强化，一是对乡村教育的理解，二是创新性的设计思维，这两点在价值观之争落地之后更加明确。

在业务和盈利模式方面，一公斤盒子对过去几年在公平和创新这双重价值观指导下的业务方向进行了梳理，并决心由原来的单纯“卖产品”模式转型到“项目＋产品”模式，全面服务于乡村教育这一主题。除了销售盒子之外，也有围绕主题盒子开展的与企业和基金会的合作。

在组织管理方面，一公斤盒子则做出了新的组织设计以服务于“项目＋产品”的业务模式，包括降低设计研发所占比重，转而确定设计师能力素质发展路径，并将设计工作流程化。

一公斤盒子的核心优势依然是产品设计，在此基础上，机构从产品销售模式转型到“产品＋项目”的模式。一公斤盒子成立了项目部，负责各个主题盒子发放到乡村学校的系统跟踪、督导和反馈。研发设计部与项目部形成问题闭环，首先是问题发现，其次是设计解决方案（主题盒子），再次是围绕盒子使用建立教师培训体系，最后是评估与反馈，并使最后评估反馈结果体现在新一代盒子的设计上。整个过程形成螺旋式的上升，离目标越来越近。

在几年来的产品与市场的实践中，一公斤盒子团队发现，他们设计的盒子产品的使用者是乡村老师，但很多乡村老师实际的情况是愿意使用，但是没有钱付费购买，无法成为这个产品的客户。很自然的问题就是，如果想大规模地让学生在课堂上使用这些盒子的话，谁能来买单？

一公斤盒子的教育设计师 Linda 在一次分享中说：

> 我们想到了一堆客户，第一个是慈善基金会，第二个是支持教育类项目的 NGO，接下来是教育局，还有就是企业和热心公众，另外还有学校，学校本身有财政拨款。这一切我们全都试过 N 次。

最后发现确实是有一些愿意持续付费的客户，但最主要的是这两个：支持教育类项目的公益基金会和支持相关项目的企业社会责任部。

——Linda，2017 年深圳设计周主题演讲，2017－05－03

相比于 2014—2016 年间的摇摆，一公斤盒子的愿景发生了改变：服务对象变了，服务的项目主体变了，不再是以前既服务乡村也服务城市，将所有教育者作为服务对象，而是变成了聚焦在乡村这样的一个场景。聚焦乡村场景后，用户改变带来的是付费模式发生改变。收费的主体变成了第三方，一公斤盒子主要变成了 to B 的模式，而不是原来的乡村、城市一起做，既有 to B 也有 to C 的模式。因此，整个商业模式也要随之变化。2017 年 11 月，在使命愿景清晰之后，团队完成了盒子精益画布的梳理。

再造盒子：工欲善其事，必先利其器

在一公斤盒子进行乡村再洞察、使命迭代和模式转型的过程中，陈丹和团队也对一公斤盒子曾经的三年发展停滞进行了战术层面的进一步反思——为了支持新的商业模式运转，组织内部也需要变革。以此为原点，他们做了大刀阔斧的改革和再造。这些思考与行动或许也适用于中国其他社会企业的发展。

1. “去中心化”的组织文化重塑与架构调整

任正非曾经在华为 2013 年度干部工作会议的讲话中指出，“让听得见炮声的人来呼唤炮火，让前方组织有责、有权；后方组织赋能及监管”。那么，社会企业是否适合呢？

2014 年陈丹加入之初，一公斤盒子更像是以安猪为核心的团队，机构的发展方向受其个人理想的影响非常大。这也是很多公益组织初创时的状态：因创始人的理想和情怀创立，生存发展高度依赖创始人的个人品牌和资源。同时，团队结构偏向议题解决模式或者说是项目式团队，市场拓展和运营人员严重匮乏。那时团队的长期状态是五人团队中有三个研发设计人员，有一个人负责业务，没有专职的运营和品牌传播人员，也没有人专门负责盒子生产、库存等关键环节的管理。在生存阶段，这样的组织结构能够以比较低的成本活下来，但是进入到发展阶段，这样的架构很难支持一公斤盒子的可持续发展。特别是，随着一公斤盒子的企业文化和业务模式的转变，组织设计也必须随之做出调整。

> 我们很多公益机构的伙伴不愿意做推广和与客户的沟通，他们更喜欢扎在项目上。如果你作为一个项目经理，是可以扎在项目上的，但是你作为机构负责人，首先考虑的是机构生存，其次考虑的是机构发展。我去年带着我们的十几个盒子到处走，我每去一个论坛都是拖着大箱子去布展，去做介绍。我就是勤奋，没有什么秘诀。一公斤盒子的产品够好，我的解决方案也是够好的，对乡村教育的理解也是够的。为什么还没有人来看？就是没有推广，没有让更多需要的人知道它。
>
> ——陈丹，2018－09－14

在陈丹新设计的组织结构中，原来有着大半员工的研发设计部门，现在成为公司三大部门之一，另外两个是项目部和运营部。设计部设计出适合乡村学校的课程解决方案；项目部顾名思义，是为了适应“项目＋产品”的业务模式而生，有三位项目经理来探索这些课程在乡村学校推广落地的支持体系；而运营部则通过业务和传播建立持续的品牌影响力和市场。

不仅如此，陈丹秉承设计思维和共创的精神，对公司治理结构和组织架构进行了调整，这一探索或许值得其他公益机构和社会企业借鉴。

首先，强调了去中心化。2017 年 3 月份，团队反思了不仅是本公司，甚至是整个中国的 NGO、社会企业的共性，认为它们都需要面临一个转型，即最早一批的机构里面基本上都是一人团队，这个人是机构的灵魂，但是，也正因如此，整个机构的战略更多的会是以个人的理想为主。有鉴于此，一公斤盒子当时就决定，要建立一个去中心化的团队（见图 5）。

> 这个架构很有意思，是同事做出来的，你们可以看到我在哪，CEO 在这个左下角是吧？CEO 是跟行政、财务、人事并列的，就是我们四个都是打杂的，这个是我们同事画的。而且是我们几个同事不约而同画的，因为按照我们一般的想象，一画组织架构就是 CEO 在最上面，对吧？一个金字塔，下面分出几个部门。但是我们上一次集体去共创组织架构的时候，我们有好几个同事都把 CEO 放在了下面。我们几个是支撑的角色，可是上面主体是我们的三大部门。所以我觉得可能组织变革，首要的是这种组织架构和整个机构从一个人——这种个人英雄主义的团队转到去中心化的团队，这是一个非常大的变革。
>
> ——陈丹，2019－05－14

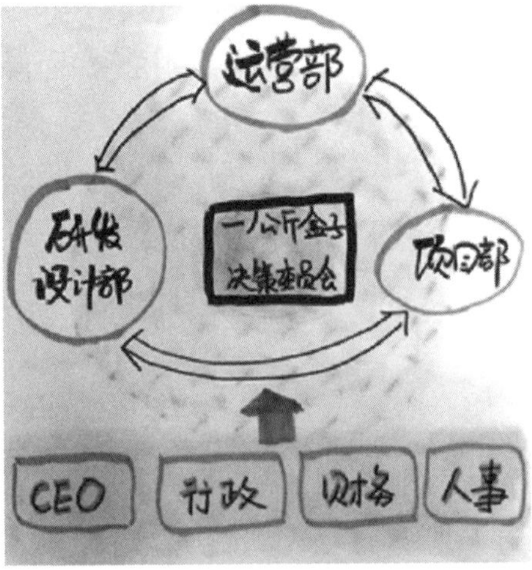

图 5　一公斤盒子组织架构示意

其次，秉承设计思维的精神。也就是用户真正需要什么，一公斤盒子去满足用户需要，而不是 CEO 想做什么，一公斤盒子满足 CEO 的需要，因为一人团队很容易出现的是我个人的理想是什么，我想要去做什么。但是，去中心化的团队，它更多的是机构前端理解到的用户的需求是什么，机构就能调动资源，努力地去围绕它来做解决方案。

最后，是重塑组织文化。变革后的一公斤盒子，强调的应该是大家的一公斤盒子，而不是一个人的一公斤盒子。是所有团队成员，是一群有共同理想的人肩并肩地往前走，而不是一个强有力的领导带着大家往前走，一公斤盒子希望大家都是伙伴，是比较平等的关系。

从实际运作的情况来看，一公斤盒子的中心是决策委员会，它由三个部门共同组成。决策委员会的机制，则是三个月一次的所有全职员工的闭门会，所有三个部门、CEO、行政都参加的大会。通过这个闭门会，一公斤盒子梳理了机构的愿景、使命、价值观、三年规划、年度目标、每个季度的工作计划等。通过这样的会议集体决策之后，各个部门再发挥各自的权限——有哪些事情可以自行决策，有哪些事情需要去集体决策——形成了非常清晰的一整套决策机制。

2. 以用户为核心的设计流程再造

产品设计一直是一公斤盒子的核心竞争优势，在几乎所有的品牌传播上，都要提到一句“专注于乡村教育创新设计的社会企业”。早在2014 年，担任一公斤盒子第一任设计师的长长就开始试图将一公斤盒子设计生产流程固定下来。2017 年初，两位前一公斤盒子设计师 Linda 和豆浆回归一公斤盒子团队，着手重建一公斤盒子的设计团队。经过近半年的努力，原有的设计流程进一步规范和完善，并成为一公斤盒子的持续核心竞争力。钢铁是怎样炼成的呢?

首先，以用户为核心，从用户出发，进行产品设计。一公斤盒子在初期，采用了设计思维，这是由世界知名的设计公司 IDEO 提出来的设计流程。它包括三个步骤：（1）聆听，即从用户身上收集信息，获得灵感；（2）创造，即设计解决方案和制作原型；（3）交付，即将解决方案投放到市场。

几年实践下来，这套流程在两个关键方面改变了一公斤盒子对设计的理解：（1）以用户为中心。从用户（或者客户）需求出发设计产品，而非在办公室里自我想象。（2）速度比完美重要。尽快做出可用的产品（原型），尽快测试和修改。

> 在一公斤盒子的设计部里，我们在设计教育产品的时候，会在三个不同的时间节点与我们的用户接触，分别是：前期调研阶段、产品测试阶段、产品投入使用阶段。
>
> ——林志豪，头牌设计师，2018-04-28

其次，做一个完整的盒子，全程需要大约八个月的时间，这当中包含了教育理念、教育设计和教学方法等许多内容。核心是两个流程：发现问题，设计盒子。发现问题阶段的设计流程如图6所示。

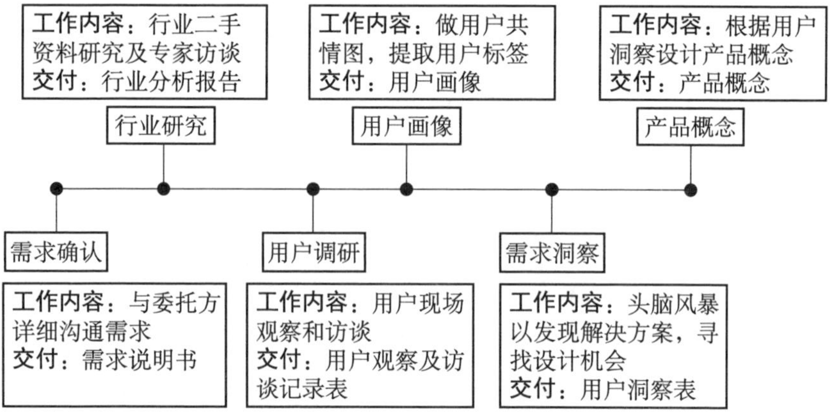

图6　发现问题阶段设计流程

在发现问题阶段，首先要做的是定义真正的问题，以确认需求。如果是内部的设计，就在小组内部进行。以零食盒子为例，为什么要做零食盒子？因为乡村零食问题比较严重。这个判断是基于什么？小组内需要给出依据。小组在定义问题的过程中还要圈定问题的边界，防止变成无法解决的无边界问题。之后是议题的研究，包括行业研究和用户研究。前者主要有二手资料研究和专家访谈，研究这个问题在行业内是什么样的；前人对它的研究到底到了什么样的程度；有多少是已经实施过的解决方案；这些解决方案的优缺点是什么，背景是什么；还有这个行业的专家对这些问题是怎么看的，一些专家的洞察也会纳入需求确认。后者主要有用户观察和用户调研。

在发现问题阶段，形成用户洞察很重要。用户研究正是出于此目的的考量。用户观察要求去实地场景考察，用户调研要求访谈老师与学生以确定需求。之后是用户画像，提取一些关键的标签，并做好用户洞察，确定问题的关键到底是什么。

最后基于用户洞察才开始做解决方案。产品不仅需要考虑怎么符合乡村教师的使用习惯，更要考虑孩子的使用体验。最新的阅读盒子里包含一个 1.98 元的小话筒，但第一版的盒子设计中并没有小话筒。这是因为，在发现问题阶段，团队通过对乡村孩子的调研和观察发现，实现从成人陪伴式的阅读到自主阅读的跨越，需要激发孩子的自主理解。基于此，团队开始进一步考虑如何激发孩子的自主理解，最后，他们在教育设计过程中，决定在写作卡片的任务之后加入分享环节，让不同的孩子分享对同一个问题的看法。但团队在测试优化过程中发现分享环节会遇到很大的困难，因为乡村的孩子会非常紧张，站起来当着众人分享和发言的时候，手不知道如何放。团队进一步思考如何通过产品设计解决这个问题，后来觉得可以找一个道具让孩子在手里拿着，缓解紧张。于是，他们决定增加一个小话筒，成本只要 1.98 元，但效果是显而易见的，不仅缓解了紧张情绪，还提升了自信。乡村的孩子觉得拿话筒的人都是重要的人物，在他们的世界里面，拿话筒的都是电视节目主持人、领导、学校校长。因此，成本仅为 1.98 元的小话筒，极大地推动了原本的设计意图。许多老师反馈，增加小话筒之后，每次分享至少都有七八个孩子举手，效果明显。

设计盒子阶段是结合一公斤盒子的教育理念解决前期发现的问题，实现产品化的过程。其中，不仅有关于教学活动的教育设计，更有对盒子产品自身的设计与视觉材料的设计，经过测试优化后，最终形成成品。

传统的研发活动往往会用很长时间和大量资金秘密做出来一个“完美”的产品，做出来之后才发现大多数没有市场需求。而一公斤盒子几年来坚持的设计思维方法，很好地避免了这种情况。

通常，公司在产品的设计中，总是希望自己设计的产品越完美越好，但这往往会让产品研发速度变慢，并且容易忽略用户的需求。设计思维则倡导不要等到想法完美才去尝试，它鼓励设计团队尽快做出粗糙但可以使用的原型，然后尽快在实际环境中测试，在真实用户的反馈中快速迭代。

一公斤盒子坚持设计思维的快速迭代理念，它先从一个最简单的原型（样品）开始，尝试把关于盒子的想法变成现实。每个原型会经历两轮的用户测试，然后才会开始小规模地投放使用。小规模投放的反馈良好，再面向整个行业大规模推广合作。而在每一年的盒子投放使用中，一公斤盒子也会持续收集用户反馈，持续迭代完善。设计盒子阶段的设计流程如图 7 所示。

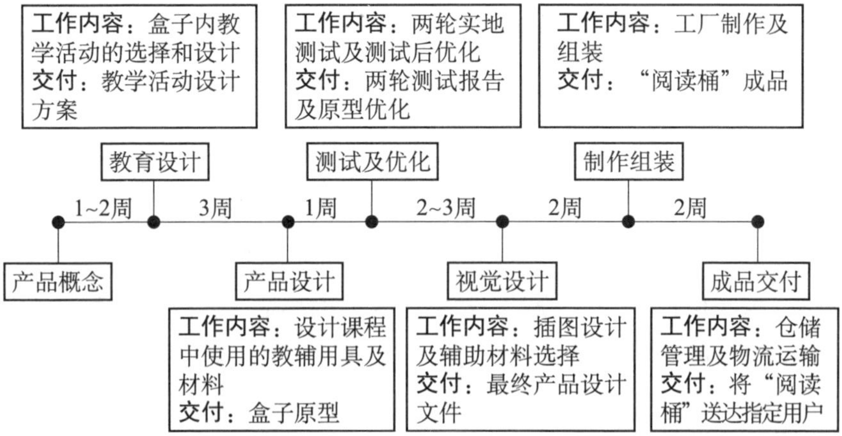

图 7　设计盒子阶段设计流程

3. 把热爱变成专业：打造职业化和高效能团队

2019 年 4 月底，一公斤盒子的决策委员会大会上，有两个价值观是全票通过的，一个是教育公平，一个是专业。长期以来，很多社会企业普遍存在一个难题，就是人员流动性太大，社会企业员工流失困局长期无法破解。一公斤盒子也不例外。

> 我们去年招了四个同事，有两个同事读书去了，其中一个是要读博。剩下还有两个，一个是我们主动辞退的，能力不太合适；另外一个是在工作过程中他觉得这不是他擅长的部分，所以提出来要走。
>
> ——陈丹，2018 - 09 - 14

作为社会企业，一公斤盒子对员工的吸引力一方面在于其解决问题的方式，新颖而有趣；另一方面在于其促进乡村教育的共同理想。但现实是新鲜感通常不长久，靠理想也难以长久驱动员工，并且由于社会企业收入相对不高，员工福利待遇很难比得上商业企业，这也导致了社会企业存在一个普遍问题：员工流动性大。如何留住员工？不仅要靠理想、企业文化，还要靠薪资，因此，从安猪到陈丹，一直在努力提高盈利，努力为同事提供更好的薪酬水平。

陈丹曾经在咨询公司担任企业管理顾问，因此她还更换了思路，尝试从另外一个方面，即通过流程再造和人员成长体系，努力推进整个机构的专业化运营，打造协同、高效能团队。

第一个方面的努力，是大量的 SOP① 工作流程的规划化，包括设计部、项目部和运营部。以项目部为例，将专业的项目管理体系引入到公益项目的标准工作流程，如项目干系人的分析，利用 WBS② 任务树进行任务分解，用甘特图管理项目的任务清单等。

---

① SOP（Standard Operating Procedure）即标准作业程序，就是将某一事件的标准操作步骤和要求以统一的格式描述出来，用来指导和规范日常的工作。

② WBS（Work Breakdown Structure）即工作分解结构，创建 WBS 是把项目按阶段可交付成果将项目工作分解成较小的、更易于管理的组成部分的过程。

第二个方面的努力，是用能力素质模型的底层理论来梳理各个岗位的人才培养体系，特别是核心竞争力人才：教育设计师。这大大加速了机构人才培养的速度，同时岗位素质模型的建立也提高了招聘的质量。2017—2019 年，持续三年一公斤盒子的人员都在快速增长，每年公司会把大量的精力花在全职同事的招聘面试上，对比三年的状况会发现，招聘到的人越来越贴合一公斤盒子团队的特质，因为岗位特质不匹配而离开或辞退的情况也大大降低。

> 这是根据经典的能力素质模型理论做的一个简化版的应用，因为我自己原来是做人才发展的，所以首先把那套体系用在教育设计师的特定岗位上。我们先做岗位的任务库，然后基于岗位任务确定应该具备哪些能力和特质，再基于这些能力确定招聘有哪些基本要求，入职之后每项能力或素质的学习路径是什么。
>
> ——陈丹，2018 - 09 - 14

安猪时期，设计盒子的设计师们是独特的，很难被替代，因此员工的流失带来的阵痛尤其持久，而且设计项目的质量非常依赖于设计师的个人能力。陈丹接手之后，通过专业的工作流程来保证每个岗位角色的胜任，设计不再是个人的天马行空，而是一个设计小组扎实地运用每个流程的专业工具和方法论，通过协作的方式来推进，同时每个关键节点都有交付质量的把控。设计的产品能够保持稳定的平均水准，降低了对设计师个人能力的依赖。同时，为保证核心优势的可持续性和设计的稳定性，一公斤盒子制定了系统的设计师成长计划。设计师培养流程开始成型，包括知识、特质、特定能力和适用能力四个部分，个人特质是设计师招聘标准，其他三个部分则可以在日常工作和实践中进一步培养。

同时，针对具体的设计流程，企业也对设计师在知识、技能和素质等不同方面提出了具体的要求（如表 1 所示）。从发现问题开始，设计师需要了解用户的需求，需要观察、接触，以用户为中心；在概念阶段需要形成盒子的设计内容，需要充分的创造力和想象力，要求设计师具备可视化和讲故事的能力；原型阶段需要具备基本交互设计理论……

表 1 一公斤盒子设计流程及相应设计师能力素质要求

流程	发现	调研	概念	原型	测试及优化	定稿	制作
To Do	针对潜在用户的观察与接触； 确定真实、迫切、广泛的需求； 确定进行设计的可行性	了解相关议题的历史、现状、发展趋势及最佳实践； 发现用户的相关痛点、需求、限制，形成用户洞察； 明确教学目标与评估标准； 发现设计机遇	形成多个教学方法； 筛选出 1 ~ 2 个最佳方案； 设计盒子内容方案； 确认大致预算	快速（紧急）打样确定材料及规格； 可使用原型打样	确定测试对象； 观察及记录使用情况； 形成优化方案并进行优化	完成定制设计文件； 提供采购清单； 将所有采购及制作文件打包； 可能完成 5 ~ 10 个最终原型	确认制作方式及供应商； 完成采购流程； 验收
产出	设计需求提案	调研报告	活动流程及产品概念	可使用原型	测试报告及优化后原型	采购清单及定制设计文件	大批量制作的产品
知识	对潜在用户的处境有基本认知； 对相关议题有基本认知； 涉猎知识面广	以用户为中心的研究方法	现有解决方案以及最佳实践； 儿童发展/教育心理学理论	常用教具材料及交互形式； 基本交互设计理论	课堂观察与评估的方案	产品交互设计	材料选择、基本制作工艺与成本

续表

流程	发现	调研	概念	原型	测试及优化	定稿	制作
技能	发现痛点、需求与机遇； 挖掘现象背后的原因； 对可行性的判断	快速采集及整合信息（一手及二手调研方法）； 找到规律，形成洞察，发现设计机遇； 形成需求调研报告	协调多个利益相关方共创设计工作坊； 讲故事及可视化表达	手工制作； 采购及获取材料； 可视化表达，基础的排版	选择最佳测试对象； 测试报告撰写；从测试反馈形成优化方案	视觉表达及鉴赏，与视觉设计师沟通； 可用性评价； 对外沟通，对内项目经费管理	比价及与供应商协商谈判； 质量控制及验收
特质	放下成见； 好奇、开放、包容； 对相关议题敏感	很强的框架性及逻辑思考能力； 理性； 沟通能力及同理心	创造力、想象力； 迁移能力	果断、高效； 在资源有限时能解决问题	成长型思维； 善于观察与分析； 创造力、想象力	善于管理； 注重细节	善于管理及沟通； 注重细节

第三个方面的努力，是在团队内部力推在线协同和知识管理平台 Tower. im①，强调所有设计与业务活动都要留下痕迹，Tower 也很好地支持项目不同成员之间的高效协同。一公斤盒子逐渐被打造成了一个职业化、高度协同的团队，这一点在业内来说是非常值得借鉴的。

在这一系列的组织变革之下，一公斤盒子原本天马行空的设计变得脚踏实地，设计不再是某个人或某群人的思维狂欢，而是看得见、摸得到的一个个前进的脚印。设计工作的流程化管理带来的是盒子形象与产品的稳定性，即使员工流动性大，也降低了其不可替代性，设计方法并不会随着某个员工的离去而丧失，相反，随着一代代设计师的添砖加瓦，这个体系会越来越进步、完善。

> 用工作流程就列出了他的工作任务，那张表上面是工作任务，下面是技能库。围绕技能库就开始设计他的一些"学习"。这个"学习"是针对个人的学习计划，因为每个人刚刚进来的基础不太一样，所以它不是一个标准的路径。根据每个人目前在技能库中哪些技能是比较强的，哪些技能是比较弱的，规划半年之内你要提升哪些技能，哪些技能是机构本身可以帮你提供的，这种提供是以什么样的方式。比如说我们也会有入职的导师，也会有内部的学习，还有一些外部的学习机会。另外，我会给你提供自学的路径。每个岗位都是按照这样的路径推进。
>
> ——陈丹，2018－09－14

与之配套的是对员工的培训。这不仅仅使员工在业务水平上进一步熟悉与提高，也是设计思维、项目思维的具体体现，还可以用于将盒子的教学方式输出给现场用户，即"教学者"。

2018 年 12 月，加入一公斤盒子已有半年的员工晓华，在山西右玉

① Tower. im 是一款团队协作工具，可以让团队在 Tower. im 里在线讨论、任务指派管理、文件共享、日程安排、查看在线文档。网址是：https：//tower. im/。

给当地的乡村老师做培训。看到老师们对盒子的喜爱，晓华在最后的培训总结里写下了他的思考：

> 建议培训师在这学期剩下的时间里跟进这些老师，用已有的盒子去上上课，同时建立微信群互动。培训师也向老师推荐一些资源，让这些老师能看到其他老师的一些教学案例。有了初步的感知，下学期可以考虑更深入和系统地使用盒子上课。
>
> ——晓华，2018－12

之所以如此，是因为晓华虽然才加入一公斤盒子半年，却已经经历了完整的培训流程。晓华参加的首先是社区培训师计划，去社区讲课，熟悉所有的主题盒子。新进来的员工在培训时还会被分成小组，两个小组互相商量怎么把课上好，同时互相观察彼此的上课效果。除了小组内的学习之外，还有老员工作为导师带领晓华这种新员工，答疑解惑，给予支持。

4. 创育者计划：人人都是教育设计师

设计思维让盒子走出了品牌之路，也让团队更深地理解了教育。

传统教育中的一个核心问题，就是教育往往是建立在一些隐晦的假设上面，其中一个根深蒂固的假设就是对无限权威的假设。但这些假设是真的吗？一个老师真的可以不需要学生的参与就能完成教学的全过程吗？真的可以一个人同时教好语文、数学、美术、音乐吗？

同样，专家们在北京的办公室里编写出来的教材真的适合一群贵州或者云南的乡村学生的学习需求吗？或者，这些教材可以同时适合贵州和上海的学生吗？团队走过的地方越多，和老师及学生交流越多，就越发现这些假设疑点重重。

与此同时，团队也发现乡村老师在用盒子的时候，第一次、第二次还是照着用，到用第三个、第四个盒子的时候，就会有很多天马行空的想象。实际上，中国的乡村差异非常大，但盒子整体而言是一个标准化的产品，很难解决差异性问题，公司用八个月的时间做一套东西，不可能针对特别小众的需求，可是每个地域会有很多自己小的需求。

一公斤盒子2014年就开始尝试，把设计盒子的这套东西共享出来，让乡村的老师们也可以参与设计。“创育者计划”应运而生，它既包括邀请更多的老师和志愿者参与设计，也包括在城市举办开放性设计工作坊，还包括为老师和志愿者设计教学设计工具，帮助他们设计更适合本地环境和本地需求的教学活动。

当然，为了做到这一点，为了更符合中国乡村实际，团队努力让课程设计更简单，并把课程设计工具化，做了一套创育者盒子。陈丹后来提到，她无论去哪个地方培训，培训完以后这个盒子都会被人抢走，没有办法带回去。乡村的校长和老师，都会直接抱走盒子。

张宝老师是第一批创育者，2014年开始加入“创育者计划”，这几年一直在跟着盒子学习，他自己一直非常努力地实践。刚开始的时候，他只用整套的工具跟着做，做出一套不错的教案去实践。到后来，他开始发散地去用，脱离出原有的套路自己创造。“创育者计划”也是希望把盒子的课程设计理念教给老师，让乡村老师基于本地的历史、文化或者孩子的需求，自己动手设计像盒子课程一样生动有趣、自主探索的课程。

在这个过程中，张宝老师先后开发实施的课程包括历史课“匈奴休屠王城探秘”，生物课“玉米”主题式探索学习，科学课“油菜花”以及“家乡传奇”等等。这样的学习方式，打破了现行学科分割，同时也培养了学生对乡土的热爱，增强了学生的综合能力。

> 我是盒子君的老朋友，在乡村学校支教二十余年。我发现孩子们对当地的历史缺乏了解，于是尝试用创育者工具设计了一次“休屠王城”历史探秘课，结合纸质阅读、曲艺感受、户外实践、思考

辩论等形式，让孩子们对历史的热情空前高涨。

——张宝，甘肃武威四坝小学

2017年，张宝老师因为基于地方主题的自主创新，入选第三届“南怀瑾乡村教师”项目获奖教师，这个奖是目前国内专业度非常高的一个乡村教师评选奖项。同年，他获得了桂馨的乡村教师奖。这个奖在教育公益界是公认比较权威的，能拿到这个奖，证明了张老师在乡村的教学创新上有一定水平。

曾经有一位乡村校长生动地把这一过程形容为：

临帖：尝试用盒子上课，开启课堂创新。

读帖：参加盒子培训，了解盒子背后的课程设计理念方法。

自成风格：加入“创育者计划”，用盒子的课程设计方法动手设计自己的课程。

不仅老教师如此，新教师也同样收获颇多。2017年，刚参加工作不久的教师李薇十分迷茫：“我不断在曲折中挣扎前进，没有资源，不知道怎么设计课程，没有可以交流的伙伴……”她将自己的痛苦形容为“懵懂，无人指导，无人问津，脑子里一片迷茫”。2018年1月，李薇在广州参加了一公斤盒子的创育者工作坊，她开始从“封闭的独行侠”转为“开放的共创团”，并对课程设计有了重新认识，也学会了以人为本的设计，生活像是翻开了新的篇章。她说：“感谢一公斤盒子，让我第一次在体验中真正获得了改变自己的内驱力。”

今天的“创育者计划”，历时五年，也在北京、上海、广州、成都、台北等多个城市举办过培训，取得了很好的效果。它已经成为一项面向在地教育者的培养计划：通过一套课程设计工具包（创育者盒子）和教师培训（创育者工作坊），帮助大家快速进入“创育者”角色——在发现当地教育需求时，可以自主设计有趣又高效的创新教学活动，让课堂变得有趣好玩又贴近个性化的当地需求，共同创造更丰富的本地教育。

侯老师是一位中学理科班的语文老师，她说：“创育者活动对我来说是一个可能性。而在学校中，我也在继续践行这种理念，给予学生们更多可能性。”

青草是一家自然教育机构的导师，她说：“工作坊给我触动最大的一点是，它破除了我对什么是好的教育的距离感和恐惧，也为评估目标和过程提供了一个好的标准。”青草还说到，她渐渐开始打开了自己，以前总在想自己能给孩子什么，现在反倒释然了。“教育的过程是双向的，相信孩子自己的学习能力，我们要做的只是如何撬动孩子的兴趣和思考的空间，有效地激发它。”

创育者计划实施的结果是，人人都成了教育设计师，而且，会更带有“本地”特征：适合本地环境、利用本地资源、展现本地知识、解决本地问题。教育的民主性、参与性以及教育公平问题终于有了一个相对较好的解决途径。

通过员工培训和创育者计划，一公斤盒子得以大规模输出其教学理念，并且成本不高。这恰恰是解决中国的乡村教育问题所最需要的。

未来：挑战永无止境

从盒子实际运行情况看，2016 年，陈丹回归后，主抓市场和推广，全年营收是 2015 年的 2 倍；到 2018 年，再次将营收增长到 2016 年的 2 倍。

2018 年年底，一公斤盒子已实现的收入中，12% 来自定制设计及培训收入，42% 来自盒子采购收入，27% 来项目服务采购收入，只有 18% 来自基金会、企业资助及众筹收入。换言之，有 82% 来自项目、销售盒子和设计等收入，盒子也摆脱了 2015 年 33. 8 万元亏损的困扰，实现了企业的盈利和自我造血。特别值得一提的是，2016 年以来，盒子在转型中主动做了三次产品的大降价，覆盖一个班的盒子从原来的408元，降到128元，实现了以原来1.3倍左右的成本覆盖约2.7倍的人群。

一公斤盒子团队人数也从转型之初的2名全职人员、1名实习生，增长到2018年末的9名全职人员、5名实习生。影响力数据则从2016年开始每年持续倍增，影响学生人数从2016年的3.74万人增长到2018年的11.29万人，而且2018年启动深度支持学校的模式，每个学校覆盖的班级数大幅增长，单个学生获得的课时数也从单个盒子的3～4课时增长至8～24课时。同时，考虑到在这三年中运营优化，盒子的主动降价，以及将小组盒子优化为班级盒子，2018年的2倍营收之下实现了3倍学生人数的覆盖；再考虑到单个学生课时数的增长，则2018年全年课时数的增长是2016年的6～9倍。一公斤盒子运营及影响力基本情况如表2所示。

表2　一公斤盒子运营及影响力基本情况

<table>
<tr><th rowspan="2">年份</th><th colspan="2">团队人数（年末数）</th><th rowspan="2">全年营收（元）</th><th colspan="3">影响力数据</th><th rowspan="2">备注</th></tr>
<tr><th>全职</th><th>实习生</th><th>学生人数</th><th>老师/志愿者</th><th>学校</th></tr>
<tr><td>2015</td><td></td><td></td><td>515 887</td><td colspan="3">口径不一致①</td><td>年亏损338 150.58元</td></tr>
<tr><td>2016</td><td>2</td><td>2</td><td>955 859</td><td>37 436</td><td>870</td><td>729</td><td></td></tr>
<tr><td>2017</td><td>6</td><td>3</td><td>1 052 067</td><td>75 256</td><td>7 276</td><td>834</td><td>新增300支大学生支教团队，志愿者人数增长较大</td></tr>
<tr><td>2018</td><td>9</td><td>5</td><td>2 156 457</td><td>112 887</td><td>6 450</td><td>1 412</td><td>大学生支教规模减少到1/3，乡村教师人数增长3倍</td></tr>
</table>

一公斤盒子的二次创业和转型可谓初见成效，但未来仍充满挑战。

① 2011—2015年是以课时数来统计，口径不一致，无法比较。

公司的章程明确写到：永不分红。陈丹认为这是坚持社会企业目标的前提，盒子的初心是推动弱势群体，促进教育公平。产品和项目并行的业务线下的盈利，也是继续用来养活员工以及加大研发投入的。但永不分红也会带来成长中的问题，比如在引入股东的时候，会遇到很实际的问题，即由于不分红，只能作为盒子的顾问，而无法获得其他报酬，潜在股东或许会望而却步。没有资金支持，如何快速扩大规模、扩大影响?

一公斤盒子的业务问题主要在于两个方面，一方面是如何深度推进单一学校的教育变革，另一方面是如何实现规模化，在广度上扩大一公斤盒子的影响力。以一公斤盒子现有资源和能力，对轻项目能够广泛铺开；但对于重项目，必须投入更多的时间、精力与资源，发展速度势必会放缓。深度项目肯定投入产出是不成正比的，它要投入大量的精力，收入无法覆盖成本。但它可能又是更有价值的。截至 2019 年 4 月，“百所”项目已支持 50 所学校，进度走完一半。

未来，不仅是在一公斤盒子，而且可能在中国也会涌现出更多更年轻的公益人，不仅是靠情怀，而且也靠这种专业的管理、专业的运营去做机构。从中心化到去中心化，从个人英雄主义到集体智慧，从个人理想情怀到专业化与知识管理，这个变革过程，这种整体思路，对社会企业行业可能也有深远的借鉴意义。

（王强　占烁　徐京悦　王建英）

北伟点评

一公斤盒子的公益性：北师大陶传进老师把公益大致分为五类，分别是散财式慈善、流程化公共服务、社会服务、社会治理、社会体制创新。这五种公益从复杂程度和影响力的角度有逐渐复杂和递增的关系，当然不能就此评判说一种形式的公益高于另一种形式，只是做善事的角度不同而已，都在促进社会更美好。如图 8、图 9 所示：

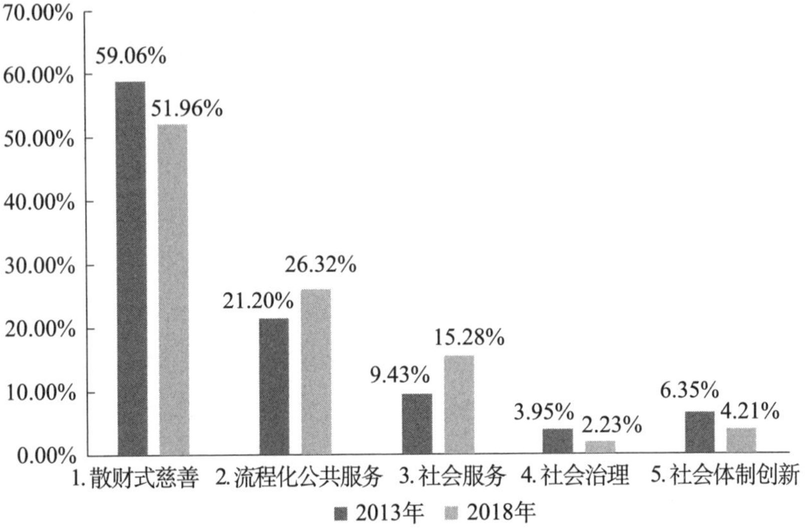

图 8　不同类型公益组织构成变化

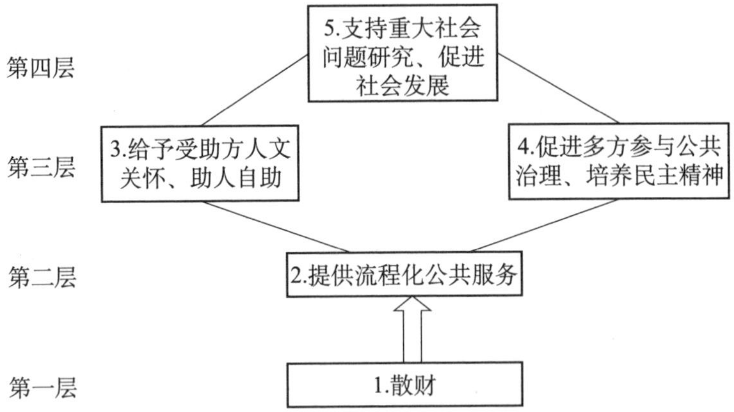

图 9　不同类型公益组织贡献层次

借用陶老师的方法论，可以看清楚一公斤盒子的公益性。从安猪到陈丹，从"多背一公斤"到一公斤盒子的"从重到轻""从轻到重"的演变，非常典型的是从散财式慈善"多背一公斤"过渡到流程式的公共服务"设计一个盒子"。而陈丹二次出发之后的“产品 + 项目”形式在“创育者计划”上的尝试，则显示了他们进一步转向社会服务慈善形式的努力，代表属性是助人自助，促进乡村教育的发展。我在 2015 年去转梅里雪山时去过雨崩村，即使在十几年后的今天，那里还要步行或骑骡子进出 18 里山路，可以想见安猪 2004 年初见雨崩村孩子们教育现状时的震撼与初心。所以，从社会企业的社会属性的角度考察，一公斤盒子从创始人到继任者都有非常强的公益性。

那么一公斤盒子的企业性是怎样的呢？由于现任 CEO 陈丹的管理咨询公司工作背景，一公斤盒子具有“内部的、技术层面的”企业性。这表现在“去中心化”的组织架构调整，应对人员高流动性的流程化的产品设计和人才管理，组织战略梳理和定位过程，以及产品设计用户需求导向和互动参与迭代等方面。可以说，从 CEO 思维、组织战略、公司文化、人才管理、流程设计、产品设计多个方面，一公斤盒子都显示了企业性。但这种企业性似乎缺乏一个强有力的外部市场刚性需求，市场性比较弱。这使得一公斤盒子究竟是一个公益组织，还是更是一个社会企业，究竟未来怎么发展，还值得商榷。

从收入构成上分析，以 2018 年为例，一公斤盒子 12% 的设计收入是纯市场化的，42% 的盒子销售收入主要是中国青少年发展基金会等大型公益组织采购，27% 的盒子加项目服务销售主要是肯德基等大型企业 CSR 采购，另外 18% 是基金会等捐赠收入。一公斤盒子高度依赖公益性购买，而不是使用者学校和教育局采购。这一方面显示出一公斤盒子有非常强的公益影响力，但从另一方面也反映出其对大客户的依赖和所隐藏的风险，以及市场可持续性较弱。从社会企业的企业性考察，有疑问。

教育市场是一个特殊市场，如果我们还可以称之为市场的话。“教育市场化”本身就具有争议性，在教育行业做社会企业，就继承了这种争议性，教育市场化的边界在什么地方？只能是部分，是义务教育、公共教育的一部分补充。但是是哪部分呢？从需求方面看，农村教育的真正需求是什么？应试教育还是素质教育，或是如何平衡这两者之间的关系？谁定义和提供素质教育？素质教育的标准和权威何在？如果给乡村提供素质教育或任何教学内容，是从教育公平的角度进入，那就有一个和谁对标的问题。如果是和城市的教育对标，那是不是照搬或绝大部分借鉴使用了经过城市学校检验的教学呢（较少的创新内容，更多借鉴，重点在公平）？如果不是照搬，而另行设计的针对乡村的教学内容和工具，并没有在城市实行过，那这套东西，是不是更多的是以乡村孩子为实验田的教育创新尝试，而不是教育公平呢？即使是基于乡村老师和孩子的调查而了解的需求，也未必是教育公平的需求。因为乡村的孩子和老师所"知道"的需求本身也有局限性，他们"不知道他们不知道"的需求。

教育市场的特殊性还表现在供给方面。由于义务教育是国家的义务，所以政府是教育市场的最重要的供给方。随着经济和社会的发展，政府所提供的教育内容会逐渐深入和触及更多的乡村和领域，不仅包括应试教育，也包括素质教育，这就会形成教育市场上巨大的"国进民退"替代效应和挤出效应。另一个教育"供给方"是乡村教师群体本身。随着越来越多的高素质、有学习能力的师范生群体进入乡村教育，他们本身的教学教研能力也越来越高，对一公斤盒子的需求也会变化，在某种程度上对一公斤盒子的产品和服务有替代性（substitution and cannibalization）。这种乡村教师的替代性在一公斤盒子的产品变化中也有所反映，"从重到轻"的盒子不再被需要，因为其中很多的内容这些乡村老师自己就会，他们自己可以提供给学生，他们需要的是"从轻到重"的有系统化内容的盒子。

一公斤盒子的未来之路，注定颠簸，其在规模化上面临挑战。这既和教育公平还是教育创新的路径选择有关，也和是偏于公益运营还是偏于社会企业运营有关；同时，由于教育市场的特殊性，还会受到来自政府供给和教师群体素质提高的供给的双重挤压。

小而美的公益，也会改变很多农村孩子的人生。一公斤盒子管理团队非常优秀，他们应该可以在乡村校本教育内容提供商这个垂直市场有所作为，通过其专业而创新的设计思维产品工具包和公益服务项目配套，不断在"国进民退"的趋势下去寻找偏远困难的乡村学校，满足其真正的教育上的刚性需求，实现致力乡村教育公平的初心，而不是回应各种公益组织公益采购的支教上的公益需求。

参考文献

1. 何安安，李妍．"怎么读"如何让孩子有效阅读．新京报，2019－06－01.

2. 百所村小的创新课堂．支付宝公益平台，2019－04－15. https：//love. alipay. com/donate/itemDetail. htm？name＝2019041516220599841.

3. 南充市顺庆区人民政府办公室．"一公斤盒子"进校园 丰富乡村孩子课堂．

(2018－12－06). http：//m. shunqing. gov. cn/t/77347. html.

4. 爱随心行公益助学团，爱随心行丨走进一公斤盒子课堂．(2018－08－03). http：//www. sohu. com/a/245089513_ 609895.

5. 赵秋菊．“一公斤盒子”进课堂　游戏实践助成长．中国报道，2018－04－27. http：//mlcx. chinareports. org. cn/whjy/20180427/14726. html.

6. 卢楠．一公斤盒子联合创始人陈丹：人人都是教育设计师．芥末堆，2017－11－19.

7. 一公斤盒子：小小的盒子，却蕴含改变乡村孩子命运的力量！．(2017－10－24). https：//news. qichacha. com/postnews_ 96ba7206aafe3e3c9522b34adb366c2c. html.

8. 1 公斤重的盒子，却能给孩子们带去整堂课的微笑！．(2017－06－05). http：//www. sohu. com/a/146277799_ 557865.

9. “一公斤盒子”：社会企业推动教育创新．21 世纪经济报道，2016－05－13.

10. 赵莹莹．安猪：快乐公益“一公斤”．人民政协报，2014－08－05. http：//www. rmzxb. com. cn/c/2014－08－05/358785. shtml.

11. 周静雅．从“多背一公斤”到“一公斤盒子”——安猪先生谈公益创新．草根播报，2014－05－21.

12. 何蕊，田卿．“一公斤盒子”的社企创新：用商业方法做公益．信息时报，2014－03－23.

13. 钱林红．“一公斤盒子”山里孩子喜欢．贵州商报，2012－10－09.

14. 陈雪娇．“多背一公斤”安猪：公益创业家的异想世界．社会与公益，2012 (5).

企业资料

一公斤盒子官方微信公众号：

保护豆豆：

儿童性教育的坚定践行者

只要我心中还有一片净土，即使在别人看来寸草不生，在我心中也始终是一尘不染。创业，就要干自己喜爱的事！

——胡佳威

2015 年 1 月 28 日，一家由十数名尚未毕业的大学生组成的儿童性教育机构——无锡保护豆豆科技有限公司（以下简称“保护豆豆”）在无锡市滨湖区市场监督管理局注册成立。这是国内第一家致力于儿童性教育的社会企业。在保护豆豆成立之初，其创始人胡佳威便将公司的愿景确定为“让所有的孩子都有机会获得性教育”，将公司的使命确定为“性教育可以对孩子产生积极的影响”。带着这样美好的愿景和使命，保护豆豆通过线上与线下培训结合的方式分别为性教育讲师、家长以及孩子提供讲师课、家长课和孩子课，并通过微店等渠道销售儿童性教育绘本、玩具、教具、拼图等多种儿童性教育产品。此外，保护豆豆还打造了“保护豆豆”“不羞学堂”“胡佳威”等多个品牌，全网关注人数超过 73 万人，胡佳威本人也成为一个大热的 IP（Intellectual Property，即知识财产）。保护豆豆成立一年左右，李治浩加入公司，和胡佳威一起为儿童性教育孜孜不倦地努力着。2017 年福布斯中国首次推出的 10 个领域 30 岁以下的精英榜单中，保护豆豆的两位联合创始人——胡佳威和李治浩双双上榜，成为“社会企业和教育”领域 33 位精英中的一分子。

尽管胡佳威和李治浩取得了一系列成就，但实际上，在我国“谈性色变”的大环境下，性教育仍属于较为冷门的行业，更遑论儿童性教育。那么，我国的性教育现状究竟如何？保护豆豆又是怎样在曲折中坚定前进呢？

一段往事引发的思考

1. 对“性”无知的童年

看到如今在演讲台上和培训课堂中对性教育侃侃而谈的胡佳威，人们很难联想到他曾经有一段对“性”特别无知的童年。胡佳威出生在浙江衢州的一个农村家庭里，是一名留守儿童。由于家庭性观念的淡薄与无知，胡佳威的姑姑等家人经常会开玩笑地跟小佳威说：“佳威，我给你五毛钱，让我摸一下你的小鸡鸡好不好?”那时候的小佳威并不觉得这样做有何不妥之处，反而自以为找到一种快速赚钱的好方法，以至于后来他一没钱就跑过去跟家人提出同样的要求。这时候的小佳威已经从被动接受“性侵”变为主动接受“性侵”的角色。

后来胡佳威长大了，准备“报复”这件事的始作俑者——他的姑姑。所以，有一次胡佳威故意当着全家人的面，对姑姑的孩子豆豆提出同样的要求。一开始豆豆一口回绝，态度坚定地说：“不可以!”胡佳威对此颇感意外，同时又有些欣喜，因为豆豆至少不像他以前那么傻。但胡佳威接着说：“那我给你一块钱呢?”在遭到第二次拒绝之后，胡佳威继续试探道：“那我给你五块钱呢?”出乎意料的是，这时候豆豆居然答应了，而且后来豆豆还带来另外一个男孩，并说道：“哥哥，你也摸一下他的小鸡鸡，给他五块钱吧。”听到这个要求，胡佳威顿时惊呆了。

2. 我国性教育的缺席

那件事情发生之后，胡佳威反思道：“即使现在家人越来越重视教育，让孩子在学习之余参加乐器、舞蹈等各种培训，但他们对性教育却始终没有重视。”进一步地，胡佳威意识到，像他那样的例子在我国并不鲜见，尤其是农村地区。人们会普遍认为，性是一个很敏感的问题，在家庭教育上，大多数家长对孩子的性教育问题都是轻描淡写，甚至闭口不谈。若孩子追问关于出生的问题，父母就会遮遮掩掩地说：“你长大就懂了。”在学校教育上，有些学校在讲授男生和女生的生理知识时依然会用两间教室把男女生隔开，即使学校敢于尝试进行更开放的性教育，也可能在社会的压力下无疾而终。

家庭、学校、社会不约而同地选择对性教育一味躲避，真的能解决儿童性教育的难题吗？胡佳威认为并非如此。从宏观数据上来看，2014年我国儿童性侵案件为503起，2015年为340起，2016年为433起，3年间共有10 782起相关案件被法院审理。从具体例子来看，在一些论坛上我们还经常可以看到一些人由于小时候没有相关性知识而误陷性游戏，至今无法走出那些事带来的阴影。为此，胡佳威多次表明：“真正的洪水猛兽不是性和性教育，而是我们对性的错误认知。”解决性教育缺席之路的确任重而道远。

从被“忽悠”到坚定创业

1. 被“忽悠”去参加的培训

胡佳威对自身经历的反思，加上他中学阶段对于性的了解、探索比较多，使得他对性教育一直比较感兴趣。但单纯的兴趣还不足以让胡佳威萌发当一名性教育培训讲师的想法，所以刚进大学的胡佳威选择的并不是性教育相关的专业，而是江南大学的王牌专业——食品质量与安全专业。

大一期间，除了忙于学习，胡佳威还加入了学校的一个心理协会，在协会里面当干事，类似于志愿者。有一天，协会工作人员告诉胡佳威学校有一场培训，需要派两个人去参与，但当胡佳威问协会工作人员这个培训是什么主题，协会工作人员并没有明确告诉他，因为他们也担心万一讲是性教育的培训团队，可能就没有人去了。就这样，胡佳威被协会工作人员“忽悠”去参加了培训，去了之后才发现竟然是关于避孕、艾滋病预防和多元性别这类主题的性教育培训，而且主要是为了培养性教育师资，培训方希望参加培训的这群大学生回去之后能给周围的同学开展同伴性教育。在两天的培训过程中，来自南京的一位大四学长作为他们的培训讲师，利用案例让大家讨论，并让大家进行情景扮演、玩卡片游戏等，这些精彩的培训内容和寓教于乐的培训方式，让胡佳威对性教育产生了浓厚的兴趣。

2. 性教育的实践之路

培训完回到学校之后，胡佳威开始依托于社团给身边的大学生做同伴性教育的培训，空余时间也会去学校周边的一些小学、社区，以志愿者的身份联系当地的儿童，给他们上课。

一开始只有胡佳威一个人在做，到 2013 年年底的时候，为了让更多人参与进来，他在网上发布了招募公告，结果招募了 17 个志愿者，大家一起成立了“守护童心”工作室，并申请到一些基金会的支持。胡佳威成立工作室的初心很简单，就是利用大学生的空余时间，专门为周边社区、中小学的儿童、青少年免费讲课，内容涉及生理知识、如何防性侵等。胡佳威常说“性教育就是一堂课，性教育课与其他课程并无本质区别，孩子们需要去学习性知识，需要去上性教育课”。就这样，胡佳威在不知不觉中从事了四年的性教育培训，逐渐从一个性教育的外行变成一个性教育经验较为丰富的培训讲师。

3. 保护豆豆的成立

2015 年，大四在读的胡佳威即将毕业，毕业前他去面试过一家知名的企业，并成功地拿到录用通知。但在面临未来的职业抉择时，胡佳威不愿放弃整个大学四年都在做的性教育，他执着地认为："我就是为性教育而生的。"同时，他敏锐地意识到，在我国，儿童和青少年的性教育一直存在"政府失位"和"市场失灵"的问题。对于政府和学校，由于性教育过于敏感，容易引发负面舆论和从政风险，加之学校有较大的应试压力，所以它们往往不会主动推进性教育工作；对于企业，由于愿意为性教育付费的消费者较少，企业缺少动力去开拓和培育市场，因而我国的性教育长期是一个空白市场。但随着儿童和青少年性侵和堕胎等敏感事件的频繁发生，性教育的需求又迫在眉睫。儿童和青少年需要树立一个正确的、健康的性观念，因此社会需要一个先行者和开拓者去推进儿童和青少年性教育事业的发展。

为此，胡佳威希望能够创业，继续从事别人眼中认为没有前途的性教育工作，为更多孩子讲课、传授正确的性观念。但到底注册一个什么类型的企业呢？一开始胡佳威想注册一家公益组织，但公益组织的注册要求太高，作为大学生的胡佳威没有办法达到。

正在犹豫的时候，胡佳威在北京一场创业分享会上第一次听到了"社会企业"的概念。这个概念使他眼前一亮。胡佳威回忆道："以前我觉得商业就是商业，公益就是公益，这两者并没有结合的可能。但是我看到其他做社会企业的机构在分享它们的故事，我深受启发。"根据社会企业的概念，胡佳威认为，性教育属于公益教育行业，解决的社会问题是儿童难以获得专业、全面的性教育问题，但同时提供性教育服务本身也具有商业属性。如果创办一家社会企业，则可以通过提供培训或者教育服务来促进儿童性教育问题的解决。

决定好要成立一家社会企业后，胡佳威接着思考：这家企业的名字叫什么呢？胡佳威又想起豆豆的一件事情。豆豆生活在城乡接合部，对性方面很好奇，常偷看女生裙底，在老师、家长眼中一直是"坏孩子"。豆豆班上有个女孩提前发育，班上的同学都讥笑、嘲讽她，豆豆很愤怒，甚至不惜以"暴力"维护女孩的尊严。这让胡佳威意识到，性

图 1　保护豆豆标志

教育应该传递的不是一份知识，而是一种积极的态度，展现一种保护生命的力量。于是，他以豆豆的名义，将公司命名为“保护豆豆”。

胡佳威在 2015 年 1 月通过一家基金会获得了 20 万元的初始资金，同时自己投入了部分资金，在“守护童心”工作室的基础上注册了无锡保护豆豆科技有限公司。图 1 为公司标志（Logo）。

4. 打磨产品，坚定信念

2015 年，保护豆豆成立之初，胡佳威便带领几名志愿者去社区活动室给孩子免费上课。为了得到更多的社区资源，他们经常要拿着策划书、课件和其他资料去说服当地的社工或一些公益组织，让这些组织给保护豆豆对接可以上课的社区。同时，他们还会参加一些展会和论坛，分享他们所做的工作。

此外，保护豆豆也积极寻找一些愿意合作的学校，希望能以志愿者的身份免费为孩子们上性教育课，但正如胡佳威说：“我们跟销售员一样打电话，把网上这个片区的所有学校都联系了，打电话过去跟他们说我们这里有（性教育）这样的课程，感兴趣的话可以约时间见面聊。见面的时候我们带着策划书，一所学校一所学校地跑。但即使这样大多数学校还是不愿意。”于是胡佳威意识到，很多学校一谈到性教育，便会下意识因这个话题过于敏感而选择拒绝，所以后来他选择不以“性教育”为名，而是把整个性教育课程分拆成安全教育、身体教育、生命教育、性别教育、青春期教育等课程，这才得到部分学校的允许，得以为孩子们讲课。

通过不断地上免费课，保护豆豆慢慢打磨出属于自己的课程体系。

在公司起步阶段，胡佳威他们只能讲授一节课，也不知道到底该安排哪些内容，后来胡佳威与团队认真研究了性教育的理论和教育方法，以联合国《国际性教育技术指南》为基础开发了包含性文化、性别认知、性生理、家庭认知、防范性暴力等各个方面共约十个课时的课程。比如涉及家庭认知方面，保护豆豆教导孩子们认识不同组成结构的家庭，有爷爷奶奶或外公外婆带孩子的家庭、一个孩子的家庭、两个孩子的家庭、单亲家庭等，这些都是正常的家庭（见图2）。

图2　保护豆豆家庭认知课堂课件展示

胡佳威认为，性教育要区别于互联网上的不健康内容，不能局限于了解男女双方的身体结构和防性侵这种狭义的性教育，而应该是性文化、性结构、性心理并进的广义的教育，否则孩子所认知的“性”是不全面的，不利于孩子树立正确的性价值观。正是在这些信念引导之下，保护豆豆团队从创始之初就坚持自主开发最专业的性教育课程，让孩子接受最系统、最全面的性教育。

5.“恩爱”的合伙人

保护豆豆是胡佳威在毕业前夕创立的，2015 年 7 月，随着毕业季的到来，当初在“守护童心”工作室一起工作的其他 17 位成员也各奔东西，有的去工作，有的出国，没有人选择和胡佳威一起继续创业，这使得保护豆豆创立之初便遇到了人力资源的问题。一个人的保护豆豆如何坚守？

幸运的是，此时胡佳威遇见了他最重要的合伙人——李治浩（见图 3）。李治浩是社会工作专业毕业的上海人，曾在民政系统工作过，帮民政局设计过一些公益类属性的项目，但在做这些项目的过程中，有些事情让他产生了信念崩塌感，他逐渐发现这种由政府主导的自上而下的公益方式并不能很好地解决社会问题。后来李治浩在香港接触到社会企业这个概念，同时他认为“做小池子里的大鱼”比“做大池子里的小鱼”更好，所以，相比养老这些非常普遍的公益项目，李治浩对融合了商业与公益属性而又生机勃勃的性教育项目更感兴趣。于是他在遇到胡佳威之后，两人一拍即合，他也就成为保护豆豆的联合创始人。

图 3　保护豆豆联合创始人胡佳威、李治浩

谈到胡佳威，李治浩总能侃侃而谈：“合作伙伴、投资人都说我们很“恩爱”。他身上有一点特别吸引我——专注。他特别专注，这一点我觉得是我身上特别缺少的品质，他在公司里面只管一件事，只管性教育，只管做产品，别的事他都会交给我。而市场营销、团队的内部建设，这些事情与我过往工作经历相关，也是我自己感兴趣的点。因此，我们俩有着非常好的互补，也形成了比较好的合伙关系。”

对商业模式的上下求索

保护豆豆虽然做着儿童性教育的公益性质事业，但社会企业的属性使得它需要盈利和适当的商业模式才能持续经营和发展。保护豆豆成立之初，胡佳威认为只要认真授课和销售自己研发的性教育课程就能赚钱，但现实并非如此，公司成立第一年的 3 万元收入并非授课或课程销售的收入，而仅仅是来自绘本的众筹收入。

对此，李治浩总结道：“我们想当然地认为只要有这样的课，就有人会付费买单。后来市场给了我们响亮的耳光，根本不存在这回事儿。”因此，如何设计和实现一种可行的商业模式成为摆在胡佳威和李治浩面前的一道难题。

1. B 端、C 端并立：服务公益组织和家长，覆盖更多群体

公司成立初期，保护豆豆和一些母婴群主进行了合作，母婴群主有自己的供货渠道，他们为了卖东西要制造一些话题，保护豆豆和二三十个母婴微商进行了洽谈，最终确定合作的有七八个。这些微商会把母婴群里的客户带给胡佳威，群里的妈妈们会加胡佳威的微信号，实名向胡佳威咨询问题。保护豆豆还会发一些和性教育有关的文章，想要参加微信课程的家长可以关注公众号并在文章下方留言。保护豆豆通过各种渠道聚集了很多听课对象，从 2015 年下半年到 2016 年上半年，保护豆豆在一年内做了 100 场微信授课，一次授课有 40 分钟的讲解和 20 分钟的

答疑，忙碌的时候胡佳威一天要做三到四场。

当时，微信课程的运营成本很低，家长们听课不需要付费，通过这种方式，慢慢地，大家一聊到性教育就知道胡佳威，一有关于性教育的问题就问胡佳威，这样有利于用户行为习惯的养成。互联网的优势就在于，只要课程质量高，家长们就会进行二次传播，这会带来很大的价值。传播之后，那些想要做性教育服务的人或组织愿意去找保护豆豆，他们开口第一句话就是："你们做性教育很多年了，你们是有经验的。"同时他们认为保护豆豆是实名制的，公司的行为是有信誉担保的。

初期针对家长端的课程没有任何收入。由于在2015年还没有知识付费的概念，自媒体变现非常难，保护豆豆希望流量能够变现。胡佳威他们想通过写文章让广告主来投放广告，保护豆豆收取广告费，但是由于规模太小，没有广告主找上门来，这种商业模式并没有成功。

在课程开发完成后，保护豆豆希望能够将自己的性教育课程出售给公益组织。但是有需求的公益组织极少，20家公益组织中只有1家买单，公益机构的财务也紧张，通常只能支付几百元或几千元。向公益组织出售课程的商业模式也行不通。2015年上半年，保护豆豆处于研发和市场推广阶段，几乎没有收入。课程卖不出去使得保护豆豆团队对自己开发的课程产生了怀疑，胡佳威更加下定决心想把课程开发好。

2015年下半年，保护豆豆转变了公司策略，找到壹基金和上海新途社区健康促进社等社会组织寻求合作，共同思考怎样推动培训。保护豆豆希望无论是大学生志愿者还是正式机构都可以获得性价比比较高的师资培训，同时可以去自己的社群里面开展活动。保护豆豆将自己的课程变成咨询服务，服务内容主要是提供儿童性教育课程和相关师资培训。这让保护豆豆看到了可实现的商业模式——向公益组织提供咨询服务，而课程加师资培训才是一个完整的产品。公益组织缺少的不仅仅是专业的性教育课程，还缺少师资培训服务，比如如何让志愿者学会开展性教育课、遇到孩子的问题如何回答等。保护豆豆的课程加师资培训的服务正好能够满足公益组织的需求（见图 4）。后来，保护豆豆也为其他公益组织提供类似的咨询服务。

图 4　培训儿童性教育志愿者

刚开始，师资培训服务形式主要为线下培训，保护豆豆派出培训老师，为公益组织讲解如何备课、上课等。后来公司发现线下培训成本太高，为了节约成本，保护豆豆开始通过“不羞学堂”公众号为全国各地的公益组织和乡村教师开设直播课。线上培训不仅降低了成本，而且传播的范围和影响力也变大了。“不羞学堂”也逐渐地成为保护豆豆对接 B 端（企业端）公益组织的 IP。图 5 为“不羞学堂”标志。

图 5　不羞学堂标志

2016 年，保护豆豆参与了玛丽斯特普的“你我伙伴”项目。“你我伙伴”项目是一个免费的线上性教育支持平台，由玛丽斯特普牵头成立，多家公益组织参与，将免费课程包和网课放在平台上供志愿者和老师学习，人人都能参与性教育，特别是使学校和社会公益组织常规、系统地开展性教育工作。儿童端课程是保护豆豆提供的，青少年课程是玛丽斯特普自己的老师录制的，这就让“你我伙伴”项目网站变成了综合型的资源链接门户网站。

成立初期，保护豆豆针对家长端的微信课程无法获得收入，主要通过向公益组织出售课程和提供咨询服务来获得收入。但是与公益组织争利有悖于胡佳威和李治浩两人的初衷，这种商业模式逐渐变得公益化。对于普通的初创企业来说，公益显然不是重点业务，但保护豆豆一直认真坚持做公益。

保护豆豆目前每年都会参与“99 公益日”① 活动，培训 100 名乡村教师，让这 100 名乡村教师去为乡村的孩子们提供性教育。保护豆豆会通过“99 公益日”的众筹来筹集资金，资金全部用于为乡村教师购买上课使用的工具包，工具包中包括教材、绘本等；之后筛选招募 100 名乡村教师，给他们提供线上师资培训，完成线上任务后颁发机构的证书。保护豆豆会要求乡村教师至少开展两场性教育活动，它才会提供后续的支持。比如保护豆豆曾招募和培训过一名湖南的乡村教师，在接受过保护豆豆的培训和督导后，其已经成为当地有名的性教育老师，当地各个小学都会邀请这位老师去上课。保护豆豆希望有越来越多这样的乡村教师出现，它可以持续地提供免费的培训服务，让更多乡村教师能够正常地面对性教育课，学会上性教育课，这样才能为农村的孩子提供专业的性教育课，培养农村孩子形成正确的性观念。胡佳威和李治浩认为这是保护豆豆作为一家社会企业的责任，公益性质的师资培训虽然会耗费时间精力，但是却有助于实现企业的使命和愿景。图 6 为保护豆豆在

---

① “99 公益日”是由腾讯公益联合数百家公益组织、知名企业、明星名人、顶级创意传播机构共同发起的一年一度全民公益活动。

小学开展性教育活动。

图6　保护豆豆在小学开展性教育活动

2. 发展的困境：培养竞争者与培育市场之间的矛盾

2017 年之前，保护豆豆的主要收入来源是为 B 端设计课程和提供培训。为 B 端服务确实让收入有所增长，2016 年公司因此有了 36 万元的收入。

虽然与“你我伙伴”项目的合作方式在开始时看起来没有太大问题，但是保护豆豆在后来才意识到这会让保护豆豆更难活下来，原因在于：保护豆豆提供了师资培训方面的模板，别的行业可以直接复制，并且它们可以解决最为重要的收费问题。当时保护豆豆给公益机构提供收费服务，只有 20% 的品牌化、规模化的社会组织能够买得起，80% 的机构和个人没有支付能力。玛丽斯特普自身是公益机构，有国外基金会的支持，而且在国内已经做了十多年，更容易拿到基金会的非限定性的资助，这部分资助也会用来回馈用户。如果用商业的打法，保护豆豆的市场会越来越小。

那么，为什么保护豆豆每年还都在和玛丽斯特普合作？李治浩说：“2016 年，我们觉得玛丽斯特普和绿芽基金会一定程度上是我们的竞争对手。但是发展到今天，我们觉得性教育行业太小，目前没有竞争的概念。保护豆豆未来要做的是对 C 端（消费者端）进行服务。我应该盼着玛丽斯特普好，因为它把基础服务搭好之后，消费者知道性教育原来是要有的：有和无是一个过程，好和坏是一个过程。后来我意识到商业和公益的区别就在这里，公益解决的是由无到有的问题，商业解决的是由好到更好的问题。有好和坏的区别时才是保护豆豆体现商业价值的时候。”

从商业的角度来讲，和玛丽斯特普合作是在帮助竞争者；但是从广告的角度而言，玛丽斯特普一年能够服务很多社工，这些社工又可以服务很多家庭，使更多家庭能够意识到性教育的重要性，这对保护豆豆的发展是很有利的。

就在他们想继续按照为公益组织提供培训和咨询这种模式运行下去的时候，2017 年年初发生的一件事让他们决定改变自己的运营模式。那一年，他们培训了广东地区的一个创业者，培训完成之后，这位创业者一边拿着政府的资助，一边按照他们的培训方法开始去向 C 端做收费服务。这样一来，这位创业者的公司和保护豆豆就成为同行业竞争对手。这件事给保护豆豆敲响了警钟，李治浩说：“那时候我们忽然意识到完了，原来培训了那么久，是在培训未来捅我们刀子的竞争者，我们在培养竞争对手。”

所以在 2017 年，保护豆豆重新思考未来要解决的场景是什么。胡佳威和李治浩带领公司团队进行了多次头脑风暴，最终他们发现，中国绝大多数人缺乏性教育特别是儿童缺乏性教育现象的根源在于家长端。青少年的性教育也许可以在学校解决，但学龄前孩子的性教育是在社区端、家庭端。意识到这一点之后，保护豆豆需要立即调整自己的商业模式，聚焦B端无疑会培养更多竞争对手。于是胡佳威他们决定把保护豆豆从面向B端的服务型企业变成面向大众的消费型企业，让保护豆豆在坚持B端盈利的基础上尽可能地实现C端的盈利，并将原来的守护童心公众号暂时停运，转而主要运营保护豆豆的企业号、胡佳威的个人号，在知乎和第三方平台也全部调整为面向C端。

在B端盈利转向C端也盈利的过程中，团队在线下社区服务为主还是线上服务为主这个问题上产生了较大分歧。胡佳威认为，社区服务的确很重要，但前提是得拥有非常好的内部培训体系，例如新东方就拥有完善的内部培训体系；此外，运营一个线下门店需要的成本较高，在家长的付费培训意识未经测试的情况下不一定能运营下去，所以先做轻资产型的互联网产品，使用自媒体的方式跟家长进行接触。就这样，保护豆豆开始探索如何实现面向C端盈利的商业模式。

胡佳威在保护豆豆微信公众号、知乎等平台上发表原创文章，宣传性教育的理念和知识，到2018年积累了约1万名粉丝。同时，在运营公众号的时候，他们发现家长对于孩子性教育的重视程度非常高。在孩子成长过程中，孩子会提出诸多问题，比如男孩和女孩的生理区别、如何去看待自己身体的成长变化，大部分家长对于这些问题不知道如何回答。在阅读过保护豆豆的性教育科普文章后，家长通过保护豆豆加了胡佳威的个人微信，不断向胡佳威咨询问题。胡佳威发现可以通过微信群给家长授课，让家长学会如何对孩子进行性教育，能够让更多孩子获得性教育。

于是，胡佳威和团队不断通过微信群及公众号给家长上课，不仅针对家长做性教育的科普工作，而且着重于对案例的讨论，比如家长咨询后，胡佳威会将有代表性的问题及解决方案发到群里和朋友圈中，供大家讨论和学习。由于案例都是家长们现实生活中遇到的问题，因此案例教学得到了越来越多家长的认可。胡佳威每天在群里发一个案例让家长

图 7　保护豆豆的家长课

们讨论，晚上给出自己的总结和建议，这样的教学切实解决了家长的问题，也使得家长获得了参与感。胡佳威和保护豆豆赢得了家长的口碑。后来，胡佳威尝试开设收费的微信课程，专门为家长解答问题，如图 7 所示。微信课经营一年多后，累计用户数超过 3 万。

最初的几年里，胡佳威并没有打造个人 IP 的意识。胡佳威在微信上不断做咨询的时候，家长们对他个人的了解是远远大于对公众号的了解的，一个具体的老师形象比保护豆豆的企业形象更容易让家长和孩子们接受。于是，胡佳威在无意中形成了个人的 IP。胡佳威在微信上有 3 万名家长好友，在微博、知乎、掌通家园等平台的个人账号也有较高关注度，这使得胡佳威成为一个专业的儿童性教育老师，“胡佳威”成为一个 IP。但是胡佳威发现，保护豆豆公司的发展不能单独依赖胡佳威一个 IP，毕竟胡佳威一个人的时间和精力是有限的，如果需要扩大覆盖范围，需要建设多个 IP。于是，保护豆豆有意识地培养一些周边二阶 IP，团队建立了“章鱼哥”“谢老板”“派大星”等多个 IP，各个 IP 不具体对应某个员工，而只是一个虚拟的老师形象。更多的老师形象使得保护豆豆能够覆盖更多的用户。

但是由于团队人数有限，上课的服务方式需要大量的人力投入，有家长建议胡佳威将课程录成音频后出售来代替微信授课，具体来说就是，课程可以放在“书单”上进行销售，这也是知识付费的概念。

2016 年以前，知识付费并不被大众认可，后来随着知乎、书单等平台的发展，越来越多的人认可了知识付费，保护豆豆也因此受益。

3. 聚焦儿童端：重点开发针对儿童的视频课程

2018 年，保护豆豆有了新的发展方向，并在战略上做出了调整。所有家长课的开发全部暂停，家长端的课程已经解决了有没有的问题，剩下的就是好与不好的问题了。很多家长提出了新的需求，一线城市的家长听了胡佳威的课程，有能力自己教育孩子，但是更多的二、三线城市的家长听了课程后，自己没办法教，这部分家长希望保护豆豆能提供直接给孩子看的内容。

当时整个市场上没有机构做视频化或在线教育化的性教育内容，因此，保护豆豆全力开发视频课。为了节约成本，保护豆豆没有做纯动画式的课程，纯动画的成本很高，要 1 万元/分钟。图 8 为保护豆豆针对孩子推出的孩子课。保护豆豆的动画视频课采用老师讲解和动画相结合的方式，目前已经完成了小学阶段的课程，入园前和青春期的课程还在开发中。小学阶段共有 20 多个视频，每个视频七八分钟，课程能在公众号和小米盒子上观看，一套课程 99 元，小米会收取一定的平台费，对剩下的收入保护豆豆再和制作公司分配。学龄前儿童是保护豆豆的核心用户，这些孩子年龄小，比较单纯，并且没有学业压力，家长们对各种教育问题都会关注。针对这部分用户，团队内部有三个小样：第一个是胡佳威自己讲的视频课程，第二个是用玩偶拍摄的视频，第三个是动画片。保护豆豆正在将 C 端的重心从

图 8　保护豆豆的孩子课

家长端转移到儿童端。

保护豆豆也在洽谈新的融资，投资者希望保护豆豆做配套的书本和视频，只有配套才能够提高性教育课程的价值。但是李治浩认为："对于创业机构来讲，完成比完美更重要，要先把能销售的产品设计出来。绘本的设计成本很低，但是制作成本太高了，一本书的书号是 6 万元，如果现阶段做成套的书，那么成本就是 N 乘以 6 万元。"因此，保护豆豆暂时放弃了绘本的制作。

李治浩说："我们遇到的坑，很多时候不是我们自己主动想通的，就像商业模式的转变，我们一直觉得自己很幸运，我们遇到了很好的时代。这个时代 B 端收费做不下去，就转 C 端，不是我们想转，是正好有竞争伙伴，有知识付费的业态出现了，正好让我们赶上了。"保护豆豆坚持"性启蒙促成积极改变"，又恰好抓住了知识付费的机遇，从最初的 B 端和家长端相结合，逐步将重心转变到孩子身上。图 9 为保护豆豆孩子课视频截图。

图 9　保护豆豆孩子课视频截图

目前保护豆豆微信公众号“豆豆学院”板块的课程可分为家长课、孩子课、绘本馆、讲师课四个部分，如图10所示。其中家长课主要教家长如何给孩子讲性教育；孩子课以动画视频等形式直接教给孩子与性教育相关的知识；绘本馆主要给家长推荐适合0～14岁年龄段的儿童和青少年性教育相关图书；讲师课主要用来培训性教育讲师。保护豆豆在探索商业模式的过程中也在不断完善相关课程。

图10 保护豆豆微信公众号

挑战与坚守

尽管保护豆豆经过多次的商业模式探索之后找到了一定的发展方向，但胡佳威坦承，中国的性教育行业目前仍是“冷冷清清”的状态，行业中还是以公益组织为主，商业机构并未对性教育有过多关注。因此，保护豆豆没有成熟的商业模式和发展方式可以借鉴，在平衡其社会目标和商业目标的道路上仍然荆棘重重。胡佳威和李治浩谈到了其发展中面临着知识产权、人力资源、融资等诸多难题。

1. 知识产权之痛

对于保护豆豆来说，其针对家长和儿童的性教育课程及产品主要为微信群线上授课、动画视频等形式，可能会存在一个家长购课或者仅购买一套视频课程，多个家长和孩子共享的现象，这将不利于公司实现盈利。此外，知识侵权行为也时有发生。李治浩举例说，一位儿童医生在花了99元购买保护豆豆的课程后，穿着白大褂模仿胡佳威的课程内容免费讲性教育，他通过性教育获得流量，通过回答价格为 30 元或 60 元的和儿童疾病相关的问题实现盈利。这种行为迎合了部分家长不愿为性教育付费的心理，挤占了保护豆豆的市场，但遗憾的是，由于相关法律和监管的不完善以及知识付费平台的知识产权难以界定，保护豆豆无法追究这位侵权者的法律责任。

李治浩认为，知识产权问题是目前所有知识付费平台的难题，随着人们对知识付费观念的成熟以及法律法规的完善，知识产权问题频出的状况可能会逐渐好转。在此期间，保护豆豆还要继续探索如何吸引更多的付费用户、如何保护自己的知识产权。

2. 人力资源之乏

谈及人力资源问题，胡佳威和李治浩不无担忧地说，保护豆豆的员工数量很少，目前全职员工只有七人。保护豆豆招人难，留人也难。出现该问题的原因在于：胡佳威是江南大学的毕业生，作为食品系的创业者，江南大学科学院给胡佳威提供了办公场地、租金、政府补贴等好处，于是胡佳威决定创业初期先在无锡扎根。但在无锡扎根导致的招人难等问题很快显现出来，比如保护豆豆需要招聘儿童性教育节目的编导，但无锡的编导人才较少，胡佳威和李治浩在前程无忧等招聘网站上仅花三个小时就能把所有无锡编导的简历看完。再加上保护豆豆对员工与公司的价值观一致性要求较高，因此在招聘员工时需要着重考察员工对性别平等、社会性别等问题的价值观，这在一定程度上增加了招聘的难度。

在无锡招聘难度大，公司难以招到合适的员工，所以保护豆豆也考虑过西安、武汉、成都等城市，但就目前而言，保护豆豆的办公场所仍在无锡，公司也会去武汉、成都等城市进行培训，并且已经在广东注册了一家全资子公司。投资人也建议保护豆豆好好思考如何解决人力资源的问题。

除了招工难等问题外，胡佳威也自问自答了其他一些难题，比如：目前家长和学校对儿童性教育越来越重视，家长也愿意为此付费，可性教育课程为什么仍难以实现商业化呢？他认为，一个重要原因是市场本身缺乏师资。保护豆豆对C端的性教育课程主要是录制音频、视频课程以及微信群线上课程等形式，即使C端家长对于性教育课程的需求量较大，保护豆豆也没有足够的人力和师资去开发更丰富的性教育产品，导致消费者的选择非常有限。目前行业内尚没有任何一项关于性教育讲师的资格认证，培训缺少统一的标准规范，对于性教育师资培训这项业务而言，无疑是个“硬伤”。

3. 外部融资之难

目前，融资是保护豆豆在发展中的一个难题。尽管爱佑慈善基金会、壹基金会、佛山顺德创新创业公益基金会等给了保护豆豆很多支持，2016年保护豆豆还获得韩立在点赞平台上的一笔具有较大社会影响力的投资，但是胡佳威说：“虽然社会对于性教育的认可度和重视度越来越大，但是对于投资机构，特别是纯商业机构而言，它们更看重的是市场有没有较大的变现能力。性教育市场目前没有很清晰的商业模式，所以商业投资机构对性教育行业一直持观望态度。我们直接找商业投资机构也会遇到这样的问题。”

尽管面临的这些问题短时间还无法完全解决，但胡佳威和李治浩坚信，这些难题只会让保护豆豆的发展更有目标性和计划性，未来保护豆豆完全克服这些难题的时候，就是其成为行业标杆之时。正所谓“千磨万击还坚劲，任尔东西南北风”。

4. 对社会使命的坚守

很多社会企业在创业初期使命明确，但在运营过程中由于投资者介入、管理层之间的矛盾、利益相关者的压力等会导致企业的使命发生漂移。胡佳威和李治浩十分明白这一点，他们认为，保护豆豆的使命是“性教育为孩子带来积极改变”，愿景是“让所有的孩子都有机会获得性教育”，虽然保护豆豆在不断探索如何持续盈利，但它始终是一个社会企业。那么，保护豆豆是如何让其愿景和使命不发生漂移呢？

首先，在融资方面，保护豆豆只吸收那些跟企业发展价值观一致的投资人的资金。胡佳威坦言，有些投资人建议保护豆豆制造焦虑，设计一些与性侵这个社会“吸睛”话题相关的课程，让家长感到焦虑，这样他们才会买单。但是胡佳威很忌讳这么做，他认为如果只是和家长、孩子讲要避免性侵，会导致他们认为性是很可怕的东西，说到性就会让孩子联想到性侵、猥亵，这对于整个性教育行业的发展是不利的。因此，这类投资人的资金，保护豆豆是坚决不会吸收的。

其次，在员工招聘方面，胡佳威和李治浩重点寻找与公司价值观相符的人。李治浩说，保护豆豆不仅仅看重应聘者的岗位技能，更看重他们在面试过程中表现出来的价值观。胡佳威会在面试过程中询问如何看待婚前性行为、如何看待同性恋、如何看待多元性取向、如何理解社会性别等问题，看应聘者的价值观是否和团队价值观相符合，只有基本符合，保护豆豆才会考虑录用。

此外，在管理方面，胡佳威和李治浩会在具体细节中强调价值观，以对员工形成潜移默化的影响。最初，保护豆豆的办公区域是分开的，胡佳威和李治浩单独一间，其他员工在一个大开间中一起办公。李治浩后来发现，开会时同事们都死气沉沉的，不发表自己的想法，而是等着老板来讲。公司陷入了恶性循环，即老板说的员工做不到，导致老板很生气，扣员工工资，员工工作积极性持续下降，更加不愿意听从老板的指令。保护豆豆的外部专家顾原建议制定大家都认同的目标，而不能只是老板说了算。这种认可要体现在平时的方方面面，首先就是办公室不能有门。后来，李治浩把办公室的门和墙全部打通，把所有墙壁换成黑板，每周只开一次一小时的会议，其他时间就是员工自己围在黑板那里讨论。这种方法使老板和员工打成一片，大大提高了团队参与度。

最后，在团队文化方面，胡佳威和李治浩会通过诸如小组会议、团建等活动积极向团队成员传递多元、平等、尊重、包容、无伤害这样的价值观，营造沟通的文化。他们还会重点启发团队成员，培养员工对于性教育的认同感，让员工意识到性教育对自己产生了哪些积极的影响和改变，进而意识到性教育对孩子也会产生更大的价值和更大的改变。

5. 成为最大的线上性教育平台

尽管保护豆豆是一家初创企业，但它是性教育行业的开拓者和领先者。其近期主要目标是实现规模化，通过聚焦 C 端，专注儿童性教育视频和课程的开发、教师培训，扩大合作平台的数量，以覆盖更多客户，在三年内成为儿童性教育领域最大的互联网内容供应商，并打造一个具有极大影响力的专业品牌。

正如李治浩所说："对于未来，我们最本质的想法是推动行业的效率。在现阶段我们想要在三年以内让保护豆豆成为互联网上最大的性教育内容供应商。在这个过程中，我们会紧抓两个点。第一是社交媒体，现有经验已经证明了社交媒体对性教育事业的发展是有效率的。第二是在线教育，现在我们的性教育课程诟病很大，说白了就是电子书，它不存在任何教育属性，就是简单复述纸质出版物上的知识。保护豆豆为什么讲在线教育，是因为线下孩子们的课程是有教育属性的，需要有输出、互动、分享等，而这种分享和互动如果放在线上的话，就一定需要搭建视频课堂平台。甚至未来会像 VIPkid 一样做小班化的视频课堂，而不是大班化的视频课堂。"这也是保护豆豆要强调在线教育的原因。保护豆豆未来线上小班化的视频课堂是其发展方向。李治浩还表示："如果开了在线教育的班课，那么师资力量是我们要优先解决的。"保护豆豆希望培养出符合公司性教育价值观的老师。

谈及更长远的目标，胡佳威和李治浩希望保护豆豆未来能够成为最大的线上性教育平台，连接性教育服务供给端和需求端，以推动性教育行业发展，让更多孩子获得性教育。性教育服务供给端，即性教育企业和公益组织，能够在该平台获得定制化的解决方案，比如课程的开发、师资的培训等；性教育需求端，比如政府、学校等，可以找到符合需求的性教育课程，家长也能够学习如何对孩子进行性教育。

这是一个宏伟的理想。保护豆豆在前进过程中虽然道阻且长，但团队依然毫不犹豫，坚定前行，他们身上有一种使命感和理想主义，相信总有一天，长风破浪会有时，直挂云帆济沧海。

（吴武清　李祁恒　张雪　甄伟浩　毛枭）

北伟点评

点评结构：第一层，社会属性—商业模式—创始人；第二层，规模化—创新性—可持续性。

作为一个小型创业公司，胡佳威及其后来加入的伙伴李治浩表现出了很强的企业家精神。他们不断地在调整企业生存路线：从免费到收费，从 to B 到 to C，从面对组织咨询和培训讲师到面对家长和孩子，从线下到线上，从产品到 IP，逐渐寻找公司在市场上的位置。目前来看，保护豆豆在儿童性教育这个垂直市场，有了一定的先发优势和品牌积累。其产品形态的代表“豆豆学院”中的家长课、孩子课、绘本馆、讲师课也初步形成，保护豆豆应该在这个基础上继续深耕。

从商业模式竞争的角度来看，知识付费的个人 IP 可能是其长远发展的经营壁垒。在儿童性教育领域，怎么样传递知识，由谁传递知识，以什么形式传递知识，比性教育知识本身更重要。因为以科学为基础的儿童性教育内容具有共性，很多人可以获得和开发，知识产权属性较弱。强化胡佳威的以网红经济为特征的知识付费商业模式，可能是一条可行的可持续商业模式。

我们亿方公益基金会在2019年资助了两项与性教育有关的研究项目：一项是方刚老师的“儿童青少年性教育工具包研发与推广项目”，它既包括内容开发课件和出版书籍，也包括系统性地批量培训性教育培训师；一项是资助绿芽基金会在清华大学唐昆老师主持下的“乡村儿童性教育现状报告”，从该调研情况来看，乡村儿童性教育仍然是洼地，亟须加强。

方刚老师等业内专家和组织共同努力，正在试图改变中国的性教育意识和生态。虽然这种改变将是一个缓慢的过程，但可以预见，在学校教育体系之外，将会出现一支社会上的民间的专业性教育力量，将会有批量的性教育培训师和创业者出现。从这个角度看，保护豆豆如何独特定位，加强自己的先发优势，这一点很重要。胡佳威的个人IP和有特性、有温度的产品设计形式将是公司的核心竞争力和企业下一步发展的关键。

保护豆豆的长期目标是成为最大的线上性教育平台。这和目前的公司经营方向和逻辑是一致的。但是，建议目前阶段先专注于实现第一步，即先成为线上儿童性教育第一品牌。垂直领域的儿童性教育和全生命阶段的性教育是不同的领域，会面对不同的竞争对手。比如，儿童性教育公司经营的产品可能是儿童性教育绘本；而全面的线上性教育平台则可以经营范围更广的成人性产品。再如，在性别多元化领域，淡蓝网可能会提供更具竞争性的同性恋方面的知识付费产品和相关产品。

从社会属性方面来看，性教育在中国面临多重禁忌。历史文化因素使得性教育在中国的教育体制之内并没有形成显学，从课程设置到教学实践，多数是犹抱琵琶半遮面状态。家庭中的性教育也没有公认的教育标准，很少有家庭开放式地交流有关题目，加之缺乏方法论，从家长到孩子都是自我摸索者多。而互联网时代，各种不平衡和不客观的、良莠不齐的性知识和伪性知识又到处泛滥，有劣币驱逐良币、李鬼打死李逵的现象。这使得通过网络自学成才的渠道也误区甚多，性教育的自我教育质量堪忧。

与此同时，性观念、性知识、性意识本身严重地影响着每个人一生的心理健康、事业成长和家庭幸福。虽然对性教育，尤其是儿童性教育的尺度，社会上不同的流派有所争议，但总体上说，让更多的中国人受到现代的、科学的、全面均衡的性教育，是非常有社会价值的，会促进个人的健康发展，提高家庭的和谐指数，助力社会的和谐发展。所以保护豆豆具有鲜明的社会属性。

此外，能够和愿意为儿童性教育付费的家庭，与实际上急切需求儿童性教育

（安全、社会性别、防性侵等方面）的家庭还有一定的差距。比如，知识付费很少能惠及农村家庭。希望保护豆豆在探索企业盈利的同时，不忘初心，继续为农村用户与某些社区和群体（比如大学生志愿者）提供公益性儿童性教育培训，为培育性教育行业发展贡献力量。

参考文献

1. 静熙. 不再“羞于启齿”的性教育，何时能成为一片蓝海?.（2017－11－22）. http：//www. sohu. com/a/205908046_ 115563.

2. 澎湃新闻. 性教育工作者胡佳威：如何正确地和孩子谈“性”说爱.（2017－03－13）. https：//www. sohu. com/a/128709633_ 260616.

3. 张鑫. “知识变现”：平台有了，盈利模式呢?. 上海证券报，2018-01-30（08）.

4. 张泽钰，年欣. 新媒体时代“知识付费”发展模式探究——以“得到”平台为例.（2019－01－10）. https：//media. people. com. cn/n1/2019/0110/c424556-30515244. html.

企业资料

1. 保护豆豆微信公众号：

2. 不羞学堂微信公众号：buxiuxuetang。

3. 胡佳威微信公众号：hujiaweigege。

无障碍艺途：

从改变认知到价值创造

我们并不希望每个孩子都变成梵高，我们希望的是社会能够接纳他们。

——**苗世明**

2017 年 8 月 29 日，上海艺途公益基金会联合深圳市爱佑未来慈善基金会共同在腾讯公益平台上发起了一场名为“用艺术点亮生命”的线上筹款活动，这也是 2017 年腾讯“99 公益日”的预热活动之一。该活动用 H5（第 5 代 HTML，即第 5 代超文本标记语言）的方式呈现，以“小朋友画廊”的名义展示了 25 个无障碍艺途（World of Art Brut Culture，WABC）学员的 35 幅电子画作（见图 1）。这些学员都属于患有自闭症、脑瘫、唐氏综合征等精神或智力障碍的人群。打开 H5 小程序，微信用户花一元钱就可以购买一幅电子画作，同时也相当于向这个公益项目进行了捐款。

出乎所有人意料的是，仅 7 个小时，就有 580 多万人参与了这个项目，完成了 1 500 万元的筹款目标。[①] 一时间，“小朋友画廊”在微信朋友圈刷了屏，成了大家热议的对象。据统计，在活动期间，共有 3 000 多万人打开了这个 H5 小程序，近 2 亿人参加了网上的讨论，很自然地，这次活动的发起者——WABC 也成为关注的焦点。

但是，热议中也出现了各种质疑的声音。有人说这些画作的作者大多数都是成人，打着“小朋友画廊”的名义募捐有欺诈的嫌隙；有人认为精神和智力障碍人士不可能画出这样的画作，怀疑画作是伪造的，还有人质疑善款的流向。面对这些质疑，WABC 的创始人大苗有些委屈。他解释说，作为一家服务于精神或智力障碍人群八年的机构，

① “小朋友画廊”从 2015 年启动，前两年共募集了 300 多万元，2017 年“99 公益日”是其第三年面向公众募集善款。

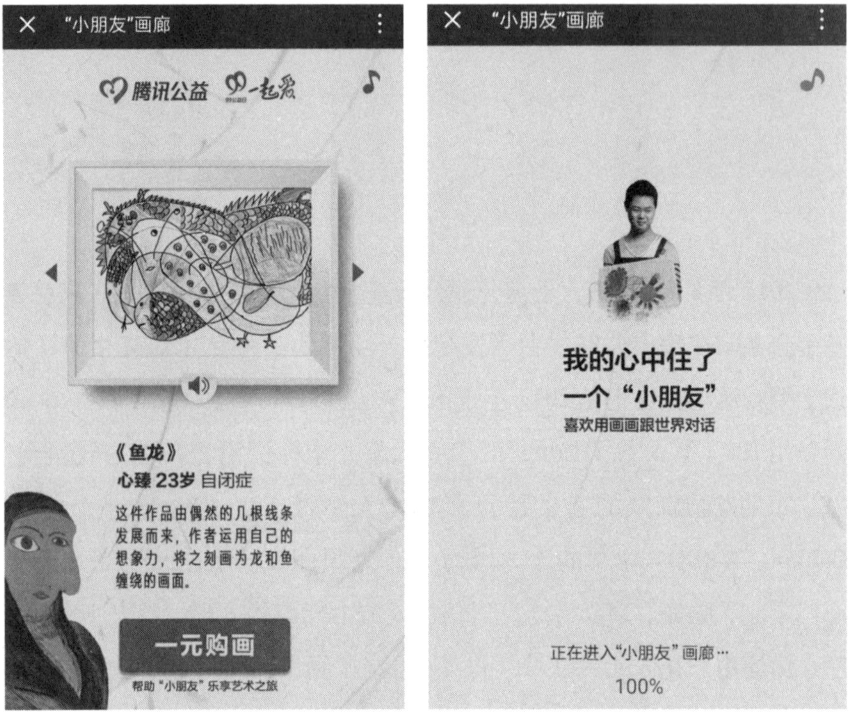

图 1　"小朋友画廊"H5 小程序手机截屏

WABC 的目标不是解决这 25 个孩子的生计问题，因为这不是他们面临的关键问题。

WABC 致力于解决的是特殊人群融入社会难的问题，筹集到的资金将用于为 WABC 的所有学员提供免费艺术疗愈服务，帮助他们提升语言表达能力、注意力以及连贯性思维，帮助他们融入社会。具体来说，这 1 500 万元资金将投入到上课的场所、课程服务、画材画具以及师资培训等方面，具体的用途细则等会在 WABC 的官网上公布，让捐助者清晰地知道每一笔钱的用途。另外，按照规定，善款也不会汇入 WABC 的账号，而是由爱佑未来慈善基金会监管项目执行和资金的使用。不过，在委屈之余，大苗表现出来的更多的是一种兴奋感，他说：

> 大家记得 2014 年上海的大黄鸭吗？2014 年上海世纪公园的大黄鸭吸引了线下 70 万人参观，但有谁知道，这其实就是 WABC 当

时做的一个公益项目？至少这次微信刷屏事件让广大民众重新认识精神和智力障碍人群，开始关注他们了。

“一个巨大的社会问题”

WABC 的创始人大苗出生于 1980 年，是河北邯郸人，全名苗世明。在介绍自己的创业历程时，他往往会从小时候的经历讲起，讲起自己在不和谐的家庭中长大时内心的伤痛，讲到能够给它带来安慰的小鸭子的意外死亡，讲到上幼儿园大班时因为打架被老师关在办公室时画的人生第一幅画，以及由此开启的绘画生涯。他似乎在用这种方式向人们传达他的理念：每个人心里都有表达的愿望，而艺术是一个很好的表达方式，甚至可以起到疗愈的功效。

2007 年，从中央美院油画专业毕业后，大苗进入一所学校教绘画，业余时间参与策划了多次大型艺术展，逐渐成长为一位经验丰富的策展人。2009 年，在“798 双年展”中，大苗负责一个名为“原生艺术①的世界”，又称“WABC 计划”的展览策划工作。该计划是一个实验性的项目，在当时艺术泡沫化的社会背景下，旨在通过让社会边缘人群与艺术接触和结合、创作并展示他们的原生艺术作品，来引导民众思考艺术品的价值何在、什么是艺术家等问题。

大苗最初的设想是找一些下岗工人合作并创作可用于展览的原生艺术品，但很快发现这些人尽管已经下岗，但仍然以不同的方式在社会中谋生，并没有空闲时间参加活动。无奈之下，他只能改变项目最初的设

---

① “原生艺术”一词来自著名的现代艺术家让·杜布菲（Jean Dubuffet）。1945 年，杜布菲应瑞士洛桑市之邀，到瑞士做了一次文化交流。他在行程中参观了好几个精神病医院的美术收藏，精神病人的创作深深地打动了他。回到法国之后，他提出原生艺术（Art Brut）一词。杜布菲认为原生艺术包括各种类型的作品——素描、彩画、刺绣、手塑品、小雕像等，原生艺术的作者通常与职业艺术圈没有关系，没有受过传统技术与文化的影响，通常具有自发性与强烈创造性的特征。

计。幸运的是，在残联的支持下，大苗在位于北京朝阳区亚运村附近的一个社区中找到了14位精神或智力障碍人士，他们中有自闭症患者、有脑瘫患者，也有精神障碍患者。在接下来的一个多月里，大苗带领志愿者为这些精神或智力障碍人士开设了艺术类课程，涉及绘画、摄影、雕塑、建筑等多个方面。

在课堂当中，大苗采用原生艺术的教学模式：首先设定一个绘画主题，或者放一段轻松的音乐，接着做一些引导性的活动鼓励学员发散思维，最后让学员按照自己各自的意愿去进行绘画。在这个过程中，大苗发现这个人群不是人们通常认为的所谓的"疯子"和"傻子"。他们有自己的想法，他们的非语言表达能力非常强，他们在绘画和音乐上往往有独特的感知力。这让大苗既意外又震惊。他说：

> 我好像发现了一个我不太了解的世界，我觉得他们其实是有自己的思想、有自己的态度、有自己的情感（的人）。但是他们竟然被社会误解了，社会把他们当成异类。

除了上课，为了展览的需要，大苗带着摄影师对这14个学员进行了家访，并拍摄纪录片。在家访过程中，大苗意识到这个人群真实地存在于社会中，数量很大，但长期被社会漠视。大苗说：

> 我另外一个感触非常深的是他们是有家庭的、有父母的，虽然有一些没有结婚，但家庭是很完整的，父母是非常爱孩子的，孩子跟父母的关系也很好。只是走出这个家庭，走出这个房子，社区（对他们）还有很大的误解和不接纳。

展览获得了很大的成功，引起了广泛的关注，《中国日报》《中国青年报》等媒体都进行了报道（图2为"798双年展"时大苗的创作团队）。但是大苗认为，尽管展览很有特点、很有创意，但是其背后隐藏的社会问题更值得关注。大苗说：

这是一个很庞大的社会群体，只是由于社会的意识形态、社会关系，他们不好意思或者是被迫地走不出来，这是我当时看到的一个巨大的社会问题。社会、政府、企业、医疗机构对他们关注不够，但是他们还必须得活着，这件事当时对我触动非常大。

图 2 “798 双年展”时大苗的创作团队

发现中国的“梵高”

“798 双年展”后，大苗开始重新思考自己的职业发展。他说：

那时候我在北京有房有车，觉得生活到尽头了，小区里面从幼儿园到大学全部都有，好像人生就过完了。艺术家思维跟正常人思维不一样，正常人觉得总算安定下来了，要好好生活。我们的思维是，这样没意思，这样下去有什么意义？我在每个阶段必须找到一件非常有挑战的事。

这次策划展览的经历，让大苗感到他可以做一些事情，可以陪这些精神或智力障碍人士继续画下去，因为他们会去表达自己的情感，他们不是疯子、傻子，他们有意识，有自己的感受，只是这个社会的所谓正常人听不懂，或者看不懂。大苗说：

> 从那以后，我终于找到了一件自己喜欢做的事，那就是去发现梵高。让他们用艺术去表达，从而让他们的家人、让这个社会认识到他们是有价值的，帮助他们融入社会。

2010 年初，大苗辞去了美术教师的工作，决定全身心投入到精神或智力障碍人群的艺术教育和疗愈工作中。但是，项目在北京的启动并不顺利，这时他想起“798 双年展”时，有记者朋友对他说过，WABC 实际上是一种 NGO，上海有这样的组织，可以把它变为可持续发展机构，他决定去上海发展。2010 年 4 月，大苗只身来到上海。此时，他已经有了较为清晰的创业思路，即首先建立社区站点工作室，招募学员，为他们开设艺术潜能开发课程。在原创作品面世后，社区站点工作室可以通过专题展览、销售衍生品等方式获得收入，并将一部分收入以版税形式返回给残障人士。尽管思路清晰，实际操作起来却并不容易。大苗还清晰地记得自己刚到上海时的情形。他说：

> 初到上海时，我满大街寻找愿意合作的社区，每天吃的不是葱油拌面就是蛋炒饭，出门只能坐公交。每天临睡前都信誓旦旦地告诉自己，明天无论如何也不干了！但第二天醒来，仍然穿梭在上海的大街小巷。

大苗知道，不能靠自己赤手空拳地打拼，必须寻求外部的支持。为此，他找到了上海恩派公益组织发展中心（NPI）。该机构是在上海浦东正式注册的民间非营利组织，从创立伊始，就以“助力社会创新，培育公益人才”为己任，为初创和中小型民间公益组织提供关键性支持。在 NPI 的支持下，大苗招募了近 40 名有精神或智力障碍学员，为他们提供了三个月的艺术潜能开发课程，并产生了首批原生艺术画作。2010

年7月，大苗与上海卢湾区社区服务中心合作，举办了名为“无障碍艺途天生我才”的展览，引起了社会各界的关注（图3为大苗2010年在上海举办“天生我才”展览期间的照片）。

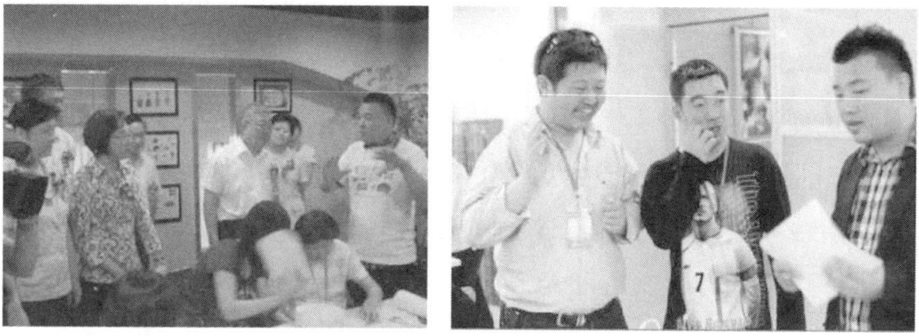

图3　“天生我才”展览期间大苗与民政局领导及学员在一起

2010年8月，在上海市民政局的认可和支持下，大苗注册了名为“上海艺途无障碍工作室”的民办非企业单位，并入驻位于上海市卢湾区的社会创新孵化园。获得了合法身份，大苗如同插上了翅膀，很快组建了机构理事会，并于2010年10月11日在上海金茂大厦的佛律达律师事务所举办了机构正式成立仪式。在成立仪式上，WABC展出了近70幅学员的作品，同时也展示了一些衍生产品。

其后，WABC开始将艺术潜能开发和疗愈服务推广到其他社区。到2010年底，WABC已在上海的四个社区和一个精神卫生中心开展了艺术教育活动，并多次和企业和高校进行合作。也是在这个时期，WABC进一步明确了机构的定位，即“WABC是一个为自闭症、精神障碍或智力障碍患者等特殊人群免费提供艺术课程和艺术疗愈的非营利公益机构”。除了为学员提供艺术潜能开发和艺术疗愈课程外，WABC还举办了多次画展、主题宣传以及社会融合等活动。大苗本人也在各种媒体上频频发声，旨在通过艺术展览和社会倡导等方式，让公众了解精神或智力障碍这一特殊人群的艺术才能，促进社会融合。

开设艺术疗愈课程

艺术疗愈起源于欧美，也被称为艺术治疗（art therapy），最早是心理学领域的一个分支，其奠基人是美国精神病医生玛格丽特·南姆伯格（Margaret Naumburg）。作为弗洛伊德与荣格的追随者，南姆伯格于1915年创立了学校，将艺术融入心理治疗中，为认识潜意识提供了途径。20世纪30年代，南姆伯格明确提出了“艺术治疗”这一概念。在她的推动下，艺术治疗在美国逐渐发展起来。1969年，美国成立了专门的艺术治疗组织——艺术治疗协会。20世纪70年代美国创办了艺术治疗研究生教育，目前有超过30所学校提供艺术治疗的研究生课程。在美国的带动下，英国、法国、加拿大等其他西方发达国家也相继建立了比较完善的艺术治疗体系，艺术治疗方法也广泛应用于教育与心理治疗领域。

相较于欧美，艺术疗愈在中国还是一个非常新鲜的词。2000年前后，艺术疗愈进入中国，但是仅仅作为一个治疗手段为心理咨询与治疗工作服务。许多心理咨询与治疗工作室只是偶尔开设几期艺术治疗课程，独立的、完全以艺术表现形式作为心理咨询与治疗手段的机构非常少见。可以说，在中国，艺术疗愈基本上不为公众所熟知，更不被大众所认可，为精神或智力障碍人群提供艺术疗愈，更是大众闻所未闻的事情。大苗说：

> 我最大的障碍是大众对于这个群体的误解，他们认为精神或智力障碍人群不适合画画，更不可能成为艺术家。（其实）人活着就一定能够表达，最起码可以呼吸吧，呼吸就是一种表达，你把呼吸变成颜色，吹在纸上，不就是作品了嘛……尽管能称得上艺术家的孩子确实很少，但是我看到了艺术给大多数孩子带来了改变。

1. 成立上海工作室

WABC 在上海正式注册后，首先成立了一个上海工作室（见图 4），这是 WABC 的第一个城市公益服务中心，位于上海市黄浦区公益新天地。上海工作室除了担当机构总部的职责外，最主要的是承担社区艺术疗愈服务的工作，即在社区中为精神或智力障碍人士开展以艺术课程为核心的免费课程。为了服务更多的精神或智力障碍人士，除了在工作室所在地开课外，WABC 也与多个社区的“阳光之家”合作，为“阳光之家”的精神或智力障碍人士提供免费课程。①

图 4　WABC 上海工作室实景

① 2005 年，上海市政府将“组织 1 万名智障人士参与培训、康复、简易劳动，提高其日常生活能力和社会适应能力”的“智障人士阳光行动”列为实事项目之一；2007 年又将“完善全市 240 所‘阳光之家’建设，包括建立 50 所接纳轻度智障人士从事非正规就业的‘阳光工场’”列为当年的市政府实事项目。针对智障人士的社会融入的需求，“阳光之家”和“阳光工场”为智障人士提供了教育培训、康复训练、简单劳动、特奥运动、就业支持、家庭教育等综合性服务，为他们参与社会生活创造了条件。

当你踏入上海工作室，绚烂的色彩立刻就会让你有目不暇接之感。正面的墙中央是 WABC 绿意盎然的标志和七个醒目的大字：发现中国的梵高。工作室的墙上挂满了大大小小、风格各异的画作。这些画都是 WABC 学员的作品，大多色彩艳丽，构图异于常人。工作室中央摆放着一张长桌，桌上散乱地堆满了纸笔、颜料等绘画材料。每到周末，这里都会热闹非常，大约会有 40 个学员来此上课。据了解，工作室每周开设四节艺术疗愈课程，以绘画为主，也会有音乐、陶艺以及户外游戏等课程。教授课程的老师大多是专职的，也有部分是兼职。老师们除了具有美术背景之外，通常还需要具备心理学、人类学和脑神经科学的知识，懂得如何与精神或智力障碍人士沟通。

WABC 的艺术疗愈课程很有特色，老师通常首先借助大屏幕给学员介绍一些艺术类的知识，会展示很多图片，让学员有视觉的冲击力和感性的认识。然后老师会设定一个主题，让学员自行选择画材，天马行空地自由发挥。过程中除了必要的引导外，老师不会干预学员的绘画过程。课程进行过程中，经常会有学员从凳子上跳下来围着桌子走来走去，也偶尔会出现学员发出异常声音干扰上课的情况，但是老师们通常比较容忍，课堂既无序又轻松。每次绘画过程结束后都会有一个重要的环节，就是让每个学员给大家讲述自己的画。这个看似简单的环节，给学员们带来的改变是非常明显的，他们因此逐渐学会了表达自己，也获得了自信和荣誉感。

除了上课的学员和老师之外，教室里还会有一些志愿者和家长在现场陪伴。有家长的陪伴，学员们情绪会比较稳定。当学员们逐渐熟悉环境后，WABC 通常会要求家长离开，让志愿者来担当陪伴的角色。这样做的目的是让学员学会接触陌生人，这对他们的成长和融入社会有帮助。

WABC 的志愿者来源广泛，有大学生，也有公司白领，他们通常都是有爱心和社会责任感的人士。WABC 采用线上与线下相结合的方式招募和管理志愿者。线上的方式是在微信公众号上开设招募志愿者的小程序，可以随时接受志愿者报名。目前，WABC 有两个志愿者微信大群，共 1 000 多名志愿者，活动通知发送、志愿者报名、意见反馈、信息交流等基本上都在微信群内完成，也有专门的工作人员来联系和维护志愿者。除了线上日常的沟通和联络外，WABC 每个季度会组织一次轻松愉快的志愿者线下活动，志愿者们可以在此交流感受和经验，也可以在此获得团队的认同感。线下的方式是，WABC 鼓励现有的志愿者推荐更多的志愿者加入 WABC 的大家庭中，或是采取活动现场报名等方式征集志愿者。

除了周末在工作室为孩子们开设艺术疗愈课程外，为了服务更多的精神或智力障碍人群，WABC 还与上海的十几个社区服务中心合作，为社区的精神或智力障碍人群开设免费的艺术潜能开发和艺术疗愈课程。目前 WABC 在上海服务大约 300 名精神或智力障碍人士。图 5 为 WABC 学员的部分作品，但是大苗认为这个规模显然是不够的，距离 WABC 定义的“愿每个人都生活在充满美与爱的世界里”的愿景还有天壤之别。为此，WABC 开始尝试向全国拓展。

2. 建立城市公益艺术中心

从 2011 年起，WABC 开始用自我复制的方式尝试在其他城市建立公益艺术中心。2011 年，第一个上海之外的城市公益艺术中心——北京公益艺术中心正式注册为民间非企业单位，位于朝阳区潘家园的创享空间。由于北京作为首都的特殊地位，北京中心除了开设艺术潜能开发和艺术疗愈课程外，也在宣传和企业融资方面扮演着非常重要的角色。2013 年，上海之外的第二个城市公益中心在杭州正式成立；同年，成都公益中心正式注册成立。至此，WABC 在四个城市直接服务人数达到了 800 名，在教学内容、执行、评估等层面的体系化和标准化方面也取得了较大的进展，创立了名为 1533 的社区项目体系，管理开始进入规

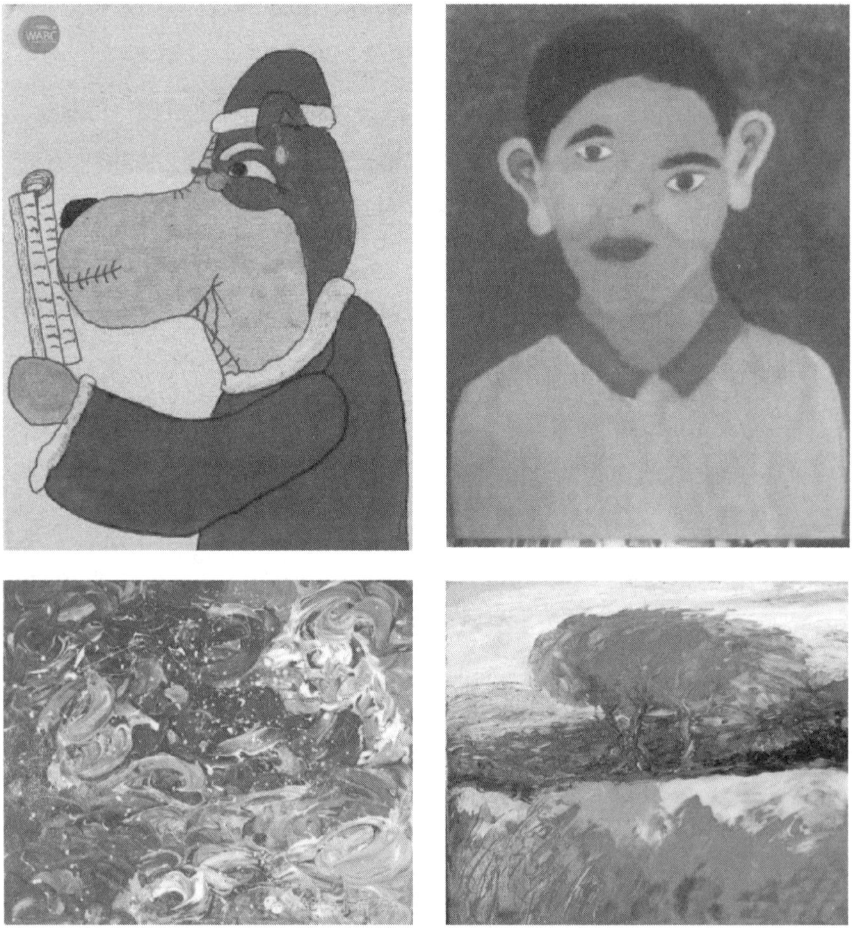

图 5　WABC 学员的部分作品

范化轨道。①

① 2012 年，WABC 为社区艺术教学项目制定了内容、执行、评估各个层面的标准化工作方法，并将其命名为 1533 标准社区项目体系，即“一个整体 + 五项内容 + 三方开放 + 三重保障”的模式。“一个整体”是指要从艺术、心理和社会融入三个领域同步注入力量和行动，继而形成一个有机的整体；“五项内容”包括常规艺术课程、外出交流和学习、家庭参与和沟通、社区特殊艺术展览、优秀作品/学员评奖五项；“三方开放”是指 WABC 用开放式的合作能够保证社区艺术教学项目立足于脑部残障学员及家庭的现实需求，最大限度地发挥项目的自我修正、自我完善能力，同时增强项目的可复制性，为此强调开放社区合作方、开放项目执行主体以及开放项目资金渠道；“三重保障”是指教学体系、评估体系和财务监督体系三重保障。

2015 年广州公益中心发起并落地，其后城市公益中心扩展速度加快。2016 年深圳和西安公益中心成立。2017 年南京、珠海和莆田公益中心成立。2018 年又新增了青岛、苏州、无锡、东莞、南昌、天津、昆明、镇江、乌鲁木齐、新余 10 个城市公益中心。截止到 2018 年底，WABC 累计联合近 50 个社区、学校及医院，为特殊人群提供免费的艺术疗愈服务，直接服务精神或智力障碍人士 4 000 余名。

相对于前 10 个城市公益中心，2018 年新加入的 10 个城市公益中心采用的是合作和加盟的方式。大苗认为，原有的从零开始孵化城市公益中心的方式不适合发展的需要，因为每个城市公益中心都需要场地、员工，还需要总部对员工进行管理和培训，在管理上要耗费非常多的人力和物力，拓展的速度也比较慢，不能满足 WABC“服务更多精神或智力障碍人群”的发展需要。为此，WABC 调整了拓展思路，采用遴选已有较好基础的民间非营利组织，通过加盟的方式将其纳入 WABC 体系的拓展方式。除此之外，WABC 在管理方式上也有了新的进展，2016 年无障碍艺途公益基金会成立，并作为全国性的统筹管理的机构。在新的体制下，无障碍艺途公益基金会根据开展项目的需要为各个城市公益中心提供资金支持，并且提供免费的师资培训；各个城市公益中心则拥有在本地开展社会倡导活动以及向企业募捐的权利，但是筹到的善款需要纳入无障碍艺途公益基金会进行统一管理。据了解，为了能够以更轻盈的方式运作，WABC 甚至打算将原有的除上海和北京之外的城市公益中心也转换为非直营的加盟方式，但是目前还在探索阶段（图 6 为 WABC 运营机制示意图）。

3. 成立艺途学院

随着 WABC 在全国范围的拓展，师资短缺的问题日益突出。目前，WABC 员工 40 多人，但是全职教师仅为 7 人，其中 5 人面向教学，另外 2 人分别负责家长培训和志愿者培训。日常的课程，包括工作室的课

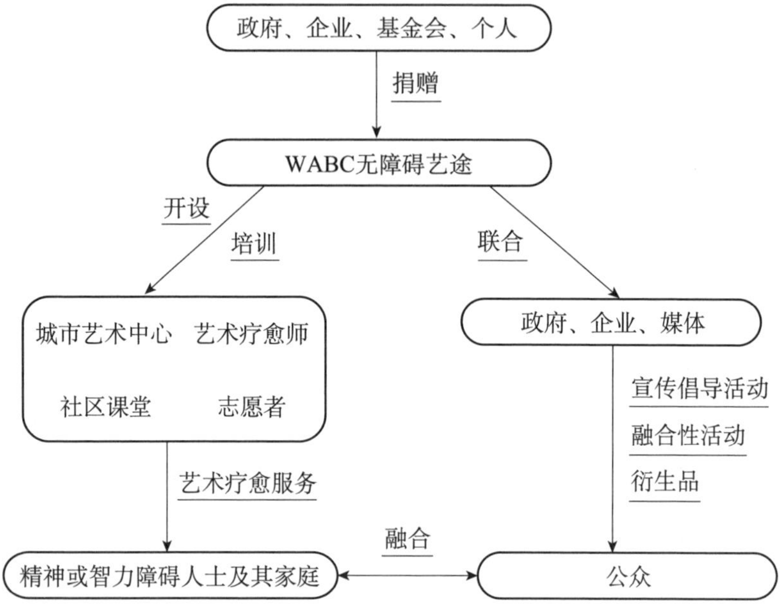

图 6　WABC 运营机制示意图

程和为社区开设的课程基本上都由兼职教师来完成。其他城市公益中心的情况更不容乐观。据了解，北京公益中心有 4 位教师，其中只有 1 位全职教师；其他公益中心也只有少数几位教师，且以兼职为主。

除了数量不足外，课程体系、教学质量、教师和志愿者团队的专业度等方面也存在问题，大苗深感完善课程体系以及加强培训的必要性。为此，他决定成立一家专门的培训机构，并从对接国际成熟的课程体系，引入国际优秀的师资入手。

2018 年 3 月，WABC 艺途学院（以下简称“艺途学院”）在江苏常州正式落地，其定位为“推动创造性艺术教育课程体系的开发研究和培训输出，推动艺术疗愈在中国的本土化发展”。艺途学院的院长由大苗担任。艺途学院聘请美国西雅图安迪亚克大学美术与戏剧治疗系创始人、系主任、伴侣与家庭治疗系导师 Janice Hoshino 博士担任艺途学院名誉院长，聘请南京医科大学精神医学硕士、心理治疗师黄懿钖担任副院长。在分工上，大苗负责总体的协调和管理，Janice Hoshino 博士负责课程体系建设，黄懿钖副院长负责服务质量控制和教师培训。①

为了更好地梳理 WABC 创造性艺术教育课程体系，做好 WABC 艺途学院的发展规划、组织架构以及人员分工，明确其在 WABC 生态圈的战略定位，2018 年 8 月 20—23 日，WABC 在上海举行了为期四天的艺途学院战略发展研讨会。大苗在会议上明确提出了艺途学院的四个发展方向：

- 培训：通过艺途学院将现有 WABC 教学体系向其他城市公益中心输出，并开发更好的创造性艺术教育方面的各类培训课程，服务不同需求的人群。
- 研发：借鉴美国的经验，结合中国的国情，靠内外部力量提高课程研发能力，形成完善的培训课程和培训机制。
- 互联网应用：采用互联网模式，推出线上课程，并通过在线上传播学院各类重大事件和活动来提升机构的影响力。
- 运营：通过为社会其他机构和组织提供有偿培训，探索艺途学院的创收及可持续发展的路径。

WABC 希望把艺途学院打造成为国内最好的艺术疗愈师培养平台，将国外最先进的专业艺术心理治疗技术转化为对国内有实际应用价值的技术，打破艺术治疗的流派之分，成为一所开放的本土化艺术治疗的科研、教学、服务一体化的综合“学院”（图 7 为 WABC 艺途学院实景）。

图 7　WABC 艺途学院实景

---

① 实际上，在艺途学院成立之前，Janice Hoshino 博士已于 2016 年 1 月和 7 月分别来过北京和广州，为 WABC 的教师、志愿者和工作人员开设了艺术疗愈相关的课程。2108 年 3 月艺途学院创立之前，Janice Hoshino 博士又两次来中国帮助 WABC 培养教师和志愿者。

促进社会认知和融合

从创立之初，WABC 就采用线上和线下相结合的方式，开展了多种多样的活动，为学员们创造融入社会的机会，同时致力于改变公众对于这一特殊群体的认知。

1. 举办画展

作为一个专业的策展人，大苗很早就认识到举办画展是让社会公众关注精神或智力障碍人群、认可他们价值的有效途径。2010 年 10 月 11 日，WABC 在上海金茂大厦举行了正式成立仪式，并展出了学员近 70 幅画作。这是 WABC 在上海举办的首次画展。2012 年 4 月 7 日，WABC 在上海东方艺术中心进行了名为“益心艺翼，让爱飞扬”的画展。同年 6 月 19 日，WABC 在上海徐汇艺术馆举办了名为“心灵的箴言”的画展，这次画展在 600 平方米的空间中展示了 100 多幅学员的绘画作品，是 WABC 成立以来规模最大的一次画展，引起了广泛的关注。同年 11 月 10 日和 12 月 25 日，WABC 在上海分别举办了“变幻的景观”汇丰少年儿童艺术教育画展以及“艺术点燃生命——特殊青少年与艺术家在一起”系列展。

2013 年是 WABC 发展与挫折并举的一年。这一年，WABC 重新回到北京举办了两场画展。也是在这一年，部分成员由于和创始人在机构未来发展上存在不同的见解，与 WABC 分道扬镳，机构失去了一部分服务的社区，一度陷入困境。即使在这样的情况下，WABC 仍然在全国六个城市举办了包括社区展览、路演在内的 30 余次展览，展出学员作品总数逾 400 幅，参观展览的观众超过 10 万人。

2014 年是 WABC 的嬗变之年，机构进一步明确了使命——通过专题展览，销售衍生品，让大众了解和认可这个群体的艺术才能，从而实现残障人士的社会价值和经济价值的同步提升；也进一步明确了核心的经营理念——建立社区站点工作室，开设艺术潜能开发课程，在学员展示自己、培养兴趣的同时也能起到一定的辅助康复作用。这一年 WABC 成功将大黄鸭带到上海和杭州举办活动，也在年初和年末分别在上海和成都举办了主题为“来自星星的你”以及“敢爱—心灵的箴言”两场画展。截止到 2015 年底，WABC 覆盖全国六个城市，34 个社区和学校，服务了大约 1 000 名精神或智力障碍学员。

2016 年起，WABC 改变了独立主办画展的方式，开始尝试与企业合作。2016 年 6 月 1 日，WABC 与“凯迪拉克·不朽的梵高”感映艺术大展携手，举办“发现中国的梵高”公益画展。2016 年，WABC 开始尝试新的模式，包括网上画展和国际合作。例如，2016 年 4 月 8 日，WABC 与科莱丽公司携手举办慈善公益线上画展，呼吁公众以温暖拥抱孤独，用最真挚的理解与关爱，走进孩子们纯粹、丰富的艺术天地，感受他们孤独却又温暖的内心。2016 年 7 月 21 日，WABC 与百度贴吧合作，在 16 个大吧中直播“发现中国的梵高——特殊艺术家画展”贴吧盖楼活动，吸引了百度贴吧中 30 万吧友的关注。在国际合作方面，2016 年 8 月 14 日，WABC 遴选了五位学员的作品，参加在美国纽约联合国总部举行的“无国界国际青年艺术展”；10 月 9 日，遴选了三位学员的六幅作品参加在荷兰举办的“中荷原生艺术交流展”。此外，WABC 还在全国各地举办了 16 场不同规模的画展。

2017 年，WABC 继续通过画展来改变公众认知，在全国共举办了 29 场画展。其中在上海举办了主题为“异彩：原生艺术的一个群落”、“我想和你说说画”以及“画语”三个特殊人群公益画展。同年 WABC 也尝试与企业合作举办画展，如与海报时尚网合作在上海举办了“海豹星球时尚公益展”。2018 年，WABC 进一步拓展了画展的国际渠道，如 WABC 学员小燕子的作品参加了中日原生艺术大展；“99 公益日”期间，捷麟的代表作《大海》登上美国纽约时代广场纳斯达克塔楼等。

图 8 为 WABC 部分画展海报。

在被问到为什么花这么大力气举办各种画展时，大苗说：

> 我们通过这些画作、通过这些衍生品、通过这些展览，只是想让公众，让他们自己的家庭知道，他们有存在的理由，有他们的价值，我们的社会其实可以更多地去接纳他们。

图 8　WABC 部分画展海报

2. 开展大型主题活动

为了让社会公众了解精神或智力障碍这个群体，也为了让学员更有信心融入社会，WABC 从创立之初，就开始有意识地创造社会融合的机会，包括组织学员户外写生、参观画展、学习陶艺手工制作等。除此之外，WABC 经常会组织一些活动，让这些特殊的艺术家和社会公众直接接触，比如在举办画展期间设计一些环节让学员参与进来，带领学员参加一些与爱心企业合作主题活动等。以 2017 年 WABC 与陆家嘴街道阳光心园联合举办的“因为爱，所以爱”的绘画演示展为例，当看到一幅幅裱好的学员画作时，学员家长脸上都是满满的惊喜与震撼，纷纷寻找自己孩子的作品拍照留念。画展过后，现场进行了一场绘画比赛，学员们通过画笔表达自己对家人的爱，在介绍画作的时候都为家人送上了一个大大的拥抱。这些活动能够实实在在地让人感受到艺术确实带给了他们欢乐，也让孩子和家长的心贴近了。除了“走出去”之外，WABC还积极开展“请进来”的活动，通过与企业合作，让企业的员工或者社会人士走进 WABC，和学员们一起体验艺术疗愈的魅力。

除了这些日常性的融合性活动外，从 2010 年成立至今，WABC 组织和参加了多次大型活动，比如梦想盛典、大黄鸭进中国、“人人都是志愿者”，也逐渐形成了一些比较成熟的项目运作模式，比如艺途彩圈项目等。

（1）梦想盛典——最励志男孩小龙

《梦想合唱团》是中央电视台举办的全国性节目，节目形态是首先选择八位当红明星，让他们回到自己的家乡通过召集、海选，寻找 20 位来自各行各业、心怀歌唱梦想的当地居民，让他们组成一支城市梦想合唱团；然后，通过合唱训练和竞赛，让他们用歌声和情感故事打动评委和现场观众，并根据场上表现决定是否晋级。走到比赛不同阶段的梦想合唱团将获得不同额度的梦想基金，他们可以用这笔基金来实现他们对家乡的公益梦想。2011 年启动的首届《梦想合唱团》活动中，歌手胡彦斌带领的“玉兰油梦想合唱团上海队”的公益梦想是为精神残疾及智障人士提供艺术培训，让大众了解和认可这个群体的艺术才能，WABC 作为上海队的合作方派出了学员小龙（见图 9）作为形象代言人参加了这个节目。2012 年 1 月 22 日，《梦想合唱团》第一季收官之作“梦想盛典—温暖中国”在 CCTV1 播出，小龙参加并引起广泛关注，获得了“年度最励志男孩”的称号。小龙在直播现场的演讲感动了无数人。人们发现，尽管语言表达有很大的障碍，但是小龙不仅有思想，而且非常乐观，充满了正能量。小龙说：

我是一个很矛盾的人，爱因斯坦发现了广义和狭义相对论的时候，也是很矛盾的。我不太幽默，以前人们都把像我这样的人送到慈善机构或者说养老院，或者说借用一个俗语叫“混吃等死”，我不希望那样。我觉得我们人只要生下来，就是为了某个目的而活着。

图9　小龙（左）和岩岩（右）

（2）岩岩与大黄鸭的故事

岩岩是个自闭症男孩，2013 年大苗到岩岩家做家访，偶然看到岩岩的浴室里有两只小黄鸭。岩岩妈告诉大苗，岩岩很喜欢小黄鸭，香港组织大黄鸭活动的时候岩岩非常开心，还画了一只大黄鸭。这个故事触发了大苗童年的记忆，也打动了大苗，他决定写信给大黄鸭之父——荷兰艺术家霍夫曼先生，让他关注岩岩的画和大黄鸭梦想。霍夫曼先生很快就回了信，并于 2014 年 1 月 23 日来到上海，参观了 WABC 艺术中心。大苗给他看了很多岩岩的画，他非常喜欢，还和岩岩手拉手去外滩看了黄浦江（见图9）。

2014 年 10 月 23 日，在 WABC 的策划下，大黄鸭入住上海世纪公园。在大黄鸭上海巡展期间，WABC 组织来自陆家嘴社区阳光之家的小伙伴们参加“我笔下的大黄鸭”活动，小伙伴们带着自己的作品与来自荷兰的艺术大黄鸭合影留念。2014 年 6 月，大黄鸭入住杭州西溪湿地公园。作为“大黄鸭中国之旅”的公益合作伙伴，WABC 深度参与整个巡展活动，并且举办了多次现场艺术互动活动以及学员艺术创作活动，吸引了众多观众前来西溪湿地参观。

（3）错袜日——勇敢不一样

为了唤起公众对自闭症孩子的关爱，WABC 每年 12 月 23 日都会举办关注自闭症儿童的大型“互联网 + 公益”的传播活动，并定名为“错袜日”。在这一天，WABC 各城市的公益服务中心都会开展各种以“穿错袜，勇敢做自己”为主题的活动，传播到网上，倡导公众在“错袜日”当天穿错袜，并以短文、图片、小视频、问答等形式积极引导活动（见图 10），这引起了广泛的反响。以 2018 年为例，WABC 联合今日头条共同发起“为穿错袜子的人点赞”的话题活动，引起了广泛的关注。在明星、名人、意见领袖以及头条大号传播矩阵的推动下，今日头条的网友纷纷转发点赞、讲述自己的故事。据统计，“为穿错袜子的人点赞”话题活动阅读量达到了 1.2 亿。除此之外，WABC 官方和今日头条平台上的专家学者也在问答环节中积极地向公众普及自闭症相关知识，让公众对自闭症有更深入的了解。

图 10　错袜日活动

（4）“艺途彩圈”的魅力

“艺途彩圈”是 WABC 自主开创的社会融合项目。2011 年 11 月 25 日，WABC 在上海展览中心举办了面向公众的首次“艺途彩圈”互动活动，效果很好，其后逐渐发展成熟并成为 WABC 的品牌项目。艺途彩圈活动（见图 11）让公众和 WABC 的学员一起，通过圆圈绘画的形式来表达自己的内心世界。此过程不仅让公众了解精神或智力障碍这个群体，也让 WABC 学员有机会和公众接触，获得价值认可，提升他们

图 11　艺途彩圈活动

的自信心。

事实上，通过看似简单的艺途彩圈活动，公众也能感受到艺术疗愈的效果。2012 年 9 月 12 日，WABC 与福特合作，在上海社会创新孵化园举办了“福特全球关爱周”活动。当天，60 余名福特员工与 WABC 卢湾社区学员一同参与了艺途彩圈活动。在回顾总结环节，一位福特员工落泪道：“我以为我是来帮助他们的，结果被帮助的人是我。”由此可见，绘画作为第二语言可以起到将两个世界的人的心灯点亮的作用，这正是艺途彩圈的魅力所在。

每年 WABC 都会举办多场艺途彩圈活动，有的面向普通公众，更多的是和机构或者企业合作。仅以 2015 年为例，WABC 与汇丰银行、喜达屋 W 酒店、Mitre 等机构和公司举办了九次艺途彩圈活动，效果非常好。除了品牌化的艺途彩圈外，WABC 也在积极探索新的社会融合的活动形式，如 2015 年 4 月 1 日，WABC 与英菲尼迪联合推出以“共绘敢爱星球——自闭的力量”为主题的国内首次巨型公众地面涂鸦艺术创作活动；同年 6 月 1 日，携手万华·麓客公益基金在成都发起“一亩画布”活动，邀请公众一起进行画布涂鸦；6 月 6 日，携手五颗星美育在深圳举办“凯迪拉克·不朽的梵高”大型真车创意涂鸦造型艺术活动等。

3. 互联网宣传

互联网宣传是 WABC 提升社会认知度的重要方式。2010 年 10 月 3

日，WABC 在新浪网开设微博，为自己贴上了 NGO、公益、绘画、艺术等标签。2010 年 11 月 6 日，WABC 在微博上向公众介绍 WABC 的使命——发掘精神或智力障碍人士的艺术天分，寻找下一个中国的梵高。此后，WABC 几乎所有的活动都会及时地呈现在新浪网的微博上，微博成为 WABC 对外宣传的重要窗口。

2011 年 1 月 29 日，WABC 正式加入人人网公共主页，开始系统地介绍自己的组织，并发布活动的公告和日志。此时 WABC 的定位已经非常清晰，即“一个针对脑部残疾人群绘画潜能开发课程和艺术展览项目的民间非营利组织。通过建立社区站点工作室的形式，在现有的社区的服务中心开设艺术潜能开发课程，给喜爱绘画的学员一个展示自己、培养兴趣的机会，同时也能起到一定的辅助康复作用。通过专题展览、销售衍生品等方式，让大众了解和认可这个群体的艺术才能，从而实现残障人士的社会价值和经济价值的同步提升，并寄希望于此来逐步缓和社会对于这个群体的误会与偏见，以促进城市和谐与美好发展”。

其后，WABC 又建设了自己独立的网页，并开通了微信公众号①，利用新媒体进行全方位的在线宣传。除了事无巨细地记录机构的每一次活动外，WABC 还开展了一些线上的专题宣传活动，其中以“人人都是志愿者”最为典型。

2014 年，在中国传媒大学摄影系李惠民老师的帮助下，WABC 启动了“人人都是志愿者”百人平面拍摄计划。该计划准备邀请百位社会优秀人士拍摄手持 WABC 学员绘画作品的平面照片（见图 12），然后在 2015 年 4 月 2 日（世界自闭症日）联合 100 个自媒体共同喊出一个口号：“人人都是志愿者”。与此同时，WABC 同步推进线下画展、影展等，形成立体式传播矩阵。通过这个项目，WABC 希望嘉宾与

---

① WABC 的微信公众号于 2013 年 11 月 8 日开通，随着移动互联网以及微信平台影响力的提升，逐渐成为 WABC 最重要的线上宣传平台。

WABC 的学员能够处于“平行时空”，并通过画来进行彼此的情感交流，也希望通过 100 位社会精英用非语言的方式向社会大众推介，让更多的人认识到 WABC 学员的艺术天赋，并借此传达“做公益是件好玩又时尚的事”的理念，从而吸引更多的志愿者加入公益事业。对此，大苗说：

> 我想为 WABC 做一个更系统、更完整的品牌传播，新媒体时代用新媒体传播方式，让有影响力的人帮助公益做大众传播。艺术和快乐一直是 WABC 的公益基调，这个传播方案也应该是快乐的，有艺术范儿的。

著名演员陶虹　《人物》杂志主编张悦　独立财经双语主持人艾诚　歌手周品

依文集团董事长夏华　原中国体操队队员桑兰　珍爱时刻创始人高意静　著名演员马艳丽

图 12　“人人都是志愿者”百人平面拍摄计划部分图片

除了互联网宣传之外，大苗本人开始频频接受媒体的采访，向公众讲述自己的创业故事，分享创业理念。WABC 的形象代言人、签约艺术家小龙也开始参与一些活动和专题片的拍摄，引起了媒体的广泛关注。

用创新的方式筹款

筹款是所有公益组织面临的挑战，WABC 也不例外。没有资金就无法为学员提供免费的艺术疗愈课程，没有资金就没有办法举办画展和开展大型的宣传互动活动，但筹资也是大苗最为头疼的事情，特别是在刚开始。回忆起创业之初的情形，大苗说：

> 项目慢慢做起来之后，社区阳光之家和工作室的课程开始稳定，一周能开七天的课，每次免费为 10～20 名学员提供各种画画所需要的材料。为了维持运转，我每天为了筹款、媒体宣传、活动设计、项目申请忙得脚不沾地。刚开始我想把学员的画作制成卡片，引起公众的关注，却苦于找不到支持者，他们都觉得我这些东西没人愿意要，于是我就干脆自掏腰包生产了第一批产品。

经过八年的摸索和积累，WABC 逐渐形成了在筹款方面的一些特色，也具备了一定的能力。目前 WABC 开展项目的资金中，10% 左右来自政府项目，35% 左右来自基金会拨款和企业捐赠，50% 左右来自公众筹资，商业收入占比很小。但是这些资金来源都存在一定的不稳定性，这对于 WABC 持续运营和发展仍然是不小的挑战。

1. 政府项目

为了扶助弱势群体，促进社会和谐，各地政府每年都会采用项目招投标的方式，在公益领域中投入一些资金。通常政府项目由基层单位来组织，如依托街道或阳光之家来组织招投标的活动。招投标通告发布后，各个公益组织根据自己的优势提交项目申请，经过筛选后中标的项目就可以获得政府的资金支持，负责具体的项目实施。项目运作期间，承担项目的公益组织需要接受来自政府的评估和审核。作为资金相对稳定的来源，WABC 每年都会积极参与公益项目的招投标，申报的项目主要是为街道和阳光之家提供艺术潜力开发和艺术疗愈课程。

尽管政府项目预算约束比较紧、监督审查严格，且只占到 WABC 总资金来源的 10% 左右，但是 WABC 仍然会坚持做政府项目。WABC 的财务主管宁凤琴解释了这样做的原因：

> 作为一家公益组织，存在的目的之一就是支持政府去完成社会需要而政府做不到的事，所以这项工作我们还会继续做，（并且会）不断去总结和优化。

2. 基金会捐赠

筹款、捐赠一直是 WABC 的重要项目资金来源。随着公众募款和企业捐赠额度的上升，基金会捐赠的金额在增长的同时，比例也在缩小，2016 年占比为 14%，2017 年占比为 13.7%。

WABC 获得基金会捐赠的方式与政府项目类似，都是依托于项目的方式。每年各个基金会都会启动项目的招投标工作，项目有半年期和一年期不等。WABC 通过递交项目申请书的方式参加招投标，如果中标，项目基金会将会把项目基金汇入上海艺途公益基金会的账户，用于项目运作的各项开支，发标方也会对项目基金使用的情况进行监督。目前，给予 WABC 大力支持的基金会包括上海市慈善基金会、上海公益事业发展基金会、南都公益基金会、腾讯公益慈善基金会、深圳壹基金公益基金会、中国扶贫基金会、上海联劝公益基金会、深圳市爱佑未来慈善基金会等数十家基金会。

3. 公众募款

公众募款是目前 WABC 最重要的资金来源，大约占到总资金来源的 50%，募集方式主要是通过互联网。根据慈善法要求，公益组织进行公众募款时需要与公益平台合作，同时也需要与具有公众募款资质的基金会合作，通过项目的方式公开募集资金。

WABC 与腾讯公益以及爱佑慈善基金会等机构合作，开展公众募款。募集资金的方式可以采用一次性项目，也可以采用持续募集的方式。一次性项目的典型例子是 2018 年 9 月 WABC 携手轻松筹发布了一款“特殊小朋友关爱画册”小程序，小程序上线 3 天出版了 300 本画册。这个项目通过鼓励爱心人士捐资出版属于自己的“小朋友”画册，让公众能够关注到精神或智力障碍人群的精神世界。持续募集则通常采用固定的项目，最典型的就是与腾讯公益合作的“小朋友画廊”项目。2015 年，腾讯公益慈善基金会推出了“99 公益日”项目，倡导公众通过互联网，关注社会公益并实施捐款。从那个时候开始，WABC 每年都会用“小朋友画廊”项目参加“99 公益日”活动。大苗说 WABC 参加活动的目的不仅是筹款，还希望通过这些活动推动公众的认知。

> （我认为）慈善公益在公众心里还是有些模糊的，甚至是不信任的，所以我跟腾讯公益提出来，我们做这样的活动一方面是筹资，另一方面我们要推动公众的认知，并不在乎他们一定捐多少钱，哪怕一块钱。其实只要有个参与感就可以，更重要的是（让公众）认识到精神或智力障碍人群存在的意义。

基于这样的认识，2017 年，WABC 推出了“一元购画”的活动，并且进行了线上和线下全方位的推动，包括首次开发 H5 小程序、推出朋友圈广告、在 10 个城市的地铁站和公交车站做广告，甚至包了一个地铁站做宣传。这次“99 公益日”活动，不仅创下了 7 小时募集 1 100 多万元的纪录，而且让上亿的公众参与了活动或者讨论。这样的成绩，让 WABC 的员工和学员们都兴奋不已。

除了以上两种形式外，2019 年 1 月 10 日，WABC 首次推出月捐型的公益筹款项目。相对于一次性的、较大额度的捐赠，月捐是一种每月定期、小额、持续性的捐款模式。WABC 认为，这个项目可以让每一位捐赠人通过持续性的捐赠，给有需要的孩子们送上持续性的温暖与帮助，进而产生持续性的改变。大苗说：

> 我希望通过月捐的开展，让公益捐赠成为一种分享美好的生活习惯、一种润物细无声的温柔的生活方式。

4. 企业捐赠

企业捐赠约占 WABC 总资金的 35%，虽然还不是最重要的资金来源，但是 WABC 认为企业捐赠有广阔的前景，因为作为具有社会责任感的社会公民，越来越多的企业愿意通过各种方式赞助公益事业。尽管大趋势向好，但并不意味着公益组织可以很容易地获得企业捐赠。原因在于企业在捐赠的同时也有自己的诉求，而且可供它们选择的公益项目也很多。所以，如何和企业沟通、了解企业的诉求、用独特的项目设计来争取企业的青睐和信任，成为众多公益组织竞相比拼的要素。

为了能够更好地建立企业联系，WABC 首先在组织机制上进行了创新。目前 WABC 已经在全国拥有 20 个城市公益服务中心，这些城市公益服务中心分别在所在城市的民政部门注册，可以开设社区艺术教育课程、举办画展以及通过与企业合作获得资金支持。为了能够发挥整体的效用，2016 年，WABC 正式成立上海艺途公益基金会，依托基金会进行整合与协调。在基金会的管理体制下，各城市公益中心可以与企业合作，从企业募集资金。但是，除指定用途项目外，筹集到的资金均须纳入基金会统一管理，项目开始运作时，再由基金会将所需资金拨付给各城市的公益服务中心。如果募集的资金不足，基金会也会酌情给予一定的支持。考虑到北京和上海企业资源充分，目前基金会在北京和上海都配备专门人员负责企业合作和捐赠等事宜。

除了比较成熟的艺途彩圈项目，WABC 与企业的常规合作方式也包括举办画展、版权购买、衍生品合作等。各城市公益中心也都在不断探索新的形式，包括慈善晚宴、慈善跑、舞台秀等，可以预见未来还会有更多的创新方式。但是正如北京公益中心负责人韩晶女士所说，将来应该重点打造成熟的品牌活动，才能更好地与企业沟通和合作。

探索自我造血机制

1. 版权与衍生品销售

WABC 一个重要的造血方式是版权销售和衍生品销售。从 2010 年举办第一次画展开始，WABC 就推出了基于学员画作的衍生品，如骨瓷马克杯、雨伞、靠垫、毯子、文具等。公众在参观画展的同时，也可以购买画作和衍生品。除了画展之外，WABC 也在各种公益活动中开展义卖，比如 2015 年 4 月 3 日在“发现中国的梵高”慈善晚宴上，小龙的画作《云火》以 23 000 元的价格被拍卖，小燕子的一幅画作《灵犀》也被爱心人士买走。

除了画作和衍生品销售外，版权销售也是常见的造血方式。比如 2018 年 9 月 8 日，WABC 与联想集团合作开展了“以梦为笔、用画发声、为爱定制”活动。该活动选择“小朋友画廊”的三幅画作开展“小新笔记本”的私人定制活动，顾客只需加一元钱，就可以获得这款定制版的笔记本，剩余的 298 元的版权使用费用，联想则通过参与腾讯“99 公益日”活动的方式，全部捐给 WABC，用于帮助这些“星星的孩子”获得更好的艺术疗愈机会。

除了配合线下活动销售画作和衍生品外，WABC 在微信公众号上开设了爱心商店，公众可以在线上直接购买画作和衍生品。目前，爱心商店的销售额是 2 万～4 万元/年，在整个资金来源中的占比还比较小。

为了进一步拓展渠道，2018 年 4 月 25 日，WABC 的衍生品也在上海市希望工程网站在线义卖电子商城上线（图 13 为部分衍生品和联想定制笔记本宣传图片）。

图 13　部分衍生品和联想定制笔记本

2. 线下门店初尝试

一个偶然的机会，让 WABC 首次尝试了线下门店。这次尝试源于 2012 年的梦想盛典。“年度最励志男孩”小龙感动了很多人来助力他实现梦想。苏宁集团专门捐助 30 万元并提供场地，帮助 WABC 开设了第一家线下门店——“小龙和他朋友们的店”（简称小龙店）。门店正式开业时间为 2012 年 3 月 24 日，店址位于上海苏宁五角场旗舰店。开业当天，WABC 和苏宁集团共同举办了隆重的开业仪式。小龙店也引起了上海市相关领导的重视。2013 年 5 月 16 日，上海市民政局局长及相关领导亲临小龙店，提出了很多好的建议，并提出了殷切的期望。为了运营好这家门店，小龙的妈妈辞掉了原有的工作来到 WABC，专门负责运营这家门店。然而由于房租高、社会公众对商品价值认知度不够等原因，小龙店在运营三年之后被迫停业。

尽管首次线下门店的尝试不太成功，但是WABC并没有放弃向线下布局的尝试。2018年9月，在杭州市政府的支持下，WABC在杭州开设了一家线下门店。由于线下门店租金很高，这家店筹备了很长时间，终于在杭州市政府给予场地和资金等方面支持的情况下正式开业了（该店在本文写作时还处在试运营阶段）。尽管有很多困难，考虑到全国各地的政府部门都开始积极地支持公益组织发展，WABC还准备继续在深圳、上海等地开设线下门店。就此，WABC的运营总监虞仁杰说：

> 出去租门店开店成本太高了，做不下去。全国各地的政府，如上海、成都、杭州、北京，很多愿意支持这块业务。恰好杭州做得比较好一点，所以拿它来做试点，今后在深圳我们也会有线下门店，上海也会有线下门店。

但是线下门店的布局总体来说进展缓慢，这一方面和开店成本及政府支持力度有关，另一方面也和大众的接受度有关。虞仁杰认为，公益产品是有市场价值的，但是不同于一般的商品，WABC的衍生产品是带有公益情怀的。只有社会大众看到这些产品，并认为有意义、有价值，才能获得共识，才会产生购买欲望。所以，未来需要用更有效的方式推动销售。

3. 有偿艺术疗愈培训

2017年，WABC明确提出，除了研发课程和进行系统内的免费培训外，WABC将为社会其他机构和组织提供有偿培训。为此，WABC提出了“社会疗愈师”的概念，这是WABC对帮助机构服务特殊人群的志愿者的独特称号。WABC 认为，社会疗愈师的意义是多方面的，包括：理解和接纳特殊人群；陪伴特殊人群并与之建立相互信任的伙伴关系；辅助或主导对特殊人群的艺术疗愈服务；协助特殊人群融入社会；解答公众对特殊人群以及艺术疗愈的顾虑和疑问等。WABC 希望能够通过培养更多的社会疗愈师，增加公众对特殊人群的理性认识以及对艺术疗愈的深入理解。

为此，WABC 在各城市公益中心开展了丰富多彩的社会疗愈师培训工作坊，赋能志愿者、家长以及同行业从业者，从而让同城市的更多人得到艺术疗愈；同时也通过与其他机构合作，向广东、广西、云南、甘肃、贵州等地的残联、家长联盟、支教教师及普通儿童教师提供艺术疗愈培训。如 2017 年 8 月 12 日，WABC 与“美丽中国”合作，分别在广西百色和云南楚雄两个“美丽中国”暑期学院教学点为来自广西、云南、贵州、甘肃等多地超过 100 名山区支教老师带去了创造性的艺术课程培训，通过游戏、绘画、音乐、讨论等多种形式，将美术教育的教学难点融入课程的每个体验环节中，让老师们在实践中学习和总结。还有一个典型的案例是，2017 年 12 月 12 日，WABC 深圳公益中心与深圳市残联合作，在深圳市残疾人综合服务中心举办了“倡导艺术表达生命、为爱艺术疗愈”的社区残疾人家庭支援培训班，吸引到来自全市各区特殊儿童及其家属和康复机构工作者 150 人参加体验学习。据统计，到 2017 年底，已有近千位老师、家长和心理咨询室接受了 WABC 的培训。

艺途学院成立后，也积极地开展艺术教育输出培训。2018 年 7 月 16—19 日，艺途学院举办第一期创造性艺术教育输出培训，来自全国 10 个城市的特教老师、志愿者、公益组织及家长共 30 余人参加了本次培训，并获得了大苗亲自颁发的结业证书。2018 年 10 月 31 日，艺途学院全面引入美国专业艺术治疗教育体系的核心课程，针对心理治疗师、医务工作者、社工、特殊教育工作者、家长等群体开设了有偿的系统化的课程，包括五门初级艺术治疗课程、五门高级艺术治疗课程和选修课。学员通过全部课程学习并完成实践任务即可获得美国西雅图安迪亚克大学与 WABC 艺途学院联合颁发的证书及学时证明；完成全部初、中、高级课程的学员，并达到所要求的个案和督导小时数，就有机会申请通过美国艺术治疗认证委员会的认证。2018 年 12 月，初级课程班在北京、上海、深圳开班；2019 年 6 月在北京和深圳继续开设两个初级课程班；2019 年 10 月在北京和深圳开设两个班的课程。

“把好事做好！”

回首 WABC 的成长历程，大苗说当初自己都没有想到会发展这么快。

> 我当时的想法是先做 20 年，我觉得这个事值得我先去做 20 年，因为我觉得它很有意义，我没想到在后面有了微博、微信这些媒介（之后能够）这么快速地传播。

对于 WABC 未来的发展，大苗认为关键是要通过科技或移动互联网技术，在社会公众中建立公信力，让公众更愿意参与各种活动，更愿意在帮助精神或智力障碍人群融入社会这一公益方向上做更多的努力，但是这个工作非常有挑战性。大苗说：

> 作为民间非营利组织，我们给精神或智力障碍人群提供免费的艺术疗愈和融合课程，这些课程对他们在语言、表达能力、沟通能力上会有一些改善，包括（提升他们）去融入社会的信心。我们也希望公众参与进来，因为中国有大约 1 600 多万的精神或智力障碍人士，他们每个人都有父母，都有家庭。我们其实能够直接帮助

的孩子并不多，只有几千个孩子。

大苗认为，经过 8 年多的探索，WABC 已经积累了很多成熟的经验，包括和美国艺术治疗专家的合作。未来，他们期望把这些经验整理出来，并通过线上和线下培训等输出方式，赋能给更多有志于该领域的公益机构以及专业的志愿者。大苗说：

（我们打算）一方面做内容研发，一方面输出出去，让更多人具备帮助这些孩子的能力，这样的话才会有更大的社会推动力。比如拍一个线上的小视频，教你在大街上遇到自闭症或者智障孩子的家庭该怎么办，你该怎么和他们去沟通，怎么陪伴他们才会更合适。我相信现在并不是所有的人都知道（怎么做）。总之，我们可以通过更好的方式，把这种认知和参与的能力输出出去，给更多人赋能。（这样做之后，）我们团队的效能才会比原来更大一些。

除了这一基本的方向外，大苗认为，由于 WABC 目前有了一定的影响力，筹集资金的能力比以前大了，不管是互联网公司还是基金会，都很愿意和 WABC 合作。所以，未来 WABC 打算在两个方面加大力度，即加大社会倡导力度和筹集资金力度。筹集到的资金将采用项目招投标的方式支持其他公益组织去落地具体执行项目，而不是完全靠自身的力量来直接服务精神或智力障碍人群。

为了适应这一新形态的发展，大苗认为机构的能力建设非常关键。目前 WABC 正在不断地做一些优化和调整，已经建立起了基本的章程、规范及其他制度，并由专门的运营团队来运作。大苗认为，作为创始人，他最主要的职责是选人——选对人、选价值观相同的人。只有选对人，才能把好事做好，特别是要在当前科技和互联网的大背景下把好事做好，未来会面临很多前所未有的挑战。在被问及对未来的憧憬时，大苗说：

我觉得应该用艺术，用一些媒介，让他们真正地愿意去走出来。让更多的社会（公众），而不只是我们（来接纳他们）。我觉得我们只是个药引子，是一个驱动者，更多的应该是你们——更多的公众，有一天能不能真正给他们一个机会，能让他们更好地、快乐地去上学，去融入社会。我们在这样的世界里，有这么多生命，我觉得每个生命其实都有其意义，而不要因为他们行为的异样和语言的特别，去否定他们，不理解他们。我希望我们的努力，可以让这个世界变得更美好。我也真心希望，在未来，不需要 WABC 这样的机构，不需要大苗这样的人。我希望每一个人，都能被这个美好的世界拥抱。

附录 1：WABC 教师认证流程图（图 14）

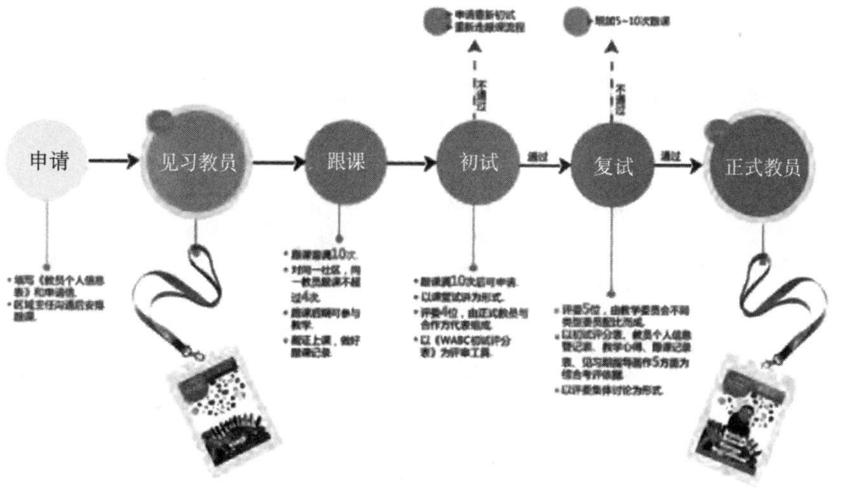

图 14　WABC 教师认证流程

附录2：WABC艺途学院现有培训体系（图15）

	初阶	中阶	高阶
课程 线下 线上	•艺术治疗入门 •艺术治疗技术与实践 •艺术治疗发展与理论 •艺术治疗伦理	•艺术治疗与原生家庭系统 •团体艺术治疗 •艺术治疗的治疗模式 •艺术治疗评估 •实习及督导（本项对完成全部课程的学员设置）	•艺术治疗的多场景设置 •艺术治疗的文化元素 •艺术治疗项目研究报告 •实习及督导（本项对完成全部课程的学员设置）
实践	•志愿者/讲师助理 •咨询师陪同	•个案实习（有心理学背景） •督导	•个案实习 •督导
证书	创造性艺术疗愈师（初级、中级、高级）		
督导	督导团队由美国西雅图安迪亚克大学及相关艺术治疗师专家团队，以及认可的国内专家督导团组成		
实习平台	医院心理科、特殊群体公益组织、专业心理咨询机构、企业、中小学、幼儿园等		

图15　艺途学院现有培训体系

附录3：WABC艺途学院RAT TAN创造性艺术教育体系框架（图16）

R-relax	放松——创造性艺术教育功能：放松身心，在安全的环境里
A-admit	接纳——创造性艺术教育功能：自我接纳，加深对自我的了解、清晰生命的方向与定义、接触内在孩童、探索未完成事件
T-talk	沟通——创造性艺术教育功能：建立多元化的沟通渠道，表达并转化情绪、思想、心理活动
T-trust	信任——创造性艺术教育功能：建立自信、建立与亲人的亲密关系、建立与他人的信任关系
A-adjust	调节——创造性艺术教育功能：调节情绪、治疗创伤、学习自我滋养、改变行为态度
N-new look	唤醒——表达性艺术疗愈功效：更自在与满足、面对挑战、提升创造力

图16　艺途学院RATTAN创造性艺术教育体系框架

附录 4：WABC 获得的部分奖项和荣誉（图 17）

图 17　WABC 获得的部分奖项和荣誉

（徐京悦　刘晓梅　李晓光　李东贤）

北伟点评

创始人大苗的美院学习和策展人背景，使得他后续事业的展开有非常自然的发展逻辑。从艺术培训到艺术疗愈再到艺途学院的产品形态，从线下画展为载体的销售平台到线上画展为载体的销售平台，都是美院艺术生毕业创业的正常领域。优秀策展人善于制造题材性的特点在他把大黄鸭引进上海的营销事件中表现得淋漓尽致。

大苗的特殊点是他的创业瞄准了一个特殊的细分领域，精神或智力障碍孩子，坚持了 9 年，因而具有了很强的公益属性。这和他本人艺术家的感性和爱心是有关的。本质上大苗是在他熟悉的领域耕耘，把艺术和公益相结合，是他的竞争优势。从 CEO 创始人的角度看，组织发展有确定性。

WABC 提供的主要产品和服务，并非由这群精神或智力障碍孩子作为消费者直接买单，而是以受助者的身份，主要由第三方支付完成的交易。这些第三方采购如政府、热心公众、基金会和企业（基于 CSR），显示了 WABC 更多的是公益性组织，而不是社会企业。虽然 WABC 正在尝试通过版权衍生品、社会疗愈师、线下门店等方式拓展经营性收入，但是收入规模、真实需求等方面还需要时间检验。

1 600 万精神或智力障碍人群是非常典型的弱势群体，也是传统的公益救助领域。弱势孩子和艺术，互联网传播，都是很容易触及和打动大众公益捐赠的成功因素。大苗和 WABC 通过有创意的募款形式和创新的互联网方式，迄今为止，成功地筹集了资金，打磨了公益模式，积累了捐赠客户群，建立了自己的品牌。

建议 WABC "加强强项，巩固优势"，坚持加强自己的公益性战略定位，而不是变身为企业。WABC 是一家有市场收入但以公益为主的倡导型组织，专门为特定的精神或智力障碍群体服务。通过直接的艺术培训和疗愈，间接的疗愈师培训和其他联盟机构的机构咨询，以及政策倡导，高透明性地运作其基金会，专业性运营其艺途学院，继续创意性运营其筹款项目，WABC 可以成为这个领域的头部组织，不断扩大影响力规模，改善这 1 600 万人的生存状态和社会融合。

从长久来看，精神或智力障碍领域救助机构 WABC，更适合按公益逻辑，而不是社会企业逻辑发展。"失其所强者弱"，如果 WABC 偏重于企业性的一面，在公益同行竞争推出类似网上募款项目的情况下，一旦出现公益属性质疑，有可能会弱化先发优势，会把精神或智力障碍公益第一品牌让给别的机构，影响其组织发展。

参考文献

1. 章学云．表达性艺术治疗研究综述．上海教育科研，2018（2）．

2. 潘芊如．中国艺术治疗发展初探．读者欣赏（理论版），2012（1）．

3. 白帆．无障碍艺途——把"星星的孩子"带回地球．三月风，2018（7）．

4. 林溪．"WABC 无障碍艺途"：寻找和发现中国的梵高．青春期健康，2018（5）．

企业资料

1. WABC 无障碍艺途历年年报。

2. WABC 无障碍艺途机构网站、机构在新浪微博和人人网微博上主页以及 WABC 微信公众号的公开报道。

灵析：

为公益插上智慧的翅膀

推进业务的时候，也会遇到许多困难，许多挫败，许多困惑，也时常感觉自己坚持不下去了。但看到团队和产品为公益机构带来的一点点改变，又会让我无比振奋，甚至热泪盈眶。我想，可以触摸到、感受到给客户、行业和社会带来的价值，是团队中每个人在困难中探索，没有放弃的最重要的理由。

——易昕

2008 年四川汶川大地震之后，各类民间公益组织蓬勃发展。然而，一个问题一直制约公益组织的发展，那就是公益组织缺乏科技化的管理工具，管理效率低下。导致这一现象的原因主要有两个。第一，较低的盈利空间使商业企业缺乏开发意愿。为公益组织开发管理工具在技术上不是难题，但是，由于公益组织支付能力和支付意愿比较弱，有开发能力的商业企业不愿意进入这一微利领域。第二，政府在政策方面缺乏相关配套措施和支持性政策。

易昕无意中发现了这个问题，她发动她的伙伴们，一起不断尝试、摸索为公益组织开发在线技术工具。2012 年，他们成立佳信德润公司，开发了国内第一款专门为公益组织服务的在线内部信息管理工具——灵析。该产品致力于为各类公益组织提供合适的利益相关者管理、筹资管理、项目管理、资金管理等在线技术软件工具，帮助公益组织实现透明、高效的管理，推动中国公益事业的健康发展。

到目前为止，全国有 60 000 多家公益组织和机构是灵析的用户，其中包括中国青少年发展基金会、中国人口福利基金会、中国少年儿童慈善捐赠基金会、友成基金会等。灵析，也成为他们公司的代名词，在公益圈内闻名遐迩。围绕“每个智慧公益背后都有灵析”的愿景（见图 1），公司正在一步步实现创业时的理想。

图 1　公司愿景

老志愿者的困惑与构想

1. 发资料还用传统的人工方式?

灵析的问世源于公司创始人易昕一段特殊的志愿者经历。

易昕是个 80 后，地道的川妹子，本科就读于北京邮电大学法律专业，在校期间担任过学生会宣传部副部长，热心公益活动。本科毕业后，易昕进入中国国际广播电台。工作之余，易昕仍然坚持公益活动。

2008 年 5 月 12 日，四川汶川发生 8.0 级地震，地震共造成 69 227 人死亡，374 643 人受伤，17 923 人失踪，是新中国成立以来破坏性最大的地震，也是唐山大地震后伤亡最严重的一次地震。2009 年，也就是汶川地震后的第二年，易昕成了四川灾区一个儿童陪伴项目的志愿者，和灾区的小伙伴结成对子，进行一对一帮扶，帮助他们纾解震后心理上留下的创伤以及生活方面遇到的问题。易昕给灾区的小伙伴打电话、写信，定期看望他们，给这些小伙伴送去心灵的慰藉和关怀。每次活动结束后，主办方都会给易昕等志愿者发来活动资料，这种反馈对志愿者是一种很好的精神激励。易昕也号召了很多朋友来参加。一开始志愿者只需要一辆小巴士，后来活动吸引了越来越多的人参与，志愿者人数增加到近百人，需要好几辆大巴。

志愿者多了，易昕却发现自己收到的活动资料越来越少。作为一个老志愿者，易昕很不理解，就给主办方打电话："为什么现在我都收不到你们发的活动资料了呢?"对方说："易昕啊，你别着急，过几天我就安排人给你发过去。"然后，又嘟哝着说："你不知道现在参加的人实在是太多了，我们真的是忙不过来。"易昕很好奇，连忙追问："难道发资料这种简单的事情，你们是用人工方式来完成的吗?"对方回答说："我们现在就是人工来做这件事情!"

公益组织在信息技术方面的落后程度令作为一名工科大学生的易昕十分吃惊。易昕没有想到，在互联网时代的今天，中国的公益组织竟然缺乏必要的信息化管理工具和手段。一个问题萦绕在易昕脑海：难道发资料这种简单的事情，不可以通过技术手段来解决吗?

2. 创办公司的构想

2012 年，在一次同学聚会中，易昕见到郭润苗、侯正春两位学长。两位学长都是搞技术的。郭润苗当时是亚马逊的工程师，从事客服系统的开发工作。易昕急忙向他求证一直萦绕在脑海的问题：发资料这种事情是否可以通过技术的方式来解决? 郭润苗说，当然可以。易昕还很幸运地了解到，这位学长的爱人在一家国际环保基金会工作，平时主要的工作是做资料处理。为了帮助爱人减轻工作中的压力，郭润苗利用周末时间为爱人做了一套项目资助管理系统，帮助她管理这些资料，这套系统得到了爱人所在公司美国总部的好评。易昕在和两位学长的交流中还发现，不论是小的公益机构，还是国际公益组织，在互联网时代的今天，居然在技术和信息方面都很落后。

商讨之后，三人萌生了创办公司的想法，计划为公益组织提供技术和信息服务，帮助它们更便捷地管理大量文档资料。在易昕看来，这既是一个创业机会，也是在为公益组织做一件有价值的事情。当易昕把这个想法告诉周围的朋友时，得到的是一片反对之声："易昕你疯了吧？""做做志愿者还不够吗？居然还要辞职！""这些都是非营利组织，哪里有钱给你呀？你们这个东西免费还差不多。"

易昕非常清楚，自己将要服务的这些公益机构真的没有钱，短时间内公司也可能无法实现盈利，无法支持公司未来业务的发展。但易昕觉得没有关系，因为这是一项真正值得自己做的事情。再说了，每个公益机构都连接着很多人，每一次活动都会有很多人参加，公司可以先搭建一个面向志愿者活动的网络平台，让公益机构免费使用，未来依靠大量志愿者流量变现来解决公司的运营资金。

计划有了，三个人很高兴，立即辞职创办公司（见图 2）。2012 年 4 月，易昕拿出自己几十万元的积蓄，与两位学长合作，在工商部门注册了佳信德润公司。之后，三人租了一间民居做办公室，去宜家买了家具，准备大干一场。

图 2　公司创始人（从左到右：侯正春、易昕、郭润苗）

从满足公益组织的需求入手

1. 创业之初的窘境

公司正式运营了。易昕负责市场运营，两个学长负责技术开发，还需要招聘人手，需要吸引产品经理、产品设计师等其他同事的加入。在招聘过程中，当应聘者听说公司准备开发一个互联网平台时，他们都很感兴趣，但是，一听到平台是为非营利组织提供技术支持，是做公益类的服务，应聘者就不愿意了，结果公司竟然没招到人。在创业之初，易昕首次体会到“理想很丰满，现实很骨感”的窘境。

除了招不到合适的人手外，对于公司究竟要开发何种产品，大家也都一头雾水。当时，开心网、人人网这些社交网络非常火爆。公司就做了一个志愿者管理平台，希望所有参与公益活动的机构可以利用平台做志愿者的信息化管理，将数据留存在公司内部，未来好给企业开专区，让企业成为公司的活跃用户。

平台开发完成之后，易昕团队拜访了很多公益机构。所有人都说：“易昕，你们这平台很好啊！”但是，在实际推广过程中，团队成员发现，机构都更愿意选择一个流量大的成熟平台。因此，六个月过去了，公司开发的免费平台根本无人问津，并没有被公益机构真正用起来。

2012 年 10 月，经过朋友推荐，来自香港城市大学的彭微加入公司。

彭微是学社会学和政治哲学的。她经过调查发现，当时国内的公益环境、志愿者服务频次还不足以支持一个平台型产品的发展。团队成员通过反思意识到：公司的业务方向不对。大家知道经营方向错了，但不知道究竟应该做什么。易昕就请同学、朋友帮忙出主意。一阵头脑风暴之后，大家觉得应该利用自己现有的能力，能做啥就做啥，尝试着寻找方向。有人倡议做一个社会创新的网站，招募一些翻译水平高的人，传播社会创新的理念和方式，让更多人知道，社会创新不只是给老人洗脚。于是，公司又开始做网站，把翻译的社会创新文章发在上面。但事实证明，这条路也行不通。

当时，易昕等合伙人每月只拿 2 000 元薪水以补贴生活。如何为公司赢得第一笔订单，维持公司和员工的生存，成为易昕不得不面对的头等大事。

2. 创业之后的顿悟

又是一个月过去了，公司业务仍然没有找到突破点。11 月份，一位朋友费尽周折，帮助易昕约到国内一家知名基金会的负责人宋老师。易昕像从前一样向其介绍公司开发的志愿者管理平台有多好。宋老师打断易昕的话，告诉她基金会不需要这个外部平台，而是需要一套管理公司联系人的内部社群信息系统。宋老师说，自己的基金会有近万名联系人，目前只有两个员工利用几张 Excel 表格管理这些联系人的信息。基金会每周进行信息的整体更新，每个月都需要给这些联系人发邮件，但基金会的邮箱一次只能发 500 封邮件。因此，管理、更新志愿者等联系人的信息，并向所有联系人发一次邮件，需要一周多的时间。这个工作完全依赖人工，实在是一件效率低、折磨人的事情。宋老师问："你们平台系统里志愿者管理这个模块挺好，可以发邮件、发短信。你们可以利用这个模块解决我们的问题吗？"易昕说："没问题，宋老师，这事您就包在我身上。"就这样，公司拿到第一笔订单，帮助该基金会开发社群管理工具，便于该基金会管理众多的联系人。

经过艰辛的设计和研发工作，2013 年 1 月，公司终于开发出能满足客户特定需求的社群管理系统。该系统能够帮助用户收集各种联系人信息，并一次发送大量邮件。以前，个人邮箱一次只能发 100 封邮件，一天 1 000 封，企业邮箱一次只能发 1 000 封。公司开发的社群管理系统则可以一次发上万封邮件，并能够跟踪了解邮件的打开状况。哪些人打开了邮件，哪些人未打开邮件，这些信息均能在系统的邮件发送日志上显示，一目了然，从而方便邮件发出者落实跟进措施。此外，社群管理系统在信息处理过程中关注到许多细节：筹款时募捐人姓名的智能替换、私密性、自动回复等。智能替换功能可以自动替换邮件中收件人的名字，使每个捐款人能收到写着自己名字的邮件。这种定制化、个性化的邮件，大大提高了邮件接收者查看邮件的热情。虽然该功能在技术上不是一种突破，但在公益活动这一容易被人忽略的领域中首次运用，则是一种创新。该系统也注重私密性的处理，每个收件人只能看到自己的名字，看不到其他收件人的信息。

2013 年 3 月，公司为该基金会进行了社群管理系统的使用培训。4 月，易昕的家乡雅安发生了地震。因为利用社群管理系统发邮件已经不是件麻烦事了，所以宋老师所在的基金会快速联系到近万名志愿者，把灾区的信息传递给他们，告诉灾区需要什么，志愿者需要做什么。社群管理系统在捐款人姓名智能替换、自动回复、私密性细节上的改进，使志愿者和捐款者第一次感觉到自己被公益机构尊重，志愿者和捐款者的热情高涨。宋老师所在基金会的电话被打爆了，发出的邮件的回应率也特别高。不断披露的捐赠情况，使传播的正能量汇聚起来，参与救灾的志愿者也越来越多。面对灾区的需求，志愿者有钱出钱，有力出力。很快，宋老师所在的基金会就筹集到近 280 万元救灾款，并把这些救灾款和救灾物资快速运送到灾区人民手中。

社群管理系统在雅安地震中的出色表现，为佳信德润公司在业内建立了一点小小的名气。之后，公司又出色地完成了第二张订单。就这样，凭借对客户核心需求的精确把握和较强的研发能力，通过向公益组织客户提供定制化的技术产品解决方案，公司终于启航了。

这些来之不易的订单，让不懂商业的易昕明白了，技术开发本身不是一个难题，但进行技术开发需要充分理解客户需求。只有从客户需求出发，开发出能够满足客户需求的产品，企业才能找到市场，才能生存下去。

转型惠及更多的公益组织

1. 灵析 1.0 的诞生

由于公司提供的产品针对性强、价格便宜、服务好，很快就有许多机构找到公司。一家民间机构的负责人对易昕说："我们也很需要社群管理系统。我们的活动非常多，有大量的志愿者需要管理。"易昕说："我知道你们机构是草根机构，没有钱。我们有一个免费的平台，你们机构可以用那个免费平台。"那位负责人却说："你不明白，我们需要的是像其他基金会一样的系统。我们要搭建公司在广州的数据中心，把我们的志愿者和捐赠人放在自己的系统内进行管理。活动平台有很多，但那不是我们所需要的。"此时，易昕更加清楚了，大部分公益机构真正需要的产品具有某些共性。如何将这些共性提取出来，开发能让大部分公益机构用得起的产品，成为公司之后的努力方向。从那时起，公司决定将社群管理系统标准化，以进一步降低产品成本，服务更多的公益机构。历经半年的艰辛改进，到 2012 年 11 月份，社群管理系统的标准化过程完成，灵析 1.0 诞生（见图 3），公司完成从定制化向标准化的转型。

图 3　灵析 1.0 界面

2. 灵析 1.0 的主要功能

灵析 1.0 主要的功能包括：联系人、表单、邮件和短信。

（1）联系人：挖掘联系人的真正价值

联系人管理功能突出公益组织以“人”的管理为关键理念，处于灵析 1.0 的核心位置。联系人管理模块（见图 4）致力于发掘公益机构各类联系人的真正价值，解决公益组织利益相关方信息分散、了解不足、团队内部协作不够的问题。通过该模块，公益机构无须掌握复杂的 IT 技术，就能实现联系人的收集、整理、使用，达成精准传播，深度培养与利益相关者的潜在伙伴关系。具体而言，该功能可以收集通讯录、名片、网站、社交媒体、活动、捐赠等各个方面的联系人信息，并将这些线上线下多个来源的数据整合到一起，充分解决捐款人等联系人信息分散在腾讯公益、活动行、Excel 等多个平台的问题，帮助公益组织省时省力地记录各个联系人的信息，维护其与各个联系人之间的关系。该功能在联系人数据录入方面，支持联系人单个录入或批量数据导入导出；在联系人管理和维护方面，支持联系人分类管理和标签角色管理，将联系人给予分类和贴标签。这一功能对公益组织维护与联系人的关系意义重大，因为它能构建多维精准的志愿者或捐款人画像，方便公益组织准确、有针对性地进行信息传递。比如，某些志愿者喜欢去山区支教，某些志愿者喜欢帮助残障儿童，这两类志愿者就可能拥有不同的标签，公益组织可以针对这些标签对不同联系人进行不同活动的推送服务。

图4　灵析1.0联系人页面

（2）表单：轻松积累联系人资源

灵析1.0的表单（见图5）功能也很实用。公益组织利用表单功能，可以在线创建活动报名表等各类表单，完成众多重要活动，比如问卷调查、人员招募、邮件订阅、活动倡议等，轻松积累联系人资源。该表单功能还可以与联系人管理功能连接，即表单中的每一个字段都可以添加收录后进入联系人档案选项，这样就能使每一个填写表单的志愿者或捐款人及时准确地被记录到联系人数据库中，逐步积累不同的数据库。此外，灵析1.0还可以运用一个表单管理多场次活动，并在表单提交后显示特定文本，如公益组织的口号、微信公众号、群二维码等。

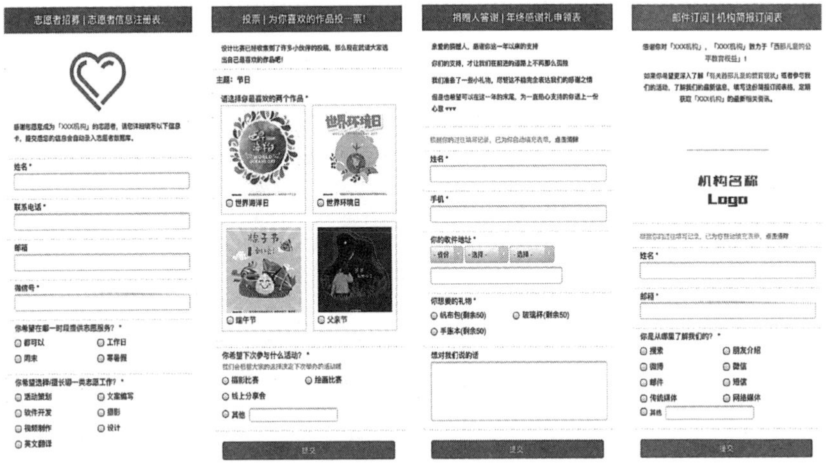

图 5　灵析 1.0 的表单功能

（3）邮件和短信：让信息传播更高效

除联系人管理、表单功能外，灵析 1.0 的邮件群发、短信群发功能（见图 6）同样突出，在紧急事件的批量响应方面效果显著。该模块可以进行邮件群发、批量短信群发、拖拽邮件等操作。其中，邮件群发具有每次发送 5 000 份邮件的群发能力，并与腾讯、163 进行反垃圾邮件合作，保障邮件被友好送达。短信群发功能，可以帮助公益机构比邮件更加及时地传送信息。拖拽邮件则方便公益机构发布新的邮件。在后期的改进中，该模块又增加了绑定微信的功能，可以帮助公益机构用手机调取灵析内部的联系人信息，并且与微信服务号打通，支持各种联系人服务，如捐赠服务、志愿查询服务等，帮助公益机构实现高效传播和管理。

从定制产品到标准化产品，这一转变的成本很大，也很辛苦。但是，灵析 1.0 的低廉价格和强大功能，可以让更多公益组织用得起、用得好。定制产品的售价是几万元，标准化后，由于成本降低，灵析 1.0 的服务费是一年几千元，甚至低至一两千元。

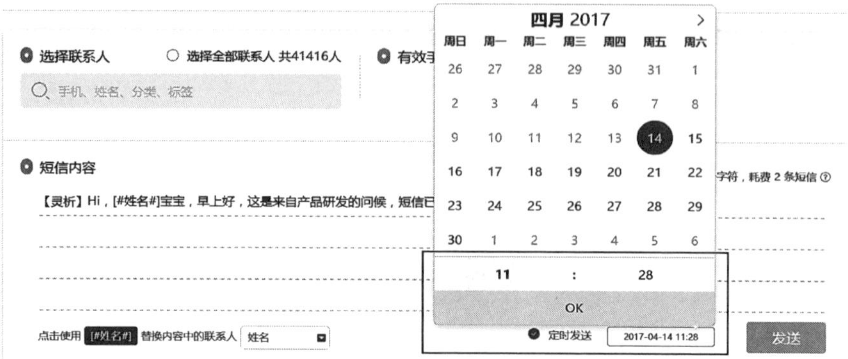

图 6　灵析 1.0 的邮件和短信功能

产品价格的降低，使公司可以服务更多的小型公益机构。在易昕看来，小型公益组织也在做很多有意义的事情。服务更多的公益组织，为公益组织插上智慧的翅膀，让“人人皆可参与公益，且受益”，正是公司追求的使命。

迭代升级解决公益组织痛点

1. 从灵析 1.0 到灵析 2.0

2014 年 10 月，针对公益用户的新需求，公司在灵析 1.0 的基础上增加了新功能，将灵析 1.0 升级为灵析 2.0，使之成为一款专门服务公益机构的在线服务软件。后期，针对用户的痛点，公司不断改进灵析 2.0 的旧功能、增加新功能，使灵析 2.0 持续迭代升级，以满足公益机构更加精细的需求。目前，灵析 2.0 分为不同的版本，如试用版、入门版、小微版、标准版、专业版等，每个版本的定价不同，功能也略有差异（见图 7）。

因为灵析 2.0 是一个在线 SaaS（软件即服务）系统，一个完全意义上的互联网产品，为了方便公益机构使用，公司设计了灵析官网（见

图 7　灵析 2.0 的不同版本

图 8）、微信等多种登录方式。公益机构只要登录相关界面，就可以使用灵析 2.0（见图 9）。

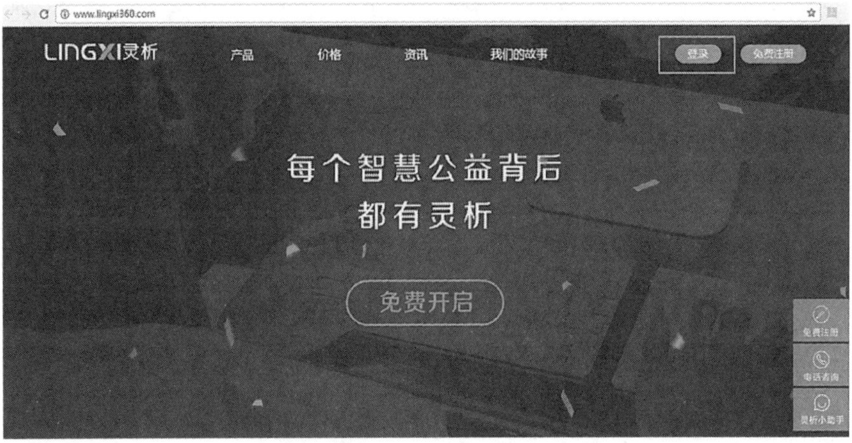

图 8　灵析 2.0 官网登录界面

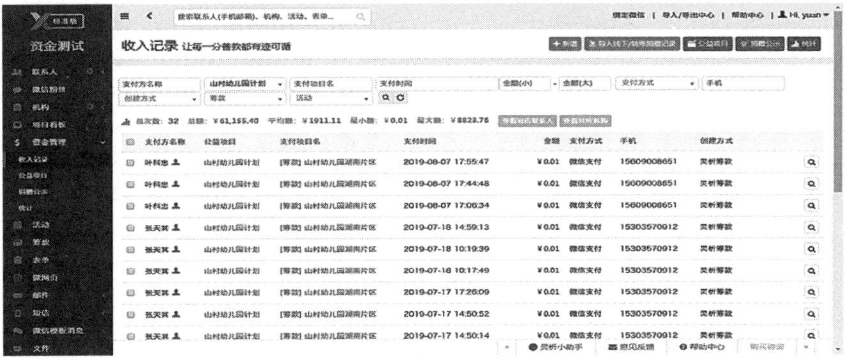

图 9　灵析 2.0 标准版页面

2. 灵析 2.0 的新功能

与灵析 1.0 相比，灵析 2.0 主要增加了活动管理、在线筹款、资金管理等多种新功能。

（1）活动管理：让活动组织更轻松

组织各类公益活动是公益机构的重要任务。但是，如果没有合适的技术工具帮助，则会成为一种耗时、累人的工作。灵析 2.0 的活动管理功能（见图 10），利用互联网工具，帮助公益机构更好、更有效率地策划各种公益活动。该功能包括活动报名、活动展示、活动签到、活动通知和后期维护模块。活动报名模块可以帮助公益机构通过灵析表单，筛选出目标人群，并随时随地收集所有参与者的信息；活动展示模块预置丰富的活动图库，可以让公益机构设计全新的活动展示页面；活动签到模块的扫码签到功能，简化了签到流程，使签到告别了烦琐的人工操作，该模块也支持多次签到和补签，可以实时观测签到人数和签到率，为公益机构组织活动提供更多便利；活动通知和后期维护模块，可以帮助公益机构进行活动前的提醒通知，还可以在活动结束后与参与者联系以获得他们的反馈，大大方便了公益机构了解所组织的公益活动的落实情况。

（2）在线筹款：拉近与捐款人的距离

筹款是公益组织运作中非常重要的一环，对公益机构的健康发展、使命的达成具有不可或缺的作用。2015 年，公司开始研发“在线筹款”工具。通过解决支付通道问题，灵析 2.0 的在线支付功能成功地帮助公益组织解决了线上筹款的难题。灵析 2.0 的“在线筹款”功能支持公益筹款、定期捐款、活动报名筹款、商品售卖等场景。其中，公益筹款包括大病救助、自然保护等公益项目的筹款，定期捐款包括月捐、周捐和日捐，活动报名筹款包括线上/线下活动报名、活动门票等场景的筹款，

图10　灵析 2.0 活动管理页面

商品售卖包括商品直接售卖、商品众筹等场景的筹款。目前筹款的收款方式有两种：一是灵析 2.0 代收的方式，支持支付宝、微信收款；二是使用公益组织自己的银联或 PayPal 等账号收款。

与传统的筹款平台不同，灵析 2.0 的“在线筹款”还有许多个性化的服务。第一，支持者反馈服务。公益组织可以通过邮件或短信向捐款者表示感谢。该邮件或短信是个性化的，即不同捐赠者会收到捐赠者姓名、捐款金额等不同信息的邮件或短信。这一功能细小却很贴心，即时的捐款信息反馈及感谢，能够给捐款者提供非常好的捐款体验，使捐款者感受到被关注的温暖，从而成为公益组织的“铁杆粉丝”。第二，团队捐款服务。该服务允许捐款者以公司、同乡会等名义，利用灵析 2.0

进行组队捐款。团队捐款服务的重要意义在于，一是可以帮助公益组织的筹款活动增加关注人数，因为团队捐款服务可以使一个筹款项目从被团队中某个人知晓，变成被团队中所有人知晓；二是可以帮助公益组织对不同团队中的队长进行后续维护。如果某个团队的队长捐款号召能力很强，团队捐款总额较大且频率较高，那么公益组织就应该对这些队长进行重点维护。第三，首页统计和支持者列表显示服务。灵析 2.0 的“在线筹款”工具，可以在筹款首页显示实时筹款总额以及捐款者的相关信息，这使得整个捐款活动更加真实、可信。第四，常见问题服务。通过在筹款首页上增加常见问题及问题答疑服务，能让人们相信该公益组织的捐款活动。第五，项目进度服务。这一服务能让公益项目的进展更加动态化、丰富化。

此前，对于捐赠人的管理，整个公益行业能够用到的工具不多。灵析 2.0 的“在线筹款”工具（见图 11）为吸引与留住支持者的理念而设计，创新地提供了在线化的服务，其功能全面而细致，能够让公益机构与捐赠人之间进行有效沟通，给行业提供了很大的价值。尤其是那些规模不是很大的公益组织，可以很方便地应用这样的工具，更便捷地把捐赠人管理起来，拉近公益机构与捐款人的距离。因此，该功能上线后，吸引了很多公益机构客户。机构愿意付费，公司业务也迅猛发展。

（3）资金管理：让钱花得更有价值

公司前期产品功能主要是围绕公益组织的利益相关方如志愿者、捐助者开发的，是 C 端（消费者端）互动。2016 年，随着公司获得一家基金会的投资，公司开始思考如何从 B 端（企业端）改进产品功能，更好地服务公益组织。当时，中国的公募基金会都处在转型阶段，筹资渠道迅速增多，方式也更加多样化。大量数据涌入的背后却依旧是纯人工的处理方式，致使财务人员大部分时间都花在重复琐碎的工作中，没

图 11　灵析 2.0 在线筹款页面

有精力关注一些重要的问题，如：公益组织募集到上亿元资金后，是如何花掉的？花费是否合适？有没有重复的花费？如何把钱花得高效？在易昕看来，这些问题对公益行业有摧毁性的影响，是比筹款更重要的事情。只有量化管理，提供精准统一的数据，才能真正提升公益组织的效率，赢得社会公众对公益组织的信任，激发公益组织的活力。

从 2016 年开始，公司围绕公益机构的资金管理问题研发相应的技术工具，帮助公益机构解决相关难题。于是，灵析 2.0 的资金管理功能应运而生。这套资金管理系统是公益项目人员和财务人员之间的桥梁，可以将公益机构筹集资金的信息统一汇集到一处，形成一个像蓄水池一样的储存资金信息库，详细记录和分析公益机构项目的资金留存轨迹，让资金管理变得轻而易举。具体而言，这一系统包括公益组织的收入管理、众筹对账以及项目公示三个模块（见图 12）。在收入管理模块中，灵析 2.0 会给出公益组织本月总收入及同比增长、本月捐赠人次及同比增长等总体概览数据，以及某个公益项目的支付方名称、支付方类型、支付时间、支付金额、公益项目名称等数据。该模块还能将以往的捐赠记录、将来发生在灵析 2.0 上的捐赠和将来导入的捐赠，与公益项目关联起来。众筹对账模块能将腾讯公益、公益宝贝、美团公益的捐赠数据同步，进行自动分账，让每一分钱都能找到主人。项目公示模块则是公益组织对外公示的通道，能让支持者清晰地了解公益组织每个公益项目的收支情况，解决了支持者和公益组织之间信息不对称导致的问题，增加了双方的信任与合作。

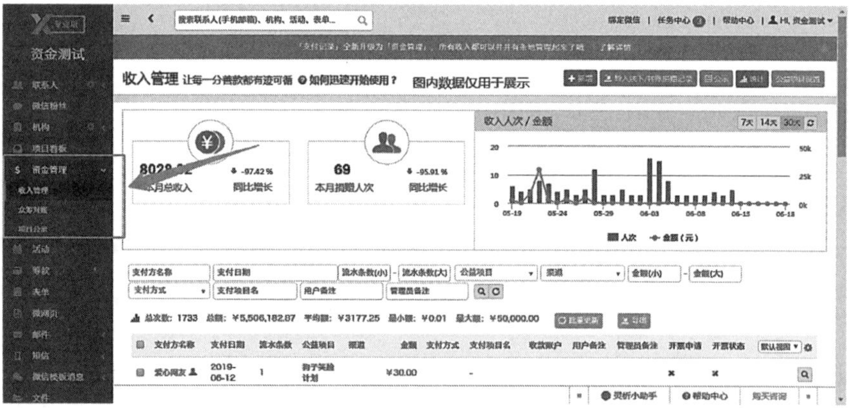

图 12　灵析 2.0 资金管理页面

（4）项目管理：让项目组织更高效

做项目是公益组织日常工作的重头戏，但在实际操作中，却常常被低效困扰。项目的申报方式大多是 E-mail / Word 等传统形式，申报时文档格式不一，工作人员整理困难，容易遗漏好的项目；内外部评审专家难以沟通协调，不同审批阶段项目难以管理，审批等待过程浪费大量人力；月度、中期等报告沟通复杂，资金拨付、使用难以实现有效监测；定性定量项目效果难以评估，机构只有成果积累，没有经验输出等。根据公益组织的需求，灵析 2.0 设计了项目管理功能，让公益机构的项目管理更简单、更高效。该项目管理功能由 4 个模块、10 多个部件组成（见图 13）。这 4 个模块分别为项目申报、项目审批、项目执行、项目评估，每一个模块又由不同的组件构成，以满足公益机构项目管理的细节需求。

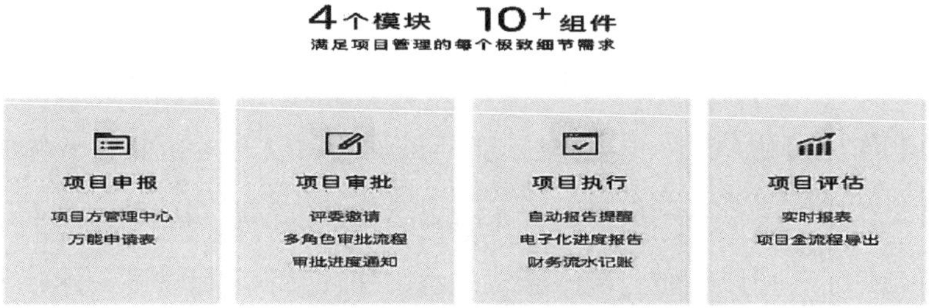

图 13　灵析 2.0 项目管理系统模块及组件

项目的申请方可以在管理系统（见图 14）中自主管理申请流程，查询申请进度；同时，通过邮件、短信等方式，实时获取审批进度、关键节点报告提交提醒，避免大量重复沟通。项目的审批方可以定制申请表格，追溯财务拨款记录全程，对同类项目进行横向、纵向综合对比，根据项目痕迹一键生成报告，并让申请流程中的一切信息全部电子化。这些格式化的数据可以积累，作为未来组织数据分析的基础。该功能可以极大地降低公益组织的管理成本，提高项目组织的效率。

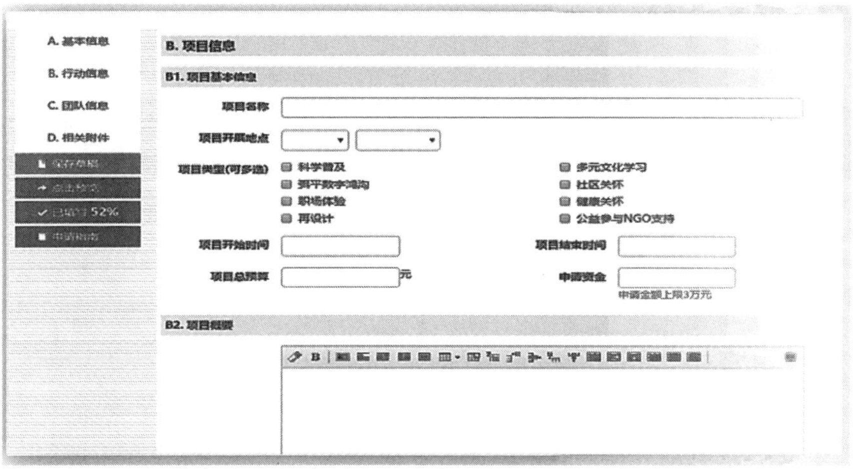

图 14　灵析 2.0 项目管理系统页面

（5）微网站插件：廉价而快捷地创建活动

很多公益机构希望基于微信建设自己的官网，但是开发成本很高。为了解决公益机构这一难题，公司搭建了微网站插件。这个插件可以帮助公益机构通过灵析产品，快捷地生成一个筹款或活动的微网站（见图15），让公益机构建立自己的社群参与聚集地。通过该插件，公益机构可以制作出将活动展示页、项目进度与公示、个人中心汇集于一体的微网站。其中，活动展示页可以展示历史活动并推荐近期活动；关于项目进度与公示，可以在微信端做善款公示，并且展示项目进度，让慈善公开透明；个人中心允许参与者登录查看活动记录、查询活动次数和活动时长，让捐赠人能够看到自己为公益组织做过的捐赠，每个捐赠人都有自己的专属页面。这极大地增强了捐赠人的归属感，提高了捐赠人对公益机构的黏性。

图15　灵析2.0微网站页面

（6）数据中心：深度挖掘数据

数据分析是维持、扩大公益机构影响力极为重要的方式。过去，公益机构的数据散落在各个平台。如今，灵析2.0将它们汇集在一个平台上，并能对这些数据价值进行充分挖掘。利用灵析2.0的数据中心功能（见图16），公益机构可以查看联系人、表单、收款、邮件、短信的长期数据和统计分析。在“我的灵析”里，还可以查看机构DPI（数据力指标，Data Power Index）和各项数据变化。DPI是灵析2.0基于公益机构伙伴在灵析2.0积累的数据痕迹计算出的一个参考性指标。该指标包括传播力、动员力、数据增长力、“铁粉”吸纳力、资源吸纳力五个维度，全方位展示公益机构当前的发展状态。其中，传播力指数能客观地反映公益机构的信息覆盖量，也就是“有多少人能够听到该公益机构的声音”；动员力指数能反映公益机构对资源的动员力，也就是“有多少人实际参与了该公益机构的项目活动”；数据增长力指数测量公益机构一段时间内联系人数据更新率、筹款人次、表单填写人次增长等各个维度数据的增长程度；“铁粉”吸纳力指数是将二次或多次参与活动或捐赠项目、多次打开邮件阅读该公益机构近况信息的人算作“铁杆粉丝”，在此基础上抽象计算出的指数；资源吸纳力指数则是根据筹资状况整理出来的指数。

此外，从灵析2.0数据中心不仅可以直观地查看捐款人次最多的地区、捐款额度最高的项目、捐款人数最多的项目，还可以自动显示最优质的捐赠人群，小微版以及之上的版本还能看到联系人留存、新老捐款人月度变化、联系人影响力等信息。灵析2.0数据中心还能定制个性化需求的数据分析服务。通过对公益行业的数据挖掘，灵析2.0能够用互联网和数据的模式给公益行业带来新的技术管理手段。

除上述功能外，灵析2.0还创建了“X-Training”，针对新用户进行线上课程培训；还有定期的线下课程，并为高版本的用户提供现场指导服务。公司通过“工具+服务”的模式，为用户提供全方位、立体化的技术支持。

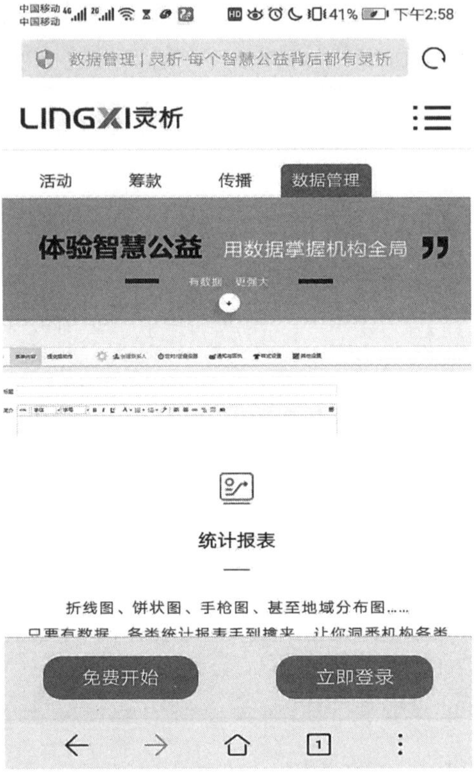

图 16　灵析 2.0 数据中心界面

3. 灵析 2.0 的研发

在向灵析 2.0 迭代升级过程中，公司本着先解决公益机构的刚需、痛点，然后再解决公益机构痒点的研发策略，逐级细化、迭代，以期为公益机构带来更多的价值。

在研发中，每个研发人员都是产品经理，用户则是产品共建者。研发人员通过定期拜访客户，邀请客户一起讨论他们的需求，让他们深入参与到产品开发中。公司还通过用户留言、灵析小助手，了解客户的痛点，收集用户反馈，每月进行一两次深度讨论，提出产品改进意见，以弥补公司业务中存在的不足。例如，每当遇到客户痛点，相关信息就会发到公司的微信群中，而公司扁平的组织结构能够保证公司信息沟通的顺畅，使客户的问题及时解决。实际上，灵析 2.0 的研发工作是非常复杂、精细的，需要研发人员不断思考，以找到合适的解决方案。研发人员不仅需要了解公益机构的具体业务，了解公益业务场景，还要很好地把握技术，把对公益机构业务的思考融入技术之中。

在具体研发过程中，设计是其中最重要的一个环节。在设计阶段，研发人员必须要有同理心，能够站在公益机构的角度，仔细琢磨客户的需求和痛点。此外，研发人员设计出来的产品要给客户带来意外的收获——在客户有预期的地方超出预期，没有预期的地方给出惊喜。比如，在设计与人相关的功能时，研发人员必须对人进行精准识别，把每一个维度抽象出来，进行细节处理，再进行智能化的分类：谁打开、谁阅读等。灵析 2.0 通过为不同的联系人画像，进行自动化标记，把这些数据沉淀下来，以便于公益机构进行后期的社群关系维护。再比如，在设计资金管理的功能时，研发人员仔细辨识公益机构在资金管理方面面临的痛点——对账耗时易出错、发票难开流程多、渠道繁杂钱难分、报表数据难统计等（见图 17）。

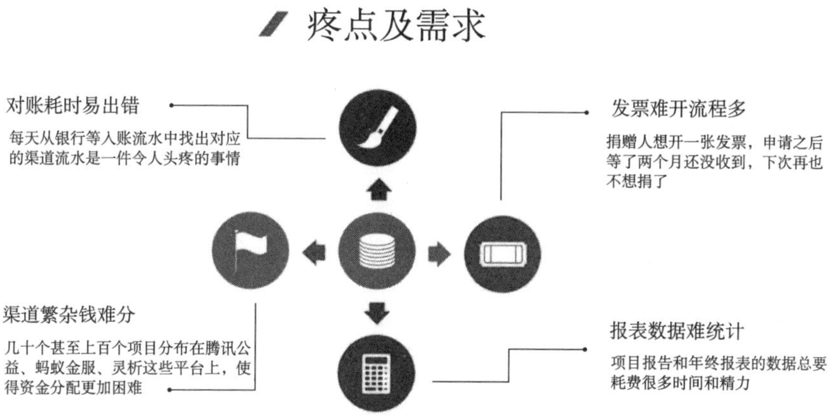

图 17　公益机构资金管理中的痛点和需求

在识别出公益机构资金管理的痛点和需求之后，研发人员再给出设计方案（见图18），开发出合适的资金管理工具。

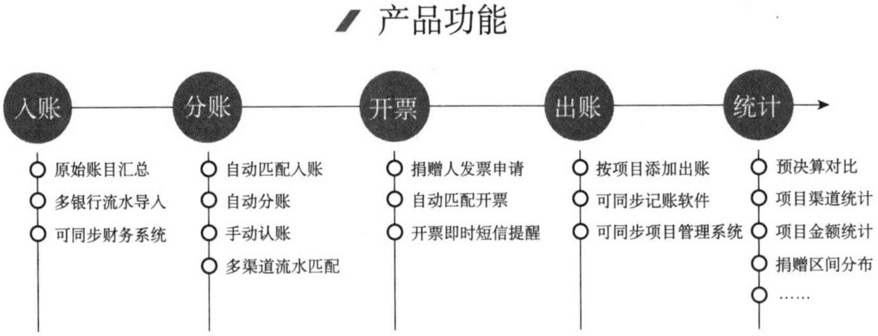

图18　灵析2.0的资金管理设计方案

在访谈中，负责研发的联合创始人郭润苗说：

> 好的产品不能只是工具，还要有灵魂。细节的东西很重要，这也是其他企业难以进入这一领域的壁垒。

创业路上的诱惑与坚守

1. 商业利益还是社会价值

在公司的成长之路上，易昕也受过一些甜蜜的诱惑。在早期，随着灵析1.0的推出，公司用户不断增加，很快就达到1 024家。对计算机行业的人来说，1 024是一个特别的数字。那一日，公司团队内部一片狂欢。在狂欢时，易昕接到一个朋友的电话。朋友问："易昕，你现在还在创业吗？"易昕说："是啊！"朋友告诉易昕，他也创业了，并邀请易昕到自己的办公室看看。

易昕应约来到中关村的一座大厦，朋友的公司就在那里，占用了半层楼，办公室窗明几净，生机勃勃的绿植点缀其间。朋友告诉易昕："我们每天的流水有上百万元，员工的薪资也很高。我们有很好的银行背景，现在就缺一个靠谱的IT团队！你们现在怎么样呀？"易昕说：

“啊？我们挺好的！”其实，那时易昕的工资并不高，虽然公司有了一些用户，但比起朋友公司每天上百万元的流水简直遥不可及。朋友对她说：“你们来吧，来跟我们一起做！”易昕犹豫了一下，但随即很坚定地拒绝了。

回忆当时拒绝的原因，易昕感慨地说：

> 从我们刚开始进入非营利组织这个行业的时候，基金会只有2 000多家，到现在已经有近5 000家了，而社会组织也从30多万家增加到现在的60多万家。当时，我看到了公益行业巨大的发展前景。但坦诚地说，不是这些留住了我们，留住我们的是公司的用户。我还记得一个晚上，很晚了，11点多，广西一个草根公益机构的负责人给我打电话：“易昕，你们那个邮件模板功能真好，我用那个模板做了一个网页，挂在了我们公司的域名下面，你可以去看一下，真是特别感谢你们！”在那一刻，我们看到了我们工作的价值，尤其是对那些没有钱、没有人又没有技术背景的公益机构的价值。

2. 财务投资者还是公益投资者

2014年，公司的快速发展吸引了投资者的关注，不时有投资人找上门来。曾有一位企业家想收购易昕团队去做他想做的事情，尽管那家公司跟公益有一些关联，但被易昕拒绝了。因为易昕担心公司被收购后，就不能做自己想做的事了。

又有一次，易昕为一位客户介绍灵析系统。客户听了十分激动：“这系统太好了，我找了很长时间都没有找到合适的。你们这套系统，正是我想要的。”他还问：“你们需要投资吗？我们理事长是一个投资人，他特别好，清华毕业的，已经投资了好几家成功的公司了。他在很多方面都特别内行，也热心公益，每年都捐赠很多钱给基金会做公益。”

当时，国内风投基金对互联网风口的追捧刚刚兴起，已经有一些风投基金来找公司，公司也正准备融资。易昕回忆道："前几天刚和一家互联网挺有名的风投聊完，第二天就跟这位理事长聊。聊完之后，两家都有意向为公司投资。"

通过接触，易昕发现这位理事长有公益情怀，虽然他不太懂 IT，但是他懂公益。他认为灵析很好用，并承诺未来不会干涉公司的发展方向，而且对盈利没有太多要求，唯一的要求就是希望团队把这件事做好，希望他们一直坚持在公益领域做事。有这么一个懂公益又不管事的投资人，创业团队就接受了这笔 300 万元的投资。这是公司收到的第一笔投资。收到这笔投资后，公司还是一如既往地踏踏实实做事，按部就班发展，并没有马上扩张。

尽管这笔投资占股 10% 左右，但在股权分配上，团队没有过多地纠结。事后，易昕说："如今看来，我们在选择投资人时，选得挺正确的，因为我们选择了价值观与我们相类似、认同我们所做事情的投资人，而不是单纯的财务投资者。"

2016 年，一家做社会投资的民间基金会找到易昕，为公司投入几百万元，这是公司收到的第二笔投资。投资方提出的唯一要求是"不要随意关公司"。在易昕看来，这是对公司最大的鼓励。

3. 扩张还是缩减

接到第二笔投资后，在内外各方的推动下，公司开始快速做大。当年，公司开始增加员工招聘。2017 年 6 月，员工数量从 20 多人扩张到 40 多人。

扩张之前，公司只有十几人，属于小团队，每个员工都很优秀，大家依靠共同价值观达成动态平衡，人与人之间的关系比较简单，没有太多条条框框的约束。扩张之后，公司开始进行规范化运作，邀请顾问做讲座，调整组织结构，制定各类规则，加强对公司内部的管理。原来是易昕的团队自己招聘员工，现在变成由专门的人事部门招聘，按职能而非需求招聘。上述变革，不仅没有为公司带来转变，反而带来许多障碍。原来管理层和下属之间没有间隔，现在彼此关系生疏；原来上下班不用打卡，现在需要打卡做考勤。

一次，易昕在等电梯回家时，遇到一位员工从电梯里匆匆返回。经过询问易昕才了解了事情的原委。原来，那位员工下班离开时忘记打卡了，不得不再次返回公司。之后，公司开始面临员工流失问题，有老员工，更多的是新员工。尽管这些新员工很多来自“985”“211”院校，多数是技术和市场人员，每个人都很优秀，但来到公司后，他们并不能与公司想做的事情迅速匹配，都感觉到了挫败和不公平。

这些事情深深刺痛了易昕，让她和团队开始对公司的员工规模和制度化变革进行反思。经过半年的痛苦反思，易昕下决心缩减员工规模。调整于 2017 年年底开始，至 2018 年 6 月结束。打卡制度被取消，员工人数精简到 20 多人，官僚制的组织结构又回复到以前扁平化的组织结构。公司重新恢复了生机。

回顾过去，易昕感慨地说：“规模化与规则化未必一定好。一个团队应该自然发展，形成自己的价值观和文化。公司变革之前，没有明确的规则，每个团队成员有自己独特的个性，可以让员工随其个性发挥特长。此外，对于小团队而言，需要的是共同创造力，是整体的感觉而非分割。变革后按职能而非需求的招聘，让团队成员之间产生了鸿沟，业务配合出现问题，直接交流受到影响，责任与人的匹配度不足。”

在易昕看来，人不是靠做工作留下来的，只能靠共同的价值认知去达成动态平衡（见图 19）。因此，在招聘时，公司一直遵循“Do good，Be proud，Make history”的价值观，尽量寻找一些和公司价值观相匹配的员工。尽管早期招聘的一些员工已经离开了公司，有些小伙伴回到自己家乡开自己的公司，但和公司一直保持联系，至今仍有合作。

图 19　公司员工的公司价值观熏陶活动

灵析带来的改变

1. 为公益组织的发展提供动能

本着让“每个智慧公益背后都有灵析”的宏愿，灵析通过提供人、钱、项目的一站式场景解决方案，为很多渴望快速发展的公益机构提供了动能。拜客·广州是一家公益机构。该机构从 2014 年开始使用灵析系统。借助灵析，该机构管理的志愿者从一开始的几千名发展到上万名，每次公益活动都能动员大量的志愿者，机构也从一家校园的环保草根机构变成一个国际性组织。

皓宇曾任瓷娃娃罕见病关爱中心（以下简称瓷娃娃中心）传播官，这是一家为各类罕见病人士服务的公益组织。2014 年 8 月，瓷娃娃中心让风靡全球的“冰桶挑战”落地中国，倡导大家关注包括 ALS（肌萎缩侧索硬化）患者在内的罕见病群体，一时应者云集，两周内微博阅读量达到 44 亿人次，瓷娃娃中心就此进入快车道。2015 年前后，其品牌项目“钢铁侠计划”持续收到大量捐赠，这对皓宇的日常管理工作形成了不小的压力。皓宇说："当时我们需要对这几万条捐赠信息进行手工整理，并要在短期内给予捐赠者项目反馈，任务十分艰巨。"为此，瓷娃娃中心向灵析团队咨询解决方案，希望在软件中开发一个"捐赠人数据导入模板"功能，能够迅速将基础数据文件进行归纳、整理。事后证明，灵析产品帮助瓷娃娃中心省去了大量烦琐工作，原先需要一到两周才能完成的分析工作，只需要几分钟就可以导入，还可以对捐赠人及时进行详细反馈。

2016 年 4 月，覃树勇加入福建省一家教育基金会。当时，这家公益助学组织人手紧张，覃树勇常常一人身兼多职。当他需要了解该基金会的捐赠人信息等情况时，只能找机构创办人，因为捐款人信息主要存在机构创办人的头脑或通讯录中。覃树勇认为，捐赠人信息从创办人那里分享给新来的同事，依靠"口口相传"显然不是长久之计，亟需一个能够有效管理机构信息的软件。为此，覃树勇找到佳信德润公司，让该公司专门为该基金会开发了一款利益相关方管理软件，大大提高了该基金会的管理效率。例如，该基金会有一项"担当者行动"项目，其主要业务是支持乡村教师成长。该业务需要挖掘积极参与活动的教师并加以重点培养。在使用信息化工具前，该基金会主要依靠人脑记录、凭印象决策。在启用管理软件后，该基金会可以通过报名、签到、记录等网络痕迹，清楚地了解哪些老师比较积极。当需要深入了解某个老师时，这家公益机构还可查看后台了解其参与情况，这些都大幅度提升了乡村教师培养计划的深度跟踪效率。

红树林基金会是最早使用灵析"在线筹款"功能的公益机构。其中的月捐功能极大提升了红树林基金会筹款动员能力和服务意识，为该基金会带来持续的资金支持和社会影响力。在公司与红树林基金会共同开展的一场以"月捐"为主题的现场沙龙活动中，该基金会的筹资主管林佳蓉向众多公益机构分享了红树林基金会利用灵析进行月捐的经验，为更多公益机构的募捐活动提供助力。

2. 改变公益组织不愿付费的传统观念

在早期客户定制化阶段，公司为了维持财务可持续性，坚持按照市场原则，在成本加成的基础上按市价向客户收费。后期，随着产品标准化，产品成本降低，产品定价也大幅下降。公司针对不同用户推出了灵析的不同版本：免费版、小微版、标准版、专业版等，以覆盖更多的公益组织。

2018 年 12 月 1 日起，公司将免费版调整为入门版，每年的使用费为 299 元。面对公司对所有版本全面收费的举措，质疑者认为："公司做大了，就开始全面收费，还说什么本心。"易昕回应说："我们希望灵析和客户的关系不是因为免费，所以随便用用，而是因为灵析为客户创造了价值，客户愿意和我们共同成长。"在易昕看来，公益组织的支付能力较弱是一个"比较传统的观念"，省钱并不是公益组织的目标。相反，让资金和资源得到高效使用，解决社会问题，才是现代公益组织应该追求的。易昕说："从这个角度出发，看起来是公益机构付钱购买了灵析这一产品，实际上灵析这一产品为它们所节约的资金和产生的价值，高于它们支付成本的几十倍甚至上百倍。"

灵析坚持以向公益机构收费的方式提供服务，曾被许多专家认为是不可行的，但灵析的逐年成长打破了这一成见。在过去几年间，灵析"收费服务"的成功模式，让外界对公益行业"支付能力弱"的固有偏见发生了转变。事实上，随着公益机构的发展，公益机构的付费能力不断提高，这些机构在逐渐提升版本，从小微版到标准版，再到专业版。目前，公司的年营业收入在千万元，其中 70% 以上的收入来自大型公益机构的购买服务，但中小型组织的购买力也在不断提升。

3. 全方位提升公益行业的信息化水平

自 2012 年创立起，公司围绕让"每个智慧公益背后都有灵析"的理念，以六大场景（见图20）、三大支持为主线，通过提供不同的管理工具，全方位解决公益机构在筹款、传播、活动与数据管理等方面遇到的问题。

图20　灵析2.0服务的六大场景

与商业公司开发的类似产品相比，灵析具有多方面的优势。第一，灵析专注于公益行业。以活动报名为例，与“活动行”“互动吧”等类似产品相比，在适应公益领域特定场景的需求上，灵析的细节要精细许多，志愿者时长统计就是细分领域的一个特点。再以公益组织数据收集为例，灵析也与“金数据”“问卷星”等旨在满足各类机构共性需求的软件有所不同。灵析更简单、更便捷，且传播渠道的数据收集更加完善。第二，能为公益行业提供独特价值。在灵析开发在线筹款功能之前，对于捐赠人的管理，整个公益行业能用的工具不多。灵析在如何让公益机构与捐赠人之间有效沟通等方面，创新地提供了在线筹款服务，给行业带来了很大的价值。尤其是那些规模不是很大的公益组织，能很方便地应用这种工具，更便捷地把捐赠人管理起来。第三，灵析的响应速度快，服务好。南都公益基金会是灵析的长期用户，该基金会秘书长彭艳妮说，有些管理软件的价格比较贵，但客服的服务态度、响应速度却不如灵析。壹基金捐赠人服务团队副总监罗海岳这样评价公司："灵析追求的是精益求精的迭代精神。在产品使用的过程中，公司设计人员不断接受我们的优化建议，并快速把产品调校成我们想要的模样。"第四，灵析的价格低。国外也有为公益机构提供技术管理工具的厂家，但与灵析相比，国外同类产品的使用价格为每年几万元甚至十几万元，远远高于灵析每年几千元的价格。与国内同类产品相比，灵析也有着明显的价格优势。

近几年，随着观念的转变，公益机构开始选择更懂公益业务的服务商为它们做整体的信息化规划。因此，不少公益机构与公司合作，希望针对其机构特点定制化某些产品和服务。公司在为公益机构提供定制化产品时，往往从设计环节就开始琢磨：定制产品中的哪些功能可以标准化、产品化，以便在一段时间后降低相关服务的价格，让没有付费能力的草根公益机构也能用上新功能。目前，灵析系统已经成为公益机构筹款传播、联系人管理、公益大数据管理不可或缺的工具，为中国公益行业带来了巨大的改变。此外，无论是灵析小助手的线上帮助、机构的定制化项目，还是团队成员走遍全国的公开课的举措，都从整体上推动了中国公益行业信息化水平的提高。

2019 年 9 月 21—23 日，第七届中国慈展会在深圳隆重举行，公司应邀前往参展。在接受中央人民广播电台深圳记者采访时，易昕打开灵析系统，向记者介绍公司如何针对公益组织六大使命场景，根据用户需求不断迭代，从而帮助公益机构实现低成本的高效信息化解决方案，全方位提升公益行业的信息化水平（见图21）。

图21　易昕接受中央人民广播电台深圳记者采访

4. 改变了公益行业的生态环境

自成立以来，公司开发的灵析系统，通过各种方式改变着公益行业的生态环境，践行着自己的使命。第一，用产品引领公益行业的发展。近年来，中国公益行业快速发展，一些行业领军型的机构对信息化有着更深的需求。它们需要的不仅是一套标准的利益相关方管理系统，更是面向未来业务的信息化解决方案。易昕认为，在这样的市场环境下，公司不仅应该满足客户需求，而且应该先把产品做出来，通过产品创新引领公益行业的发展，而不是等待用户提出需求，被动地去满足它们的需求。因此，从2018年开始，公司开始为上海市慈善基金会定制整套信息化解决方案，助力基金会未来的公益业务，用产品引领公益行业的发展。第二，在公益界播种共同成长的理念。清华大学教育基金会是最早使用灵析的公益机构之一。当有人问该基金会的副秘书长王丹，当初为什么选择灵析时，王丹说："我寻找的不是单纯的技术方，而是真正懂公益的技术团队，真正可以和我们共同成长、共同进步的合作伙伴。这就是我们当初选择灵析的原因。"第三，为公募机构引入竞争机制。因为公募机构的设立需要审批，这在一定程度上降低了公募机构的竞争意识。为此，灵析通过为公募机构设立配捐制度，为公募机构引入了竞争机制，提高了公募机构主动参与市场竞争的积极性。第四，设立公益基金助力公益。2016 年，公司在深圳志基会设立了"智慧公益专项基金"，与 IBM 等商业企业合作，更多地面向社会各界，用自身的力量促进社会善意的流通。第五，促进社会公众参与公益。灵析通过精确的数据支持，帮助公益行业降低了流程和制度成本，解决了公益行业信息不透明、信任不足的问题，改变了公益行业的生态，让公众可以更好地参与公益活动。正如担当者行动总干事官文宾所说的："灵析使得公益组织、捐款人、志愿者建立了更好、更便捷的联结，有效地促进了社会的公共参与，使得人人公益成为可能。"

5. 让社会变得更美好

灵析的出现，改变了公益组织的管理方式和效率，也改变着许多人的命运。2015 年冬天，南开大学研究生岳军查出患了骨癌。南开大学教育基金会发动全体校友进行募款活动。公司了解到这件事情后，全力以赴进行相关技术支持。在募款过程中，基金会使用了在校庆过程中通过灵析系统积累的巨大校友数据，同时也把过去的校友数据放在系统中。在校友的热心捐助下，24 小时的筹款额就超过了 130 万元。当易昕看到 130 万元这个数字在筹款页面上不停地闪动时，她看到的仿佛不是钱，而是这个学生的生命动力在不停增强！正是在技术的支持下，灵析系统不仅帮助基金会更快、更精准地将捐款需求发布给许多校友，更实现了实时、准确的捐款信息披露。灵析就这样改变着公益组织，改变着许多人的命运，让社会变得更美好。

事后，南开大学教育基金会的小伙伴告诉易昕："易昕，你知道吗？我们的筹款团队只有三个人——秘书长加我们两个学生。如果没有这套系统，我们无法想象怎样完成捐款任务。因为有 8 000 多位校友为岳军捐了款，我们需要进行实时信息披露，再加上是校友，我们的披露内容需要非常具体。正因为这套系统能够支持我们的工作，所以我们三个人服务了 8 000 多人，更重要的是这 8 000 多位爱心校友的信息又汇入到我们的数据库当中，那么下一次我们的学生需要帮助的时候，我们就可以联系到他们，而过去我们真的是联系不上！"

如前文中曾提及的，在易昕心中，另一件事情也记得清清楚楚。那是几年前的一个晚上，11 点多的时候，广西一个草根公益机构的负责人给易昕打电话说："易昕，你们那个邮件模板功能真好，我用那个功能给我们自己公司做了一个网页，然后挂在了我们公司的域名下面，你可以去看一下，特别棒！真的特别感谢你们！"在那一刻，易昕看到了自己工作的价值，尤其是对这些没有钱、没有人又没有技术背景的公益机构的价值。

在访谈中，易昕说，在与客户商谈业务时，当得不到客户必要的尊重而萌生退意的时候，正是这些看得见的改变，让自己一直坚持到今天。

未来之路

在经历了忍耐期、积累期后，公司未来要厚积薄发，做大事，继续为公益组织做好各种连接，通过网络将更多的人、企业、社区联系到一起，提供更多的应用，以更好地推动中国公益事业的发展。这些连接包括：第一，公益组织与公益组织之间的连接。目前，公益组织之间的资源不流动。公募基金有大量资金，项目执行成本高，而各地小型公益机构有人、没钱。如何将二者连接，是未来公司业务发展的方向之一。第二，公益组织与外部资源的连接。如何将公益项目与企业等外部资源进行对接，也是公司未来业务的发展方向。第三，帮助公益机构做更多的推广和连接。公司计划在公众号下植入公益广告，帮助公益机构做更多的推广和连接，让所有想参加公益的主体都能轻松加入，实现公众对公益的参与，满足大家的精神消费。在易昕看来：“参与公益是一种社会投资行为，是未来人类的终极目的。公益的乐趣，是其他事物无法替代的。”

除了连接，针对公益行业的痛点，公司还将做以下两项工作：一是对公益组织评价方式和指标的标准化，如公益机构在所有用户中的评分；二是协助相关部门制定国家级的公益行业标准，如互联网公开捐赠标准、公益项目管理标准等。

在易昕看来，任何一个市场都不是一朝一夕建立起来的。为公益组织提供服务，并不是一个完全趋利性的市场，如何寻找一把合适的钥匙很重要，而这些依赖于对社会的理解。每个人的选择不一样，一个人一条道。虽然有很多挣钱的方式，但挣钱不是易昕想要的。公司坚持有底线的商业价值观，以技术和产品为主，不追求一夜暴富。实际上，从公司创立之日起，易昕就为公司制定了“对客户有益、对组织有益、对社会有益”的价值观。

回顾当时的创业之路，易昕感慨地说：

> 很多时候我觉得，我们大多数人都站在门外，去看这个门到底是宽还是窄。宽门类的行业处于高峰期，很热闹、很光鲜、很亮丽，我们会寻声进入；窄门里面的行业慢慢起步，很黑、很狭窄、很孤独、很无助，找不到方向。但是，正如灵析以及我所做的事情一样，我们所服务的非营利组织，所服务的一些事情，包括环境保护、教育、三农问题，包括性别、劳工、小动物问题，是和我们密切相关的事情，它们是我们生活中密不可分的部分，它们是我们生活的意义，也是我们存在的价值。

对灵析团队的所有人（见图 22）一来说，可以做一些自己喜欢、擅长并对社会、他人有价值的事情，每天睡觉的时候都觉得踏实，这样的人生就是一种最美好的人生。

图 22　灵析团队成员

（许艳芳　付彦　吴武清　朱春玲　宋建波）

北伟点评

我们可以从社会属性、商业模式、CEO、规模化、创新性、可持续性等方面来给予该企业评价。

从社会需求出发，解决社会痛点问题，是社会企业家精神的根本特征。这一根本特征和一般的企业家创业思路是不一样的。一般企业家创业时，首先想的是什么是下一个风口？做什么最容易赚钱？行业的最终规模如何？目前的成长速度如何？进入壁垒怎么样？竞争者格局如何？等等，然后入手提供解决方案，或者产品，或者服务。两种企业家精神都是非常必要的，都是推动社会不断进步的力量。但其中社会企业家精神更为难能可贵，因为社会企业家更多的是针对付费能力低下的 BOP（Bottom of People），或是针对如灵析所定位的服务对象：付费能力低下的行业，社会公益组织，一个信息服务需求被市场力量和政府力量忽略的次优先行业。

易昕从创业之初的发心，就显示了明显的社会企业家精神，并在后续的产品寻找、产品迭代、投资者选择、机构规模化后的文化重建回归等方面显示出了为社会服务、解决公益行业信息服务水平低下问题的一致性价值取向。这种根深蒂固的公益发心，是灵析针对诸如“活动行”“互动吧”“金数据”“问卷星”等其他竞争者的核心竞争力，这是其产品和服务的内在灵魂。

从商业模式上看，目前灵析是公益行业信息服务这一利基市场的领军企业，其根本竞争力在于其基于公益初心而深入了解的公益行业需求。其从社群管理产品开始迭代到灵析 1.0 和灵析 2.0，解决了公益行业从活动、筹款、捐款人管理、资金使用、项目管理到数据挖掘的全产业链的信息需求问题。灵析现有的客户基础和品牌，以及其正确的收费策略（将免费产品转为入门低价产品），为其未来长期发展奠定了基础。

什么是灵析的 3.0 版?

当然灵析的管理团队和投资者有自己的判断。个人认为，灵析未来有两条路径可走：一条是继续深耕公益行业，那么下一个自然延伸的产品就是为公益行业项目的影响力评估提供信息管理工具支持。灵析系统已经积累了各个公益组织的活动组织、捐赠者画像、资金使用、项目分析等大数据，可以延伸到资助效果评估，形成某种公益项目大众点评模式。这对智慧公益、科学公益、政府决策、公众回馈都将有积极的促进作用。这条路径的挑战在于，关于影响力评估方法论本身，全世界还没有达成有效标准共识。影响力评估的本质是将非货币结果计量化，其最终目标是改变全世界的现行会计准则，将环境、社会、内部治理等因素货币化/计量化地记入公司会计账目中，使得各类组织可以横向比较其产出的综合价值，重建人类社会三重底线的商业原则，建立可持续发展的社会。这条路径挑战巨大，但值得尝试。

另一条路径是进入商业领域的 BOP 部分，比如为淘宝等平台上的付费能力低下的小微企业、农村合作社等服务。这部分企业的信息需求诸如客户关系管理系统等方面，也没有得到充分满足。灵析在公益行业的发展遵循了从定制化到标准化、从免费产品到低价产品的发展过程，在进入商业行业的 BOP 部分时，可以遵循同一轨迹。先定制化服务个体商业小微企业，再逐渐模块化、细分行业化、标准化，以免费产品推开市场，靠入门版逐渐升级收费，逐渐形成高性价比品牌，惠及更多小微企业。鉴于 IT 软件产品边际开发成本几乎为零，这一扩张到商业领域低端小微企业和农村合作社的策略可行，且有一定的社会属性。这部分可作为辅助业务与公益行业主营业务并行发展。

公益行业有两个洼地：传播和信息管理。公益行业并不缺少“头脑”，因为有很多学者在其中耕耘；也不缺乏“手脚”，因为有很多草根组织此起彼伏地创生和努力；但缺乏一个有效的“嘴巴”，因为缺乏商业行业中那些高效而专业的4A广告公司和专业公关公司传播公益理念；同时，也缺乏信息社会的“必备生存工具”信息管理系统，以前仿佛是用牛车与汽车在竞跑，可喜的是灵析填补了信息管理这一空白，我看好灵析。

参考文献

1. 易昕．易昕：选择宽门与窄门．新浪财经，2016-04-18.

2. 灵析当家人易昕：推开公益大数据的“窄门”．中国慈善家，2016（9）．

3. 胡明山，张天潘．智慧公益：用智慧撬动公益资源．21世纪经济报道，2016-10-26（20）．

4. 灵析：以商业方式为公益机构提供信息化解决方案．斯坦福社会创新评论04. 北京：中信出版社，2018.

5. 罗苑，黎宇琳．灵析开始全面收费，为什么公益组织乐于向他们付钱. http：//gongyiziben/un. com/1628.

企业资料

1. 网址：https：//www. lingxi360. com/。

2. 微信公众号：lingxi－360。

黑暗中对话（中国）：

黑暗的力量

我们觉得黑暗中对话虽然是一家特别小的公司，但是在承担一个特别大的使命。

——蔡史印

2019年5月，黑暗中对话（中国）创始人兼CEO（首席执行官）蔡史印女士在上海宣布，作为首家引入中国的全球知名社会企业品牌、中国第一批获得认证的社会企业，黑暗中对话（中国）经过八年的发展已开始盈利。对于黑暗中对话（中国）全体员工来讲，这是一个激动人心的时刻。但是，对很多人来说，黑暗中对话还是个陌生的名字，人们对其从事的具体业务更是知之甚少。为此，我们首先需要从其德国总部说起。

黑暗中对话（Dialogue in the Dark，DID）创立于1988年。20世纪80年代，德国记者安德烈·汉尼克（Andreas Heinecke）受视障同事的启发，发现视觉让人有了分别之心。如果四周黑暗，所有人的肤色、穿着、身份都消失，人们就有了平等对话的可能。为此，安德烈创立了黑暗中对话，并在法兰克福开设了以黑暗环境为特点，只能依赖听觉、嗅觉、味觉、触觉进行体验的临时展馆，两年后在汉堡开设了全球第一家黑暗中对话永久体验馆。随着机构的发展，除了关注视觉障碍的黑暗中对话体验馆，DID又陆续开发出关注视觉障碍的黑暗中对话领导力工作坊，关注听觉障碍的无声中对话体验馆和无声中对话工作坊，以及关注老年人的时间对话体验馆等产品，并将机构更名为对话社会企业（Dialogue Social Enterprise，DSE），致力于在世界范围内推动社会对残障人群和年迈者的包容与平等，消除偏见与歧视，以及为残障人士提供多元化的就业方式。截至2019年6月底，DSE已在世界范围内建设永久性的黑暗中对话体验馆26个，在全球40多个国家的200多座城市开展过活动，有超过1 200万人次参加过DSE的黑暗学习体验。

2011年，在时任COO（首席运营官）蔡史印女士的劝说下，DSE

授权她在中国成立黑暗中对话（中国）(Dialogue in the Dark CHN，DID (中国))。DID（中国）从上海市社会创新孵化园的一间小办公室起步，致力于“促进多元和包容的社会文化，为视障人士创造发挥其才智的就业机会”；后陆续成立了位于成都、深圳、上海、北京等地的多家分支机构，并获得中国第一批社会企业认证资质。截至 2019 年 10 月，DID（中国）有 120 名全职或兼职员工，其中 96 名是视障或听障员工，视障员工中 30% 为全职、70% 为兼职。到 2019 年底，DID（中国）已为 26 万多人次提供了黑暗中体验服务，为跨越几乎所有行业的 600 家企业客户开设工作坊，培训人数超过 8 万人。但是，回首走过的 8 年，DID（中国）的成长历程并不是一帆风顺的。

结缘 DID

1. 职业变身

蔡史印出生于江南的书香门第，国学底蕴深厚的父亲为她取名“史印”，期许她能够为社会做出贡献，也在历史上留下自己的印记。天资聪颖的蔡史印不负众望，中学毕业后以优异的成绩被保送到复旦大学，后获全额奖学金到纽约州立大学攻读 MBA。毕业后蔡史印先后就职于通用电气、西门子、罗兰贝格等公司，担任管理职务。但是，年纪轻轻就成为世界 500 强高管的经历并没有给她带来很大的满足感，她感到这并不是自己追求的个人价值。2007 年，她终于下决心辞职并前往德国，准备去追求儿时的梦想：进军时尚行业。为此，她买下了一个德国服装品牌，亲自担任公司模特和形象代言人。尽管公司发展顺利，不久她却再次陷入了迷茫。曾经以为是毕生追求的事业，似乎也没有给自己带来应有的满足感。

转折点出现在一次特别的相遇。2008 年，在奥地利的一次时装展上，蔡史印遇到了萨布瑞亚·坦贝肯（Sabriye Tenberken）女士——这是一位来自德国的视障人士，但是视力的障碍并没有影响她的生活，她非常积极乐观，创办了名为“盲文无国界”（Braille Without Borders，BWB）的公益组织，还在西藏创办了迄今为止唯一的盲童学校，她也被称为“西藏孩子的眼睛”。自信开朗、充满力量的萨布瑞亚刷新了蔡史印此前对视障人士的认知，她们很快成为朋友。不久后，蔡史印与朋友一起自驾去西藏，专门到西藏盲童学校访问，给孩子们带去礼物。在那里，孩子们给她留下了深刻的印象，她说：

> 视障孩子们每天吃完饭就坐在天台上唱歌，他们的生活费每人每天只有7毛钱，但（他们）比我见过的大部分人都要快乐。（反观）我们，整天都在抱怨、不快乐，（恰恰是）因为我们拥有太多了，这对我内心是非常大的冲击。

因此，本打算短暂停留的蔡史印决定留下来，在西藏盲童学校所在的日喀则农场做义工。这期间，她一直在思考视障群体与整个社会的关系问题。她认识到的现实是，视障者无论得到怎样的教育，最后的职业选择似乎只有做按摩。社会上所有的组织，包括残联、特殊学校等，都把视障群体看成是弱势群体，把视障群体和健视群体分开，难道真的应该这样吗？回忆起这段经历，蔡史印说这是她“人生的大转折”，她开始去思考：怎样才是帮助视障者的最好方式？

2. 创立DID（中国）

2009年底，蔡史印回到美国亚特兰大，她的一位朋友听她讲了西藏盲童学校的经历后，就带她去当地的黑暗中对话体验馆亲身体验了一次。谈到当时的感受，蔡史印说：

> 我清楚地记得在里面待了75分钟的感受，只有亲身体验后才知道就算失去视觉，视障者也可以做大部分的事。通过在黑暗中的

经历增强对自己的认知，平等地与他人沟通，增强同理心。黑暗中对话摆脱了以往的悲情和同情路线，其着眼点不仅是视障群体，而是整个社会群体，这实在是天才想法。

这次体验让蔡史印有豁然开朗之感，因为她发现黑暗中对话为自己困惑已久的问题找到了最佳的解决方法。蔡史印认为，“黑暗中对话”模式的成功之处在于：它打破了以往的传统观念，不是改变视障者去适应这个世界，而是改变社会公众看待视障者乃至所有弱势群体的观念，使社会公众意识到歧视和偏见无处不在，从而愿意为弱势群体提供平等的教育和就业机会。体验馆对视障者的帮助也很明显，她在这里见到的视障工作者，和以往在任何地方见到的都不一样，他们自信乐观，不认为自己和别人有什么根本不同。从那以后，蔡史印开始关注 DSE。2010 年 3 月，她在脸书上看到总部位于汉堡的 DSE 招聘 COO，此时她正好也住在汉堡，便毫不犹豫地提交了申请，并于 4 月份与创始人安德烈·汉尼克见了面。同月，蔡史印正式加盟 DSE，就任 COO，管理 DSE 全球的加盟商，此时 DSE 并没有进入中国市场。

实际上，DSE 没有进入中国并不是因为对中国市场不重视，而是因为此前向中国市场拓展的尝试备受挫折。早在 2007 年，应在中国大连举行的达沃斯论坛的邀请，DSE 来到大连做展示并举办了第一次视障者培训。一位《21 世纪经济报道》记者花了一整天采访视障者受训者、教练以及工作人员，了解到很多运营的细节。其后不久，该记者从报社辞职，在北京成立了机构，复制了 DSE 的体验场所和培训项目，此事打击了 DSE 进入中国的信心。2009 年，黑暗中对话工作坊通过加盟方式进入中国香港，其创始人于 2010 年投资建设了体验馆。由于香港市场相对狭小，香港创始人决定与深圳某机构合作开展培训。培训很受欢迎，项目进展也很好，但是深圳这家机构迟迟不肯付费，双方出现了很大的纠纷。2010 年，上海世博会期间，中国残联邀请了安德烈·汉尼克先生及夫人，商谈把黑暗中对话体验活动放到世博园的生命阳光馆，但是在具体的设计方案上，双方的理念存在根本的差异，导致项目无法进行。如此三番五次的不顺利，使公司创始人失去了信心，DSE 进入中国的行动也由此搁浅。所以，当 DSE 在 2010 年初收到上海恩派公益组织（NPI）来信，邀请其进驻上海时，公司创始人并不热心。

了解到这一情况后，作为 DSE 新任的首席运营官，蔡史印努力说服了安德烈・汉尼克接受上海恩派公益组织的邀请。在获得公司授权之后，2010 年 9 月，蔡史印开始在上海尝试开办工作坊，并于同年 12 月在上海对第一批视障教练进行培训，2011 年 3 月在上海市社会创新孵化园建立 DID（中国）。尽管开局较好，实际的运营却相当艰难。机构早期时只有一个全职员工张洁，蔡史印则在必要的时候从德国赶过来，运营成本非常高。随着业务的增长，蔡史印感到必须要做出取舍。2011 年底，蔡史印回国全职经营 DID（中国），以加盟商的身份，投资和管理黑暗中对话在中国的特许经营，并明确将该机构的使命界定为“我们为视障人士创造发挥其才智的就业机会，促进多元和包容的社会文化”，强调包容、认知和赋能（见图 1）。2012 年 2 月，DID（中国）获得上海民政局颁发的民办非企业单位资格，DID（中国）的运营由此走入正轨。

图 1　DID（中国）的使命

以创新求发展

1. 抢占滩头阵地：企业培训

作为 DSE 开发的标准产品，工作坊的独特之处在于其 2/3 的时间是在完全黑暗的环境里进行的。其间，失去视觉功能的参与者在全盲或弱视培训师的引导下，只能借助听觉、触觉等其他感官，依靠合作与信任，与团队成员一起迎接挑战，完成规定的团队任务。剩下 1/3 的时间则让参与者回到光线正常的环境中，回顾黑暗中的活动，讨论、反思和总结。尽管工作坊期间参与者视力失去是短暂的，但是这对参与者的自我认知、对他人和周围环境的认知产生的影响与改变却是强烈和持久的。工作坊一经推出，就受到企业团建客户的极大认可。2010 年 9 月，DID（中国）曾在一周之内举办了 10 场黑暗中对话工作坊。尽管活动倍受欢迎，但人手不足和各方面的不确定性，使得早期的经营并不容易。作为 DID（中国）最早的志愿者和员工，现任中国区 COO 的张洁回忆起当时的情形时说：

> 我们最初是做培训打开局面的，开始客户不多，慢慢才多起来了，回头客越来越多。当时，史印一个人带着四个视障小伙伴出差，从黑房搭建，到光房分享，到照顾视障同事，都是她一个人完成。而我从后勤、运营、销售到财务，所有事都要涉及。中间的过程很艰苦，（不知道）到底能做什么？能得到什么？有没有活干？能不能雇用很多人？这些都不确定，又有资金的压力……还好，我们熬过了创业期。

到 2015 年，DID（中国）已有 400 多个客户，举办了 1 000 多场工作坊，业务发展迅速。工作坊针对企业管理层的问题，如变革、沟通，团队建设等开展活动，商业价值比较高，收费也比较高，是 DID（中国）的主要利润来源。这时，有人开始质疑 DID（中国）的公益性了。对此，蔡史印说：

> 不是因为我们做公益，企业才接受黑暗中对话工作坊的。而是黑暗中对话给企业提供了最有效的培训产品，能够在最短时间内改变团队的行为模式，解决企业的问题，企业才愿意买单。（我认为）一家真正的社会企业要持续发展的话必须要有商业价值，没有商业价值就不可能持续发展，它不可能永远卖眼泪。

2. 建立永久据点：体验馆

2011 年，蔡史印与理事和投资人讨论是否应该建设黑暗中对话体验馆。当时机构做工作坊培训属于轻资产运营，现金流很充沛。如果建设体验馆，则意味着要在场地租赁、场馆建设和装修以及人员配备等方面进行巨额资金的投入，项目回报和盈利周期也非常长，并且有相当的不确定性。基于以上原因，大部分理事和投资人认为不应该建设体验馆。但是蔡史印坚持认为，如果仅有工作坊，没有体验馆，是达不到黑暗中对话所追求的社会使命的，因为黑暗中对话体验馆是 DSE 的标志性产品。如果说工作坊是针对少数人群的一种体验，体验馆则是面对社会公众的，可以起到普及社会融合意识的作用。只有父母、孩子、年轻人、老人等更多的社会公众广泛参与，才能够真正改变社会对于包括视障者在内的特殊人群的理解，才能发展出平等对话的环境。讨论的结果是蔡史印力排众议，决定建设体验馆。

但是，建一个体验馆的投资至少几百万元，体验馆所处的地理位置对于大众是否能够方便抵达也非常重要，不能开在偏远的地方，并且体验馆需要至少 500 ～ 700 平方米的空间，成本很高。所以，虽然最初的设想是将首家体验馆落户在上海，但由于上海的土地租金和人员成本较高，加之筹款困难等原因，上海体验馆迟迟没有落地，反倒是千里之外的成都市锦江区政府率先向 DID（中国）伸出了橄榄枝。当地残联工作人员坦率地告诉蔡史印，他们看中的是 DID（中国）良好的自我造血和持续发展能力。

由于理念比较一致，成都体验馆落地迅速，2013 年 9 月 8 日，中国首家黑暗中对话体验馆在成都开幕（见图 2）。该体验馆坐落在成都市景色秀丽的滨江东路，面积约 960 平方米，包括 6 个主题场景。体验馆共有 12 名全职视障导赏员和 9 名健视员工。除了面向社会公众售票，提供标准的黑暗中对话工作坊活动外，成都体验馆还开展了黑暗中对话咖啡馆、音乐会、生日会、开放日、思想聚会等业务活动。

图 2　黑暗中对话成都体验馆

在持续 75 分钟的标准活动中，参与者由导赏员引领，8 人一组，依靠盲杖在精心设计的全黑环境中探索，包括游览公园、漫步街市、穿行市场、经停咖啡馆，以及在黑暗中写下感言投入邮箱、与导赏员交流等。刘天华是首批获得 DSE 全球培训证书的视障教练，他描述了活动中参与者的心理变化：

> 刚进入黑暗中，参与者（通常会）觉得无助，看不见，不知能做什么，不会走路了，有的人手心都是汗。到了中间时段，参与者感觉没有那么差了，能听能摸，大家相互帮忙，能够做些事了。最后进入高峰体验阶段，参与者能完成许多（有）挑战性的事情，如喝咖啡，帮别人倒水，有成就感了。（在体验过程中）参与者经历了完整的心理情绪变化，学会了换位思考，行为也随之改变了。当参与者离开时，通常都是喜欢黑暗、留恋黑暗的。

但是，成都体验馆的发展并没有预期的那么顺利。成立没多久，意想不到的危机出现了，十几名全职员工集体提出辞职。尽管非常困惑，蔡史印还是在员工的辞职报告上签了字，并支付给每位辞职员工 1 万多元的赔偿金。不久，蔡史印的困惑有了答案。当时的运营主管提出承包体验馆，并拟定了一份商业计划书，称预计两年后实现收支平衡，希望蔡史印每个月投入 6 万～8 万元维持运营，体验馆由他们来负责运作，两年后以利润分成返还。蔡史印坚决回绝了这种胁迫，并决定停业整顿。

经过调查，蔡史印找到了出现危机的原因：首先，不到两年时间换了三名总经理，造成管理上的不稳定和方向的迷失，当地兼职总经理的理念也并不符合黑暗中对话的使命；其次，一些视障员工错误地认为，既然体验馆是公益性的，是慈善机构，那么就应该属于所有视障团队；再次，大多数视障员工以往与社会隔绝，从来没有过在企业工作的经历，他们对于日常管理中的很多正常的规章制度无法理解，比如“为什么要打卡？为什么要排班？为什么要在固定时间休息？迟到一会儿又有什么关系？”等，有不满情绪；最后，原本认为全职员工的岗位设置会给予员工最大的安全感，结果却产生了分配上的“大锅饭”，这也引起了员工的不满。

经过反思，蔡史印重新任命了一位具有多年人事管理经验的总经理，召回部分辞职的视障员工，调整了绩效考核和薪酬制度，采用了少量全职加多数兼职的岗位设置，在实现员工多劳多得的同时，也降低了企业的成本。目前，成都体验馆只有一名全职视障导赏员，其他八名视障导赏员均为兼职。这次教训，让蔡史印决定，此后每开一家新馆，都要亲自常驻管理至少六个月，等待新馆运营稳定后才交接给当地的团队运营。

2015 年 12 月，继成为第一批通过认证的中国社会企业之一，DID（中国）的第二家黑暗中对话体验馆在深圳建成开馆；2017 年 6 月，上海体验馆建成开馆（见图 3）。

图 3　黑暗中对话上海体验馆与深圳体验馆

至此，DID（中国）拥有了三家体验馆，其中上海和成都体验馆采用直营店方式，深圳体验馆则采用加盟店方式。由于三家体验馆所处环境不同，区域性差异很大，蔡史印给予三家体验馆运营团队较大的创新空间，因此三家在发展中也各具特色，可以互相借鉴学习，取长补短。深圳体验馆市场开发能力强，不断有新产品面市；上海体验馆商业氛围浓厚，节奏快，创新也快；成都体验馆虽然相对传统，但领导团队也在积极鼓励员工创新。到 2017 年，三家体验馆都实现了收支平衡。尽管收回总投资还需要时间，但对蔡史印及其团队而言，这已经是一个里程碑了。蔡史印说：

黑暗中对话体验所触及的不仅仅是视障者，而且是社会上所有的人。它要改变的，是人与人之间的歧视和偏见。在现实的世界里，歧视和偏见无处不在，城市的歧视农村的，瘦的歧视胖的，跑步的歧视不跑步的……但当人进入黑暗后，这些差异都不存在了。黑暗让所有的人摒弃眼中所见，看不到衣着面容的差异。对黑暗的未知，让所有的人与周围的人相互依靠。当黑暗让人人变得平等的时候，每个人身上的光辉就开始照亮黑暗中的彼此了。

3. 开辟新战场：黑暗跑团

尽管成都、深圳、上海体验馆先后建成开业并保持了较为稳定的发展，但是蔡史印仍在思考如何进一步提升社会公众对视障群体的关注度，并吸引他们积极参与社会融合的活动。

作为一名跑步爱好者，蔡史印参加过伦敦、东京、柏林、纽约、波士顿等世界知名马拉松赛事。在蔡史印的影响下，DID（中国）的视障员工也参与到马拉松运动中，并加入了一家陪跑组织。这些视障员工具有良好的专业素质，能够帮助该组织设计专门针对视障跑者的活动流程。但是，由于多数陪跑组织的主要工作是培训陪跑员，而不是给视障跑者提供专业跑步培训和资助，所以参与跑步的视障人士非常有限。

为此，2016 年 3 月，DID（中国）成立了黑暗跑团，鼓励和支持视障者参与跑步和马拉松运动。蔡史印利用自己在跑步方面的资源优势，在全国各地组织跑友，为视障跑友提供陪跑服务。出乎蔡史印意料的是，本来只是打算为视障者开展业余兴趣活动的黑暗跑团，发展的情况远远超乎想象。目前，黑暗跑团是唯一的全国性视障陪跑组织，以至于很多人在知道黑暗中对话之前，先知道黑暗跑团（见图 4）。

2016 年以后，经过黑暗跑团的争取和沟通，国内马拉松赛事官方开始接纳视障跑者报名参赛，如上海马拉松赛事组委会不但向视障跑者群体开放，而且给予绿色通道、不参加抽签、提供陪跑名额等支持。有些企业付费或捐款给黑暗跑团以做社会责任宣传，黑暗跑团则将这些资

图4　黑暗跑团宣传页

金用在培训视障跑者和活动资助上，培养了一些优秀的视障跑者，其中最有名的就是出生于山东高密、从小失明却热爱跑步的严伟。为了帮助严伟跑出国门，黑暗跑团帮他报名参加波士顿马拉松赛，并与美国领事馆反复洽谈，陪同他经历四次面签，终于如期参加了波士顿马拉松赛。黑暗跑团不但资助了所有费用，蔡史印还亲自陪跑，带领他完成波士顿马拉松赛，使其成为中国第一名完成国际全程马拉松的全盲跑者。之后，黑暗跑团开始帮助更多的视障者参加柏林马拉松赛、芝加哥马拉松赛，跑向全世界。还有一位58岁的全盲跑者，51岁失明后，几年都没有走出过家门，而且一直随身带着速效救心丸。在黑暗跑团的努力和帮助下，现在她不但每周末可以独自坐地铁参加黑暗跑团的活动，还完成了10公里精英赛和两次上海马拉松10公里的比赛，再也没有吃过药。蔡史印说：

> 相对于黑暗中对话，黑暗跑团是更加直截了当的公益项目，陪视障者跑步，人们都能够接受其公益性。通过黑暗跑团，（也可以）让更多的视障跑者和陪跑志愿者参与进来。

4. 持续创新：移动的黑盒子

尽管已有三家体验馆，但是如何让更多的人体验黑暗，感受黑暗的力量，仍然是摆在蔡史印面前的一个难题。由于体验馆对场地要求高，投资大，在短时间内建设更多的体验馆是不现实的。为了解决让更多的人、更方便地参与黑暗中对话体验的问题，蔡史印团队做了许多尝试，最终设计出一款“黑盒子”（见图5）。黑盒子可以在活动现场临时搭建，也可以用集装箱改造，面积可大可小，体验时间也可以从十分钟到半个小时不等，因此被称为“移动的体验馆”。

在具体的运作方式上，DID（中国）通常采用与企业合作的形式，由对方免费提供场地，DID（中国）为其提供公益广告，并为企业员工提供黑暗中对话的免费体验活动。由于黑盒子具有灵活机动、成本低等优点，DID（中国）将其作为未来发展的重点之一，希望通过与更多的企业、政府、学校等进行广泛合作，让更多人参与进来体验黑暗，改变认知乃至行为。

图5　黑暗中对话的移动黑盒子

为顾客创造价值的产品设计

1. 成立联合开发团队

虽然DID（中国）是一家社会企业，但是蔡史印认为社会企业不能靠卖眼泪，因为公众花钱体验黑暗中对话是因为其娱乐性，只有觉得有意思才会来消费。因此，DID（中国）尽管秉承着社会使命，但在具体的经营方式上则向商业企业学习，努力实现商业化和持续经营，其核心之一就是要设计出为顾客创造价值的产品。

为了实现这一目标，DID（中国）联合成都、上海、深圳体验馆员工等内部资源，相关培训机构、感兴趣的教师等外部资源，形成联合开发团队。该团队需要完成两项任务：一是了解顾客需求；二是基于顾客需求思考如何更新现有产品，并开发新产品。即使设计的是公益性、不收费的产品，联合开发团队也要考虑从服务对象的特点和需求出发，以求达成良好的效果。

2. “快乐”的产品设计理念

为了给顾客创造价值，DID（中国）设计的所有产品的最重要的元素都是快乐。虽然参与黑暗中对话体验的人们在背景、年龄等方面都有所不同，但都会从体验中感受到刺激、新奇和有趣。体验馆收到最多的反馈是：参加体验活动之前认为黑暗给人的印象是负面甚至恐惧的，但是通过参加精心设计的各种活动后，参与者能够在黑暗中获得快乐体验和多种有价值的成果。比如，成人参与者能够放下面具，进行深入反思，甚至由此发生了行为的改变；孩子之间建立了信任，学会了合作，培养了同理心；家庭成员在黑暗中能够更深切地感受到彼此的关爱和相互扶持，改善了家庭成员尤其是亲子之间的关系等。对此，DID（中国）的第一位视障员工，带领过多个青少年体验团队、现任深圳体验馆馆长的刘天华深有体会，他说：

> （通常）8～12 岁的小朋友还没有形成同理心，往往不知道他人的困难处境。黑暗体验活动开始时，多数孩子表现得很调皮，但是活动结束出来后，有 70%～80% 的孩子会表现得乖一点。孩子对视障者的话题、弱势群体的话题，乃至社会的议题都产生了兴趣。

一位成年人的留言也能够反映出黑暗中对话对他的冲击以及给他带来的收获：

> 当我们关闭视觉，发现我们所生活的世界其实是一样的，没有什么不同，苦瓜还是苦瓜，水还是水，椅子还是椅子，不会因为使用了不同感官而有所改变。所以我们要尊重、包容、理解视障者，不要有偏见，要多去帮助……当我没有了视觉，会惊奇地发现我的听力、触觉、嗅觉变得比以前更加灵敏。我们要去发现多种可能性，从不同角度思考问题，多利用身边的资源，多开发自己的潜能……我们要珍惜现在拥有的幸福，感谢所拥有的一切，包括健康、美丽、可爱的朋友、亲爱的家人和爱人，要去尊重身心（有）障碍（的）人士。

以视障员工为中心的人力资源管理

1. 对视障群体的认知

理解黑暗中对话的价值是衡量社会对视障群体认知的试金石。蔡史印认为，中国社会还没有完全理解黑暗中对话的精华部分，大多数人到体验馆来是想体验视障人士生活，或者更进一步能够看到体验馆给视障者提供了工作机会，让视障者体会到平等和尊严。但是，黑暗中对话的价值不止于此，DID（中国）真正要做的是一种社会教育，即通过黑暗中体验改变每个人对视障乃至所有弱势群体的认知，最终推动社会的平等和共融。在这个过程中，视障人士更需要认同自己的身份，也要调整对自己作为视障者身份的认知。

为此，DID（中国）在招聘视障员工时有两点基本要求：一是视障者要认可自己的身份，具体要求就是视障员工出行时，需要使用盲杖。如果自己都不认可、看不起视障者身份，就没有办法教育社会。二是要求视障者自己上下班，因为自我出行的能力是能够在DID（中国）工作的基础。刘天华认为，很多视障者把自己定位很低，什么都不想做，什么都想让别人帮忙，对家人拖累非常大。他觉得视障者跟其他健视人没有什么区别，应该让更多的视障者知道要担负起责任，要体谅周围的人，特别是家人。

2. 视障员工的培养

DID（中国）70%的员工是视障或听障人士。对视障员工的管理不同于一般组织的人力资源管理，需要针对他们的特点开展教育和培训，并制定相应的管理制度。

DID（中国）通过建立视障公益学院，为视障员工提供多方面的教育和培训，主要包括三种形式：一是课程培训。DID（中国）体验馆的核心流程和标准产品来自DSE德国总部，DID（中国）体验馆每年要向DSE支付占销售额一定比例的知识产权费，而DSE则为DID（中国）提供培训服务和每年的产品研发成果。最初的培训服务是由DSE总部派人来国内提供的。随着员工的成长和企业的发展，近两年主要由自己培养出来的国内资深视障培训教练来做教育和培训工作，培训内容主要包括公司文化和实际操练技能。与此同时，DSE提供了全球线上培训系统。借助信息技术和互联网技术，视障员工可以在文化知识和技能等方面得到拓展，每三到四年，总部也会派国际教练从德国和墨西哥来给国内的员工进行深化培训。二是师徒传承。DID（中国）自己开发了师徒传承的培养流程。新加入的员工，通过师傅带徒弟的方式进行导赏实践学习。经过两到三个月的培训，通过认证的受训者就可以作为兼职员工承担相应的工作。三是国际交流。DID（中国）在员工激励中设计了相关的培养机制，每年都安排获得奖励且有培养潜力的视障员工到不同国家参加 DSE 的全球会议，与体系内的各国加盟成员一起学习展现最新动态、内容和做法的进阶课程并进行交流。国际交流在开阔专业视野的同时，也可以让视障员工更深刻地体会到自身工作的意义和社会价值。

3. 视障员工的职业发展

DID（中国）的主要业务是工作坊和体验馆，这两个业务对视障员工的要求是不同的。相对于一般的体验馆导赏员来说，担任工作坊教练的挑战更大，对员工素质的要求更高。通常，只有资深视障助教和导赏员可以进阶为教练，并且需要经过较长时间的教育培训和自我修炼，培养起较好的演讲水平和培训能力，才能达到担任工作坊教练的要求。导赏员工作也有很高的要求，因为每次带的团都不一样，而导赏员的水平直接决定了客户的体验感受。为了促进视障员工的成长，DID（中国）提供了视障员工发展渠道，规定了进阶所需的培训和技能要求，培训和进阶考核通过即可进阶。职位越高，薪水越高，做的工作越多，给予的机会和激励也越大。

此外，DID（中国）正在努力成为视障人士实习、就业和创业的平台。DID（中国）鼓励在此实习的视障人士在 DID（中国）就业，更鼓励他们通过这个平台找到其他更具有挑战性的工作。DID（中国）甚至发布内部文件来鼓励视障员工进行内部创业，如果视障员工有好的创意项目，DID（中国）可以提供资助或者提供寻找外部投资的帮助。经过努力，近两年，已有四名 DID（中国）的视障员工被上海苹果店聘用，担任店面销售工作，IBM 也聘用了一位 DID（中国）的视障员工做后台数据分析。尽管他们目前承担的还是一些基础性工作，但蔡史印的团队对此感到非常骄傲，因为在他们的努力下，视障人士的职业选择不再局限于传统的按摩，而是出现了多样化的趋势，这个意义非比寻常。蔡史印说：

> 视障员工找到更好的工作，或者自己创业，说明他们的创造力能够平等地被社会看见。（这）不仅不是DID（中国）的损失，而（且）是DID（中国）最大的成功。过去，DID（中国）为自己设定的社会价值标准之一是雇用多少人，现在设定的社会价值标准是为社会培养了多少人，让多少视障者真正得到了从职业到生命的成长。

4. 视障员工的改变

伴随着DID（中国）的发展，蔡史印也见证了视障员工的成长过程，他们的自信在增长，他们的生命得到了改变，他们甚至推动了体验者生命的改变。

从2018年开始担任深圳体验馆馆长的刘天华就是一个典型的例子。刘天华1973年出生于哈尔滨，三岁时因高烧导致视力丧失，色彩斑斓的世界只留在儿时模糊记忆中。1997年，他拿到针灸推拿专业大学文凭后到深圳闯荡，很快在一家生意兴隆的保健中心找到工作，一做就是十几年。2009年，刘天华初次接触黑暗中对话，经过培训考试，成为第一位DID（中国）的全职视障教练。刘天华喜欢看书、喜欢学习英语，DID（中国）要求视障员工善于表达、英文好、有文化积累，与他的兴趣爱好相吻合。能够做感兴趣的事，还有很好的报酬，刘天华认为这样的工作非常完美。

视障员工的主要变化之一就是从一个完全不会走路的视障者变成现在哪里都敢走的视障者，刘天华对此深有体会。他现在参加DSE国际会议，基本上都是一个人乘坐飞机，有时还要在中间转机。经过这么多年的锻炼，他觉得这是很正常的，而现在中国 90% 的视障者都不愿意或是不敢从家中走出来。视障员工的另一个主要变化是成就感。视障人士通常害怕出行，每次出行前压力很大，心里特别难受，有退缩心态。一旦敢于自己走路了，人也变得轻松了，开始重新评估自己，什么事都愿意尝试一下。做的事情如果能够得到别人认可和肯定，就会更有成就感。刘天华对此也有切身的体会。以往觉得大公司的员工高不可攀，现在他却经常和他们一起合作，举办工作坊，还能获得强烈的反响和高度的认可。这对视障员工是很大的鼓励，虽然辛苦，但跟以前的生活完全不一样了。第三个变化就是视障员工愿意运用个人和组织能力帮助更多的视障人士，影响更多的人。据统计，中国有 1 700 多万视障者，DID（中国）通过开展各种业务和活动向外输出其价值观，影响了更多的视障人士，也影响了社会对视障群体的认知，从而为视障群体带来了更多的平等就业机会。

在反思中迎接新的挑战

1. 制度与原则的坚持

具有国际管理经验的蔡史印对守法守规有着近乎执着的坚持。对国内曾经发生和现在仍在发生的侵权给 DSE 带来的成见以及给国内企业信誉造成的伤害，蔡史印深有感触，并对这种不诚信的行为深恶痛绝。

为了规范企业内部的制度管理，确保一丝不苟地执行国家法律法规的要求，DID（中国）在创办之初就设有专职的人事和财务人员。除此之外，尽管 DID（中国）的利润率很低，经营艰难，但是对内，DID（中国）将商业性项目和非营利项目的账目严格分开，足额按时缴纳增值税、所得税等各种税费，绝不做手脚；对外则每年按销售额一定比例支付 DSE 知识产权费用，绝不隐瞒收入。蔡史印认为诚实经营是 DID（中国）经营的基本原则。为了能够坚守底线和原则，确保社会使命和商业运营的稳定，蔡史印认为创始人必须要对公司有绝对的控制权和话语权，不能把股份过多分散给完全不参与经营的股东。

2. 社会的认同与改变

反思 DID（中国）八年的创业历程，蔡史印认为 DID（中国）在改变社会认知、促进社会融合方面确实发挥了作用。DID（中国）虽然只雇了近 100 位视障员工，与许多雇了几百位视障员工的按摩企业相比，赚钱能力远远不及，但是 DID（中国）近 100 位视障员工是特别活跃的视障群体。他们走出去，跟各种机构打交道，影响是多方面的。最初，国内酒店不让视障人士入住，担心他们抽烟不小心把酒店点着；在机场，服务人员把同行的视障人士拆散分乘不同飞机，担心万一有意外疏散他们有困难。慢慢地，酒店、机场对视障人士的态度有所改变，越来越多的酒店允许视障人士入住，国内一二线机场都知道视障人士可以单独乘坐飞机，机场服务人员会主动给视障人士提供引导服务，目的地机场服务人员会主动接机。可以说，这些活跃的视障人士已经并且继续用自己的努力影响并改变着社会。

作为一家致力于解决社会问题的社会企业，DID（中国）不仅需要教育和培训视障员工，还需要对客户做大量的宣传工作，创造和培植市场，以及推动和说服相关企业、相关部门、社会组织、合作伙伴、供应商，从整个生态链的角度做好宣传和教育工作，挑战是非常大的。DID（中国）希望能够影响相关政府部门、残联、民政部门、教育部门，甚至影响到相关政策及措施的制定。为此，DID（中国）一直在努力扩大影响力，联合很多社会群体、知名人士加入共同推动视障群体与社会融合的活动，目前已经取得了一些突破。如成都锦江区残联已经认可了 DID（中国）做项目的专业性、规范性和透明度，把许多项目委托给成都体验馆运作。此外，蔡史印还希望推动国内各界学习和借鉴国外有关视障群体的理念和做法，推动社会公众对视障群体的认知和行为的改变。蔡史印自豪地说，DID（中国）虽然是特别小的公司，但是承担着一个改变社会认知和行为的大使命。

3. 迎接挑战

蔡史印认为，当前 DID（中国）仍面临巨大的挑战，主要包括三个方面：一是如何规模化，最终影响更多的人，从 10 万人到 100 万人，甚至是 1 亿人。二是如何提高 DID（中国）的社会接受程度。如果 DID（中国）所倡导的理念被更多的社会公众所接受，就能够影响到政府政策、国家法律、社会舆论，这些方面的转变反过来又会影响到 DID（中国）的发展。三是如何保护知识产权，对抗"山寨"和不正当竞争。这是一直困扰 DID（中国）的事情，并在客观上影响了其在全国范围内的拓展。但是，这些挑战并没有限制蔡史印团队对未来更高目标的憧憬。

蔡史印一直在思考如何定义 DID（中国）未来取得的成功。在蔡史印的眼中，第一个标志是中国实现了融合教育，所有的普通教育可以接受身心障碍人群，特殊教育仍旧存在，但是身心障碍人群可以选择进入普通学校接受教育；第二个标志是所有工作岗位都可以开放给有能力的身心障碍群体。蔡史印说，DID（中国）未来要做的工作，就是推动这两个目标的实现。为此，要在现有视障公益学院的基础上，搭建面向全国的视障群体交流平台。蔡史印说：

> 我觉得 DID（中国）接下来的发展方向是打造一个闭环的生态圈，由视障公益学院给他们提供课堂培训，包括电脑、形象、管理、演讲这些基础培训，然后他们可以到 DID（中国）进行几年的实习，培养职业能力。然后，我们会帮他们寻找两条路：一条是创

业的路；一条是就业的路。这个路我们来帮他们走，辅助他们，他们可以参与到不同的活动中，慢慢地我们就形成了这样的生态圈……我想 DID（中国）最终要达到的目的是，这个社会没有偏见和歧视，视障群体融入整个主流社会，成为一个多元的、平等的社会，（那时就）不再需要 DID（中国）了，这是我们最终的目标。

（李晓光　徐京悦）

北伟点评

我们可以从社会属性、商业模式、CEO、规模化、创新性、可持续性等角度来探索。

DID（中国）的社会属性是多层次的。最直接的社会属性表现是雇用了 60 多名视障者、听障者，以及影响了来来去去的几百名全职和兼职视障者、听障者。

其次的社会属性表现是，它随影响力的扩大，将改变人们对 1 700 万视障者的包容度和同理心，进而对 8 200 万各种残障人士更加尊重和理解。从弱势群体的角度来说，马上就达到 2.7 亿的老年人群体和残障群体也有共性，即有某种程度的缺陷和弱点；从广义的角度说，他们也是某种程度的残障。8 000 多万残障者的家人有几个亿，加上弱势的老年人几个亿，还有每八个人之中就有一个精神性疾病患者，这相当于涉及了很大比例的中国人口。如何对待残障人，如何尊重每一个生命的价值，如何尊重和我们不同的人的生命价值，决定了一个社会的文明程度。一个社会对弱者的态度，就是它对待人性的态度。由于残障和准残障人口基数的庞大，所以可以说，残障离每个人的生活并不遥远。DID（中国）可以增进人们对残障者的理解，帮助中国构建一个价值观多元且包容的社会，这会惠及每一个人，增加中国社会的和谐幸福度。

DID（中国）更高一层的社会属性表现是生命价值意义上的。它鼓励视障者走出去，体验更多的人生可能性，发现更多的自我人生价值。视障者是残障人群中走出去障碍最大的群体，如果他们能更好地融入社会，就会给其他残障人群做出表率，使之追求更积极的人生，为自己、为家人也为社会创造出更多的价值。

对于更广泛的健全人来说，DID（中国）也具有巨大的社会属性。台湾慈济创始人证严法师称之为“见苦知福”，做慈善的人在帮助那些苦难中的人的时候，才会感受到上天对自己的眷顾。健全人在与黑暗中对话接触之后，会更加感恩生活，知足常乐，这会彻底改变他们对工作、生活、健康、成功、人际关系等等的观念，从而提高幸福感，这将减少大量的潜在“垃圾人”。一个感恩的社会，就是一个幸福的社会，一个有希望的社会。

从商业模式上讲，DID（中国）已经通过轻资产型的工作坊、重资产型的体验馆、本地化开发的黑暗跑团、尝试开发的低成本黑暗盒子产品，以及在上海、深圳、成都的布局，达到了初步的盈亏平衡。创始人蔡史印的 MBA 训练，她在以员工培训闻名的 GE 的工作经历，德国 DSE 的独家品牌授权和信任，以及她在处理视障者员工集体辞职过程中积累的特殊人力管理经验，都使得 DID（中国）未来经营具有可持续性。

黑暗中对话在中国的经营，从起点规模上就超过了没有体验馆的模式。它的进一步规模化的潜力不仅仅在于其公益性，更在于其“黑暗方法论”有很深的哲学义理基础。《阴符经》说“瞽者善听，聋者善视。绝利一源，用师十倍；三返昼夜，用师万倍”，当关掉一个身体器官功能比如视力的时候，别的器官就会发挥更大作用，会开发出人体潜力。现代管理理论认为，高级领导力和教练训练的核心是“善于聆听”，DID（中国）在这方面培训的优势独一无二。它可以在领导力培训市场上发挥更大作用，甚至几乎可以对接所有领导力培训机构，通过加盟、授权或是课件合作，成为各个领导力培训课程和讲师的有机组成课件部分，而且其产品属性不可替代。开发公司、公益组织与政府机构之外的领导力培训类机构和学校这类 to B 市场，也许是其规模化道路之一。

在品牌管理上，DID（中国）要继续加强其德国授权、德国品质的品牌形象，以应对各种“山寨”产品和其他机构的非良性竞争。随着市场被教育而进一步发育，会有更多公司、学校和培训机构使用黑暗中对话领导力培训这种方式，“山寨版”竞争会也会越来越多。DID（中国）要一方面通过加盟和合作消减直接竞争者，一方面依托各地体验馆不断完善用户体验细节，建立行业标杆品牌壁垒。

在本地化开发上，低端产品黑暗盒子会不会替代自己的产品和收入，并培养竞争者，降低潜在用户体验要求，还需要继续检验。另外，DID（中国）也许可以尝试从时尚角度，利用中国人喜欢饮食的倾向，尝试时髦的黑暗约会餐厅，发掘恋爱市场，毕竟聆听能力在两性关系中也至关重要。

在德国品质的基础上注入东方主义，也许也是一个思路。我 2015 年曾经体验过一次 11 天的闭黑关生活，就是在一个没有光的小屋子中待 11 天，结果非常震撼。DID（中国）也许可以开发一个类似的黑暗中禅修的产品，这个甚至可以国际化，反哺国外市场。

前途是光明的，道路是曲折的，黑暗中对话虽然面对巨大规模潜力，但教育市场和观念转变都是漫长的。同时，期待政府提倡学校或公务员强制性地参加 DID（中国）这样一个商业机构的多元文化培训，短期内也不现实。DID（中国）应该采取“以慢打快”策略，立足于不亏损即可的持续经营，不要盲目扩张，而要步步为营，争取几十年内使得它的服务逐渐嵌入中国社会，以期成为中国人成长过程中生命教育的必修课，如此，则善莫大焉。

企业资料

1. DID（中国）网站：http：//www. dialogueinthedark. com. cn。

2. DSE 对话社会企业网站：http：//www. dialogue-in-the-dark. com/。

3. 微信公众号：黑暗中对话。

4.《8 年想过 100 次放弃，曾是华尔街精英，她因一场“黑暗中对话”找到公益之光》（http：//www. sohu. com/a/235238812_ 203725）.

联谛：

信息无障碍坡道的搭建者

没有残疾的人，只有残疾的科技。

——梁振宇

在中国，有超过2亿障碍人群，其中包括1.5亿65岁以上的老年人、1 700多万视障者、2 700万听障者和约7 000万的读写障碍者。由于生理原因产生的信息读取障碍，使得他们即使买得起上网设备，也无法享受互联网带来的各种改变，他们难以应用滴滴打车、难以在网上购物、难以使用微信等常人习以为常的网上沟通方式和生活方式。这个庞大的人群，几乎被排斥在现代网络生活之外。

联谛，其创始人出身于信息无障碍研究会，是一家位于深圳的科技公司，以“让所有人都拥有无障碍的工作和生活环境”为愿景，致力于加速中国无障碍环境建设的进程。作为联谛的创始人，梁振宇认为，没有残疾的人，只有残疾的科技。为了让更多受困于信息获取障碍的人迈过这堵高墙，他呼吁和动员各大互联网企业、互联网应用机构、硬件开发商将信息无障碍作为常规设计原则，联合业界制定行业规范，推动政策改变。联谛公司为微信、支付宝、滴滴、淘宝、QQ等多个主流互联网产品进行信息无障碍优化。

联谛，这一打破包括老人、读写障碍者在内的视障者、听障者与这个世界之间的信息阻隔的国内先锋，旨在让所有人在互联网的世界享有同等无障碍生活的权利。

结识信息无障碍

梁振宇，商科出身，在他的心里一直都有一个与别人完全不同的目标，他要帮助万千障碍者开拓通往社会的道路。

梁振宇自小生活在贫困人群居多的城乡接合区，见识到了太多弱势群体由于经济原因无法获得足够的教育，接收不到社会最前沿的信息与成果，因此与社会的主流脱节，陷入无知无力和贫穷弱势的死循环。目睹这一切的梁振宇在心底扎下了慈善的根，也认识到能够获取到最新信息的重要性。

随着年龄的不断增长和眼界的不断开阔，梁振宇对信息无障碍的意义有了更深刻的认知。与不同视障者之间的交流，让他进一步提升了对信息无障碍重要性的理解。

一次，梁振宇从与一位视障者按摩师的交谈中得知，这些视障者按摩师由于技术高超且工作勤奋，很多人每个月都能有一笔不菲的收入。然而，由于视力存在障碍，不论线上还是线下，他们的日常购买都需要健全者的帮助，这给他们的心理带来不小的压力。由于无法使用网络社交工具，这些视障者按摩师的业余生活也无比枯燥。除了与他们的视障者同事进行交流之外，他们只能通过收听电视机或者收音机的声音来接触外面的世界。他们除了自己的顾客基本无法认识其他的陌生人，更不必说拓宽自己的社交圈，或者了解和掌握新的知识和技能了。

在另一次经历中，梁振宇的一位视障朋友兴致勃勃地说要跟网上认识的朋友去唱卡拉 OK。据这位朋友所言，他通过下载专门的读屏软件，能够与常人一样熟练地使用聊天软件和团购手机软件，完全不需要健全者的任何帮助。临走时，这位视障者朋友熟练地打开叫车软件呼叫出租车。

两个同样具有生理障碍的人，是否能够克服互联网的使用障碍，决定了他们完全不同的生活质量。在这一段与视障人士交流的过程中，梁振宇对视障者可能获得的无障碍线上生活有了全新的认识，坚定了自己要投入其中，促进互联网信息无障碍的决心。

联谛的创立

1. 跳出舒适区

在大学期间，梁振宇就开始寻找与信息无障碍事业相关的实习机会。机缘巧合之下，他找到了信息无障碍研究会（见图 1）。信息无障碍研究会是由我国慈善界鼎鼎有名的“残友”创始人——郑卫宁在 2005 年所创办的 NGO（非政府组织），在梁振宇加入的时候，研究会已经与深圳市图书馆紧密合作，主要致力于教育各类有障碍者如何依靠读屏软件来使用 PC（个人电脑）。除此之外，研究会还会与政府或者其他组织共同研究并规划信息无障碍行业的发展前景。比如，2010 年信息无障碍研究会与深圳市残疾人联合会共同编制了国内首部《信息无障碍宣传手册》，并为 2012 年国务院颁布《无障碍环境建设条例》提供了重要资料，为政府在信息无障碍的宏观推广上出谋划策。

图 1　信息无障碍研究会

进入信息无障碍研究会之后，梁振宇惊讶于有这么多人与自己志同道合，也进一步明确了自己未来要走的道路。毕业之后，他不仅成为研究会的全职员工，并且在短短几年内就成为研究会的负责人。

梁振宇所见到的视障人士应用互联网能力的高低导致的生活质量反差，让他开始思考研究会未来的发展方向。信息无障碍的本意是使残障人士有获取信息能力，必要时通过使用辅助技术，满足特殊人群的需求。在当前，互联网，尤其是移动互联网，无疑是最迅速、最方便获取信息的途径。他发现，尽管已经有了个别具有远见的互联网公司开始对它们自己旗下的个别产品进行针对视障者的优化，但总体上来说，视障者能够完全顺畅使用的产品还只是沧海一粟。当时的互联网在实现信息无障碍方面主要存在三类困难：

一是意识层面上的空白。“不是不人道，而是不知道”。系统应用的开发者对于信息无障碍还没有什么概念，绝大多数的手机软件或者网站未对障碍人士进行专门的优化。即便市场上一些专门的读屏软件，也由于整个系统存在的缺少无障碍优化的问题，只能读取很少的内容。

二是知识层面上的缺乏。开发者在学习的过程中没有阅读、学习过与信息无障碍开发特性相关的理论和方法论，即便对信息无障碍有心，也无从下手。

三是组织层面的障碍。当前的软件开发者往往是单个团队，信息无障碍优化却需要公司层面的战略决策和指引，协调难度较大。

但是，梁振宇也发现，当互联网企业家得知了视障者的情况之后，都表示愿意为这部分人群花费精力进行优化。梁振宇认定，如果有相应理念的普及，相关技术知识的传授，相关技术辅助，为这些互联网公司进行产品的信息无障碍优化制定信息无障碍行业规则和标准，推进行业发展，会让更多企业和人加入其中。

到 2013 年，信息无障碍研究会在成立的八年里，始终以视障人士的电脑培训为主要业务，并且在这方面已经是“炉火纯青”，继续做下去不仅稳定，也能够取得不错的效果。但是，这种培训，更多是一种个体解决方案，显然没有针对整个互联网生态体系内部存在的障碍进行消除，就类似于提供轮椅，却没有去修建无障碍道路、修建轮椅可使用的电梯一样，并不能系统性地实现信息无障碍。抛弃以往的业务，抛弃信息无障碍研究会过往的竞争优势，转型去做互联网产品和体系的信息无障碍优化，无论是成本还是风险，信息无障碍研究会都要经历严峻的考验。

但是，梁振宇认定信息无障碍研究会只有转型才能符合移动互联网时代的发展趋势，才能从根本上解决视障者真正面临的问题。因此，在理事会的批准下，信息无障碍研究会不再以原本的培训为主业，而将主要精力投入到互联网产品的信息无障碍优化当中，并据此对整个组织架构、人员体系进行了调整，让信息无障碍研究会这艘大船重新改造，驶入新的海域。

2. 组建信息无障碍产品联盟

信息无障碍研究会进入互联网产品的信息无障碍优化业务领域后，首先遇上的困难就是优化什么、如何优化以及谁来优化。

在初期的调研工作中，梁振宇感受到众多互联网企业家对于信息无障碍优化的热情。因此，他亲自与互联网领域各公司高层进行沟通，希望能够形成一个致力于解决信息无障碍优化问题的联盟。正如梁振宇所预测的那样，信息无障碍既是慈善者的期望，也是科技发展的大势所趋。在梁振宇不断的沟通、解释以及说服下，2013 年 11 月 11 日，信息无障碍产品联盟（CAPA）诞生了。

如图 2 所示，信息无障碍产品联盟（简称联盟）的联合创立者除了信息无障碍研究会之外，还有阿里巴巴、腾讯、百度、微软（中国）等知名互联网企业。联盟采用理事会的形式进行管理，设立轮值主席，每届主席任期一年，最多可连任一届。信息无障碍研究会在联盟中则担任秘书处的角色，负责联盟的日常工作。

图 2　信息无障碍产品联盟理事会以及秘书处

联盟中的众多成员都需要进行信息无障碍优化，信息无障碍研究会因此无须去四处寻找客户。但是，如何建设和聚合信息无障碍优化的能力与资源？在联盟成立的同一年，梁振宇率领信息无障碍研究会成立了中国第一支视障信息无障碍工程师团队，这也是联谛信息团队的前身。

联盟中的其他成员基本都是体量巨大的互联网巨头，梁振宇没有放过从这些巨头企业中学习的机会。特别是腾讯自 2009 年起就开始通过互联网技术增强产品针对特殊用户群体的可访问性，发起腾讯内部组织腾讯信息无障碍产品联盟、技术行动、网明行动等，进行普及推动，对 QQ 邮箱、QQ 空间等产品进行无障碍化改造，让视障者可以通过读屏软件流畅使用腾讯产品。2012 年 6 月，“腾讯信息无障碍联盟”成立，并将无障碍化推广到公司 20 个产品中。梁振宇让自己的工程师团队与这些互联网企业中的工程师进行深入交流，探讨信息无障碍的解决方法，促进技术水平的提升。

众多信息无障碍产品联盟中的互联网行业巨头对于信息无障碍研究会的信任与尊重不仅让梁振宇看到了信息无障碍在中国的希望，也让更多联盟外的互联网企业开始关注起“信息无障碍”这个新词。2014 年 5 月，信息无障碍研究会为深圳市政府撰写《深圳市信息无障碍建设规划（2014—2016）》，成为地方政府的得力助手，这也再次增强了信息无障碍研究会的公信力。同年，信息无障碍研究会还成为 W3C（万维网联盟）信息无障碍中国区翻译小组成员，从技术层面得到了国际认可。

2015 年 3 月，信息无障碍研究会再次和腾讯合作，由马化腾为代表在全国两会上发表《关于推进我国移动互联网信息无障碍标准制定及落实的建议》的提案。12 月，信息无障碍研究会与联盟中的另一巨头——阿里巴巴联合编制国内首个涉及实现信息无障碍方法的技术文档《网络无障碍建设指南》，并联合捐赠给中国残疾人联合会，为互联网无障碍建设提供技术指导。2016 年 4 月，信息无障碍研究会与阿里研究院、腾讯研究院联合发布了《中国互联网视障用户基本情况报告》。

信息无障碍产品联盟的建立帮助信息无障碍研究会快速扩展自身的组织规模，吸纳更多优秀的信息无障碍领域人才。更为珍贵的是，它让信息无障碍研究会这艘“小帆船”在进入全新的海域时不再是单打独斗，而是有更多的“航空母舰”为它保驾护航，这在行业标准制订、推广中发挥了重要作用，甚至作为政府的左膀右臂在宏观调控上出谋划策。

3. 联谛的诞生

随着信息无障碍研究会与信息无障碍产品联盟的不断发展，梁振宇开始了新的思考。

信息无障碍研究会在生存方面一直存在压力。研究会定位为非政府组织，在采用商业手段时存在诸多限制。一方面，在与商业企业的合作中，对方支付的信息无障碍合同款项只能用捐款形式计入，这与合同的商业实质并不符合。从对合作伙伴权益的保障上看，这种捐赠形式，也不利于合同条款的细化和履行。同时，由于基金及捐赠的数额限制，信息无障碍研究会的业务规模也被困在了一定范围之中。

在梁振宇看来，应该存在一种更好的方式来使得信息无障碍研究会能够可持续发展并且不断壮大，让更多互联网企业的产品在信息无障碍研究会的帮助下能够被视障者或其他障碍者方便顺畅地使用。这不仅能够方便视障者和其他障碍者用户，还能够让这些互联网企业获得更大的用户群体，从而提升自己的收入。以往对于残障人士的援助基本都被认为是慈善性质的，但这是不是唯一的方式呢？是否可以利用商业手段来进一步解决信息无障碍问题呢？

2016 年是信息无障碍研究会和信息无障碍产品联盟高速发展的一年，也是梁振宇的视障信息无障碍工程师团队愈发成熟的一年。三年时间，他们与众多互联网企业的工程师互相交流、学习，在互联网产品的信息无障碍优化上总结了丰富的经验，并不断创造出新的优化方案。也就是在这一年，梁振宇全面进行了市场调查，发现虽然已经推广了数年，但整体上来说还没有一家与该研究会同样进行互联网产品信息无障碍优化的企业。因此，梁振宇认为这是在这个领域建立专门企业获取市场先入优势的最佳时机。

在信息无障碍研究会原班人马的基础上，梁振宇提出以公司形式再注册。信息无障碍研究会的两位专业顾问在详细听取了梁振宇另外成立公司计划之后联合投资，为联谛注入了第一份血液。在这之后，多位顾问也追加了投资。就这样，梁振宇在信息无障碍研究会的众多顾问的帮助下，筹集到了联谛发展的初期资金。依照包括梁振宇在内的各位股东的出资额的不同，联谛分配了相应的股份。同时，由于联谛是在信息无障碍研究会的基础上成立的，因此设定信息无障碍研究会免费持有联谛 10% 股份。

2016 年 4 月 11 日，深圳市联谛信息无障碍有限责任公司在深圳正式成立，成为我国第一家专业信息无障碍解决方案的供应商。“联谛”的名称来自地藏菩萨经案下伏着的通灵神兽，其聚众物之优容为一体，可以通过听来辨认世间万物。梁振宇及其初始团队想要用这样的名字来展现联谛的特点，帮助视障者更好地用听觉来感知世界，拥抱世界。

联谛的出现宣告信息无障碍研究会、联谛和信息无障碍产品联盟的

“三足鼎立”正式形成。这三者是密不可分的，都是推动中国信息无障碍建设的中流砥柱，但在角色上会有所侧重。

联谛是以公司为主体，打造了一条特殊信息无障碍化产业链条，为信息互联网行业内的企业提供它们急需的信息无障碍化解决方案；是通过信息无障碍这项技术与各行业的具体产品进行结合落地，让障碍人士能通过这些产品直接受益。

信息无障碍产品联盟则是致力于通过让更多的行业内企业加入其中，互相学习及借鉴彼此在自身产品上对于信息无障碍的运用，从而让行业良性地发展。如开展信息无障碍论坛、沙龙等活动，协助互联网公司将信息无障碍融入产品开发及维护流程，参与相关标准的制定及优化，推动相关政策出台，发布专业技术文档，倡导更多互联网公司及IT从业者关注信息无障碍。

信息无障碍研究会作为社会组织，是以更加客观的身份在完善信息无障碍化的上层设计。它正在信息互联网行业内推动和构建信息无障碍化的基础标准，推动行业对信息无障碍化建设认识的提高，联合政府、信息无障碍产业联盟成员等其他利益相关方，共同推动信息无障碍化建设。一方面作为信息无障碍产业联盟的秘书处，更多的是在对公众、行业的倡导上开展工作，如组织参与年度科技无障碍大会、参与标准编写、公众倡导等；另一方面，积极努力地听取用户的声音，做好用户侧的工作，如用户运维、残障者就业能力培训、视障者技术开发计划等。信息无障碍研究会近期取得的成果有：组织编写中国第一本信息无障碍领域专业书籍《信息无障碍，提升用户体验的另一种视角》，连续两年举办科技无障碍发展大会，全程参与由工信部指导、中国信息通信研究院举办的《移动终端无障碍技术要求》标准编制，在工信部指导下与中国信息通信研究院联合汇编《中国信息无障碍发展白皮书（2019年）》等。

成长中的联谛

1. 人才挖掘与培养

（1）人才挖掘

既然成立了企业，就必须要面临市场的竞争和考验。作为一家致力于进行信息无障碍的互联网科技企业，联谛需要重量级人才的加入才能在这个市场中站住脚跟。联谛成立之后，梁振宇在工程师团队建设上投入了更多的精力。

梁振宇领导信息无障碍研究会期间，经常获得我国信息无障碍领域著名专家张昆积极的专业帮助。张昆在信息无障碍方面具有 20 年以上的理论以及实践经验，曾经在 IBM 大中华区信息无障碍中心担任专家，还担任 W3C 中国区信息无障碍事务负责人，主导过国际信息无障碍标准制定等重大项目，是我国信息无障碍领域真正的领军人物。梁振宇决心成立联谛，走市场化之路后，急需聘请公司首席技术专家。梁振宇和其同事的诚意，以及张昆对联谛解决残障人士的信息障碍问题的认可，使得双方最终牵手。张昆成为联谛的首席专家，主导联谛的互联网产品信息无障碍优化以及相关技术的研发、标准制订等事务，为联谛的长期发展立下了一根定海神针。

有了领军人物，梁振宇仍没有满足，他继续从外界引入具有高超技术和丰富经验的人才，如现任联谛技术总监的刘彪以及现任客户合作总监的陈翔等。刘彪具有超过 10 年的 C/C ++、PHP 经验，参与 WCAG2.0 中文版审阅，是中国为数不多的信息无障碍专家之一，为腾讯、阿里巴巴、百度、华为等众多知名公司的产品提供专业的信息无障碍服务；陈翔则有超过 10 年的软件行业商务合作及项目管理经验，曾任职 IBM 并多次主导、参与智慧城市相关项目的规划、协调、实施及验收。

在这些从外界引入的人才的帮助下，联谛在起步时就拥有了成熟的技术和管理体系，这为联谛未来在市场中占据有利地位以及培养新一代人才奠定了基础。

（2）内部人才培训和激励

从信息无障碍研究会开始，梁振宇就组织成立了一支大部分由视障者组成的工程师队伍，这不仅仅是因为信息无障碍研究会在解决视障员工就业方面的社会责任，更在于在解决信息无障碍优化问题上，视障者工程师相对于一般工程师具有得天独厚的优势，他们能够从自身出发，切身体会视障者群体在使用互联网产品上需要的辅助、遇到的问题，并提出解决的方案，而这些对于一般工程师来说则是难上加难。联谛成立之后，这支工程师队伍成为联谛的核心力量。

梁振宇认为，创业公司的人力资源管理不可一成不变，一定是随着团队发展，不断裂变组织架构及变换管理办法的。因此，对于从各方渠道召集过来的人才，联谛通过对公司一线业务的不断了解，因地制宜地制定一套与当下企业业务发展、人才需要相匹配的个性化管理模式。

1）培训体系。

联谛面向社会招聘。为了适应公司工作的需要，其内部设计了一系列新员工入职培训课程。每门课程设置了不同形式的考核环节（虚拟情景演练、闭卷问卷、开放式问答等），最后在试用期临近时，设置员工试用期考核分享会，由多方部门负责人评估最终试用期考核结果。

信息无障碍作为与互联网息息相关的行业，其技术变化也是日新月异。为了避免闭门造车，联谛最大化挖掘与外界对接的相关培训。目前各部门自行组织学习，同时通过资源置换，积极参与外界免费或收费少的优质培训课程，并形成体系。必要时人力资源部安排参训的同事在公司内部进行二次培训，这样既能够让员工都能掌握新的知识，也能为公司节约成本。

联谛为不同部门设计不同的入职培训课程等。因信息无障碍这个行业的特殊性，在国内目前没有任何可以参考及对标的体系及内容。团队在一边摸索、一边改进的情况下进行迭代更新。在培训过程中，有部分内容会涉及图片、框架图等，不容易被视障同事阅读。联谛的人力资源部门会在设计课程中提供两个版本，一个是不涉及图片及框架等易于视障同事阅读的无障碍文字版本，一个是面向健全同事的版本。同时因视障员工在出行会较为不便利，团队会优先筛选合适的网上课程供视障同事进行专业能力的提升及进修。

2）员工成长。

联谛目前推行“管培生计划”和“接班人计划”，对于新生力量，联谛将花费一定的精力去挖掘各大高校的优质毕业生，并给予相应的培养，包括定向专业培养及管培生培养。

而在所有重要的岗位角色中，联谛正在逐渐部署 B 角（指的是为这些重要岗位准备的预备人员）。其中，联谛针对目前培养中的 B 角，根据岗位的不同，制定了个性化培养方案，并由人力资源部按月跟踪被培养人的情况。

3）薪酬激励。

联谛目前仍处于起步阶段，人数和体量都不足以采用较为传统的关键绩效指标（KPI）和较为新型的目标与关键成果（OKR）管理方法，因此，目前联谛采用双月度由直属部门管理人对下属进行一对一的工作绩效沟通并记录，由人力资源部进行跟踪，根据工作状态进行相应处理的一系列处理办法。

薪酬方面，通过内外部横纵向的薪酬比较，联谛制定了现有岗位的宽带薪酬，设置较为科学且适合公司当下环境的薪酬管理制度，其中包括任职资格、职级管理及对应的薪酬区间标准、晋升通道及破格晋升等多种维度共同构成的管理标准体系。

4）企业文化建设。

联谛的企业文化建设包括企业的凝聚能力、员工激励和创造和谐的氛围。目前公司管理团队围绕企业的三个核心价值观“责任、无边界、成年人”，做了一系列的工作，包括配套的奖励文化、企业文化宣讲、选人用人标准、以核心价值观作为一定的考量标准等。这些工作无一不在形成一股可将大家凝聚在一起，一致前进的力量。

5）团队稳定性。

联谛为残障员工提供免费的住宿、用餐、出行等全方面后勤保障，并通过各种激励制度及管理制度进行员工激励，在激励员工保持动力的同时，保障员工的稳定性，如期权激励计划、各内部团队的激励制度、职位升降制度等，从内部制度上来保持员工的稳定性及积极性。

2. 产品服务开发

目前中国平均每110人中就有一位视障者，加上1.5亿65岁以上的老人和7 000万的读写障碍者、2 700万听障者，他们都是信息无障碍的巨大需求方。联谛要从互联网系统的无障碍设计上，通过向企业客户提供各类服务，帮助这部分障碍人群方便、平等地获得信息。

（1）产品无障碍优化

具体而言，联谛的主要业务是为众多互联网相关的企业进行产品的信息无障碍优化，具体包括为产品梳理无障碍需求，并对产品进行无障碍全面测试，视需要对即将发布的新版本进行回归测试，针对测试报告提供专业的解决思路或代码参考，并指导开发团队固化流程。这是联谛起家的业务，也是发展的根本。例如，2018年，联谛的服务让某产品的三大无障碍（语音合成、OCR文本识别、语音识图片）AI（人工智能）技术使用量超过1.6亿次。同年“双12”期间，联谛服务支撑的该产品“读光OCR”，日均调用1亿次，视障用户浏览的商品高达200多万件。

（2）为客户进行国内外政策达标协助

信息无障碍是从联合国决议中引申出的概念。2005 年，国际电联（ITU）在信息社会世界高峰会议上提出要“鼓励设计和推出信息通信技术设备和服务，使包括老年人、残疾人、儿童和其他处境不利群体的弱势群体在内的所有人，都能方便地并以可承受的价格使用这些设备和服务”。从国际范围看，美国、英国、加拿大、澳大利亚、日本、韩国等多数发达国家政府纷纷采用了将法规政策与技术标准相结合的手段来推进信息无障碍工作的开展。法规政策对信息无障碍工作提出了原则性的规定，技术标准则是为工作开展提出了具体的指导性要求。

目前互联网已成为人们参与社会生活必不可少的渠道，因此互联网信息无障碍建设成为各国政府重点推进的工作。我国互联网企业要想进行国际化，把自身的产品推广到这些地区，就必须达到这些国家法律法规的要求。联谛为这些企业客户全面梳理目标市场国家/区域的无障碍法律法规及相关标准，并对产品现有无障碍情况进行详尽对比分析，挖掘出客户在目标国家/区域的无障碍相关风险，为客户提供有针对性的解决建议和无障碍专业协助，为产品国际化扫清障碍。

（3）帮助企业进行用户研究以及产品的易用性分析

在用户产品设计前期，联谛根据客户产品团队的需求，面向障碍群体设计对产品有价值的调研方案，并据此开展调研、给出分析报告。在用户产品设计阶段，联谛在与客户签订的合同周期内，一方面，对客户产品进行针对低弱视力者、色盲患者、听障者、老年人等多种类型障碍用户的易用性诊断，诊断完成后，给出分析报告，向企业提供反馈，促进企业进行革新；另一方面，从专业的角度向企业提供改进建议。在产品应用阶段，联谛为客户产品团队提供舆情较为集中或特殊时期的正面及负面舆情反馈，并根据需要，为客户定制应对方案。

除了线上产品的服务之外，联谛还可以根据客户现有资源及产品或服务内容，协助客户完成包括线下服务人员如何服务障碍用户等在内的产品闭环服务或给出相应的建议与方案。

（4）为客户提供信息无障碍全面培训

培训内容包括障碍用户及其无障碍需求介绍、研发流程中信息无障碍的考虑，以及开发指南、标准规范、行业趋势、各类案例等，帮助客户团队快速建立对无障碍的正确认知，推动产品无障碍的进程。

（5）为客户提供品牌与企业社会责任传播服务

这部分服务主要分为两类型：一种是配合型服务；一种是倡导型服务。此业务主要是产品经理协调沟通，由公关部门配合完成。

1）配合型服务。

配合型服务主要集中在产品无障碍优化即将完成或完成后。配合型服务指结合产品的特点，为产品开展的无障碍相关传播提供支持，突出产品的无障碍亮点，贴靠障碍人群；为客户提供多元化定制品牌的建议方案，如行业活动、联合公共关系部门进行品牌宣传、对接相关机构资源、打造品牌故事等，提升品牌的公益属性、社会价值属性（图3的刘彪就是联谛的工作人员）。

图3　华为无障碍宣传短视频《伴你前行》截图

2）倡导型服务。

联谛会选择在一些大型节日，比如国际盲人节、全球无障碍宣传日等，通过整合资源，联动利益相关方，做公众倡导；同时，每年举办科技无障碍发展大会，联动各个合作伙伴，一起探讨和推动信息无障碍的发展。

联谛通过对客户的产品服务，让 79 万障碍群体通过网上购物，享有自主生活；30 万障碍群体通过手机地图、打车，享有出行自由；100 万障碍群体通过在线搜索资料，学习更多知识；300 万障碍群体通过在线社交，将人际关系由家庭拓展至社会层面；400 万障碍群体通过移动支付，享有独立生活。

3. 客户拓展

随着联谛在信息无障碍方面的技术越来越成熟，产品和服务内容逐步成熟，联谛的客户群体也在进一步扩大。目前，联谛的客户群体已超越最初的互联网企业，扩张到了互联网、智慧城市、智能硬件、金融四大领域。

（1）互联网客户拓展

互联网领域是联谛以及信息无障碍研究会的立身之本，也是最初的出发点，在这方面联谛已经积累了丰富的业务经验，并不断将更多互联网业务纳入信息无障碍优化中来。

联谛与腾讯、阿里巴巴两家互联网巨头的合作由来已久，信息无障碍优化从最初的 QQ、淘宝等软件扩展到钉钉、腾讯会议等新产品中。钉钉是阿里巴巴内部创业成长起来的一个产品，目标是帮助企业和组织提升沟通协同效率，降低运营成本。

在研发钉钉的初始阶段，无论是产品经理还是工程师团队都没有意识到信息无障碍问题，阿里钉钉 iOS 与 Mac 版负责人石佳锐表示，联谛提供的信息无障碍优化让他不仅解决了这个问题，更让他意识到信息无障碍开发的重要性。作为研发人员，没有关注到视障者的需求让他感到非常惭愧。目前，钉钉的工程师与联谛的团队合作已逐步建立了 Android、iOS 等版本的信息无障碍优化，更多的适配工作正在全面展开，未来计划无障碍的支持将覆盖所有钉钉客户端。

联谛在互联网领域推行的信息无障碍优化，不仅仅是对一个个产品的优化，更为重要的是把视障者的需求带给这些互联网企业的工程师团队，让他们意识到针对视障者进行优化的必要性意义更为重大。钉钉的石佳锐表示，所有的研发人员都有责任为视障人士提供很好的用户体验，让他们和我们这些看得见的人一样享受真正平等的环境。

与互联网企业的合作也帮助联谛在信息无障碍优化方面的技术上不断提升、精进，帮助联谛将信息无障碍优化技术拓展到其他领域。

（2）服务政府的尝试

智慧城市概念源于 2008 年 IBM 公司提出的智慧地球的理念，是数字城市与物联网相结合的产物，被认为是信息时代城市发展的方向、文明发展的趋势。市民需要从显示终端来获取智慧城市带来的信息，享受智慧城市带来的便捷，因此，政府掌握的智慧城市服务系统同样需要针对障碍者进行专门的信息无障碍优化。

深圳市气象局为深圳及其周边城市的生产生活提供全面可靠的气象服务，这对于深圳这座海滨城市来说极为重要。然而深圳市气象局在信息无障碍方面的评分一度较低，在了解事情原委后，积极主动地进行了信息无障碍优化。

联谛承接了深圳市气象局对网站进行无障碍改造的任务，公司工作人员通过全面测试，发现了系统的无障碍缺陷，给出了信息无障碍优化意见并采取措施配合新版网站上线，在极短时间内完成了无障碍改造。2018 年，联谛进一步为深圳市气象局旗下产品进行一系列的信息无障碍优化。目前，“深圳天气”移动客户端软件的 iOS 版和 Android 版已初步完成信息无障碍优化（见图 4），支持 VoiceOver、TalkBack 等读屏

图 4　深圳天气 App（国内首个信息无障碍气象类 App）

工具，让障碍用户也能随时随地获取最新的气象信息。

联谛承接的深圳市气象局信息无障碍优化任务获得了政府机构的认可，为联谛未来开启与政府机构的更多合作提供了样本。

（3）智能硬件厂商的产品提升

华为是全球领先的 ICT（信息与通信）基础设施和智能终端提供商，不管是手机还是其他智能硬件领域，华为都是当之无愧的世界领先者。然而，华为手机操作系统 EMUI 存在一部分较为严重的无障碍问题，广大障碍用户群几乎无法顺畅使用。除此之外，华为作为我国企业冲向世界的主力军，不仅需要考虑国内市场的要求，还要考虑到国际市场法律法规等因素，特别是在无障碍这一方面，西方国家比我国起步早，要求严，因此华为在信息无障碍方面亟须优化。

针对华为的具体情况，联谛组织了信息无障碍工程师团队，为华为产品提供全面的信息无障碍检测，并提供了详尽的无障碍解决方案，指导完善产品开发流程，同时，还把信息无障碍纳入华为的常规流程，使华为在之后的新产品开发中能够自动将信息无障碍作为开发的必要点之一。

此外，联谛还协助华为拍摄了一个信息无障碍主题短视频《伴你前行》，组织华为产品技术团队和障碍用户面对面交流沟通，联合华为进行多次品牌公共关系传播。

通过实施联谛的优化方案，华为成为我国第一个将无障碍纳入常规研发流程的手机厂商。这大大降低了华为在开辟国际市场时由于信息无障碍不完备被起诉的风险，也增强了华为设备在全球范围内的吸引力。同时，进行信息无障碍优化也使华为设备在国内障碍群体中更受欢迎，进一步推进了华为设备在市场中的地位。

（4）金融企业无障碍产品服务

平安保险是中国平安集团旗下的保险公司，为客户提供一站式保险服务，涵盖车险、家财险、意外险等各类保险套餐。对于障碍者群体来说，购买保险的需求甚至比健全人更为急迫。然而，在平安保险的官网未进行无障碍优化时，障碍人群无法购买保险、理财产品，平安保险就无法开拓这一部分人群进入保险市场。同时，国内金融相关无障碍倡议、标准所提出的要求也促使平安保险进行无障碍优化升级。

联谛的专家团队协助平安保险对在线销售渠道进行全方位无障碍优化，帮助调研障碍群体，收集需求，为障碍用户保险产品开发提供建议。联谛的专家团队在平安集团 30 周年的时候，协助平安保险推出国内首款针对视障人群的专属产品——“平安 EYE 护你”，使得平安保险一跃成为我国金融领域信息无障碍的领跑者。

不忘初心

作为一家拥有众多巨头客户的互联网企业，联谛在商业界的地位也是水涨船高。然而，正如梁振宇所说：“我创办联谛的最终目标是让自己失业。”梁振宇的愿望不是联谛赚取多少利润，而是真正为视障者解决信息障碍的问题。他认为，当所有互联网企业乃至所有面向视障者客户群体的企业都能够自发且拥有足够的技术进行信息无障碍优化时，联谛的使命也就达到了。

从管理层到所有员工，从整个公司大的战略目标到每一个发展细节，联谛都努力做到不忘初心。

1. 资产锁定

联谛起家于信息无障碍研究会这家NGO，信息无障碍研究会与联谛就像一个人的两只手：一个以非营利组织的形式负责所有研发和公众倡导，以及相关公益资金的筹措；一个以公司形式将研发成果推广应用到市场上。两者在信息无障碍的道路上携手并进。主要的工程师团队在联谛进行商业服务，但是在信息无障碍研究会，则是最根本的志愿力量。

为了从制度上保证联谛的社会使命不漂移，联谛在成立之时就设定信息无障碍研究会持有10%的股份。相应地，联谛在商业活动中所获取的利益，也将通过股权分红的形式回流到这家NGO中，最终由信息无障碍研究会将其使用在为社会解决问题之上。

刚刚启航不久的联谛收获了不少投资者的注意，发展越来越快的联谛也的确需要更多资金投入。然而，在对待更多接踵而至的潜在投资者问题上，梁振宇一直保持冷静的态度。公司章程规定，联谛达到社会目标的独特之处在于，公司效益和社会效益是一体化、同进退的，因此，在联谛的发展过程中，社会效益一直是公司的主要目标。在目前没有相应的约束机制的情况下，梁振宇努力维持联谛高效运行，保持自我造血、自我供给的能力，同时谨慎评测新的投资者的投资目的，希望未来引进新投资者时，仍旧能够保证联谛的社会目标稳定而不偏移，同时兼顾社会效益和经济效益。

2. 行业倡导

在服务大公司和推动信息无障碍的过程中，联谛遇到了很多困难。一是企业在产品前期合作中并没有深入理解无障碍的理念，联谛在企业内部真正推动无障碍工作时难度会很大；二是信息无障碍行业还处于早期，不够成熟，市场缺乏教育，对于很多企业来说信息无障碍并非必选项，优先级比较低。针对这些困难，联谛通过残障共融、黑暗体验、无障碍游戏工作坊等多元融合活动，让企业内部不同部门、不同层级的员工，更好地理解信息无障碍，以便更好地推进后续的服务及工作。

除此之外，联谛通过信息无障碍产品联盟和信息无障碍研究会，开展信息无障碍相关主题论坛活动，对互联网公司进行信息无障碍监督等，形成行动典范，树立标杆旗帜，进而不断地推动信息无障碍成为 IT 行业设计或迭代产品时必须考虑的内容，形成行业规范，不断传递信息无障碍的真正内核含义，用同理心的思维，从利益相关方的角度转换思维，建立语言体系，方便其理解，比如针对 IT 部门更多地强调产品的通用性、包容性设计，而不是将障碍群体隔离，单独设计产品。

3. 承担责任

信息无障碍研究会转型之后不再以视障者电脑培训为主要业务，联谛继承开展了视障者 IT 技术帮扶培养计划。该计划是对视障者初级电脑基础培训的升级培训，同时也是深圳市第一个以软件技术开发为起点的帮扶培训。其旨在通过培训视障者的 IT 技能，增强职业技能，如信息无障碍测试、开发水平，让他同时能获得与明眼人一样平等的机会从事 IT 技术工作，获得更好的收入。同时，联谛也希望以这个项目进行人才的储备，为公司的长期发展埋下种子。目前这个项目的导师是来自腾讯的高级工程师和来自联谛的障碍工程师。

联谛在绿色环保方面制定了严格的标准。办公室的灯具、电器严格选用节能类型的，同时利用可回收再利用产品减少资源的浪费和环境污染。如接受腾讯捐赠的 15 台报废电脑用于联谛的日常培训工作。联谛制定鼓励员工采用公交、地铁等公共出行方式的规定，发声明优先采购节能环保类型的办公设备和服务。

联谛目前有 1/4 的员工是残障员工，他们担任工程师、财务、人力资源等重要职位。

梁振宇认为，一家真正的社会企业，不仅应该把社会目标放在商业目标之上，更要把企业的社会性质体现在员工的日常工作生活当中，融入每一个细节里面，让企业成为真正由内而外的社会企业。

4. 社会认同

联谛通过对互联网产品优化等综合性解决方案，帮助数以万计的障碍群体在学习社交、生活娱乐、出行便利甚至还有新的就业岗位如网店店主等方面进步，这符合消除贫困和缩小差距的发展目标。同时通过联谛的服务，越来越多的企业重视信息无障碍，并提前将其纳入产品设计和战略层面。

联谛在社会使命和社会责任方面所做的努力不仅获得了客户的好评，也得到了数项与社企相关的权威认证。其中最为具有代表性的就是 B Corp 认证。B Corp（Benefit Corporation）的中文意思为共益企业，是由 2006 年创办的国际性非营利组织 B Lab 提出的新型商业模式，意在通过一套“对世界最有益的公司”的评估认证体系，筛选出一批在社会与环境绩效、透明度以及责任感方面达到高标准的营利性企业。B Corp 的认证过程极为严格，即使在社企方面较为先进的美国也只有一小部分能够得到这项认证。然而联谛在社会目标、员工理念等多方面的优异表现使得其最终以高分通过了认证，2017 年成为我国第六家 B Corp。

2017 年联谛申请了中国慈展会从 2015 年开始的全国性社会企业认证，成为 2017 年仅有的十家“金牌社企”之一。

2017 年，联谛成为中国通信标准化协会会员单位中的全权会员，全程参与了由工信部领导、中国信息通信研究院举办的《移动通信终端无障碍技术要求》标准的编制工作，成为中国互联网协会信息无障碍工作委员会的首批单位成员。2018 年 11 月，联谛入选由网信办指导、中国网络社会组织联合会举办、新华网承办的 2018 网络扶贫创新优秀案例。

机遇与挑战

随着政府对于信息无障碍的支持力度逐步提高，关注信息无障碍、愿意把自身旗下产品进行信息无障碍优化的企业数量也在不断增加，未来政府可能推行的一系列政策将会为联谛带来新的发展机遇。2019 年，联谛入选中国最具发展潜力社会企业 TOP 20，其发展潜力已经得到了行业的普遍认可。

面对这样的机遇，联谛的应对方法即以技术优势作为核心竞争力。联谛管理层确定，把每年收入的 30% 以上投入到技术研发当中，目前，联谛已有多项信息无障碍相关专利处于申请手续过程当中。

同时，联谛所面临的挑战也与日俱增。一方面是来自竞争者的挑战。尽管目前市场上还不存在跟联谛做完全相同事情的企业，但已经有一些公司在做相关事情。随着我国信息无障碍市场的不断拓宽，联谛不可能永远处于一人独行的状态，会有越来越多的追随者加入到这个行业中来。联谛如何应对潜在的竞争者成为梁振宇和他的团队需要思考的重要问题。

未来的联谛，在如何继续通过信息无障碍优化技术与各行业领域进行结合、如何与用户进行有效的沟通、如何让用户对联谛产生更加深刻的理解以及认同等方面，还需要进一步思考。这些思考和应对，关系到联谛能否继续在日渐激烈的信息无障碍市场竞争中保持自身的领路人地位。

（刘彧彧　王鹏斌）

北伟点评

联谛的社会属性是非常直接的。在信息化社会，让每个人有平等享有信息的权利。通过产品和技术层面进行信息无障碍优化，让以视障者为代表的残障人士更好地使用信息产品，并积极通过推动产业联盟、参与国家标准制定、加强政策与媒体倡导等，不断推动信息无障碍事业的发展。信息无障碍事业在中国的展开，将极大地提高残障者的生活质量，缩小正常人与残障人之间的数字鸿沟。

梁振宇具有很强的社会企业家精神。他把握住了时机，从信息无障碍研究会相关服务收入不断扩大的趋势中，看到了创业的机会，及时创立了联谛社会企业。由于企业形式在人员招聘与激励、业务拓展和资本市场融资等多方面比 NGO 更便利有效，所以成立联谛社会企业是积极必要的，这极大地促进了信息无障碍事业的更快发展。

联谛的社会属性还体现在联谛成立之初给予信息无障碍研究会 10% 干股上，而且从利润分配的角度来说，将私人股权的分红权也全部捐给了信息无障碍研究会。此外，联谛雇用残障者为员工，鼓励公益性的公司文化。这些都使得联谛的社会属性得到包括 B Corp 和中国金牌社企等在内的广泛的社会认可。

从商业模式上看，联谛的业务收入来自以互联网企业为主体的客户群。这些客户购买信息无障碍优化服务，既有扩大自身客户基础的商业需求，也有科技向善的企业社会责任需求，同时也有来自竞争者标配信息无障碍产品属性的压力。随着国家相关标准的制定和推广，以及国际相关产品服务观念的引进，我们相信这方面的市场需求会越来越大，联谛的收入规模也会随着更多行业加入信息无障碍化、城市智慧化而扩大。联谛从最初提供简单的互联网产品无障碍方面的评测和反馈，到开发出自己的信息无障碍技术专利，体现了其工程师团队与客户技术团队的深度合作，在某种程度上建立了客户忠诚度和竞争壁垒。

长期来看，联谛面临两个方面的风险。

一是，联谛是建立在信息无障碍研究会和信息无障碍产品联盟基础上的，虽然联谛给了信息无障碍研究会 10% 的干股，但从严格法律意义上说，联谛公司中私人股权与信息无障碍研究会以往的业务基础和无形资产的股权对价，是否为市场公允价，关系到是否有法律追诉风险。目前联谛的做法是，私人股份的分红权捐赠给信息无障碍研究会。但由于分红决策可以修改，章程可以修改，股份可以出卖，所以还不是真正意义上的资产锁定。也许捐赠更多个人股权给信息无障碍研究会可以彻底规避这一法律风险。

二是，互联网产品信息无障碍优化的需求，随着各互联网企业本身信息无障碍技术知识和人才储备的不断积累，会逐渐递减。也就是行业的成熟本身会消灭行业需求本身。虽然相当长时间内，信息无障碍优化服务还可能会外包给联谛这样的专业公司，但长期来讲，互联网各企业有可能会自行解决该问题。联谛的可持续性如何，它所领导的行业发展会不会成为“自身的终结者”，值得思考。一个参考指标是研究国外是否有类似联谛这样独立信息无障碍优化服务提供商，且可以长期持续生存。

联谛是以企业为客户，还是以这些企业的产品的最终用户残障人士为客户？是首先满足企业客户的合规需求，还是首先满足残障用户的客户体验需求？是依靠联谛内部的残障工程师们个人体验反馈改进产品，还是开发类似信息无障碍大众点评平台式机制，广泛收集残障人士反馈？是以倡导残障者信息无障碍权利为核心，还是以发展联谛企业自身规模为核心？对这些问题的回答，将决定联谛未来的长期走向、可持续性和竞争力。

希望联谛，如同其名字所昭示的，如大愿第一的地藏菩萨的座下神兽谛听一样，始终为视障者服务，不忘初心，信息救苦，为在中国建立一个信息无障碍社会贡献力量。

参考文献

1. csdn_ csdn_ AI. 专访 CAPA 梁振宇：信息无障碍是互联网产品的必选项.（2016－07－21）. https：//blog. csdn. net/heyc861221/article/details/80124403.

2. Retric. “信息无障碍”研究会梁振宇：没有残疾的人，只有残疾的科技.（2015－05－13）. https：//36kr. com/p/532851.

3. 梁振宇：立法和鼓励性政策是加速“信息无障碍”最有效的方式.（2017－06－19）. https：//tech. huanqiu. com/article/9CaKrnK3ASR.

4. 十年默默的坚守、漫漫长路，记梁振宇的信息无障碍突破之路.（2016－07－23）. http：//www. sohu. com/a/107299426_ 163588.

企业资料

1. 信息无障碍研究会：http：//www. siaa. org. cn/about-us。
2. 信息无障碍产品联盟官网：http：//www. capa. ac/。
3. 信息无障碍微信公众号：

附录 1

亿方公益基金会进行社会企业投资的基本方法论

李北伟[①]

亿方是2013年由百度联合创始人徐勇博士在北京市民政局注册成立的资助性基金会。社会企业的研究与投资是其主要的业务方向之一。

亿方投资社会企业的目的在于鼓励和探索社会创新与公益创新，通过激发民间智慧与行动，建立公平美好社会。在“人本、专业、创新、前瞻”的价值观引领下，以成长性思维做公益创投，允许尝试和犯错，与行业伙伴一起边行动边研究，共同成长。具体的方法论，可以分为三部分：第一，看目标企业的社会属性是否真实紧迫；第二，看其商业模式是否可行；第三，看创始人及其团队是否有坚固的公益心和可执行的商业智慧。

如果这三方面都合格，那么再看升级版的三部分：第一，具有社会属性的企业是否可以规模化经营？第二，商业模式可行的企业是否有创新点？第三，CEO及其团队，是否能可持续地经营一家社会企业，即社会目标不漂移地经营下去？

可以把这六条标准想象成两个三角形，满足第一个三角形的三个标准，就是一家社会企业；如果进一步能满足第二个三角形的三个标准，则是一家优秀的社会企业。

此外，亿方要求其本身所投资的社会企业，要拿出其税前利润的10%～20%作为公益支出，捐赠给国家认证的公益机构，并在公司章程中明确约定。

---

① 亿方公益基金会秘书长。

亿方具体的社会企业投资评审框架，略见图1：

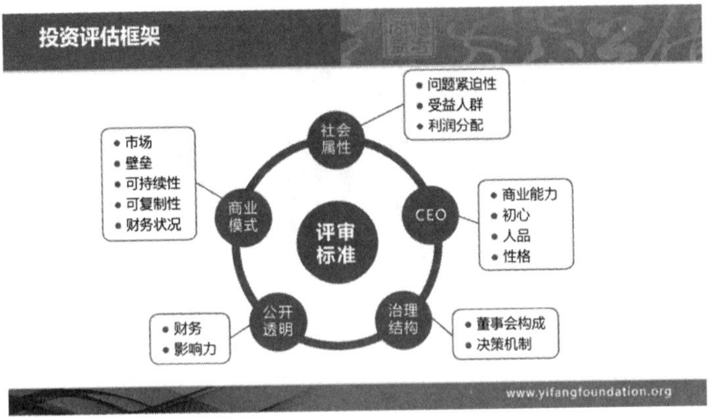

图1　社会企业投资评审框架

附录 2

中国社会企业认证的实践思考

——从社会企业认证到社会企业服务

黎静[①]　夏璇[②]

社会企业在中国经过了十多年的经验沉淀，形成了一条极具中国特色的社会企业发展路径。深圳市社创星社会企业发展促进中心（以下简称“社创星”）作为国内第一家开展社会企业认证的第三方机构，受中国公益慈善项目交流展示会（以下简称“中国慈展会”）委托，自 2016 年起一直在国内推动社会企业的认证工作。通过多年的观察，社创星发现很多社会企业是在“社会创新创业”的宏观社会环境下催生的。而涌现出的一大批社会创变者，他们致力于推动社会的变革而非仅仅追求利润的最大化，强调对现有解决方案的突破和创新，以实现社会价值作为自己的人生价值。驱动他们完成这项伟大事业的核心因素，就是这本书所强调的“社会企业家精神”。

用“不忘初心，牢记使命”来诠释“社会企业家精神”再合适不过。社会企业家们因为悲悯而触发了他们的“初心”。他们创办了以社会问题的解决为导向的社会企业，并且坚守着这一使命，将其一以贯之作为运营企业的核心。而一家社会企业是否经营良好，归根到底还是商业问题。社会企业家寻找客户和开辟市场，从而获取利润以支持社会使命的实现。或

① 深圳市社创星社会企业发展促进中心研究员，香港大学非营利管理专业硕士。
② 深圳市社创星社会企业发展促进中心创始人，社会企业服务平台联合创始人。

许，社会企业家在这一过程中会面临重重挑战，有时候甚至会向资本和市场低头，慢慢地“漂移”了企业的社会目标。社会企业认证，某种程度上就是通过评估社会企业的不同维度，增强社会企业家的经营信心，提高公众和投资者对社会企业的认可，并对社会企业本身形成外部的社会监督，从而促进社会企业的可持续发展。

一、中国社会企业认证发展历程

随着近年来中国社会企业热潮的兴起和越来越多的政府部门、企业、社会组织及其他组织参与其中，社会企业认证工作也应运而生。自2015年佛山市顺德区首次开展地方性社会企业认证以来，陆续有中国慈展会、成都市、北京市等开展了社会企业认证工作。近五年来，被认证的社会企业从最初的不到十家，发展至数百家，并发展出地方性和全国性、民间性和政府支持等不同认证方式。中国的社会企业认证分为两大认证体系：一是由中国慈展会所开创的全国性认证，属于行业认证；二是地方性的社会企业认证，认证的社会企业能得到当地政府认可与支持。

中国的社会企业认证最早在2015年发端于佛山市顺德区，由顺德区社会创新中心（法定机构）牵头，只面向注册在顺德区的企业开展，因而具有地域限定属性。同年，深圳市中国慈展会发展中心借助中国慈展会这一平台，在全国范围内面向社会组织和企业开展了认证工作，到2019年已经开展了5届，总共认证了282家社会企业，遍布全国27个省、直辖市、自治区的47个城市，领域涵盖环保、无障碍服务、社区发展、公益金融、养老、教育、弱势群体就业、农业、扶贫、互联网、公共安全、妇女权益等14个社会领域。

2018年，成都市结合城乡社区发展治理工作需要，探索培育社会企业并促进其在创新社会管理、参与社会治理、改善社会服务等方面发挥积极作用。中共成都市委城乡社区发展治理委员会（以下简称成都市委社治委）统筹，成都市市场监督管理局牵头，在全市范围内开展成都市社会企业评审认定工作，以树立成都社会企业标杆。2018 年首批认证了 12 家，2019 年认证了 27 家。

早在2016年，《北京市“十三五”时期社会治理规划》就提出大力发展社会企业，要“开展专题调研，研究扶持政策，分类开展试点，大力推动以服务民生和开展公益为重点的社会企业发展”。2018 年，北京社会企业发展促进会宣告成立，牵头并联手社创星等专业机构开展北京市社会企业认证，2018 年首批认证了46 家社会企业。

社会企业认证也向下发展，并出现在社区层面。2019 年，北京市昌平区印发了《昌平区回天地区社会企业认证与扶持试点办法（试行）》（昌社委发〔2019〕12 号），以加强和创新回天地区①社会治理，全面落实昌平区创建回天地区社会组织创新发展示范区的部署。在昌平区委社会工委和昌平区市场监督管理局的指导和支持下，认证执行机构昌平区社会组织发展服务中心于 2019 年末最终评审决议出 11 家回天地区社会企业。

目前国内的社会企业认证体系（见表 1）中，中国社会企业认证及北京市社会企业认证的认证主体为企业及社会组织，而成都市社会企业认证、佛山市顺德区及北京市昌平区回天地区则把认证主体限定为企业实体。但无论如何界定，我们认为社会企业始终不会脱离“公共利益为本，商业手段为表”原则。此时的准确定义和公开的标准就显得十分重要，否则就会“惠”错对象、误导行业。我们在此提出社会企业定义的共识：无论社会企业是以何种法律实体的形式出现，社会企业都是以解决社会问题为首要目标且不漂移，以符合社会企业家精神的方式，创新性解决社会问题的企业或社会组织，其成果是清晰的、可测量的。

① 即回龙观、天通苑，简称“回天地区”。

表 1　中国社会企业认证体系

认证体系	中国社会企业认证	佛山市顺德区	成都市	北京市	北京市昌平区回天地区
开始年份	2015	2015	2018	2018	2019
认证属性	行业性、民间认证	地方认证	地方认证	地方认证	地方认证
认定主体	社会企业是指在中国经合法登记注册成立一年及以上，全职受薪团队不少于三人，具有健全财务制度、实行独立核算的企业或民办非企业单位	顺德区内注册，以通过商业运作解决社会问题或以赚取利润回馈社会为设立宗旨和目标的企业	成都市社会企业指经企业登记机关登记注册，以协助解决社会问题、改善社会治理、服务于弱势和特殊群体或社区利益为宗旨和首要目标，以创新商业模式、市场化运作为主要手段，所得盈利按照其社会目标再投入自身业务、所在社区或公益事业，且社会目标持续稳定的特定企业类型	北京市社会企业是指以优先追求社会效益为根本目标，持续用商业手段、产品或服务，解决社会问题、创新公共服务供给，并取得可测量的社会成果的法人单位	登记注册、税务解缴、统计关系在昌平区，服务区域聚焦回天地区，以协助解决社会问题、改善社会治理、服务于弱势和特殊群体或社区利益为宗旨，以优先追求社会效益为根本目标，以创新商业模式、市场化运作为主要手段，所得盈利按照其社会目标再投入解决社会问题、创新公共服务供给，且社会目标持续稳定的企业类型
等级分类	金牌社企、好社企和社会企业	AAA 级社会企业、AA 级社会企业和 A 级社会企业	无	三星级、二星级、一星级和普通社会企业	品牌社会企业和一般社会企业
认证有效期	“金牌社企”为3年，“社会企业”及“好社企”为2年	“AAA 级”和“AA 级”为3年，“A 级”为2年	2年	2年	3年

续表

主办/主导机构	深圳市中国慈展会发展中心、北京大学公民社会研究中心、中国人民大学尤努斯社会事业与微型金融研究中心、电子科技大学慈善与社会企业研究中心、亿方公益基金会、深圳市社创星社会企业发展促进中心	顺德区社会创新中心	成都市市场监督管理局	北京社会企业发展促进会	昌平区社会组织发展服务中心
执行机构	深圳市社创星社会企业发展促进中心	深圳市社创星社会企业发展促进中心	成都共益社会企业认证中心	深圳市社创星社会企业发展促进中心	昌平区社会组织发展服务中心
认证数量（截至2019年底）	282	34	39	46	11

认证并不是一劳永逸的事情，也不是终点。目前国内所有的社企认证体系都有认证有效期，通常为 2～3 年。一旦过了认证有效期，就需要重新进行社会企业认证，这样做的目的是防止出现使命漂移的社会企业还继续持有“社会企业认证”的名号。图 1 所示为社会企业从认证到摘牌的闭环。

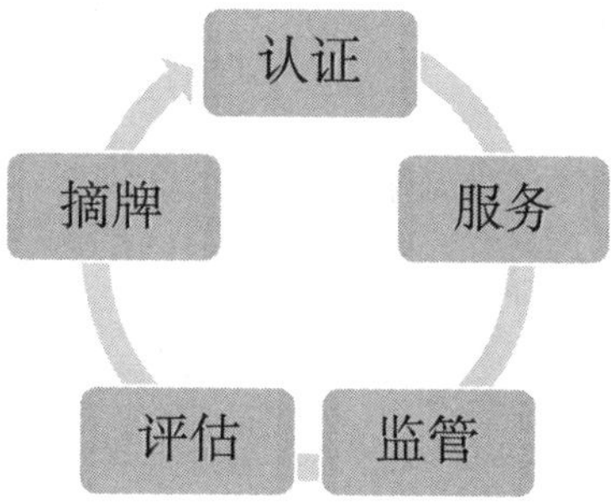

图 1　社会企业从认证到摘牌的闭环

另一个防止社会企业使命漂移的方式是对认证有效期内的社会企业开

展社会属性监管。社会企业是市场与社会使命双平衡的新的企业形态，对社会企业的社会属性主要从企业社会目标不漂移、管理架构、社会问题解决成果、财务规范与透明、利润投入社会效益与资产锁定情况等指标展开。

如《2019年成都市社会企业评审认定手册》规定："未通过年度社会属性监管或逾期未申报的社会企业将失去社会企业认定资格，三年内不得申报成都社会企业认证，并抄送相关政府部门，对社会公示。"此外，成都市对于认定的社会企业如出现提供虚假信息或徇私舞弊、不按章程规定主动公开披露相关信息、发生较大安全质量事故、有较大违法违规行为受到有关部门行政处罚、被纳入异常经营名录或者违法经营黑名单的，将取消其社会企业资格并在社会企业名录中除名，同时在成都信用网上进行公示。

二、中国社会企业认证情况

中国慈展会自2015年启动中国社会企业认证以来，截至2019年，累计接受来自全国的1 619家社会组织和企业报名，一共认证了282家社会企业（剔除重复认证数据）。五年来，有26家单位获得了2届认证，2家单位获得了3届认证：深圳市残友集团控股股份有限公司从2015年开始参加，被认证为"社会企业"，并且在2017年和2019年分别被认证为"好社企"和"金牌社企"。另一家公司杭州雅恩健康管理有限公司在2016年首次被认证为"好社企"，在2017年和2019年均被认证为"金牌社企"。与此同时，有94家社会企业在认证逾期后没有再次申报或者申报后没有继续获得社会企业认证。

也有一部分社会企业既拿到了中国慈展会认证，又获得了地方社会企业认证。27家成都的企业取得了成都和中国慈展会的双重社企认证；20家北京的单位取得了北京和中国慈展会的双重社企认证。

纵观中国慈展会历年的认证数据（见图2），最初在2015年，仅有67家社会组织和企业报名，其中7家最终获得了认证。其后的2016—2018年报名申请和获得认证的数量逐年攀高，增速最高的年份是在2017年。2019年的报名数量和认证数量呈现小幅度下降，尽管如此，2019年的社会企业认证通过率达到了历年最高，为 29.1%。

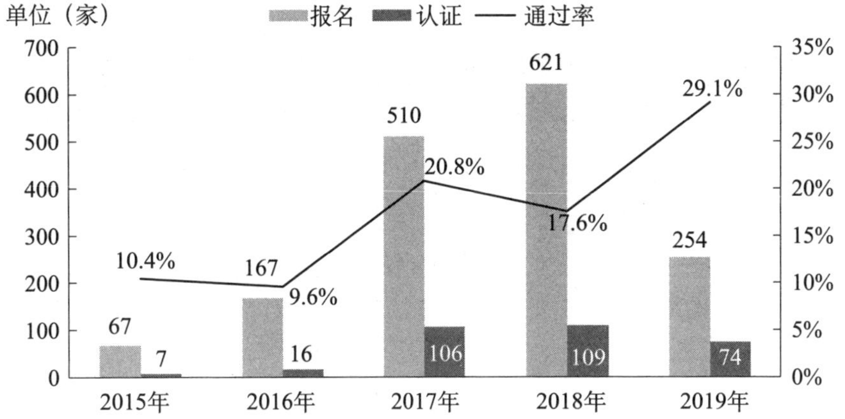

图 2　中国慈展会社会企业认证历年数量

从社会企业的注册类型（见表 2）来看，2015—2019 年，社会组织的数量从 42.9% 降到 14.9%，而企业注册的数量从 57.1% 上升到 85.1%。五年下来，企业注册的社会企业逐渐成为主流，占总体的 69.9%。

表 2　中国社会企业认证注册类型（2015—2019 年）

年份	社会组织		企业		共计
	数量	占比	数量	占比	
2015	3	42.9%	4	57.1%	7
2016	5	31.3%	11	68.8%	16
2017	45	42.5%	61	57.5%	106
2018	29	26.6%	80	73.4%	109
2019	11	14.9%	63	85.1%	74
共计（剔除重复认证）	85	30.1%	197	69.9%	282

认证的 282 家社会企业分布在全国 25 个省、自治区、直辖市。广东省的数量最多，为 81 家；排在第二的四川省有 67 家。而从具体的城市来看，全国大致可以划分成三个梯队，前十名的社会企业数量约占认证总数的八成。成都、深圳和北京处在第一梯队，这三个城市的社会企业数量总和超过全国的一半。其中，成都的发展最为迅速，在近两年跃居全国第一，这离不开当地政府的政策支持和各方社会力量的支持。处在第二梯队的是佛

山、上海、杭州和广州，大多拥有十多家社会企业。南京、苏州和昆明均拥有6家社会企业，处在第三梯队。详见表3。

表3　中国社会企业认证社企数量（2015—2019年）城市排名（前十）

<table>
<tr><th>排名</th><th>城市</th><th>五年认证总数</th><th>占比</th><th colspan="2">合计占比</th></tr>
<tr><td>1</td><td>成都</td><td>63</td><td>22%</td><td rowspan="3">51%</td><td rowspan="10">79%</td></tr>
<tr><td>2</td><td>深圳</td><td>45</td><td>16%</td></tr>
<tr><td>3</td><td>北京</td><td>35</td><td>12%</td></tr>
<tr><td>4</td><td>佛山</td><td>19</td><td>7%</td><td rowspan="4">22%</td></tr>
<tr><td>5</td><td>上海</td><td>15</td><td>5%</td></tr>
<tr><td>6</td><td>杭州</td><td>14</td><td>5%</td></tr>
<tr><td>7</td><td>广州</td><td>13</td><td>4%</td></tr>
<tr><td rowspan="3">8</td><td>南京</td><td>6</td><td>2%</td><td rowspan="3">6%</td></tr>
<tr><td>苏州</td><td>6</td><td>2%</td></tr>
<tr><td>昆明</td><td>6</td><td>2%</td></tr>
</table>

三、从社会企业认证到社会企业服务

“社会企业认证有什么好处?”这是我们工作中常被问到的问题。获得认证的社会企业一般能够获得行业支持和地方支持①，这些支持主要包括：资金支持、人才支持、对接社企空间支持、社会企业标识使用支持、品牌推广支持、社会企业管理支持等服务。在成都，通过成都市社会企业评审认定的社会企业将享受成都市社会企业综合服务平台相关后续服务，同时享受成都市级及区级相关政策支持。经认定的社会企业，可使用“社会企业”字样作为企业名称中的经营特点，向企业登记机关申请名称变更登记，同时，对其放宽社会企业经营范围登记及社会企业住所和经营场所分离登记条件，允许企业住所和经营场所分离登记，实行“一址多照”“一照多址”。

社创星成立至今一直以构建“中国社会企业孵化器”为目标，以“推动中国社会企业发展”为使命。在过去，我们一直强调社会企业认证是开展中国社会企业服务的基石，并以此作为切入点，推动各级政府出台相关

① 仅限于出台了相关政策的地方。

支持社会企业发展政策。2019 年，为更好地助力中国的社会企业成长，社创星联合中国人民大学尤努斯社会事业与微型金融研究中心、北京大学公民社会研究中心、电子科技大学慈善与社会企业研究中心、北京亿方公益基金会、深圳市中国慈展会发展中心、成都共益社会企业认证中心、恩派公益共同发起成立了中国社会企业服务平台（China Social Enterprise Service Center，CSESC）。

中国社会企业的发展非一日之功，在注重“养鱼”的过程中更要重视“渔场”的建设，或者说是注重中国社会企业发展的“基础设施”构建，让资源的提供方、社会企业、政策、社会企业的受益人群以及提供各种支持性服务的机构，在这个“渔场”内找到各自的定位，有序发展，共同推动有中国特色的社会企业道路越走越宽。这也是 CSESC 成立的定位与宗旨，未来 CSESC 将投身于推动这些基础设施的建设，优化中国社会企业定义，协助各地的政府部门制定适合当地的社会企业发展政策与路径，加强与社会各界的交流，并基于“社会企业家精神”，与合作伙伴共同建设运营中国的社会企业社群，加强社会企业数字化营销与研究，尽可能多地对接更多的资源，帮助社会企业实现产品与渠道的对接，帮助社会企业在稳定社会目标的前提下实现最大化的社会影响力。

我们期待在不久的将来，中国的社会企业可以走出一条属于自己的道路，在与国际社会企业融合的大背景下，有着属于中国自己的文化与价值主张，在解决社会问题的同时实现可持续的发展，将市场、环境与社会有效融合，向世界展示中国的社会创新的力量与影响力。

深圳市社创星社会企业发展促进中心

2020 年 2 月

附录3

第一辑案例企业后续发展概况

表1　第一辑案例企业后续发展概况

序号	企业	1. 机构在这一年的发展中，对自身的社会使命和机构目标是否进行了调整或修正？为什么？	2. 机构在这一年的发展中，运营方面最主要的变化或进展都有哪些？	3. 机构在这一年的发展中，是否遇到过比较大的困难或矛盾冲突？最终如何解决的？
1	分享收获	分享收获的使命和目标没有改变。用他们的话说，就是“重建人与土地的连接”，“致力于搭建一个信任的桥梁，让消费者真正享受到健康安全的食品，让生产者得到公平合理的收益，促成安全食物社区的构建与发展”，致力于研究、推广社会化生态农业（CSA）	（1）分享收获的具体运营定位正在从“有机农产品的提供者”转向“有机生活的提供者”，从产品角度来说，原本以自有生产的农产品销售为主，朝向采购或代销更多CSA合作农场生产的农产品和加工品；从消费者角度来说，除会员制之外，构建线上零售和线下大客户销售结合的食物社区，微店销售收入呈现翻番的增长势头。（2）分享收获农	（1）农业大环境改善和政策的落地未来会给机构提供更大的突破性空间，机构从发起社会运动到专业化运营，如何能够不形成路径依赖，在保持使命不变的情况下不断创新？机构面临是否进行从面向北京地区的企业向面向全国的企业发展、从线下为主的会员制向线上为主的零售制进行转型的战略思考和决策。其面临的具体问题包括：是否通过网上微店，将业务扩展到全国范围？如何拓展线上食物社区的业务？如何进行线下大客户（分销渠道）的开发？如何构建零售的价格体系

续表

序号	企业	1. 机构在这一年的发展中，对自身的社会使命和机构目标是否进行了调整或修正？为什么？	2. 机构在这一年的发展中，运营方面最主要的变化或进展都有哪些？	3. 机构在这一年的发展中，是否遇到过比较大的困难或矛盾冲突？最终如何解决的？
			场一、二、三产进一步融合的势头凸显，二产自研加工品逐渐形成拳头产品，如秋梨膏；三产新农人培训已经举办十几期，进而形成了更多 CSA 社群和产品	和市场推广体系？（2）机构和合作 CSA 农场的农产品保存和运输，以及如何满足消费者的需求，是机构要解决好的难题。发展加工食品是必须开展的业务，目前机构面临加工品资质申请的种种问题，同时对代销合作伙伴的加工食品也面临如何进行品控工作的挑战。（3）分享收获在发展过程中始终面临缺乏人才的问题，现阶段需要招募更多专业性人才，如库房管理、销售。经过对机构使命和核心能力的分析，分享收获最终确定仍旧以北京地区为深度开发对象的思路，确保对最初的社区支持农业理念、环保理念的坚守，并在此基础上，逐步解决具体的业务挑战
2	喜憨儿洗车	喜憨儿洗车在机构成立之初就对其使命和发展进行了认真的规划，追求让心智障碍人士“掌握技能、参与工作、体现价值、赢得尊重”，因此，目前坚定、稳健地朝着原有的构想推进	已经由 2017 年的 9 家发展到 2019 年的 21 家，地域扩展到了银川、哈尔滨、长春、西宁等。更多的利益相关者，特别是政府的进入，推动其稳步发展；并且因地制宜，找到适合各地的不同模式，如喜憨儿洗车无锡店的党建助残发展模式	喜憨儿洗车在发展中遇到的主要困难和矛盾冲突是洗车店场地问题。一些场地是临时的，例如深圳的场地，面临到期问题。由于企业的影响力，目前政府相关部门和企业创始人正在研究解决场地问题。喜憨儿洗车目前努力的方向如下：一是让更多的利益相关者，尤其是政府加入进来；二是创新发展模式；三是稳定健康发展

续表

序号	企业	1. 机构在这一年的发展中，对自身的社会使命和机构目标是否进行了调整或修正？为什么？	2. 机构在这一年的发展中，运营方面最主要的变化或进展都有哪些？	3. 机构在这一年的发展中，是否遇到过比较大的困难或矛盾冲突？最终如何解决的？
3	成都朗力	成都朗力的使命描述没有变化，依旧是“提升老人生活品质，减轻子女照护压力”。成都朗力所在的养老产品和服务行业，自身带有较强的社会属性。在具体的业务走向上，尽管朗力仍旧保留已有的养老服务和以政府采购为主的适老化改造业务，但是其目的主要在于产生现金流支持公司日常运转，并为公司适老化研发提供资金和信用的背书。这种业务重心的转变，使得企业的商业属性更加浓厚	（1）2018 年，成都朗力接受了亿方公益基金会的投资，投资方约定成都朗力需要将部分利润缴入与适老化发展相关的公益基金，用于适老化的公益推广。（2）成都朗力在过去的一年中，将自身的业务定位为“适老宜居智慧解决方案运营商”，业务重点和业务模式发生了较为明显的改变，在原有的养老照护的经验基础上，转变运营的模式，将适老化产品的设计作为公司首要的任务进行投入，聚焦于防滑防摔产品方面的模块化设计。（3）机构另外注册了朗力适老科学研究院，集合社会专家和团队的力量，进行产品研发。（4）修正原有的加盟体系为城市合伙人体系，对合作者的筛选仍是在重点考虑对方资源的同时，强调对方的社会企业属性。（5）停止扩大养老照护业务的规模，采用以已有的养老服务和政府采购为主的	（1）相比以往以养老服务为主要业务的模式，目前朗力的业务中心是以产品为主，并且针对产品聚焦研发。产品的研发过程风险很高，研发中产品尚等待市场的接受度检验，市场开拓也都在起步阶段，适老化业务的未来运营模式也在摸索中，所有这些，都将给企业未来的发展带来更高的风险和挑战，但也产生了确立自身在适老化行业地位的可能性。企业基于过去多年的经验和论证，以及与专家、设计师团队的紧密合作，对研发方向保持信心。（2）亿方公益基金会作为战略投资者，也让企业能够获得更多的资源，这些资源不仅包括资金资源，更包括信息资源、战略资源等，这让朗力的这种大幅度的业务模式和定位改变有了较为稳固的基础

续表

序号	企业	1. 机构在这一年的发展中，对自身的社会使命和机构目标是否进行了调整或修正？为什么？	2. 机构在这一年的发展中，运营方面最主要的变化或进展都有哪些？	3. 机构在这一年的发展中，是否遇到过比较大的困难或矛盾冲突？最终如何解决的？
3	成都朗力		适老化改造业务现金流支持公司日常运转，并为公司适老化研发提供资金和信用的背书，将相关业务模式和经验作为适老化设计以及对外提供养老适老的管理咨询的基础资源，减轻企业在养老照护业务上的重资产投入，加快养老照护经验和相关业务管理经验的传播和复制	
4	老爸评测	老爸评测的使命从最初的“发现生活中看不见的危害，让孩子远离有毒有害产品”调整为“让天下没有假劣毒产品”，同时公司口号变为“为人民检测”	老爸评测主要运营部门为新媒体部、老爸享测和老爸商城。（1）2019 年，新媒体部完成了老爸评测号社交媒体矩阵布局，老爸评测不仅在微信公众号、抖音上为科普发声，还成为小红书、B 站、微博等社交媒体的正能量“大 V”。（2）老爸享测这一年从一个运营项目晋升为运营部门，从最初的 5 台甲醛仪开始，发展到近 600 台甲醛仪及 TVOC 仪的规模。在继续开展甲醛仪、TVOC 仪爱心漂流同时，老爸享测还与第三方实验室开拓了上门检测服务项目。（3）老	老爸评测一年多来平稳运行，业务持续增长，增加了一个运营部门，整体没有遇到大的困难或者矛盾冲突。企业未来发展机遇与挑战并存。（1）最大的挑战来自于自己，需要团队全体坚守初心，谨言慎行。（2）公司还需进一步努力拓展自身在新媒体平台的运作能力，凸显负责任的“大 V”形象。（3）运营中的挑战在于商品管理，即如何承担好发现问题、验证问题、解决问题闭环中的最后一环的重担，公司需更加努力寻觅经得起层层严格筛选的放心产品的能力，对有问题商品快速启动下架和召回制度，化解矛盾。（4）全公司继续落实“为人民检测”的公司口号，加强“让天下没有假劣毒产品”公司使命的系列教育和引导，锤炼队伍

续表

序号	企业	1. 机构在这一年的发展中，对自身的社会使命和机构目标是否进行了调整或修正？为什么？	2. 机构在这一年的发展中，运营方面最主要的变化或进展都有哪些？	3. 机构在这一年的发展中，是否遇到过比较大的困难或矛盾冲突？最终如何解决的？
4	老爸评测		爸商城 SPU、SKU 都在扩大规模，其中仅 SPU 都已超过 550 个。（4）2019 年 10 月底，教育部办公厅等四部门印发《关于在中小学落实习近平生态文明思想、增强生态环境意识的通知》。通知明确，根据国家“限塑”要求，努力实现“无塑开学季”，学校不得强制学生使用塑料书皮，尤其不能使用有问题的塑料书皮。老爸评测努力推动了四年的有毒包书皮问题解决有望，毒包书皮又进一步远离了孩子们	
5	佰特教育	在这一年中，佰特教育的使命没有改变，依然是“成为国内经济公民教育（财商教育）能力建设的平台；推动政策改革，让经济公民教育逐步成为国家正规学校教育课程体系的组成部分”。与它相关的机构佰特科技主要推进财商产品的研发和商用	（1）佰特教育高级管理人员发生变化，佰特教育创始人王胜退出 CEO 岗位，佰特教育现由新的年轻管理团队管理未来十年的发展。（2）佰特科技在研发方面取得了一定进展：幼儿财商课程已研发出来；针对小学生的双师网络课程已研发出来并开始上课；针对小学学校，用大数据平台整合德育及财商教育的学校系统解决方案开始全面推广	目前最大的挑战在于营销和渠道建设。初步解决方案是与大渠道合作伙伴合作展开营销，以及建立自己的最终用户社群。在营销渠道方面的探索，尚处于初步阶段。在根本上，还是需要运用组织能力应对发展中的挑战和问题

续表

序号	企业	1. 机构在这一年的发展中，对自身的社会使命和机构目标是否进行了调整或修正？为什么？	2. 机构在这一年的发展中，运营方面最主要的变化或进展都有哪些？	3. 机构在这一年的发展中，是否遇到过比较大的困难或矛盾冲突？最终如何解决的？
6	梦想骑行	总体目标和使命没有变化，仍是“守护天路、救助生命”。但是在具体操作上，需要开拓新的业务内容，以保证现有业务的持续性	川藏线上的救援等服务竞争趋于激烈。目前有多家机构开始进入到川藏线的安全培训、急救等领域，其中也包括一些商业机构。这些机构资金充裕，给梦想骑行带来不小的冲击。目前梦想骑行服务的人数基本上保持在 5 万人/年，很难有较大的增长	由于下雨、道路桥梁垮塌等原因，在川藏线上骑行的人数在 2018 年有所下降，而且这种气候条件以及整体环境将持续较长时间，所以总体的市场规模会有所缩小。这一点对于梦想骑行比较不利。梦想骑行决定进行调整，开始拓展新的业务，目前有了可喜的进展。具体来说，就是利用每年 4—10 月的这个空当期（川藏线封路）从事马拉松救援的服务。其主要针对西南地区。目前的进展良好。未来这个方向也将成为主营业务
7	米公益	目标和使命没有变化，依旧是“让天下没有难做的公益”，让大家成为更好的自己，能够感受成长、美好和帮助别人的快乐	（1）根据行业发展和 App 市场的状况，开发小程序，逐步替代 App。（2）为公益机构端的合作上线了新的系统，使企业与公益机构从过去的资助与被资助的关系，发展为合作关系。公益机构使用企业的产品解决一部分需求，企业则获得公益机构背后的海量用户资源，实现双赢。（3）在新开发的小程序中，上线了“米币商城”模块，让用户做公益既获得精神上的鼓励，又有一点物质上的激励，同时，商城模块也是企业探索商业化的尝试	企业当下最主要的困难还是在对可持续商业模式的探索上。米公益过去的企业客户大多是外企客户，受经济整体走势的影响，资本大环境趋冷，合作的 B 端整体预算都有较大程度的波动。企业为了应对这样的矛盾，通过丰富公益参与并链接更多不同行业的资源，努力增强平台的网络效应，做到参与者的“一站式”需求满足。企业主要做了两件事：（1）丰富对企业的服务包，为客户提供更多的服务，通过增加与 B 端伙伴的合作面，增加获得收入的可能。（2）探索对 C 端用户的服务及营收可能性，推出了“米币商城”模块，希望通过 C 端用户的参与和对商户的运营，获得一部分收入

续表

序号	企业	1. 机构在这一年的发展中，对自身的社会使命和机构目标是否进行了调整或修正？为什么？	2. 机构在这一年的发展中，运营方面最主要的变化或进展都有哪些？	3. 机构在这一年的发展中，是否遇到过比较大的困难或矛盾冲突？最终如何解决的？
8	乐朗乐读	其社会使命和社会目标没有调整，仍是“动员全社会重视儿童读写困难问题，改善其处境，因材施教，实现教育公平，使他们成为爱阅读的阳光少年”	这一年是乐朗乐读的科技赋能教育的发展年，对 AI 阅读和技术团队的科研投入，同比增加了 50%。乐朗乐读开发远程线上阅读课 App“糖小书阅读课”，并在 2019 年 11 月开始试验教学，通过智能匹配给各小学生推荐更适合的书，老师进行在线微课、专业点评以及激励；提供广泛阅读；只要有网络的地方，一部手机或者 Pad 就可以帮助更多的孩子提高阅读能力，让偏远地区学生享受优质教育资源成为可能，助力实现教育公平	帮助阅读困难儿童的发展在中国还是处于初级阶段，能够得到改善的孩子所占比例很小，普通在校小学生的阅读能力平均值也处于世界落后水平。如何尽快让更多的孩子，在来得及改善的年龄，拥有阅读能力和改善阅读困难，同时为他们提供便捷且价格低廉可支付的课程，对机构而言一直是挑战，而通过科技赋能发展可以看到解决这一问题的希望。但同时机构并不是科技公司，科技赋能在发展过程中如何平衡与教学质量的关系，这是看似细节而始于初心的均衡问题，是一个速度和质量的平衡问题。科技赋能教育、服务教育，不是取代教育，团队在取舍上以教育目标达成为决策标准，解决矛盾贯穿整个发展历程。阅读教学效果是机构追求的初心，现在的实现方案综合技术能力和教学方案，把较厚的图书分成若干课程单元，让阅读大任务变成小任务，并有每天完成的教学指标，这就让技术更容易实现，教学质量也有了保障，甚至细节都可以完成

续表

序号	企业	1. 机构在这一年的发展中，对自身的社会使命和机构目标是否进行了调整或修正？为什么？	2. 机构在这一年的发展中，运营方面最主要的变化或进展都有哪些？	3. 机构在这一年的发展中，是否遇到过比较大的困难或矛盾冲突？最终如何解决的？
9	碳阻迹	在过去的一年内，机构的社会使命和机构目标没有变化，仍然是“在碳管理领域给企业提供专业的指导，成为节能减排和低碳社会的推动力”。同时机构的愿景“连接人与环境”以及公司的使命“让每个产品都有碳足迹”也没有发生重大变化，仍然是机构发展的最终目标，在指引着公司继续前行	在这一年的发展中，碳阻迹在运营方面取得了较大的进步，业务和客户都得到了大幅度拓展。（1）碳阻迹在面向公众的活动上持续发力，如承接国家节能中心和绿色节能联合平台联合主办的节能宣传项目，发布“节能大富翁”游戏，号召公众学习节能知识，访问量突破200万。（2）为企业提供技术输出，如开发网站和小程序等，与众多企业建立了稳固的合作关系，为其节能减排提供协助服务。（3）参与制定多项行业标准、当选中国碳标签产业创新联盟第一届理事会理事单位	碳阻迹一直希望成为节能减排和低碳社会的推动力，通过专业工作，帮助企业机构在节省成本的同时减轻其对环境的影响。机构目前发展平稳，未来可能遇到的挑战问题在于如何让用户在觉得方便的同时又有参与感和意义感。但是，5G的发展会为碳阻迹解决该问题提供潜在有利条件，如由于云端硬盘的共享性，整体上将减少原材料和交通过程的碳排放；更精准的数据传输和检测也为碳账户系统的建立创造了便利，有利于挖掘更多的低碳场景

附录4

中国社会企业发展北京倡议

Beijing Initiative on China Social Enterprise Development

2017年6月11日· 北京

序言

今天的中国，在社会和经济方面依然面临严峻的挑战。如何调动全社会的力量，协同政府创造性地解决社会问题，走出社会与经济均衡发展的新路，这是关系国计民生的重大课题。

社会企业因应这一时代的发展需要在中国迅速崛起。社会企业作为一种用符合企业家精神的方式来创新地和可持续地解决社会问题的组织，能够也一定会成为促进中国社会与经济持续均衡发展的重要力量。

作为投身于中国社会企业发展事业的一员，我们认识到：中国社会企业的生态系统建设滞后于迅速发展和不断多样化的社会企业实践。由于缺乏有效的协调和整合，存在支撑资源分散、建设投入重复、成果难被及时采用、政策支持乏力等问题。

我们认为，应该尽快建立一个专业、协调、透明、紧密的工作网络。作为第一步，我们希望通过一个倡议，在业界形成广泛的讨论。在倡议和讨论的基础上，进而凝聚共识、落实行动、建立机制，逐步形成基于专业分工的工作网络。最终推动中国社会企业从业者和推动者群体（以下简称社会企业群体）取得全方位和可持续的发展。

本倡议是开放的。我们将以倡议为基础，联合更广泛的社会企业和推动机构对倡议内容进行讨论和改进，最终形成在社会企业群体中具有最广泛代表性和公信力的理念主张和行为准则，为开展认证、评估、赋能、投资等专业性工作以及推动政策制定建立一致可靠的认识基础。

我们希望这个倡议能够不断提醒现在和未来加入中国社会企业事业的人士：无论是社会企业的实践者、研究者、赋能者、资助者、政策制定者或其他利益相关方，都是社会企业群体的一员。一旦接受以下共识或新的共识，都应该努力支持和维护共识，同时确保共识与时俱进，始终和该群体发展的实际情况相契合。

我们的价值理念

1. 【集体身份】中国的社会企业从业者和推动者群体包括多种组织形式，例如社会组织、商业企业、学术机构或政府机构。我们有着一致的身份认同：我们深知社会的种种缺陷却不远离社会，而是以此为动力为社会的进步而奋斗。我们面对不公正的社会现象，无论付出任何代价都拒绝随波逐流，而是尽心竭力通过社会企业的工作，创造性地和可持续地解决社会问题，提升社会的公正水平。

2. 【使命价值】我们的使命是通过创新、专业和可持续的方式解决社会问题，从而提升广大民众的社会和经济福祉。我们的事业由这一社会使命而非经济利益所驱动。我们从事商业活动的目的不是追求股东利益最大化。我们拒绝以损害其他利益相关方权益的方式创造股东价值。

3. 【社企内涵】我们对社会企业的内涵有以下共识：社会企业是以解决社会问题为首要组织目标；通过符合企业家精神的方式，创新性地和可持续地解决社会问题；同时社会目标不会轻易产生漂移的组织。我们认为社会企业既可以是社会组织也可以是商业公司，只要它符合上述对社企内涵的描述。

我们的行为标准

我们倡导任何有志于投身中国社会企业事业的个人或组织都应该努力使自身的工作具备以下特征：

1. 【社会目标】致力于解决困扰广泛人群的具体的社会问题（例如环

境、教育、健康、贫困等方面的问题)。

2.【章程载明】确保社会使命和社会目标明确出现在组织的公司文件、网站等对内和对外信息中。

3.【结果导向】努力做到自身工作能够给社会和环境带来切实的、能够用第三方标准进行测量的积极影响。

4.【模式清晰】具有清晰的业务模式，至少包括如何创造可以持续增长的社会影响以及如何保障财务可持续性。

5.【多元治理】在进行决策以及进行所有权变更时，须考虑所做决策对多元利益相关方造成的影响。

6.【绩效评估】按照业内认可的标准界定、评估和报告企业的社会和环境绩效。定期公布年度社会绩效报告。报告不仅评估组织活动产生的社会影响以及社会目标的达成情况，也须说明组织决策和活动对广泛利益相关方的影响。

7.【透明公开】努力提高财务与社会绩效报告的透明度，方便公众查阅。

我们的行动目标

1.【合作关系】我们要建立、维护和发展一种包容、坦诚、建设性和可持续的沟通机制与合作关系，实现不同社会企业从业者和推动者之间的相互尊重、合作和共赢。

2.【伙伴关系】我们要持续争取政府、社会组织、公益基金会、投资机构、商业企业、学术机构、媒体机构等多种主体对中国社会企业群体发展的支持；建设跨部门的长期伙伴关系，切实提升中国社会企业群体的发展水平。

3.【研究教学】我们要建立专业、包容和活跃的研究与教学的交流合作机制，持续地和切实有效地提高中国社会企业领域的理论研究、实证研究、案例写作、教学培训等学术活动水平，为社会企业专业人才培养打下坚实基础，为社会企业认证等后续生态系统建设提供智力支持。

4.【理念倡导】我们要通过社会企业讲堂、沙龙、公益网校、媒体传播等多途径、多形式地向公众倡导社会企业的理念，为社会企业生态系统的构建提供深厚的社会认知土壤。

5.【品牌建设】我们要持续推动社会企业品牌建设，提升社会企业群体的品牌意识，树立优秀中国社会企业品牌。社会企业要把品牌建设纳入发展战略，建立完善的品牌体系，争取社会各方的广泛认知与支持。

6.【赋能体系】我们要建立一个综合、协同、有效、由各种专业机构参与的社会企业赋能体系。服务内容应包括综合的社会企业组织能力建设，例如财务管理、产品研发、市场营销、品牌推广、人才培育、战略制定与实施等，同时提供资金、政策等资源，促进社会企业独立、健康、稳定发展。

7.【认证体系】我们要建立一个多层次、多类别，兼具包容性、科学性和鼓励性，符合中国实际情况的社会企业认证体系。认证体系的目的不是约束而是推动和引导中国社会企业健康有序地发展。

8.【投资体系】我们要建立一个专业的社会企业资助、投资和社会影响力评估体系。我们相信社会影响力投资是提升中国社会企业发展规模和质量的重要力量。我们相信科学与公正的社会影响力评估体系建设，是社会影响力投资以及社会企业群体健康发展的重要基础。

9.【法律支持】我们要推动建立一个具有严谨性和包容性的，符合中国法律体系要求的社会企业法律框架；帮助赋能机构、投资机构、政府部门及其他利益相关方更准确地理解社会企业，从法律的角度来清晰界定社会企业的内涵，保障社会企业群体各利益相关方的合法权益。

10.【政策支持】我们要持续推动政策制定者对中国社会企业群体发展的支持与规范。我们相信社会企业将成为政府应对社会难题、促进社会和谐发展的重要伙伴。

倡议发起机构

学术机构：

中国人民大学商学院

中国人民大学尤努斯社会事业与微型金融研究中心

北京大学公民社会研究中心

北京师范大学中国公益研究院

北京师范大学社会治理与公共传播研究中心

国际公益学院

联盟协会：

深圳市中国慈展会发展中心

社会价值投资联盟

中国小额信贷联盟

基金会与公益组织：

友成企业家扶贫基金会

亿方公益基金会

北京博能志愿公益基金会

恩派公益组织发展中心

世青创新中心

社创之星

深圳市社创星社会企业发展促进中心

传媒机构：

善达网

倡议签署人（按拼音字母顺序排列）

社会企业代表：

边琼霞　杭州雅恩健康教育咨询有限公司创始人

曹　军　深圳市智家喜憨儿成长关爱中心理事长

陈　丹　爱聚公益创新机构（一公斤盒子）CEO

程　飞　中国社会福利基金会苗基金秘书长

陈　航　上海柯来视生物科技有限公司创始人

陈　婕　“星宝上学”创始人

丁　彦　爱绿洲生态家庭项目总监

董　芬　花旦工作室 CEO

董丽娜　北京市红丹丹视障文化服务中心助盲培训师

窦华茂　中和农信项目管理有限公司副总经理

符立洛　杭州老爸评测科技有限公司联合创始人

顾源源　颗粒公益创始人兼 CEO

韩宗川　ABC 美好社会咨询社商务发展总监

孔　喆　Development Innovation Insider 合伙人

兰　紫　乐朗乐读创始人

李树和　梦想骑行理事长

李　晓　北京惠泽人公益发展中心运营总监

李昱凝　北京爱绿洲科技有限公司创始人

李治浩　无锡保护豆豆科技有限公司联合创始人

李雪依　无锡公益刺绣艺术馆项目运营

林胜利　上海善家社会创新服务中心创始人兼理事长

刘佳颖　辽宁盒加建筑科技有限公司创始人兼 CEO

刘疏桐　上海道兰新能源环保科技有限公司创始人

刘玄奇　益创家创始人

刘　英　成都朗力养老机构主任

陆　俊　第一反应首席运营官

陆　璇　上海复恩社会组织法律服务中心理事长

Min Ko　第一反应国际合作总监

彭　微　灵析产品负责人

钱　洋　ABC 美好社会咨询社创始人、社长

乔琬珊　Carol Chyau　SHOKAY/绣嘉创始人

邵　涛　北京理工大学护航者协会创始人

石　嫣　分享收获农场农场主、国际社区支持农业联盟副主席

宋亚锋　北京善行公益慈善义工总队创始人

王　立　零分贝创始人

王　胜　上海佰特教育咨询中心理事长

王伟力　北京市红丹丹视障文化服务中心首席电影讲述人

王艳蕊　北京乐龄老年社会工作服务中心主任

王　子　米公益创始人

魏文锋　杭州老爸评测科技有限公司创始人

谢　峰　贵阳市乌当区同心思源助残促进会会长

谢勇模　北京百信之家资金互助社信用联盟秘书长

许　鹏　WABC 无障碍艺途社会企业项目总监

杨一凡　上海哈益信息科技有限公司总经理

易　昕　灵析创始人兼 CEO

余诗瑶　上海聚善助残公益发展中心（善淘网）总干事

张佳鑫　北京市夕阳再晨社会工作服务中心主任

张　琪　福州滋农网络科技有限公司创始人

郑　岚　北京山水伙伴文化发展有限责任公司董事、总经理

郑晓洁　北京市红丹丹视障文化服务中心创始人

郑　勇　耳目网 CEO

曾镜锵　深圳市锵盛数码有限公司创始人

曾　鑫　北京市红丹丹视障文化服务中心执行主任

钟　鸣　北京探索应急救援促进中心理事长

钟　声　北京探索应急救援促进中心国际联络员

社企支持机构代表：

白澄宇　中国小额信贷联盟秘书长

白　虹　社会价值投资联盟秘书长

陈娇娜　北京博能志愿公益基金会联合创始人、创始监事

陈静雅　北京大学公民社会研究中心国际事务主任

陈顼贤　恩派公益组织发展中心业务支持中心负责人

陈兴慧　北京大学光华管理学院社会公益管理硕士

陈　阳　弘毅公益联盟执行主席

陈迎炜　社创之星秘书长

典春丽　深圳市中国慈展会发展中心秘书长

丁　立　恩派公益组织发展中心副主任

董　钰　北京奇点公益信息技术服务中心副秘书长

杜　娟　善达网总经理

冯云霞　中国人民大学尤努斯社会事业与微型金融中心副主任

傅昌波　国际公益学院助理院长、北京师范大学教授

何家玲　深圳市义工联宣讲团团员

侯　莹　国际公益学院公益金融与社会创新中心研究员

李北伟　亿方公益基金会秘书长

李　焰　中国人民大学尤努斯社会事业与微型金融中心名誉主任

零　慧　友成企业家扶贫基金会秘书长

刘玄奇　益创家创始人

刘彧彧　中国人民大学尤努斯社会事业与微型金融中心副主任

苗　青　友成企业家扶贫基金会副秘书长

聂祝兵　恩派公益组织发展中心华南区总干事

彭　艳　北京博能志愿公益基金会创始理事长

唐韵鹏　浙江省新华爱心教育基金会副秘书长

田　甜　《中国企业家》杂志社记者

王建英　中国人民大学尤努斯社会事业与微型金融中心副主任

王　君　北京亿方公益基金会项目官员

王　岚　社会价值投资联盟行政总监

王维娜　恩派公益组织发展中心副主任、北京恩派非营利组织发展中心总干事

王则开　世青创新中心秘书长

夏　璇　深圳市社创星社会企业发展促进中心执行总监

叶康涛　中国人民大学商学院副书记

叶　颖　北京博能志愿公益基金会联合创始人暨创始监事

袁瑞军　北京大学公民社会研究中心主任

袁治军　《中国慈善家杂志》资深记者

曾　纳　GSVC 全球社会企业创业大赛中国区负责人

翟　雁　北京博能志愿公益基金会联合创始人、北京惠泽人公益发展中心理事长

张竹鑫　中国人民大学尤努斯社会事业与微型金融研究中心社企联络人

赵　峻　北京博能志愿公益基金会联合创始人暨创始理事

赵　萌　中国人民大学尤努斯社会事业与微型金融研究中心主任

附录5

尤努斯致全球社会事业中心公开信

尊敬的尤努斯社会事业中心（YSBC）主任，

来自达卡尤努斯中心的问候！

这是一条简短的注释，旨在引起您对“社会事业”、“社会企业家精神”和“社会企业”之间差异的关注。这些概念的差异在某些著作中被模糊了，甚至混淆使用——而这将对概念造成损害。

我曾试图在写作中澄清这一点。但如今，混乱仍然存在。我希望至少世界各地的尤努斯社会事业中心对此保持谨慎，在其作品中澄清区别，并向学生们解释个中差异。

我将“社会事业”定义为仅用于解决社会或环境问题的公司组织，其所有者不从中获得任何分红，只能收回自己的本金。社会事业的七项原则包括：

1. 以解决威胁人们生存和生活质量的社会问题为目标，而不是以实现利润最大化为目标。这些社会问题领域通常包括贫困、教育、健康、技术可获得性、环境保护等。

2. 财务和经营可持续。

3. 投资者仅收回本金，而不获取利润分红。

4. 偿还投资者本金后，全部利润用于扩大和改善公司经营。

5. 确保性别平等、环境友好。

6. 为员工提供有市场竞争力的报酬，以及优于市场平均水平的工作环境。

7. 享受工作。

“社会企业家精神”和“社会企业”则是更广泛的概念。它们与解决某些社会或环境问题的活动有关。前者与企业家有关，后者与企业有关。一家社会企业有可能不是公司，它可能是某人帮助解决某些社会问题的非商业行为。社会企业行为包括非商业性活动和可赚取可观利润的商业活动。社会企业可以是非营利组织，也可以是既产生个人利益又产生社会效益的营利性组织。在极少数情况下，如果该社会企业不产生个人利益，而仅产生社会效益，这时就可以被看作社会事业。与社会事业不同，一家社会企业可能会毫不犹豫地赚取个人利益。

社会事业是社会企业家精神的一个子类别。为了区分两种类型的企业家，我们将从事社会事业的企业家称为“社会事业企业家”，而不是“社会企业家”。社会企业家精神的概念是如此广泛，以至于在现实世界中，它的实用性非常有限。

传统商业企业的驱动力是个人谋利：

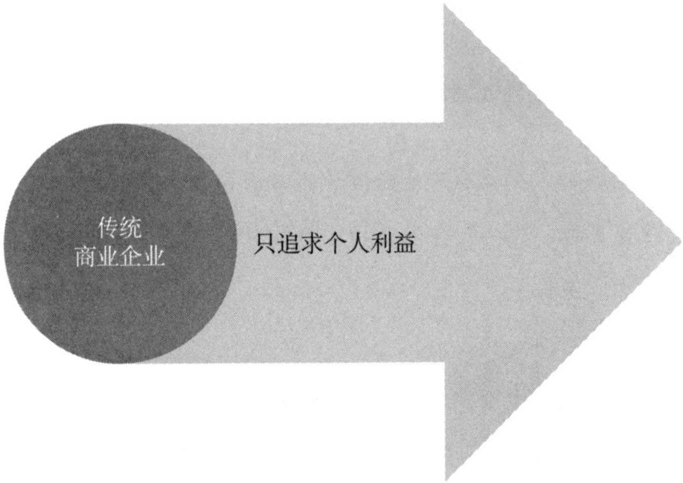

社会事业的驱动力是并且必须是社会效益，且不允许个人谋利：

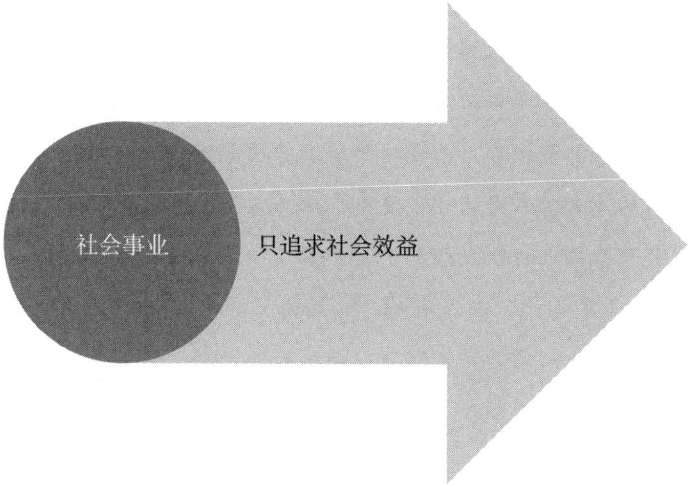

社会企业的驱动力可以是社会效益和个人谋利的结合：

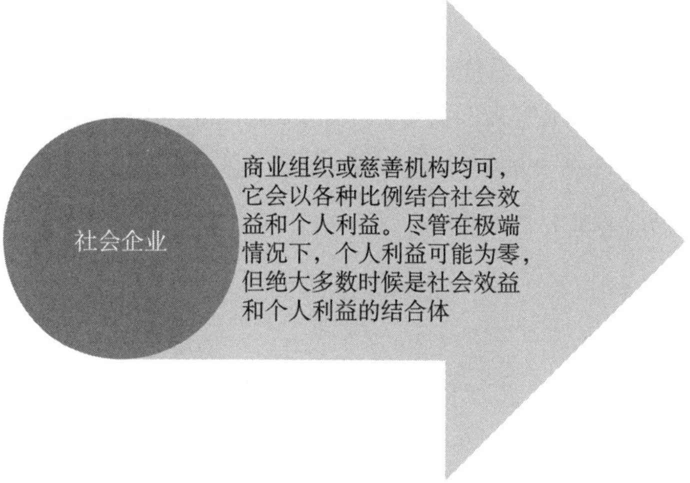

尤努斯社会事业中心的课程是否应包括有关社会企业家精神的讨论？

当然应该。尤努斯社会事业中心的社会事业课程应包括所有将社会维度引入经济学的理论和实践举措，以使学生清楚地了解它们之间的差异。但是，这些课程将更深入地讨论社会事业的理论和实践，因为课程本身专门针对该主题。这组概念中的其他概念也不应被忽略。让学生理解所有概念非常重要，这会加深他们对社会事业的认识。

以下摘自我撰写的《创建社会事业》一书中的第一章：

请注意两个术语之间的区别：“社会企业”和“社会企业家精神”。许多其他类似的概念也经常用于致力于解决贫困等问题的文献中。尽管这些术语由不同的作者以不同的方式使用，但是它们通常被用作营利性组织或传统的非营利组织中的子概念。

“社会企业家精神”与人有关。它描述了具有社会远见的企业家开展的具有社会成效的活动。该活动可以是非经济活动、慈善活动、涉及或不涉及个人利益的商业活动。一些社会企业家将他们的项目放在传统的非政府组织中，而另一些则参与营利性活动。

与社会企业家精神相比，社会事业是一种非常特殊的商业类型——具有社会目标的不分红公司。一家社会事业可能与某些社会企业家所追求的目标相似，但是社会事业的特定结构使其具有独特性。

诚然，“社会企业家精神”一词的确有许多不同的定义，但是请确保该术语不能与“社会事业”互换使用。为避免混淆，请始终强调“社会事业”和“社会企业家精神”这两个概念之间的差异。如果您有任何疑问或建议，请联系我们以消除误解。

此致

穆罕默德·尤努斯

2006 年诺贝尔和平奖获得者

格莱珉银行创始人

图书在版编目（CIP）数据

社会企业家精神．第二辑，社会使命稳健性的概念与实践/毛基业等著．-- 北京：中国人民大学出版社，2020.12
ISBN 978-7-300-28667-9

Ⅰ.①社… Ⅱ.①毛… Ⅲ.①企业家-企业精神-研究-中国 Ⅳ.①F279.23

中国版本图书馆 CIP 数据核字（2020）第 193984 号

社会企业家精神（第二辑）
——社会使命稳健性的概念与实践
毛基业　赵　萌　王建英　等　著
Shehui Qiyejia Jingshen（Di-er Ji）
——Shehui Shiming Wenjianxing de Gainian yu Shijian

出版发行	中国人民大学出版社		
社　　址	北京中关村大街 31 号	**邮政编码**	100080
电　　话	010－62511242（总编室）		010－62511770（质管部）
	010－82501766（邮购部）		010－62514148（门市部）
	010－62515195（发行公司）		010－62515275（盗版举报）
网　　址	http://www.crup.com.cn		
经　　销	新华书店		
印　　刷	北京联兴盛业印刷股份有限公司		
规　　格	160mm×230mm　16 开本	**版　　次**	2020 年 12 月第 1 版
印　　张	28　插页 2	**印　　次**	2020 年 12 月第 1 次印刷
字　　数	357 000	**定　　价**	75.00 元